PROGRAMM
Alemán para hispanohablantes

BRIGITTE Y ROBERTO CORCOLL

PROGRAMM

Alemán para hispanohablantes

EJERCICIOS / ÜBUNGEN

SOLUCIONES / LÖSUNGSSCHLÜSSEL

Herder

Diseño de la cubierta: Claudio Bado

2ª edición, 8ª impresión, 2018

© 1994, Herder Editorial, S. L., Barcelona

ISBN: 978-84-254-2501-1

La reproducción total o parcial de esta obra sin el consentimiento expreso
de los titulares del *Copyright* está prohibida al amparo de la legislación vigente.

Imprenta: QPPRINT
Depósito legal: B-25.814-2012
Printed in Spain – Impreso en España

Herder
www.herdereditorial.com

ÍNDICE / INHALTSVERZEICHNIS

	NIVEL G		NIVEL M		NIVEL O	
	Ejercicios	Soluciones	Ejercicios	Soluciones	Ejercicios	Soluciones
Tema 1. La conjugación de los verbos/*Die Konjugation der Verben*	9	95	143	241	299	407
Tema 2. Los verbos modales/*Die Modalverben*	11	97	145	242	301	408
Tema 3. Los verbos *lassen, bleiben, brauchen* y *werden*	13	98	146	242	304	410
Tema 4. Verbos inseparables y verbos separables/*Trennbare und nichttrennbare Verben*	14	98	149	244	306	411
Tema 5. Verbos reflexivos y recíprocos/*Reflexive und reziproke Verben*	16	100	151	244	308	412
Tema 6. Verbos transitivos e intransitivos, perfectivos e imperfectivos/*Transitive und intransitive Verben*	17	101	152	246	310	414
Tema 7. El régimen de los verbos/*Rektion der Verben*	19	101	153	247	311	415
Tema 8. Verbos con complemento prepositivo/*Verben mit präpositionalem Objekt*	21	103	155	248	313	416
Tema 9. El pretérito perfecto/*Das Perfekt*	22	104	157	249	315	417
Tema 10. El pretérito perfecto de los verbos modales y semimodales/*Perfekt der Modalverben und Semimodalverben*	24	105	159	250	317	418
Tema 11. El pretérito/*Das Präteritum*	25	106	161	251	319	418
Tema 12. Pretérito pluscuamperfecto, futuro I y futuro II/*Plusquamperfekt, Futur I und Futur II*	27	107	163	252	320	419
Tema 13. El modo imperativo/*Der Imperativ*	28	108	165	253	322	420
Tema 14. El modo subjuntivo. Subjuntivo II/*Konjunktiv II*	30	109	167	254	324	421
Tema 15. El subjuntivo I/*Konjunktiv I*	–	–	169	255	327	423
Tema 16. La voz pasiva/*Passiv*	32	110	170	256	330	424
Tema 17. El infinitivo/*Der Infinitiv*	33	111	175	258	334	427
Tema 18. El participio de presente/*Partizip Präsens*	35	112	176	259	337	428
Tema 19. El participio de pasado/*Partizip Perfekt*	–	–	179	260	339	429
Tema 20. El género/*Das Genus*	38	113	181	261	341	430
Tema 21. La formación del plural/*Pluralbildung*	39	114	183	262	343	431
Tema 22. La declinación del sustantivo/*Die Deklination des Substantivs*	41	115	184	263	345	433
Tema 23. El artículo/*Der Artikel*	42	116	186	265	348	434

Índice

	NIVEL G		NIVEL M		NIVEL O	
	Ejercicios	Soluciones	Ejercicios	Soluciones	Ejercicios	Soluciones
Tema 24. La declinación del adjetivo/*Die Deklination des Adjektivs*	44	116	188	266	350	435
Tema 25. La comparación del adjetivo/*Die Komparation des Adjektivs*	46	117	189	267	351	436
Tema 26. El régimen de los adjetivos/*Rektion der Adjektive*...	48	118	191	268	353	437
Tema 27. Los adjetivos numerales/*Zahladjektive*	49	119	193	268	354	438
Tema 28. Los pronombres personales/*Personalpronomen*......	52	120	194	270	356	439
Tema 29. Los pronombres posesivos/*Possessivpronomen*	54	121	197	271	358	440
Tema 30. Los pronombres reflexivos/*Reflexivpronomen*	56	122	198	271	361	441
Tema 31. Los pronombres interrogativos/*Interrogativpronomen*	57	122	200	272	363	442
Tema 32. Los pronombres indefinidos/*Unbestimmte Pronomen*	58	123	202	273	365	443
Tema 33. Los pronombres demostrativos/*Demonstrativpronomen*	61	124	204	274	367	444
Tema 34. Los pronombres relativos/*Relativpronomen*............	62	125	206	275	368	445
Tema 35. Las preposiciones/*Präpositionen*	63	125	208	276	370	446
Tema 36. Los adverbios de lugar/*Lokaladverbien*	65	126	211	277	373	447
Tema 37. Los adverbios de tiempo/*Temporaladverbien*	67	127	212	278	376	448
Tema 38. Adverbios modales, causales, condicionales, instrumentales, interrogativos, pronominales y conjuntivos/*Modal-, Kausal-, Konditional-, Instrumental-, Interrogativ-, Pronominal- und Konjunktionaladverbien*	68	127	214	279	377	448
Tema 39. Las partículas modales/*Modalpartikeln*	71	128	216	280	380	450
Tema 40. La negación/*Die Negation*	73	127	218	281	381	450
Tema 41. Conjunciones y adverbios conjuntivos de coordinación/*Nebenordnende Konjunktionen und Konjunktionaladverbien*	75	130	220	282	384	452
Tema 42. La oración subordinada/*Nebensatz*........................	–	–	–	–	–	–
Tema 43. Oraciones en función de sujeto y complemento con la conjunción subordinante *dass*, oraciones interrogativas indirectas y oraciones de infinitivo con *zu*/*Subjekt- und Objektsätze, Fragewort-Nebensätze und Infinitivsätze mit zu*	77	131	222	284	386	453
Tema 44. Oraciones de relativo/*Relativsätze*	79	132	224	286	388	454
Tema 45. Oraciones subordinadas de tiempo/*Temporale Nebensätze*	81	133	226	287	390	456
Tema 46. Oraciones subordinadas de lugar y de modo/*Modalsätze*	83	133	228	288	392	456
Tema 47. Oraciones consecutivas/*Konsekutivsätze*	84	134	230	289	394	457
Tema 48. Oraciones condicionales/*Konditionalsätze*............	85	134	232	290	396	458
Tema 49. Oraciones subordinadas concesivas/*Konzessivsätze*	88	135	234	291	399	460
Tema 50. Oraciones subordinadas causales/*Kausalsätze*.......	90	137	236	293	401	461
Tema 51. Oraciones subordinadas finales/*Finalsätze*............	93	138	238	294	403	462
Bibliografía específica para cada nivel	465		466		467	

NIVEL G

TEMA 1

I. *Bitte konjugieren Sie die folgenden Verben (Indikativ Präsens):* sein, heißen, kommen, haben, wohnen, gehen, lernen, essen, trinken, arbeiten, nehmen.

ich
Sie
du
er ⎫
sie ⎬
es ⎭
wir
Sie
ihr
sie

II. *Buchstabensalat (sopa de letras).* Finden Sie 20 Verben und schreiben Sie das/die Personalpronomen dazu!

k	n	i	m	m	t	z	s	s	ä	t	i	ss	t
o	e	k	o	m	m	e	u	p	c	t	o	ä	l
i	m	o	a	s	ü	s	p	r	i	c	h	t	i
s	h	s	i	n	d	b	n	i	n	i	r	e	e
t	e	t	i	e	b	r	a	e	o	c	c	s	s
g	i	b	t	t	s	e	i	d	f	l	n	s	t
ä	ß	l	e	t	v	e	r	s	t	e	h	e	n
l	t	e	l	r	s	c	h	l	ä	f	t	n	n
h	o	r	n	i	e	h	d	p	r	r	v	h	p
a	k	n	e	n	s	a	r	h	a	b	e	r	e
t	o	e	i	k	r	b	b	i	s	t	k	e	n
b	i	n	t	e	n	e	u	m	e	n	r	z	w

9

III. *Bitte übersetzen Sie!*
1. Yo entiendo.
2. Él trabaja.
3. Ella toma.
4. Nosotros somos.
5. Yo vengo.
6. Ella come.
7. Él ve.
8. Ellos vienen.
9. Él ayuda.
10. ¿Te llamas Eva?
11. Él duerme.
12. Él para.
13. Ella lee.
14. Ella lava.
15. Él corre.

IV. *Die fehlenden Buchstaben ergeben einen Satz*
(Las letras que faltan forman una frase).
1. du sprich-t.
2. Sie he-ßen.
3. er arb-itet.
4. sie -iest.
5. wir -ssen.
6. er fäh-t.
7. es -immt.
8. er si-ht.
9. ich rech-e.
10. du hilf-t.
11. er bad-t.
12. sie sc-läft.
13. ich wand-e.
14. sie -ibt.
15. er lä-ft.
16. sie läss-.

V. *Welches Verb passt hier?*

| sein - kommen - studieren - machen - wohnen - lernen - gehen - besuchen |

1. A) Wer ....Sie?
   B) Ich........Carlos Blanco. Ich........aus Spanien und........Medizin.

Tema 2. Ejercicios

2. A) Was........du in Köln?
   B) Ich........Deutsch.
3. A) Hallo, Sabine!
   B) Hallo, Thomas. Das........Gerardo. Er........aus Spanien. Er........jetzt in Köln.
4. A) Grüß dich, Daniel. Das........Michel aus Paris.
   B) ....du der Brieffreund von Stefan?
   C) Ja, ich........sein Freund.
   B) Wohin........ihr jetzt?
   A) Wir........in ein Café.
   B) Ich........mit.
5. A) Woher........du? Aus Madrid?
   B) Nein, ich........aus Valencia. Und woher........du?
   A) Ich........aus London. Was........du hier?
   B) Ich........einen Deutschkurs........du auch einen Deutschkurs?
   A) Nein, ich........meinen Freund Günter, aber ich........ auch Deutsch.
6. A) Guten Tag!........Sie auch Deutsch?
   B) Ja, ich........auch einen Deutschkurs für Ausländer.
   A) ....Sie Spanier?
   B) Nein, ich........Engländer.
   A) Was........Sie jetzt?
   B) Ich........nach Hause.
   A) ....Sie doch noch nicht nach Hause!........wir in ein Café!
   B) Das........eine gute Idee.

TEMA 2

I. *Was passt zusammen?*
   ich   Sie   du   er   sie   sie
                       (Klaus)   (Eva)   (Klaus und Eva)

kann kommen, müssen zahlen, will gehen, muss fahren, darf hier rauchen, können gut Klavier spielen, darfst hier nicht parken, mögen Apfeltorte, sollst kommen.

II. *Bitte ergänzen Sie **können** oder **müssen**!*
   1. Leider........ich morgen nicht kommen.
   2. Ich........unbedingt zum Zahnarzt.
   3. ....Sie mich verstehen?
   4. ....du bitte mal kommen?

Nivel G

5. Wir........die Rechnung unbedingt bezahlen.
6. Wir........nicht länger bleiben.
7. ....ich mal die Zeitung haben?
8. Ist hier ein Telefon? Ich........meine Freundin anrufen.
9. Leider........wir morgen wieder arbeiten.
10. ....Sie mir bitte helfen?

III. *Bitte übersetzen Sie!*
1. ¿Sabe Ud. bailar?
2. No debe aparcar aquí.
3. Tenemos que irnos.
4. ¿Quieres que te ayude?
5. No podemos pagar.
6. Pero debemos pagar.
7. Ahora quiero desayunar.
8. No queremos hacer este ejercicio.
9. Este papagayo sabe hablar.

IV. *Was bedeuten die Bildsymbole?*
Hier kann ich/darf ich........Hier kann ich nicht/darf ich nicht........

Tema 3. Ejercicios

Beispiel: Bitte Ruhe!

Lösung: Hier darf ich nicht laut sprechen.

rauchen — hineinfahren — Hände waschen — Information bekommen — telefonieren — links abbiegen — überholen — essen — Fahrkarten kaufen — geradeaus fahren — Geld wechseln.

V. *Welches Modalverb passt? (Mehrere Lösungen sind möglich)*

können - dürfen - wollen - müssen

1. Wann........du deine Freunde besuchen?
2. ....Sie heute oder morgen ins Theater gehen?
3. ....ich eine Pizza essen?
4. Ich........nicht so viel essen.
5. Er........zu Hause bleiben.
6. Die Kinder........die Hausaufgabe machen.
7. ....Sie Rotwein oder Weißwein trinken?
8. Ich........zum Arzt (gehen).

TEMA 3

I. *Setzen Sie* **lassen** *in der richtigen Form ein und bestimmen Sie seine Bedeutung:*
A = erlauben (permitir)
B = zurücklassen (no llevar consigo)
C = vergessen (olvidar)
D = etwas machen lassen (mandar hacer algo).
1. Wir müssen das Auto reparieren........
2. Den Fotoapparat........ich diesmal zu Hause.
3. Er........mich nicht mit seinem Wagen fahren.
4. Schneidest du dir das Haar selbst oder........du es dir schneiden?
5. ....Sie die Kinder denn diesen Horrorfilm sehen?
6. ....du mich mal mit deinem Motorrad fahren?
7. Warum........du immer deinen Schirm im Zug liegen?
8. Die Pässe können Sie im Hotel........
9. Den Wagen wasche ich nicht selbst. Ich........ihn an der Tankstelle waschen.

II. **Brauchen**. *Sind die folgenden Sätze richtig?*
   1. Ich brauche einen Kuli.
   2. Brauchen wir morgen zu kommen?
   3. Sie brauchen nicht zu singen.
   4. Du brauchst mir nicht zu helfen.
   5. Wir brauchen nur ein Kapitel zu übersetzen.
   6. Brauchst du anzurufen?
   7. Brauche ich dir das Wort zu erklären?
   8. Ihr braucht nur 15 Sätze zu schreiben.

III. **Werden**. *Bitte übersetzen Sie!*
   1. Me vuelvo loco.
   2. Los niños crecen.
   3. A las 6.00 h ya oscurece.
   4. Juan quiere ser dentista.
   5. El tiempo mejorará.
   6. Ella se pone morena en seguida.
   7. Envejecemos.

IV. **Lassen, bleiben, brauchen, werden**. *Bitte übersetzen Sie!*
   1. Hoy me quedo en la cama.
   2. No necesitas cantar.
   3. Dejamos el perro en casa.
   4. Tengo que hacer reparar la lavadora.
   5. ¿Necesitas un bolígrafo?
   6. Necesito llamar a casa.
   7. Este fin de semana nos quedamos en casa.
   8. ¿Por qué se pone Ud. tan nervioso?

TEMA 4

I. *Bitte ergänzen Sie die folgenden Präfixe!*

   | ab - an - auf - aus - ein - mit - zurück |

   1. Sie kauft immer im Supermarkt........
   2. Der Zug kommt gegen 16.00 Uhr........
   3. Ute räumt nicht gern ihr Zimmer........
   4. Der Zug fährt um 9.10 von Gleis 3a........
   5. Nimmst du den Fotoapparat nicht........?
   6. Es wird so dunkel. Mach doch bitte das Licht........
   7. Am Montagabend kommen wir nach Hause........

Tema 4. Ejercicios

II. *Bitte verbinden Sie das Präfix aus dem Kasten links mit dem Verb im Kasten rechts und bauen Sie Sätze!*

| aus an ein |
| zurück durch |
| spazieren um |
| mit auf |

| sehen machen gehen |
| fahren kaufen |
| kommen laden |
| hören fangen |
| steigen rufen |

III. *Jemand gibt idiotische Befehle. Bitte antworten Sie!*

> *Beispiel*: Mitkommen!
> *Antwort*: Nein, ich komme nicht mit.

1. Spazieren gehen!
2. Frühstücken!
3. Zurückgehen!
4. Aussteigen!
5. Übersetzen!
6. Einkaufen!
7. Aufräumen!
8. Unterbrechen!
9. Einsteigen!
10. Anfangen!
11. Aufhören!
12. Antworten!
13. Weggehen!
14. Anrufen!

IV. *Bitte übersetzen Sie!*
1. Empezamos a las 8.00 h.
2. El tren llega a las 9.20 h.
3. Tengo que bajar aquí.
4. Vuelvo a las 22.30 h.
5. El tren sale a las 13.05 h.
6. Hoy te llamo por teléfono.
7. ¿Sabes esquiar?
8. ¿No te llevas el dinero?

Nivel G

TEMA 5

I. *Sind die folgenden Sätze richtig?*
1. Wir kennen uns seit zwei Jahren.
2. Inge interessiert sich nicht für die Mode.
3. Morgen müssen wir uns um 7.00 Uhr aufstehen.
4. Im Unterricht schlafe ich mich immer ein.
5. Im Urlaub haben sie sich kennen gelernt.
6. Ich bleibe mich noch zwei Stunden.
7. Sie lieben sich nicht mehr.
8. Anja und Frank heiraten sich nächsten Monat.

II. *Bitte setzen Sie das richtige Verb ein!*
sich interessieren für
sich ärgern über
sich freuen auf
sich setzen
sich etwas wünschen
sich aufregen

	reflexives Verb	*Pronomen*	
Peter			einen Porsche.
Wir			auf den Film.
Ich			ans Fenster.
Sie			für spanische Literatur.
Die Nachbarn			über die laute Musik.
Warum		du	auf?

III. *Wie lauten die Reflexivpronomen?*

> *Beispiel*: In den Ferien ruhe ich mich .... aus

1. Er sieht........nie die Nachrichten im Fernsehen an.
2. Wo trefft ihr........?
3. Jeden Tag sonnen wir........
4. Wir erholen........gut.
5. Unterhalten Sie........gern mit ihm?
6. Rasierst du........jeden Tag?
7. Freut ihr........denn nicht auf das Wiedersehen?

Tema 6. Ejercicios

    8. Ich vergnüge........jeden Samstag in der Disco.
    9. Kinder, beeilt........! Wir müssen gehen.
   10. Die Kinder fühlen........im Wasser richtig wohl.

IV. *Bitte übersetzen Sie!*
1. Se llama Alberto.
2. Me levanto a las 10.00 h.
3. Lidia se casa en abril.
4. ¿Te interesas por los coches?
5. ¿Por qué os enfadáis?
6. Se conocen bien.
7. Espero delante del cine.

TEMA 6

I. *Welcher Satz passt zu welchem Bild?*
Ist das Verb transitiv oder intransitiv?

1. a) Ich lege das Buch auf den Tisch.
   b) Das Buch liegt auf dem Tisch.
2. a) Sie hängt das Bild an die Wand.
   b) Das Bild hängt an der Wand.

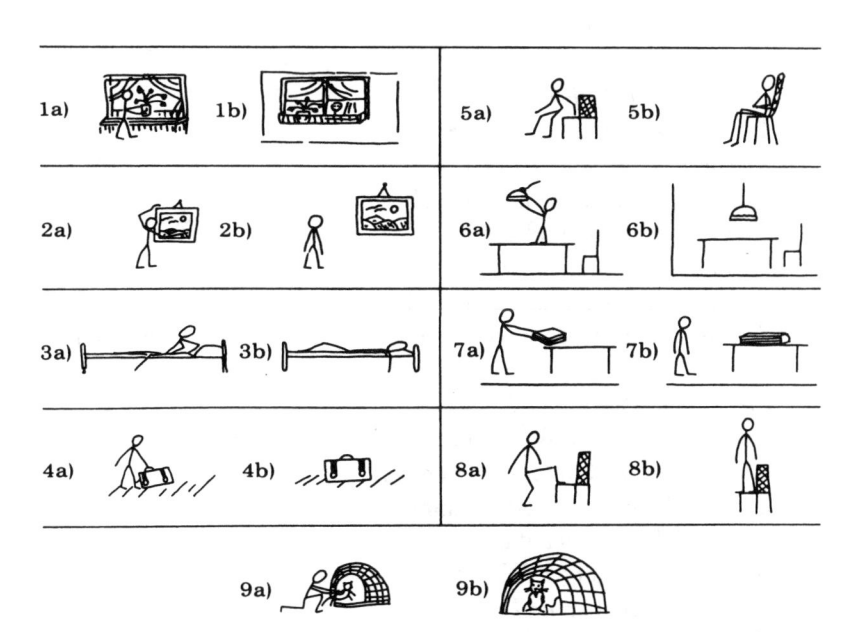

Nivel G

3. a) Er stellt den Blumentopf vor das Fenster.
   b) Der Blumentopf steht vor dem Fenster.
4. a) Ich lege mich ins Bett.
   b) Ich liege im Bett.
5. a) Ich stelle den Koffer auf den Boden.
   b) Der Koffer steht auf dem Boden.
6. a) Ich stelle mich auf den Stuhl.
   b) Ich stehe auf dem Stuhl.
7. a) Ich setze die Katze in den Korb.
   b) Die Katze sitzt im Korb.
8. a) Ich setze mich auf den Stuhl.
   b) Ich sitze auf dem Stuhl.
9. a) Ich hänge die Lampe über den Tisch.
   b) Die Lampe hängt über dem Tisch.

II. Fehlt hier etwas? Wenn ja, dann ergänzen Sie das fehlende Objekt!
   1. Ich setze.
   2. Der Schlüssel steckt.
   3. Rolf arbeitet.
   4. Sie stellt die Schuhe.
   5. Er sitzt.
   6. Sie steht.
   7. Wir fragen.
   8. Er hängt die Hose.

III. *Setzen Sie das Verb ein!*
   1. Die Wäsche...............im Schrank.
   2. Die Blumen........in der Vase.
   3. Die Flaschen........im Kühlschrank.
   4. Er........im Bett und schläft.
   5. Das Bett........in der Ecke.
   6. Vor dem Fenster........ein Tisch.
   7. Sie........das Buch ins Regal und........das Geld auf den Tisch.

IV. *Hier stimmt etwas nicht!*
   1. Ute legt die Schuhe in den Schrank.
   2. Das Bett liegt unter dem Fenster.
   3. Hans hängt in der Badewanne.
   4. Der Schirm sitzt auf dem Boden.
   5. Die Fliege steht auf der Butter.
   6. Rolf hängt oben im Baum.
   7. Der Vogel steht auf der Fensterbank.

Tema 7. Ejercicios

8. Sie stellt das Baby ins Bett.
9. Das Geld steckt auf dem Schreibtisch.
10. Wir stellen die Zeitung auf den Tisch.
11. Die Hose steht im Schrank.

V. *Was passt nicht?*
hängen: das Bild, der Schlüssel, die Hose, der Tisch, der Teppich.
stehen: die Leute, der Schirm, das Kleid, die Möbel, die Katze.
liegen: der Stuhl, der Teppich, die Schuhe, die Wäsche, die Flasche, der Wandschrank.
sitzen: die Hose, die Vögel, Kinder, eine Fliege, eine Katze.
stecken: das Buch in der Tasche, der Schlüssel im Schloss, das Geld in der Brieftasche, der Brief im Briefkasten, ich im Schrank, die Stühle in der Klasse.

TEMA 7

I. *Bitte ordnen Sie die Verben in die richtige Kiste!*
antworten, gefallen, helfen, gratulieren, verzeihen, fragen, treffen, bringen, erklären, erlauben, zeigen, passen, gehören, danken, stehen, schmecken, besuchen, anrufen, schreiben, empfehlen, schenken, sagen, schicken, lieben, kosten, sehen, hören, verstehen, zuhören, essen, trinken, kaufen, waschen, rufen.

Nominativ- und Akkusativkiste	*Nominativ- und Dativkiste*

Nominativ-, Akkusativ- und Dativkiste

Nivel G

II. *Welche Ergänzungen brauchen die folgenden Verben im Spanischen? Bitte übersetzen Sie sie ins Deutsche und geben Sie die Ergänzung an.*

> *Beispiel*: La sopa no *me* gusta.
> *Lösung*: complemento indirecto (dativo).
> schmecken (Dativ und Nominativ).

1. Llamo *a Juan*.
2. *Me* duele la cabeza.
3. Hoy *la* ayudo.
4. *La* felicito.
5. ¡Pregunte *al* profesor!
6. *Le* cuesta unas 10.000 Ptas.
7. ¿*Te* gusta el vestido?
8. *Te* doy las gracias.
9. *Le* envío un paquete.

III. **Gustar.** *Bitte bauen Sie Sätze. Was passt zusammen?*

Der Gänsebraten	mag ich nicht.
Die Rosen	schmeckt ausgezeichnet.
Klaus	spiele ich gern.
Hunde	esse ich (nicht) gern.
Meinen Mann	lese ich gern.
Die Gemüsesuppe	habe ich sehr gern.
Tennis	gefallen mir gut.
Krimis	
Fisch	
Sauerkraut	
Katzen	

IV. *Ist das richtig? Wenn nicht, sagen Sie es bitte richtig!*
1. Ich liebe Bier.
2. Sie liebt Hitchcock nicht.
3. Lieben Sie dieses Bild?
4. Lieben Sie die Bohnensuppe?
5. Ich liebe keine Krimis.
6. Er liebt sie.
7. Ich liebe diese Wohnung nicht.
8. Sie liebt diese Suppe nicht.
9. Ich liebe Käsekuchen am meisten.

Tema 8. Ejercicios

V. *Sind die folgenden Sätze richtig?*
1. Dieser Kuli gehört mir.
2. Der Salat schmeckt mich ausgezeichnet.
3. Ich rufe dir um 9.00 Uhr an.
4. Kannst du mich bitte helfen?
5. Ich gratuliere dich zum Geburtstag.
6. Besuch mir doch mal!
7. Er fragt mir.
8. Ich danke dich.
9. Er antwortet mich nicht.
10. Der Hals tut mir weh.
11. Bitte, entschuldigen Sie mir.
12. Verzeihen Sie mich, bitte.

TEMA 8

I. *Kombination. Was passt zusammen?*
1. Sie freut sich   auf den Friseur.
2. Er wartet   vor dem Direktor.
3. Ich gratuliere dir   über den Lärm.
4. Wir unterhalten uns   auf die Reise.
5. Hier duftet es   zum Namenstag.
6. Die Leute beschweren sich   über die Mode.
7. Ich habe keine Angst   nach Lavendel.

II. *Was passt zusammen?*
1. Ich danke Ihnen   für mehr Freizeit.
2. Interessierst du dich   für den netten Brief.
3. Er denkt immer   von einer paradiesischen Insel.
4. Wir sprechen   an die Arbeit.
5. Ich träume   über den Unterricht.
6. Wir kämpfen   für klassische Musik?

III. *Was ist falsch?*
1. Ich träume mit einem Schloss am Meer.
2. Jeden Tag ärgern wir uns mit dem Chef.
3. Wir warten für den Bus.
4. Er interessiert sich nicht an Frauen.
5. Die Arbeiter demonstrieren gegen mehr Freizeit.
6. Ich schreibe einen Brief zu der Firma.
7. Bitte fragen Sie für Frau Heller.

21

Nivel G

8. Herr Möller, eine Schülerin fragt für Sie.
9. Wir waren mit dem Film ziemlich enttäuscht.
10. A) Hier ist ein Brief von Daniel.
    B) Oh, ich freue mich auf den Brief.
11. In zwei Wochen ist Weihnachten. Wir freuen uns über Weihnachten.

IV. *Bitte verbinden Sie die Sätze aus dem linken Kasten mit denen aus dem rechten!*

Beispiel: Sie freut sich auf das Konzert

von, für, nach, auf, über, vor, an

Sie denkt oft	schnelle Autos
Sie träumen	den letzten Urlaub
Er interessiert sich	Feuer
Es riecht	die Lehrerin
Wir haben keine Angst	diesen Typ
Wartet ihr	einem Lottogewinn
Ärgere dich nicht	der Prüfung
Sie freut sich	das Konzert

TEMA 9

I. *Bitte bauen Sie Sätze!*

Der Direktor	hat	den Brief	gestern	angerufen.
Die Sekretärin	habe	den Kunden	heute	interviewt.
Ich	haben	den Lehrer	gerade	geküsst.
Wir		das Buch	noch nie	gefragt.
Sie		den Briefträger	heute morgen	gelesen.
		die Nachbarin	vor einer Stunde	diktiert.
		das Auto		übersetzt.
		den Minister		repariert.
				gesehen.

Beispiel: Die Sekretärin hat den Brief vor einer Stunde übersetzt.

Tema 9. Ejercicios

II. **Haben** oder **sein** - das ist die Frage!
1. Im Sommer .... wir in Cadaqués gewesen.
2. Wir .... dort Urlaub gemacht.
3. 17 Tage .... wir dort geblieben.
4. Mit dem Flugzeug .... wir bis Gerona geflogen.
5. Wir .... viel geschlafen, ... aber auch oft spazieren gegangen und .... geschwommen.
6. Die Kinder .... nicht mitgekommen, sie .... zu Hause geblieben.
7. Es .... ein schöner Urlaub gewesen.

III. *Bitte stellen Sie Fragen!*

			gegessen?
Hast du	schon	in Deutschland	gewesen?
Haben Sie	noch nie	ins Wasser	gefallen?
Bist du	schon einmal	Schnecken	gefahren?
Sind Sie		nach England	geschwommen?
		mit einem Wasserflugzeug	geflogen?
		mit einem Minister	gesprungen?

IV. *Was hat Silke diese Woche gemacht?*

> *Beispiel*: Am Montag ist sie zum Zahnarzt gegangen.

Montag	Dienstag	Mittwoch	Donnerstag	Freitag	Samstag	Sonntag
Zahnarzt	Gymnastik	Auto zur Werkstatt bringen		Auto abholen	Friseur	Ulla und Klaus besuchen
					einkaufen	
Tennis spielen	Brief an Udo					
Hausaufgaben machen		Kuchen backen				
					Theater: *Hamlet*	
Englischkurs		Vortrag: *Shakespeare*		Tanzkurs		Studio 21.

Nivel G

TEMA 10

I. *Bilden Sie das Perfekt!*

> *Beispiel:* A) Hier liegt ein Schirm.
> B) Ich habe ihn nicht liegen lassen.

1. Hier hängt ein Mantel.
2. Hier liegt ein Wörterbuch.
3. Hier steckt ein Schlüssel.
4. Hier liegen 20,— DM.
5. Hier steht eine Tasohe.
6. Hier liegt eine Brille.

II.
> *Beispiel*: Hast du die Kinder gehört? Sie haben geweint.
> Nein, ich habe sie nicht weinen hören.

1. Sie haben gesungen.
2. Sie haben gelacht.
3. Sie haben Klavier gespielt.
4. Sie sind weggegangen.
5. Sie haben geschrieen.

III. *Wo steckt der Fehler?*
1. Ich habe den Mann auch gesehen.
2. Ich habe ihn kommen gesehen.
3. Er hat mir nicht helfen gewollt.
4. Leider habe ich das nicht gekonnt.
5. Das stimmt nicht. Du hast es nicht können gewollt.
6. Wir haben das aber gedurft.
7. Wir haben den Film aber sehen gedurft.
8. Entschuldigung, das habe ich nicht wollen.

IV. *Bitte übersetzen Sie!*
1. Él ha venido.
2. Le he visto venir.
3. No la he oído.
4. No la he oído llamar.
5. Hemos hecho vacunar al gato.
6. Él no ha podido ayudarme.
7. Me he renovado el carné de identidad.
8. Nos hemos hecho reservar una habitación.

Tema 11. Ejercicios

> *Repaso*: El pretérito perfecto compuesto.

V. *Was hat die Sekretärin, Ursula Weber, heute gemacht?*
   Bitte schreiben Sie: Um 6.45 ist Ursula Weber aufgestanden. Dann...

   6.45   aufstehen, frühstücken.
   7.30   zur Arbeit fahren,
          Briefe von gestern wegschicken.
          Kopien ablegen.
   9.00   Post öffnen und verteilen,
          Briefe übersetzen und beantworten.
   12.00 ins Hallenbad gehen,
          zu Mittag essen.
   14.00 ins Büro zurückgehen,
          Besuchern die Fabrik zeigen,
          Briefe unterschreiben lassen.

TEMA 11

I. *Suchen Sie bitte 21 Verben im Präteritum und schreiben Sie das/die Personalpronomen dazu und den Infinitiv!*

l	k	w	o	t	r	a	f	ä	n	a	h	m	e	n
b	a	u	m	r	o	p	i	t	a	p	o	e	l	e
o	m	s	c	h	r	i	e	b	s	f	f	i	m	ß
s	e	c	h	s	e	l	l	u	e	e	t	s	i	a
r	n	h	a	c	i	a	x	m	n	l	a	t	s	b
s	i	r	v	ss	d	u	r	f	t	e	t	r	s	e
b	c	r	e	s	b	m	z	s	a	ß	o	a	o	ss
l	o	h	r	t	s	c	b	r	i	ü	n	n	p	z
i	d	i	l	g	a	r	r	s	e	w	v	k	r	f
e	ss	r	o	i	b	i	e	a	t	a	ss	i	t	a
b	s	z	r	n	e	e	s	h	t	r	h	s	a	n
t	a	g	i	g	i	f	e	e	a	f	r	h	t	d
m	u	ss	t	e	l	ss	n	n	h	i	ä	c	e	b

II. *Hier stimmt etwas nicht:*
   bringen   brachte
   verlieren   verlachte

Nivel G

kommen	kommte
gehen	ging
sehen	sing
müssen	müsste
schreiben	schreibte
trinken	trunk
finden	fund
stehen	stand
setzen	saß

III. *Setzen Sie den folgenden Text ins Präteritum!*
1. Es ist Oktoberfest. 2. Martin Pech geht in ein Hotel in München. 3. Er möchte ein Einzelzimmer. 4. Aber alles ist besetzt. 5. Er sucht weiter, findet aber nichts mehr. 6. Gerade, als er zum Bahnhof zurückgehen will, sieht er ein altes Haus mit einem Schild «Zimmer frei». 7. Er will in das Haus gehen, öffnet die Tür, tritt in den Flur, und plötzlich schließt sich die Tür hinter ihm. 8. Er kann nicht mehr hinaus.

IV. *Bilden Sie Sätze nach dem Muster!*

> *Beispiel*: A) Er wollte doch kommen.
> B) Er kam aber nicht.

1. Er wollte doch schreiben.
2. Er wollte doch aufhören.
3. Er wollte doch abfahren.
4. Er wollte doch antworten.
5. Er wollte doch warten.
6. Er wollte doch essen.
7. Er wollte doch gehen.
8. Er wollte doch singen.
9. Er wollte doch bleiben.

V. *Bitte setzen Sie das fehlende Verb im Präteritum ein!*

Präsens	*Präteritum*	*Perfekt*
gehen		ist gegangen.
geben		hat gegeben.
lesen		hat gelesen.
sehen		hat gesehen.
liegen		hat gelegen.
helfen		hat geholfen.

Tema 12. Ejercicios

lassen	hat gelassen.
kennen	hat gekannt.
dürfen	hat gedurft.
mögen	hat gemocht.
laufen	ist gelaufen.
fahren	ist gefahren.
sitzen	hat gesessen.

TEMA 12

I. *Was war vorher?*

> *Beispiel*: Endlich fand er die Telefonnummer (lange gesucht).
> *Lösung*: Er hatte sie lange gesucht.

1. Der Krankenwagen kam. (Unfall passiert)

2. Der Direktor unterschrieb den Brief. (gründlich durchgelesen)

3. Daniel weinte. (gefallen)

4. Ich sprang auf den Tisch. (eine Maus gesehen)

5. Wir dankten ihr. (geholfen).

6. Sie bezahlten an der Kasse. (viel eingekauft)

7. Der Autofahrer bremste. (ein Hund auf die Straße gelaufen)

8. Ich ging. (von allen verabschiedet).

9. Mir tat der Arm weh. (lange Tennis gespielt)

10. Mutter schimpfte ihn. (Geld gestohlen)

II. *Was haben Ihre Freunde am Wochenende vor? Benutzen Sie das Futur I!*

> *Beispiel*: Ich........Kuchen backen, lesen, Freunde besuchen.
> *Lösung*: Ich werde Kuchen backen, lesen und Freunde besuchen.

1. Tanja... ausschlafen, lesen, Musik hören.

Nivel G

2. Susi und Frank .... eine Party geben.
3. Frau und Herr Wolters .... spazieren gehen, fernsehen.
4. Armin .... an einem Wochenendseminar teilnehmen.
5. Christian .... bei einem Marathonlauf mitmachen.
6. Lehrer Lembke .... Hausaufgaben nachsehen. Diktate korrigieren.

III. *Es ist der 31. Dezember. Sie fassen gute Vorsätze. Was wollen Sie im nächsten Jahr bestimmt machen?*

> *Beispiel*: mehr arbeiten:
> Im nächsten Jahr werde ich mehr arbeiten.

1. mehr schlafen:
2. nicht mehr rauchen:
3. weniger Alkohol und Kaffee trinken:
4. mich nicht mehr ärgern:
5. pünktlicher sein:
6. mehr Sport treiben:
7. gesünder leben:
8. freundlicher sein:
9. positiver denken:

TEMA 13

I. *Bitte bilden Sie Imperative in der 2. Person Singular. Benutzen Sie die folgenden Buchstaben! Diese Buchstaben können am Anfang, am Ende oder in der Mitte stehen!*

Beispiel: S   V
             C   E
             H   R
      F R A G   S
             E   C
             I   H
             B   W
                  I
                  N
                  D
                  E

Tema 13. Ejercicios

II. *Bilden Sie den Imperativ!*

Infinitiv	du	Sie	ihr
kommen			
antworten			
fragen			
sein			
sich entschuldigen			
aufhören			
lesen			
nehmen			
arbeiten			
zahlen			
fahren			
schlafen			

III. *Wie sagen Sie zu Ihrer Freundin/Ihrem Freund?*
 1. ....mir bitte eine Zigarette   (geben).
 2. ....mir bitte die Zeitung   (holen).
 3. ....nicht so viel   (trinken).
 Wie sagen Sie zu Ihren Kindern?
 4. ....die Hausaufgaben   (machen).
 5. ....den Spinat   (essen).
 6. ....nicht so laut   (sein).
 Wie sagen Sie zu Ihrem Chef?
 7. ....bitte den Brief   (unterschreiben).
 8. ....mir das bitte noch einmal   (erklären).
 9. ....die Firma Wolters   (anrufen).

IV. *Sagen Sie einem Freund: Er soll Sie bitte anrufen. Sie sagen: Ruf mich bitte an!*
 Sagen Sie einem Freund:
 1. Er soll nicht so viel trinken.
 2. Er soll nicht so viel rauchen.
 3. Er soll nicht so viel arbeiten.
 4. Er soll Sport treiben.
 5. Er soll pünktlicher sein.
 6. Er soll öfter mit Ihnen ausgehen.
 7. Er soll nicht so viel fernsehen.
 8. Er soll Ihnen helfen.

V. *Bitte übersetzen Sie!*
 1. ¡Por favor, no fumes!

Nivel G

2. ¡Ayúdeme, por favor!
3. ¡Por favor, disculpe!
4. ¡Discúlpate!
5. ¡No conduzcas tan de prisa!
6. ¡Llámeme a las 5, por favor!
7. ¡No tengáis miedo!
8. ¡No te pongas nervioso!

TEMA 14

I. *Angenommen, Sie wären in einem Ort in Urlaub. Was würden/könnten Sie (nicht) machen und wann?*

> *Beispiel:* Abends könnte ich in die Diskothek gehen.

1. surfen, 2. auf dem See segeln, 3. spazierengehen, 4. das Museum besichtigen, 5. lesen, 6. Tennis spielen, 7. reiten, 8. Golf spielen, 9. in die Sauna gehen, 10. mit dem Lift auf den Berg fahren, 11. tanzen gehen, 12. in den Botanischen Garten gehen, 13. gut essen, 14. faulenzen, 15. viel schlafen, 16. eine Siesta halten, 17. Leute kennen lernen.

1.
2.
3.
4.
5.
6.
7.
8.
9.
10.
11.
12.
13.
14.
15.
16.
17.

II. *Was würden Sie in den folgenden Situationen machen? Antworten Sie bitte mit* Ich würde/Er könnte/Er sollte/An ihrer/seiner Stelle würde ich ....

Tema 14. Ejercicios

Nivel G

III. *Sie sind **sehr** höflich.*

Sie sagen nicht:	sondern:
1. Mach die Tür auf!	Würdest du bitte die Tür aufmachen?

2. Sprechen Sie etwas langsamer!
3. Gib mir den Zucker!
4. Erklären Sie mir das!
5. Machen Sie das Licht an!
6. Seid ruhig!
7. Warte noch eine halbe Stunde!
8. Leih mir 10,— DM!
9. Tun Sie mir einen Gefallen!
10. Unterschreiben Sie den Brief!
11. Bringen Sie mir ein Brot mit!

TEMA 16

I. *Was wird im Deutschunterricht gemacht? Bitte bilden Sie Sätze!*

Im Unterricht	wird	manchmal	Lieder	konjugiert.
			Schüler	gegessen.
Bei uns	werden	oft	Texte	getrunken.
			Übungen	gemacht.
Hier		nie	Prüfungen	dekliniert
			Tests	geübt.
Es		jeden Tag	Kuchen	gefragt.
			Gedichte	übersetzt.
		viel	Verben	gehört.
			das Passiv	geschrieben.
		auch	Adjektive	gelesen.
			die Lehrerin/ der Lehrer	bestanden.
			(Sprach)Spiele	auswendig gelernt.
			Dialoge	kritisiert.
			Sekt	korrigiert.

Beispiel: Im Unterricht wird manchmal Sekt getrunken.

II. *Was wird mit einem Brief gemacht?* (öffnen, lesen, übersetzen, beantworten, diktieren, schreiben, korrigieren, unterschreiben einstek-

Tema 17. Ejercicios

ken, wegschicken, ablegen, verstecken, zerreißen, wegwerfen, verbrennen, frankieren).

III. *Was wird hier gemacht?*
In der Disco   wird
Im Schwimmbad
In der Kirche   werden
In der Küche
Auf der Post
In der Kneipe
singen, tanzen, lachen, trinken, flirten, kochen, schwimmen, Kartoffeln schälen, Briefmarken verkaufen, rauchen, Kuchen backen, beten.

> *Beispiel:* In der Kirche wird gebetet.

IV. *Bitte übersetzen Sie!*
 1. En Alemania se bebe mucha cerveza.

 2. En la clase de alemán se canta mucho.

 3. En clase no se fuma.

 4. En España se cena tarde.

 5. En la clase de alemán a veces se flirtea.

 6. En una discoteca se baila, se bebe y se ríe mucho.

 7. Se llama Juan.

 8. La carta se firma ahora.

 9. A Ernesto le operan mañana.

TEMA 17

I. *Sind die folgenden Sätze richtig?*
 1. Es ist leicht, Deutsch lernen.
 2. Hier darf man nicht rauchen.

Nivel G

3. Es ist verboten, im Unterricht zu rauchen.
4. Ich habe Lust, ins Kino gehen.
5. Sie möchte ins Kino zu gehen.
6. Barbara versucht, abzunehmen.
7. Ich hoffe, kommen können.
8. Jeden Tag geht er zu schwimmen.
9. Ich habe keine Zeit, die Hausaufgaben machen.
10. Willst du nicht mitkommen?

II. *Bitte ergänzen Sie **zu**, wo es nötig ist!*
1. Du brauchst nicht .... fragen.
2. Spielst du mit?
   Ich habe keine Lust, mit .... spielen.
3. Wir werden die Rechnung nächste Woche .... bezahlen.
4. Es ist schön, sich am Strand .... sonnen.
5. Wer geht mit Fußball .... spielen?
6. Wann lässt du das Auto .... reparieren?
7. Ich werde versuchen, den Brief .... übersetzen.
8. Möchtest du den Krimi nicht .... sehen?
9. Wir hoffen, euch bald wieder .... sehen.
10. Wir haben vergessen, euch an .... rufen.
11. Ich habe heute keine Zeit, mit dir ins Theater .... gehen.

III. *Bitte beenden Sie die folgenden Sätze!*
1. Er darf ....
2. Hast du Lust, ...
3. Ich habe keine Zeit, ...
4. Es ist angenehm, ...
5. Wir hoffen, ...
6. Er versucht, ...
7. Es ist verboten, ...
8. Wir werden ....
9. Es ist leicht ....

IV. *Bitte übersetzen Sie!*
1. Espero verte pronto.

2. Es agradable desayunar en la cama.

3. Tomás sabe bailar muy bien.

4. No tengo tiempo de ayudarte.

5. He olvidado llamarte por teléfono.

Tema 18. Ejercicios

6. Intentaré ser puntual.

7. Aquí no se puede aparcar.

8. No tengo ganas de ir al cine.

9. Es fácil aprender alemán.

10. No necesitas ayudar.

TEMA 18
REPASO

I. *Bilden Sie bei den folgenden Befehlen den Imperativ!*
   1. (sprechen)   ....   nicht mit vollem Mund!
   2. (nehmen)   ....   den Finger aus dem Mund!
   3. (lesen)   ....   deinen Aufsatz vor!
   4. (sein)   ....   alle ruhig!
   5. (lassen)   ....   mich in Ruhe!
   6. (geben)   ....   mir den Kuli!
   7. (sehen)   ....   in dein Buch!
   8. (schreien) ....   nicht so laut!

II. *In jeder Reihe sind zwei Verben zu suchen, die nicht im Präsens stehen. Streichen Sie sie durch und überlegen Sie sich die entsprechende Präsensform!*

> *Beispiel:* ich frage - du liest - er sang - sie glaubt - wir lachten, ihr antwortet.
> *Lösung:* er sang = er singt
> wir lachten = wir lachen.

1. du nimmst - er trägt - sie rufen - ich kam - sie half - du suchst - es regnet.
2. wir besuchten - sie isst - du backst - ihr telefoniertet - es ist - sie hat.
3. wir durften - er arbeitet - du riefst - er sagt - ich hole.
4. du ziehst - er lacht - wir lieben - es kostet - sie fuhren - er ging.
5. er denkt - du schliefst - es braucht - sie mussten - es schneit - sie schenken.

Nivel G

III. *Schreiben Sie die fehlenden Vokale der starken Verben in die Lücken!*

Präsens	Präteritum	Perfekt
ich bitte	ich b—t	ich habe geb—ten
ich fahre	ich f—hr	ich bin gef—hren.
ich gebe	ich g—b	ich habe geg—ben.
ich laufe	ich l—f	ich bin gel—fen.
ich helfe	ich h—lf	ich habe geh—lfen.
ich liege	ich l—g	ch habe gel—gen.
ich rate	ich r—t	ich habe ger—ten
ich komme	ich k—m	ich bin gek—mmen.
ich schreibe	ich schr—b	ich habe geschr—ben
ich wasche	ich w—sch	ich habe gew—schen.

IV. *Bei diesen unregelmässigen Verben ist eine Zeitstufe falsch. Streichen Sie sie durch und suchen Sie die richtige!*
1. Ich weiß es genau. Ich wusste es genau. Ich habe es genau gewisst.
2. Er sitze auf der Bank. Er saß auf der Bank. Er hat auf der Bank gesessen.
3. Ich mag ihn. Ich mochte ihn. Ich habe ihn gemagt.
4. Ich kannst das. Ich konnte das. Ich habe das gekonnt.
5. Sie will ein Motorrad. Sie willte ein Motorrad. Sie hat ein Motorrad gewollt.
6. Er bringt die Post. Er bringte die Post. Er hat die Post gebracht.

V. *Stehen diese Sätze im Aktiv oder Passiv? Bitte markieren Sie A oder P!*
1. Wann wird das Auto repariert?
2. Die Firma hat den Computer geliefert.
3. Großvater raucht eine Pfeife.
4. Morgen wird Peter operiert.
5. Die Kinder werden groß.
6. Hier wird nicht geraucht.
7. Die Terroristen werden immer noch gesucht.
8. Verena will Ärztin werden.

VI. **Sein** oder **haben**?
1. Er .... gesagt.
2. Sie .... gekommen.
3. Ich .... gegangen.
4. Wir .... gegessen.
5. Du .... gelaufen.
6. Er .... gesungen.
7. Sie .... angekommen.

Tema 18. Ejercicios

8. Ihr .... geflogen.
9. Sie .... gewesen.

VII. *Die Präteritum-Maschine*
Alle Verben, die man in diese Maschine eingibt, werden von ihr ins Präteritum gesetzt. Da eine Maschine aber nicht denken kann, unterscheidet sie nicht zwischen starken und schwachen Verben. Streichen Sie bitte alle falschen Präteritumformen durch und schreiben Sie die richtigen daneben. Streichen Sie von den Präsensformen, die noch vor der Maschine liegen, die durch, aus denen die Maschine falsche Präteritumformen machen wird!

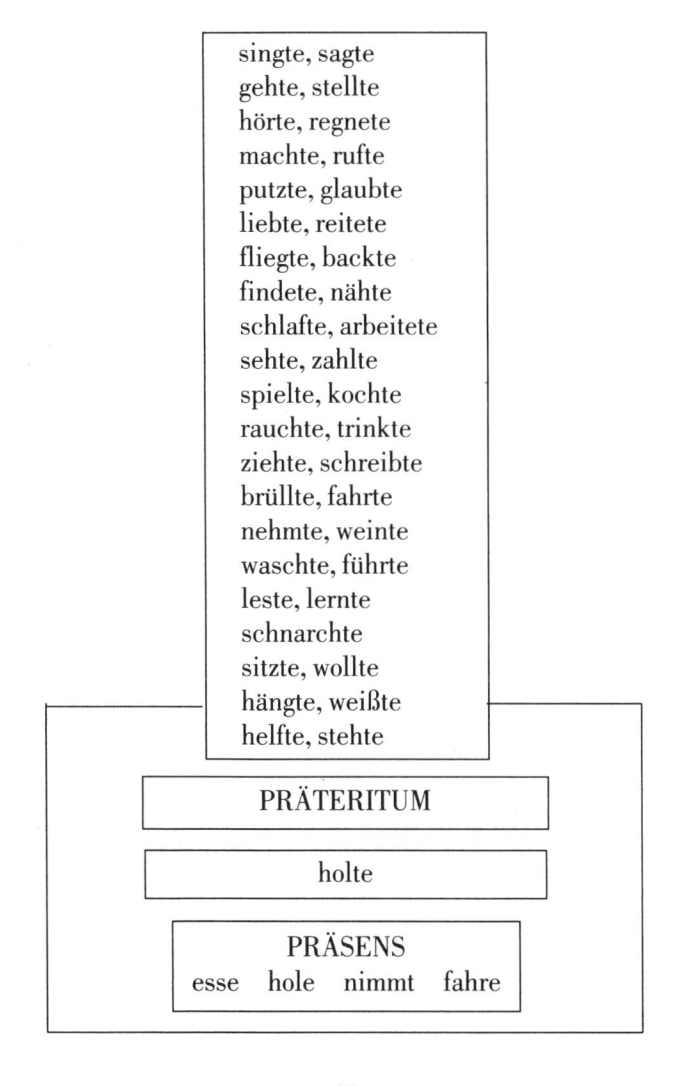

singte, sagte
gehte, stellte
hörte, regnete
machte, rufte
putzte, glaubte
liebte, reitete
fliegte, backte
findete, nähte
schlafte, arbeitete
sehte, zahlte
spielte, kochte
rauchte, trinkte
ziehte, schreibte
brüllte, fahrte
nehmte, weinte
waschte, führte
leste, lernte
schnarchte
sitzte, wollte
hängte, weißte
helfte, stehte

PRÄTERITUM

holte

PRÄSENS
esse   hole   nimmt   fahre

Nivel G

TEMA 20

I. *Bitte setzen Sie den bestimmten Artikel ein!*
1. .... Tisch, 2. .... Bett, 3. .... Haus, 4. .... Maus, 5. .... Tür, 6. .... Fenster, 7. .... Zimmer, 8. .... Kaffee, 9. .... Café, 10. .... Türkei, 11. .... Fabrik, 12. .... Freund, 13. .... Essen, 14. .... Tee, 15. .... Sekretärin, 16. .... Direktor, 17. .... Apfel, 18. .... Porsche, 19. .... Milch, 20. .... Bier, 21. .... Freundin, 22. .... Mann, 23. .... Tag, 24. .... Fräulein, 25. .... Wurst, 26. .... Hähnchen, 27. .... Woche, 28. .... Klasse, 29. .... Student, 30. .... Universität, 31. .... Schweiz, 32. .... Montag, 33. .... Nacht, 34. .... Salat.

II. *Bitte schreiben Sie die Nomen unter den jeweiligen Artikel! Was haben diese Dinge gemeinsam? Z. B. Nr. 1: man kann sie lesen.*
1. Zeitung, Buch, Brief.
2. Bier, Milch, Whisky.
3. Baby, Frau, Mann.
4. Bohne, Gemüse, Kohl.
5. Kino, Oper, Konzertsaal.
6. Wagen, Fahrrad, Honda.
7. U-Bahn, Bus, Flugzeug.
8. Sessel, Bett, Couch.
9. Hund, Katze, Huhn.
10. Woche, Jahr, Monat.

	der	*die*	*das*
1.			
2.			
3.			
4.			
5.			
6.			
7.			
8.			
9.			
10.			

III. *Bitte übersetzen Sie! (mit Artikel)*
1. La mesa
2. La mañana
3. El cine
4. La cerveza
5. El coche
6. La primavera

Tema 21. Ejercicios

7. La película	8. La manzana
9. La carta	10. La miel
11. La ensalada	12. El huevo
13. El pollo	14. El pan
15. La carne	16. El pescado
17. La casa	18. El agua
19. El Sol	20. La Luna
21. El viaje	22. El grupo
23. El número	24. El chocolate
25. El cigarro	26. La cebra
27. El plátano	28. El segundo

TEMA 21

I. *Bilden Sie den Singular (mit Artikel)!*
1. Birnen, 2. Schränke, 3. Mädchen, 4. Äpfel, 5. Kuchen, 6. Kinos, 7. Blätter, 8. Sekretärinnen, 9. Bücher, 10. Autos, 11. Hähnchen, 12. Kinder, 13. Röcke, 14. Tage, 15. Zentren, 16. Häuser, 17. Rosen, 18. Monate, 19. Kleider, 20. Zimmer, 21. Wochen, 22. Museen, 23. Spiele, 24. Bäume, 25. Fotos, 26. Taxis, 27. Pullover, 28. Hotels, 29. Frauen, 30. Tische, 31. Männer, 32. Stühle, 33. Fische, 34. Fahrräder, 35. Supermärkte, 36. Filme, 37. Pässe, 38. Bilder, 39. Brüder, 40. Ärzte, 41. Gesichter, 42. Städte, 43. Hände, 44. Gäste, 45. Busse, 46. Nächte, 47. Flugzeuge, 48. Wörter, 49. Zeugnisse, 50. Gläser, 51. Jahre, 52. Länder, 53. Studentinnen.

II. *Bitte ordnen Sie die folgenden Substantive in die richtige Spalte der Tabelle ein!*
die Dame, das Lied, der Schlüssel, das Hotel, das Haus, das Brot, der Patient, die Uhr, der Monat, das Auto, der Motor, die Blume, der

Nivel G

Stiefel, das Getränk, das Ei, die Kirche, die Stadt, das Dorf, der Lehrer, der Baum, der Teller, die Kartoffel, die Zeitung, das Kino.
Plural auf: -(e)n   -s   -e   -er   *unverändert*

III. *Schreiben Sie unter die Zeichnungen den Singular und den Plural der abgebildeten Dinge:*

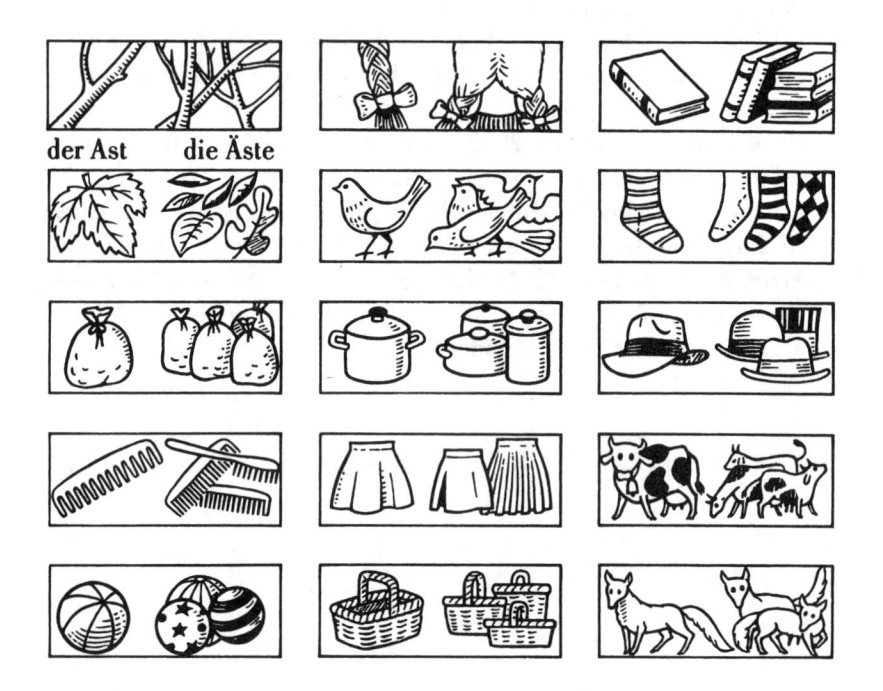

der Ast   die Äste

IV. *Suchen Sie auch zu den folgenden Substantiven den Plural:*
Vater, Zug, Mädchen, Kuchen, Foto, Auge, Ohr, Zimmer, Sofa, Tisch, Stuhl, Jahr, Nacht, Hose, Kleid, Garten, Büro, Messer, Hemd, Traum, Maus, Lampe, Taube, Dorf, Gast, Nagel.

TEMA 22

I. *Bitte unterstreichen Sie die Fälle!*   Nominativ: blau
  Akkusativ: rot
  Dativ: grün
  Genitiv: schwarz
  1. Herr Sommer unterschreibt den Brief.
  2. Ich trinke Wasser.
  3. Sie bestellen Pommes Frites mit Fisch.
  4. Nina hilft ihrer Mutter.
  5. Wir schenken Gina Briefpapier.
  6. Morgen feiern wir Onkel Pauls Geburtstag.
  7. Möchtest du noch ein Stück Torte?
  8. Die Pizza schmeckt mir ausgezeichnet.
  9. Der Lehrer erklärt den Schülern den Dativ.
  10. Diese Zeichnung zeigt den Fuß eines Huhns.

II. *Bitte ergänzen Sie die Artikel:*
  1. Der Ober serviert .... Gästen .... Essen.
  2. Morgen zeige ich .... Leuten .... Wohnung.
  3. .... Gästen schmeckt .... Essen nicht.
  4. Omi schenkt .... Enkelin .... Buch *Grimms Märchen*.
  5. Der Hund bringt .... Mann .... Zeitung.
  6. Kannst du bitte .... Frau .... Geld zurückgeben?
  7. Der Direktor diktiert .... Sekretärin .... Briefe.
  8. Wann schreibst du .... Firma .... Briefe?

III. *Bitte tragen Sie die folgenden Sätze in das Schema ein!*
  Posición I   Posición II   Complemento   Complemento   Complemento   Complemento   Verbo II
                             indirecto   directo   circunstancial prepositivo

  1. Die Schüler gratulieren dem Lehrer zum Geburtstag.
  2. Der Kellner serviert den Gästen das Frühstück im Garten.
  3. Kaspar isst keine Suppe.

Nivel G

4. Er hilft mir nie.
5. Wir werden die Rechnung nicht bezahlen.
6. Peter träumt schon von den Ferien.
7. Wir werden Oma 2.000 DM zum Geburtstag schenken.

IV. *Bitte bauen Sie Sätze!*
1. den Schülern   Der Lehrer   erklären   das Passiv.

2. Herr Weiß   wollen   anrufen   Herrn Rodríguez.

3. Ich   mitbringen   Schokolade   den Kindern.

4. unsere neue Wohnung   Wir   den Gästen   zeigen.

5. Wir   reparieren   müssen   lassen   den Wagen   unbedingt.

6. Den Leuten   schmecken   die Suppe   nicht.

TEMA 23

I. *Bitte ergänzen Sie den bestimmten oder unbestimmten Artikel!*
1. Auf dem Bild sehen Sie .... Dorf.
2. .... Dorf liegt im Sauerland.
3. Unsere Nachbarn haben .... Vogel.
4. .... Vogel heißt «Hansi». Es ist .... Kanarienvogel.
5. Die Schule braucht unbedingt .... Englischlehrer.
6. Fast jede Stadt hat .... Goethestraße.
7. .... Wiener Straße liegt im Stadtzentrum.
8. Ich habe .... halbe Stunde auf dich gewartet.
9. .... Kuchen schmeckt! Gib mir bitte noch .... Stück!
10. Klaus hat sich .... gebrauchtes Auto gekauft. .... Auto hat schon 45 000 km.
11. .... Mai ist der schönste Monat.
12. Susi hat .... blaue Augen.
13. Wir wohnen in .... Beethovenstraße.

II. *Bitte übersetzen Sie!*
1. He esperado media hora.

2. El café es muy bueno. ¡Por favor, dame otra taza!

Tema 23. Ejercicios

3. El año pasado estuvimos en Suiza.

4. Juan ya tiene piso.

5. Es un piso muy bonito.

6. No tengo tiempo.

7. El Sr. Stein es profesor.

8. Por la mañana escucho siempre la radio.

9. Elisenda toca el piano muy bien.

10. Ana María viene de Argentina.

11. Muchos alemanes aprenden el español.

12. El Dr. Ebach no está en la oficina.

13. Ya son las 8.00 h.

14. Los Reimann ya están aquí.

III. *Bitte ergänzen Sie das Demonstrativum!*

> *Beispiel*: Fährt .... Zug nach Frankfurt?
> Fährt *dieser* Zug nach Frankfurt?

1. .... Herrn kenne ich nicht.
2. .... Straße führt zur Autobahn.
3. Wie teuer ist .... Buch hier?
4. .... Schallplatte nehme ich.
5. Wie gefällt Ihnen .... Bluse?
6. .... Wein ist ausgezeichnet?
7. In .... Jahr fand die Olympiade in Barcelona statt.
8. Am Donnerstag kann ich leider nicht kommen. An .... Tag habe ich Unterricht.
9. Ist .... Platz noch frei?
10. In .... Restaurant haben wir schon oft gegessen.
11. Der Brief ist vom 13. .... Monats.

Nivel G

12. .... Woche ist unser Büro geschlossen.
13. In .... Haus ist Goethe geboren.
14. .... Messer schneidet nicht. Gibt mir bitte ein anderes!

TEMA 24

I. *Wie heißt der Gegensatz zu diesen Adjektiven?*
   1. alt   — j...
   2. schön   — h...
   3. heiß   — k...
   4. dick   — d...
   5. faul   — f...
   6. laut   — l...
   7. groß   — k...
   8. hell   — d...
   9. dumm   — k...
   10. freundlich — u...

II. *Buch, Pullover, Suppe. Wie kann es sein?*
   Schreiben Sie zum Beispiel: ein bunter Pullover,
                                 ein langweiliges Buch,
                                 eine leckere Suppe.
   1. gestrickt   2. lustig
   3. spannend   4. verkocht
   5. versalzen   6. neu
   7. einfarbig   8. interessant
   9. schmackhaft   10. angebrannt
   11. wässrig   12. kariert
   13. weit   14. warm
   15. scharf   16. dünn
   17. schmutzig   18. langärmelig
   19. dick   20. gestreift

III. *Was brauchen wir für das Kostümfest?*
   Bitte ergänzen Sie die Endungen (im Akkusativ)!
   Wir brauchen:
   1. spanisch........ Wein, 2. spanisch........ Oliven, 3. frisch........ Bauernbrot, 4. französisch........ Käse, 5. flott........ Tanzmusik, 6. lecker........ Kuchen, 7. stark........ Zigaretten, 8. kalt........ Braten, 9. heiß........ Würstchen, 10. kühl........ Bier, 11. geräuchert........ Lachs, 12. gekocht........ Schinken, 13. roh........ Schinken, 14. ge-

44

Tema 24. Ejercicios

kocht........ Eier, 15. stark........ Kaffee, 16. rot........ Licht, 17. lustig........ Gäste, 18. eine toll........ Stimmung.

IV. *Nach dem Kostümfest. Ein Gast erzählt:*
1. Die Stimmung war toll........ 2. Es gab viel zu essen und zu trinken: 3. rot........ Wein, kühl........ Sekt, deutsch........ Bier, frisch........ Brot mit französisch........ Käse, (mit) gekocht........ und roh........ Schinken, (mit) geräuchert........ Lachs und kalt........ Braten. 4. Ein unfreundlich........ Nachbar hat sich über die laut........ Musik beschwert. 5. Wir haben ihn dann zu unserem lustig........ Fest eingeladen. 6. Einige hatten sich als Clown verkleidet: sie trugen eine lustig........ Maske mit einer dick........ Nase und einem breit........ Mund. 7. Sie hatten weit........ Hosen und viel zu groß........ Schuhe an. 8. Einige Mädchen waren als Cowgirls verkleidet: mit blau........ Jeans und kariert........ Blusen. 9. Das best........ Kostüm trug Inge. 10. Sie sah wie ein gefährlich........ Tiger aus.

V. *Wie heißt der unbestimmte Artikel?*

> *Beispiel*: das neue Haus.
> *Lösung:* ein neues Haus.

1. die interessante Übung
2. der große Schrank
3. das moderne Bild
4. der kleine Mann
5. die bequeme Couch
6. das helle Zimmer
7. der runde Tisch

VI. *Setzen Sie den Artikel und das Adjektiv ein!*

> *Beispiel*: alt Wohnung.
> *Lösung:* die alte Wohnung.

1.	..... alt	Häuser	2.	..... groß	Familie
	..... alt	Mann		..... groß	Garten
	..... alt	Auto		..... groß	Städte
3.	..... laut	Musik	4.	..... warm	Essen
	..... laut	Kinder		..... warm	Suppe
	..... laut	Motor		..... warm	Zimmer

45

Nivel G

VII. *Bitte setzen Sie die in Klammern angeführten Adjektive ein!*

> *Beispiel*: Er sucht eine Wohnung (preiswert).
> *Lösung*: Er sucht eine preiswerte Wohnung.

1. Wir machen eine .... Übung   (kompliziert)
2. Er zahlt eine .... Miete   (hoch)
3. Ich suche ein .... Bauernhaus (alt)
4. Sie schreibt einen .... Brief (lang)
5. Das sind .... Schüler   (gut)

TEMA 25

I. *Bitte ordnen Sie die Substantive aus jedem Kästchen den drei Formen des gesteigerten Adjektivs zu und schreiben Sie sie in die Tabelle!*

1. Opa / Vater / Urgroßvater
2. Fluss / Bach / Meer
3. Kleinstadt / Dorf / Großstadt
4. Bier / Sekt / Wein
5. Gepard / Zebra / Leopard
6. Kleinkind / Baby / Neugeborenes
7. Nadel / Nagel / Schraube
8. Bungalow / Wolkenkratzer / Hochhaus

Positiv	Komparativ	Superlativ
1. alt	älter	am ältesten
2. tief	tiefer	am tiefsten
3. groß	größer	am größten

Tema 25. Ejercicios

4. teuer — teurer — am teuersten
5. schnell — schneller — am schnellsten
6. jung — jünger — am jüngsten
7. spitz — spitzer — am spitzesten
8. hoch — höher — am höchsten

> *Beispiel*: Der Vater ist alt, der Opa ist älter, der Urgroßvater ist am ältesten.

II. *In jeder Reihe wurde ein Adjektiv in einer Stufe falsch gesteigert. Streichen Sie die falsche Form durch und schreiben Sie die richtige auf die Linie!*

1. hoch — höcher — am höchsten..................
2. klug — klüger — am klugesten..................
3. spitz — spitziger — am spitzesten..................
4. viel — mehr — am mehrsten..................
5. dunkel — dunkler — am dunklersten..................
6. fett — fetter — am fettigsten..................
7. hell — mehr hell — am hellsten..................
8. lieb — gern — am liebsten..................
9. gut — besser — am gütsten..................
10. sympathisch — sympathischer — am sympathischesten..................
11. teuer — teuerer — am teuersten..................
12. nah — nächer — am nächsten..................
13. spannend — spannender — am spannendesten..................
14. alt — älter — am ältsten..................

III. *Bitte setzen Sie das Adjektiv im Superlativ ein!*
1. Der Himalaya ist der .... (hoch) Berg der Erde.
2. Die Wolga ist der .... (lang) Fluss Europas.
3. Methusalem war der .... (alt) Mann der Erde.
4. Australien ist der .... (klein) Erdteil.
5. Die Kobra ist die .... (giftig) Schlange.
6. Mexiko hat die .... (viel) Einwohner.
7. Die Antilope ist das .... (schnell) Tier.

IV. *Was sagt die Verkäuferin?*

> *Beispiel*: Kundin: Die Bluse ist zu teuer.
> Verkäuferin: Leider haben wir keine billigere.

Nivel G

1. Kundin: Der Rock ist zu kurz.
   Verkäuferin:
2. Kundin: Das Kleid ist zu eng.
   Verkäuferin:
3. Kundin: Die Hose ist zu lang.
   Verkäuferin:
4. Kundin: Die Strümpfe sind zu hell.
   Verkäuferin:

V. *Als oder wie?*
1. Niemand raucht so viel .... du.
2. Keine Stadt ist so schön .... unsere.
3. Nichts lese ich lieber .... Kriminalromane.
4. Niemand trinkt mehr .... du.
5. Niemanden liebe ich mehr .... dich.
6. Niemand spielt so gut Klavier .... du.

VI. *Wie lautet die Komparativform?*
1. (kurz)   Gibt es keinen .... Weg als diesen?
2. (gern)   Ich trinke .... Kaffee als Tee.
3. (gut)   Niemand spricht .... Deutsch als sie.
4. (leicht) Das ist eine .... Übung als die letzte.
5. (billig) Haben Sie kein .... Obst als dieses?
6. (groß)   Du hast ein .... Zimmer als ich.
7. (teuer)   Die Jeans sind hier .... als in dem anderen Geschäft.
8. (schnell) Der neue Wagen fährt .... als der alte.
9. (viel)   Es sind .... Touristen gekommen als letztes Jahr.
10. (alt)   Monikas Mann ist 13 Jahre .... als sie.

TEMA 26

I. *Bitte ergänzen Sie die Präposition!*
1. Knoblauch ist gut .... die Gesundheit.
2. Nina hat sich .... den Rocksänger verliebt.
3. Er ist .... einer Ministerin verheiratet.
4. Die Schüler sind .... dem Unterricht sehr zufrieden.
5. Morgen werden wir .... der Arbeit fertig.
6. Ich war noch nie gut .... Mathematik.
7. Wir sind .... den neuen Chef gespannt.
8. Wer ist .... diese Arbeit verantwortlich?

Tema 27. Ejercicios

9. .... diesem Vorschlag sind wir nicht einverstanden.
10. Rauchen ist schlecht .... die Gesundheit.
11. Rolf ist sehr beliebt .... seinen Kollegen.
12. Die Leute sind stolz .... ihr Land.
13. Der Regen ist schädlich .... die Ernte.
14. Sie ist .... diesen Dingen nicht interessiert.

II. *Bitte bauen Sie Sätze!*

Sport	ist gut	der Direktor
die Sekretärin	ist schlecht	der Unfall
der Student	ist verantwortlich	die Arbeit
der Autofahrer	ist verliebt	
die Hausfrau	ist zufrieden	die Gesundheit
Wer	ist böse	die Prüfung
	ist eifersüchtig	der Chef
	ist gespannt	der Professor
	ist interessiert	der Film
	ist stolz	die Post
	ist schuld	sich
	ist befreundet	die Studentin
	ist fertig	
	ist verheiratet	

Beispiel: Die Sekretärin ist verantwortlich für die Post.

TEMA 27

I. *Bitte lesen Sie die folgenden Telefonnummern!*
1. Daldrup, Manfred   31 52 51
2. Dalen, Erik   87 01 91
3. Dalibor, Joachim   85 41 70
4. Dalinski, Peter   50 18 44
5. Dalkmann, Alfred   72 22 12
6. Dalpont, Viktor   51 19 38
7. Damaske, Erich   46 61 25
8. Damberg, Christoph   33 63 73

II. *Lesen Sie auch die folgenden Vorwahlnummern!*
1. Innsbruck   (Österreich)   435 222
2. Salzburg   (Österreich)   436 62

Nivel G

3. Gouda   (Niederlande)   31 18 20
4. Fribourg   (Schweiz)   41 37
5. Baden-Baden (BRD)   497 221
6. Acapulco   (Mexiko)   52 748
7. York   (England)   44 904

III. *Bitte schreiben Sie in Buchstaben!*
  1.   87,-- DM =
  2.   41,-- DM =
  3.   16,40 DM =
  4. 121,50 DM =
  5.   68,-- DM =
  6. 349,-- DM =
  7. 1226,-- DM =

IV. *Wie schreibt man die Zahlen?*
  1. fünf   =
  2. neun   =
  3. achtzehn   =
  4. zweiunddreißig   =
  5. dreihundertfünfundsechzig   =
  6. viertausendfünfhundertachtundzwanzig   =
  7. siebenhundertvierundachtzig   =
  8. neuntausendneunhundertneunundneunzig   =
  9. neunzehnhundertzweiundneunzig   =
  10. sechzehnhundertsechsundsechzig   =

V. *Wie spät ist es? Schreiben Sie die Uhrzeiten (familiärer und offizieller Gebrauch)!*
  1. 7.50 Uhr, 2. 9.05 Uhr, 3. 10.20, 4. 12.40, 5. 13.00, 6. 16.35, 7. 18.15, 8. 19.45, 9. 20.55, 10. 22.10, 11. 23.30.

VI. *Bitte übersetzen Sie! Uhr oder Stunde?*
  1. ¿Qué hora es?
  2. La clase empieza a las 9.00 h.
  3. La clase dura cuatro horas.
  4. Me levanto a las 7.00 horas.
  5. Duermo 11 horas.
  6. El vuelo dura 2 horas y media.
  7. Trabajamos 8 horas.
  8. El concierto dura una hora y media.
  9. ¡Ven a las 9.00 horas!

Tema 27. Ejercicios

10. ¿A qué hora llega el avión de Francfort? A las seis y cuarto.
11. Tiene dos horas de retraso.

VII. *Bitte lesen Sie!*
1. Pablo Picasso wurde am 25.10.1881 geboren und starb am 8.4.1973.
2. Johann Wolfgang von Goethe wurde am 28.8.1749 geboren und starb am 22.3.1832.
3. Manuel de Falla wurde am 23.11.1876 geboren und starb am 14.11.1946.
4. Sigmund Freud wurde am 6.5.1856 geboren und starb am 23.9.1939.

VIII. *Was hat Julia wann gemacht?*

> *Beispiel*: Um 7.00 Uhr ist sie aufgestanden.

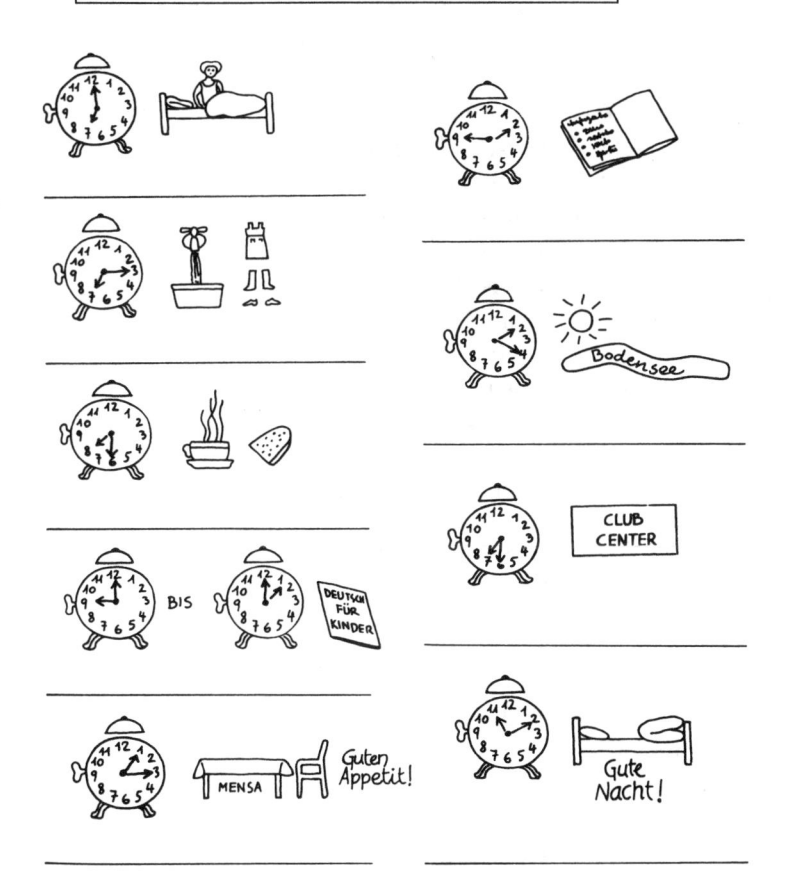

Nivel G

TEMA 28

I. *Bitte ergänzen Sie die Personalpronomen!*
1. Verkäuferin: Wie gefällt Ihnen diese Bluse?
2. Kundin: Ich finde .... zu bunt.
3. Verkäuferin: Gefällt Ihnen dieser Rock?
4. Kundin: Ich finde .... zu eng und zu kurz.
5. Verkäuferin: Dieses Kleid ist doch wunderschön!
6. Kundin: Ehrlich gesagt, ich finde .... zu altmodisch.
7. Verkäuferin: Was sagen Sie zu diesem Kostüm?
8. Kundin: Nicht übel, aber ich finde .... etwas zu teuer.
9. Verkäuferin: Hier haben wir noch elegante Pullover, Hosen, Hosenröcke usw.
10. Kundin: Nein, Entschuldigung, ich finde .... nicht modern genug.
11. Verkäuferin: Dann kann ich Ihnen leider nicht helfen.

II. *Streichen Sie die falschen Pronomen durch:*
1. Er/Ihm schreibt ihr/sie einen Brief.
2. Uns/Wir schenken sie/ihnen ein Wörterbuch.
3. Sie/ihr hat mir/mich gestern angerufen.
4. Ich/es schmeckt mich/mir ausgezeichnet.
5. Gib mir/mich bitte das Wörterbuch!
6. Hilf mich/mir bitte mal!
7. Sie/Ihnen kennen mich/mir noch nicht.
8. Sie/Ihnen haben uns/unser eine Vase mitgebracht.
9. Sie/ihr wart schneller als uns/wir.

III. *Bitte ersetzen Sie das Nomen durch ein Pronomen!*

> *Beispiel*: A) Ich brauche das Kochbuch.
> *Lösung*: B) Ich bringe es dir sofort.

1. Ich brauche den Löffel.
2. Ich brauche das Salz.
3. Ich brauche den Pfeffer.
4. Ich brauche den Zucker.
5. Ich brauche das Messer.
6. Ich brauche die Zwiebeln.
7. Ich brauche die Tomaten

Tema 28. Ejercicios

IV. *Ergänzen Sie bitte das Pronominaladverb oder die Präposition und das Personalpronomen!*

Beispiel: A) Ich interessiere mich für Literatur.
B) Dafür interessiere ich mich auch.
Oder: Dafür interessiere ich mich nicht
A) Ich interessiere mich für die neue Mieterin.
B) Für sie interessiere ich mich nicht.
Oder: Für sie interessiere ich mich auch.

1. Ich interessiere mich für Politik.

2. Ich interessiere mich für die neue Sekretärin.

3. Ich interessiere mich für Fußball.

4. Ich interessiere mich für den Boxweltmeister.

5. Ich interessiere mich für Autos.

6. Wir warten auf das Gehalt.

7. Wir warten auf einen Lottogewinn.

8. Ich warte auf den Briefträger.

9. Ich warte auf den Zug.

10. Wir warten auf den Notar.

V. *Ist es gibt immer richtig? Wenn nicht, ersetzen Sie es durch ist/sind!*
1. Im Kühlschrank gibt es nur noch zwei Flaschen Bier.
2. Auf dem Bild gibt es eine moderne Stadt.
3. Bei uns gibt es Leute, die etwas verrückt sind.
4. Gibt es hier eine Kneipe?
5. Morgen gibt es Regen.
6. In unserer Klasse gibt es zwei Schüler aus Japan.

Nivel G

TEMA 29

I. *Was gehört wem?*

> *Beispiel:* ich-Tasche.
> *Lösung:* Das ist meine Tasche.

1. wir - Haus.
2. du - Buch.
3. ihr - Auto.
4. er - Glas.
5. sie - Hund.
6. er - Freunde.
7. sie - Kinder.
8. wir - Möbel.
9. ich - Zähne.
10. ihr - Noten.

II. *Wem gehören die Sachen? Bitte schreiben Sie sie in den jeweiligen Schrank!*

1. Peter

2. Wir

3. die Zwillinge | Hanni und Nanni

4. Sonja

Tema 29. Ejercicios

1. sein Fußball
2. ihr Kleid
3. unsere Bücher
4. ihre Kassetten
5. unsere Fotos
6. seine Jeans
7. ihre Spielsachen
8. ihre Fotoalben
9. unsere Schallplatten
10. seine Poster
11. ihre Gitarre
12. unser altes Radio
13. ihre Kamera
14. sein Anorak
15. ihre Schuhe

III. *Bitte ergänzen Sie das Possessivpronomen!*
1. Frau Petersen schickt .... Sohn ein Paket.
2. Thomas räumt .... Zimmer auf.
3. Sabine geht mit .... Freund ins Kino.
4. Eva und Mario zeigen uns .... Urlaubsfotos.
5. Opa geht mit .... Enkelkindern in den Zoo.
6. Günter geht allein zur Party .... Frau ist krank.
7. Leider können wir nicht kommen .... Auto ist kaputt.
8. Frau Hasselt kann heute nicht fernsehen .... Fernseher funktioniert nicht.
9. Ich muss .... Mantel reinigen lassen.
10. Wir müssen .... Wagen zur Werkstatt bringen.
11. Albert gratuliert .... Mutter zum Geburtstag.
12. Fragen Sie doch .... Lehrerin!
13. Anton trifft .... Freunde am Stammtisch.
14. Fahren Sie mit .... Wagen zur Arbeit, Herr Krause?
15. Erna ruft jeden Tag .... Mutter an.

IV. *Bitte übersetzen Sie!*
1. Aquí están Pedro y su mujer.
2. ¿Es éste su perro, Sr. Krone?
3. Hoy vienen Anita y su marido.
4. Nuestro coche tiene 25 años.
5. Claudia va con su jefe a la Feria de Hannover.

Nivel G

TEMA 30

I. *Alle Leute freuen sich. Worauf/Worüber?*

> *Beispiel:* Wir freuen uns auf die Ferien.

1. Ich freue   den Lottogewinn
2. Freust du   die Hochzeit
3. Karla   das gute Zeugnis
4. Er freut   seinen/ihren Geburtstag
5. Freut ihr   das neue Auto
6. Heidi und Gerhard   den Erfolg
7. Wir   die Bonbons
8. Der kleine Alex   die bestandene Prüfung
9. Wir   die 100,— DM
                                die Gehaltserhöhung
                                die Ferien

II. *Bitte ergänzen Sie die Pronomen!*
 1. Ich habe .... schon wieder verliebt.
 2. Der kleine Klaus wünscht .... zum Geburtstag einen Fußball.
 3. Kinder, habt ihr .... die Hände schon gewaschen?
 4. Was ist mit dir? Fühlst du .... nicht wohl?
 5. Die alte Frau kann .... nicht mehr allein anziehen. Ihre Tochter muss .... anziehen.
 6. Herr Schwarz ärgert .... über das schlechte Programm.
 7. Das schlechte Programm ärgert ....
 8. Du musst .... mal von einem Arzt untersuchen lassen.
 9. Oma regt .... über die heutige Jugend auf.
 10. Der Motorenlärm und die vielen Menschen regen .... auf.
 11. Hallo Freunde! Ich möchte .... unseren neuen Kollegen vorstellen. Einigen von euch hat er .... schon vorgestellt.
 12. Wir haben .... in der U-Bahn kennen gelernt.
 13. Bitte ärgern Sie .... nicht. Es ist ja alles wieder gut.
 14. Wir müssen .... beeilen.

III. *Bitte übersetzen Sie!*
 1. ¡Date prisa!
 2. ¡Por favor, no se enfade!
 3. No me siento bien hoy.
 4. Pablito aún no puede vestirse solo.
 5. Nos alegramos del buen resultado.

6. Tenéis que disculparos.
7. No me acuerdo.
8. Juan y yo nos hemos separado.
9. ¿Dónde está Bobby? Se ha escondido.
10. El gato se mete siempre en la cama.

TEMA 31

I. *Bitte fragen Sie:* **wer,** **wen** *oder* **wem**

> *Beispiel: Dein Chef hat angerufen.*
> *Frage:* Bitte, wer hat angerufen?

1. Wir schenken *Hilde* eine Blumenvase.
2. Klaus schenken wir *eine Kassette.*
3. Morgen besuchen wir *die Großeltern.*
4. Wir müssen *den Nachbarn* um Erlaubnis bitten.
5. *Karl* hat morgen Geburtstag.
6. Fragen Sie doch *den Polizisten!*
7. Ute heiratet nächste Woche *diesen Friseur.*
8. Er ist *Lehrer* von Beruf.
9. Der Mantel gehört *mir.*

II. *Bitte ergänzen Sie das Interrogativpronomen!*
1. Über .... hast du dich denn wieder geärgert?
2. An .... denkst du wieder?
3. Mit .... ist Günter in Urlaub gefahren?
4. Von .... sprecht ihr?
5. Über .... habt ihr euch die ganze Zeit unterhalten?
6. Für .... ist dieses Geschenk?
7. .... schreibst du denn diesen Brief?
8. Über .... regt Mutti sich wieder auf?
9. Für .... interessieren Sie sich?
10. Mit .... wollt ihr euch heute treffen?
11. .... willst du anrufen?
12. .... wollt ihr zur Party einladen?

III. *Bitte fragen Sie:* **welch...** *oder* **was für ein***!*
1. Ich nehme *den roten Rock.*

2. Ich hätte gern *eine Uhr.*

Nivel G

3. Wir suchen *ein Geschenk* für eine junge Dame.

4. Ich meine *die rote Uhr mit dem schwarzen Armband*.

5. *Diese Schuhe* gefallen mir.

6. Ich meine *den großen Herrn mit dem schwarzen Bart*.

7. Ich möchte *einen Hosenrock*.

8. Er sucht *ein kariertes Hemd*.

9. Sie hat sich *die schwarzen Jeans* gekauft.

10. Wir nehmen drei Flaschen *von diesem Wein*.

TEMA 32

I. *Bitte ergänzen Sie das unbestimmte Pronomen «ein...»!*

> *Beispiel:* A) Möchtest du eine Zigarette?
> B) Danke, ich nehme gern eine.

1. Möchtest du einen Apfel?

2. Möchtest du ein Stück Kuchen?

3. Möchtest du eine Zigarre?

4. Möchtest du eine Praline?

5. Möchtest du einen Cognac?

6. Möchtest du noch ein Brötchen?

7. Möchtest du noch Erdnüsse?

8. Möchtest du einen Apfelsaft?

II. A) *Hat jemand einen Kuli für mich?*

Tema 32. Ejercicios

B) *Ja, ich habe einen.*
1. Hat jemand ein Taschentuch?

2. Hat jemand eine Briefmarke zu 45 Ptas.?

3. Hat jemand eine Zeitung von heute?

4. Hat jemand einen Kalender?

5. Hat jemand ein Wörterbuch?

6. Hat jemand Hustenbonbons?

7. Hat jemand ein Blatt Papier?

8. Hat jemand einen Stadtplan?

9. Hat jemand Zigaretten?

III. A) *Wo ist meine Jacke?*
B) *Hier hängt eine. Ist das deine?*
1. Wo ist mein Mantel?

2. Wo sind meine Stiefel?

3. Wo ist mein Gürtel?

4. Wo ist mein Deutschbuch?

5. Wo ist mein Fotoapparat?

6. Wo ist mein Glas?

7. Wo ist meine Brieftasche?

8. Wo ist mein Koffer?

9. Wo ist mein Fahrrad?

IV. A) *Willst du keine Tasche mitnehmen?*
B) *Doch, ich nehme eine mit.*
Nein, ich nehme keine mit.

Nivel G

1. Willst du keinen Stadtplan mitnehmen?

2. Willst du keine Kamera mitnehmen?

3. Willst du keine Euroschecks mitnehmen?

4. Willst du keinen Ausweis mitnehmen?

5. Willst du keine Medikamente mitnehmen?

6. Willst du kein Wörterbuch mitnehmen?

7. Willst du keinen Schirm mitnehmen?

8. Willst du keine Sonnencreme mitnehmen?

V. A) *Ist das dein Buch?*
   B) *Nein, das ist nicht meins.*
   1. Ist das dein Kuli?

   2. Ist das deine Jacke?

   3. Ist das dein Heft?

   4. Ist das deine Zeitschrift?

   5. Sind das deine Zigaretten?

   6. Ist das dein Fahrrad?

   7. Sind das deine Notizen?

VI. Bitte ergänzen Sie **keins, keine, keinen**!
   1. A) Ich hätte gern 1/2 kg Schweinefleisch.
      B) Tut mir leid, wir haben .... mehr.
   2. A) Geben Sie mir bitte 2 l Milch!
      B) Wir haben .... mehr.
   3. A) Ich hätte gern ein Paar Stiefel, Größe 39.
      B) In Größe 39 haben wir leider .... mehr.
   4. A) Geben Sir mir bitte 2 kg Äpfel!
      B) Tut mir leid, wir haben .... mehr.
   5. A) Ich hätte gern ein Erdbeereis.
      B) Wir haben leider .... mehr.
   6. A) Ich hätte gern ein T-Shirt Größe 5.
      B) Leider haben wir in Größe 5 .... mehr.

TEMA 33

I. *Bitte setzen Sie die Demonstrativpronomen **der, die** oder **das** ein!*
1. Verkäufer: Wie gefällt Ihnen dieser Schrank?
   Kunde: .... ist zu klein.
2. Verkäufer: Und wie finden Sie diese Stühle?
   Kunde: .... sind zu unbequem.
3. Verkäufer: Gefällt Ihnen dieser Sessel?
   Kunde: .... ist zu hart.
4. Verkäufer: Wir haben hier eine schöne Bettcouch.
   Kunde: .... ist zu schmal.
5. Verkäufer: Gefällt Ihnen dieses Sofa nicht?
   Kunde: Nein, ... ist zu altmodisch. Überhaupt, ... alles ist mir zu teuer.

II. *Ergänzen Sie die Endung!*

Dies........ 1. Wort kenne ich nicht.
              2. Kuchen musst du probieren.
              3. Bus fährt zum Bahnhof.
              4. Straßenbahn müssen wir nehmen.
              5. Buch kostet 48,— DM.
In dies........ 6. Haus hat Anne Frank gelebt.
              7. Buch stehen die Formeln.
Mit dies........ 8. Zug fahren wir bis Hamburg.
Aus dies........ 9. Stadt komme ich.
Bei dies........ 10. Firma arbeitet mein Vater.
An dies........ 11. Universität habe ich studiert.
              12. Leuten habe ich lange gewohnt.
              13. Dorf haben wir einmal Urlaub gemacht.
              14. Kino möchte ich gehen.
              15. Film musst du sehen.
              16. Restaurant essen wir oft.

III. *Bitte übersetzen Sie!*
1. ¿Quién es?

2. Es el Sr. Hausmann.

3. ¿Qué es esto?

4. Es una mesa.

5. Este tren llega a las 11.45 horas.

6. Este libro no me gusta.

7. ¿Cuánto vale esta falda?

8. Son las hermanas gemelas Alice y Ellen Keßler.

9. El profesor está enfermo. Lo siento.

10. ¡Es fantástico!

11. Este año me caso.

12. Esta semana no hay clase.

13. ¡Es una lástima!

14. Esta sopa es muy buena.

15. Esta mañana ha llamado Pepe.

16. Es mi primo.

TEMA 34

I. *Bitte ergänzen Sie das Relativpronomen!*
   1. Eva - das ist das junge Mädchen, ... so gut zeichnen kann.
   2. Alberto - das ist der Junge, ... immer zu spät kommt.
   3. Asunción - das ist die Studentin, ... ich mich verliebt habe.
   4. Frau Klaasen - das ist die ältere Dame, ... sich so sehr für Grammatik interessiert.
   5. Jordi - das ist der Student, ... Namenstag wir heute feiern.
   6. Joan - das ist der Schüler .... man nach dem Unterricht immer in der Bar sieht.
   7. Marta - das ist die 16-jährige Schülerin, ... Mutter auch Deutsch lernt.
   8. Herr Gutiérrez - das ist der ältere Herr, ... die Lehrerin oft nach dem Unterricht spricht.
   9. Tomás und Daniel - das sind die Jungen, ... Familiennamen ich nicht weiß.

Tema 35. Ejercicios

10. Frau Schneider - das ist die Lehrerin, ... wir Deutsch haben.
11. Enrique - das ist der Student, ... oft im Unterricht schläft.
12. Manuela - das ist die attraktive Studentin, ... Jordi immer flirtet.

II. *Bitte ergänzen Sie den Hauptsatz!*

> *Beispiel*: ...., mit der du gestern lange getanzt hast?
> *Lösung*: Ist das die Frau, mit der du gestern lange getanzt hast?

1. ...., bei dem du Deutschunterricht hast?
2. ...., wo du Deutsch lernst?
3. ...., der du Blumen geschenkt hast?
4. ...., vor dem alle Angst haben.
5. ...., dessen Bruder ein bekannter Rennfahrer ist.
6. ...., für den ich arbeite.
7. ...., wo ich geboren bin.
8. ...., von dem ich dir erzählt habe.

III. *Was passt zusammen?*

Das ist das Haus , bei denen ich wohne.
Das ist der Student , wo ich geboren bin.
Das ist die Dame , den wir nach dem Weg gefragt haben.
Das ist das Mädchen , der den 1. Preis gewonnen hat.
Das ist der Herr , der ich Privatunterricht geben soll.
Das sind die Leute , die die Bank überfallen haben.
, das du jeden Tag in der U-Bahn siehst.
, dessen Schwester in unserer Klasse ist.
, von der du mir erzählt hast.
, von dem ich abgeschrieben habe.
, der wir einen anonymen Brief geschrieben haben.

TEMA 35

I. *Bitte fragen Sie **wo** oder **wohin**?*
1. Im Sommer fahren wir *in die Alpen*.
2. *Im Restaurant Seestern* kann man gut essen.
3. Kommst du mit *ins Kino*?
4. Das Hotel «Seeblick» liegt direkt *am Meer*.

Nivel G

5. Das Institut ist nicht mehr *am Beethovenplatz*.
6. Stell bitte deine Schuhe *in den Schrank* und nicht *aufs Klavier*.
7. Bei schönem Wetter machen wir die Party *im Garten*.
8. Wenn es regnet, gehen wir *in den Keller* und feiern dort.
9. Vor der Party muss ich unbedingt *zum Friseur*.
10. Wir wohnen jetzt direkt *neben der Diskothek* «Come-in».

II. *Bitte setzen Sie den Artikel ein!*
1. Dort an .... Ecke finden Sie einen Briefkasten.
2. Setz dich doch in .... Schatten unter .... Baum.
3. In .... Kino in .... Bahnhofstraße möchte ich nicht gehen.
4. Warum fahrt ihr immer in .... Berge? Kommt doch mit uns an .... Strand!
5. Paul isst mittags immer in .... Kantine.
6. Die Landschaft an .... Mosel ist sehr schön.

III. *Welche Präpositionen passen zu den einzelnen Bildern?*

auf - in - vor - hinter - zwischen - neben - unter

1.
2.
3.
4.
5.
6.
7.
8.
9.
10.
11.
12.
13.
14.

Tema 36. Ejercicios

IV. *Bitte setzen Sie die Präposition und den Artikel ein!*
1. Ich fahre jetzt .... d........ Fahrrad zur Arbeit.
2. Die 11. Klasse macht eine Klassenreise .... d........ Schweiz. Eine andere Klasse fährt .... Italien.
3. Dirk geht nicht mehr .... Schule. Er arbeitet .... Firma Otto & Co.
4. Viele Studenten wohnen nicht mehr .... ihr .... Eltern.
5. Sie wohnen .... ein .... Dorf ......d... Nähe von F.
6. Wollen wir heute .... Kino gehen?
7. .... d........ Pyrenäen hat es schon geschneit.
8. Natürlich können Sie .... d.... Möhnesee surfen.
9. Viele Spanier fahren .... Urlaub .... Ausland.

V. *Bitte übersetzen Sie! Es geht um die spanische Präposition*
a = *nach*
   = *in*
   = *an*
   = *zu*
   = *um* .... *Uhr*
1. Este fin de semana vamos a la playa y luego a la montaña.
2. Esta noche vamos al cine.
3. Tengo que ir a correos.
4. Por la mañana voy a la universidad y por la tarde trabajo en una biblioteca.
5. Me gustaría tener una casa junto al mar.
6. Pues vamos al restaurante «El Sol». Allí se come muy bien.
7. Ya es tarde. Me voy a casa.
8. La película empieza a las 16.45 h.
9. Este año la clase hace su viaje de fin de curso a Grecia.
10. En las vacaciones de Pascua iremos a Canarias y subiremos al Teide.

TEMA 36

I. *Wie heißt das Gegenteil?*
1. oben =
2. rechts =
3. vorn(e) =
4. hier =
5. draußen =

Nivel G

II. *Die folgenden Lokaladverbien sind rückwärts geschrieben. Können Sie sie von hinten nach vorn lesen?*
   1. trod
   2. reih
   3. enrov
   4. netnih
   5. nebo
   6. llarebü
   7. sknil
   8. sthcer
   9. retnurad
   10. neßua
   11. nenni
   12. neßuard
   13. suanih
   14. fuareh
   15. sdnegrin
   16. retnureh

III. *Bitte fragen Sie:* ***wo, wohin, woher?***
   1. Bitte, *hier* ist das Geld.
   2. Dr. Sommer hat seine Praxis *unten im Erdgeschoss*.
   3. Pass auf, *von rechts* kommt ein Motorrad.
   4. Der Aufzug ist kaputt. Wir müssen also zu Fuß *nach oben* gehen.
   5. Komm bitte *hierher*.
   6. *Da vorne* ist ein Unfall passiert.
   7. Setzen Sie sich bitte *hierhin!*
   8. Der Lastwagen kam *von links*.
   9. Schau mal *nach rechts, hier oben* sind herrliche Weinberge.
   10. Sehen Sie, *drüben* ist das Kaufhaus «Hertie».

IV. *Bitte übersetzen Sie!*
   1. Aquí está el dinero.
   2. La secretaria no está hoy.
   3. La moto vino de la derecha.
   4. ¡Ven aquí, por favor!
   5. La secretaria está arriba en el tercer piso.
   6. Puede Ud. subir a pie.
   7. Allí arriba hay una capilla.
   8. A la izquierda hay un lago.

V. *Was ist auf diesem Bild? Z. B. Das Schloss ist oben auf dem Berg.*
   (Véanse ilustraciones 1, 2, 3 y 4 de pág. 67.)

Tema 37. Ejercicios

1
2
3
4

TEMA 37

I. *Wie heißen die Temporaladverbien?*

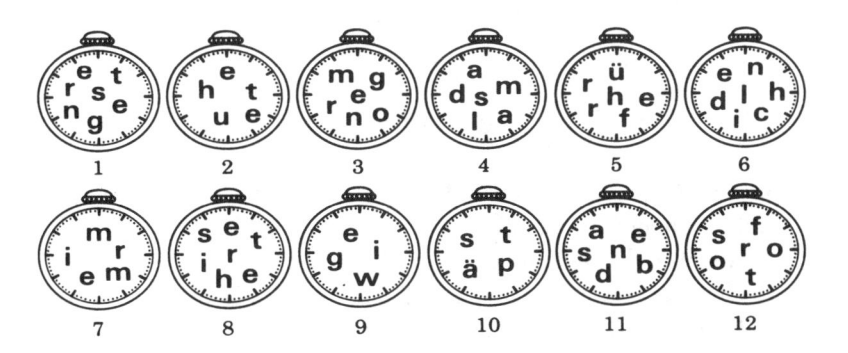

1 2 3 4 5 6
7 8 9 10 11 12

67

Nivel G

II. *Drücken Sie den Gegensatz aus!*
   1. gestern
   2. früher
   3. damals
   4. vorhin
   5. selten
   6. immer

III. *Bitte fragen Sie:* **wann, wie oft** *oder* **wie lange?**
   1. *Früher* wohnten wir in Valencia.
   2. Wir gehen *selten abends* aus.
   3. Ich brauche das Geld *sofort*.
   4. Wir haben *tagelang* auf eine Nachricht von dir gewartet.
   5. Der Unterricht findet *morgens von 9.00 bis 10.00 Uhr* statt.
   6. Dieser Schüler ist *fast nie* zum Unterricht gekommen.
   7. *Neulich* habe ich Paul getroffen.

IV. *Bitte ergänzen Sie das/die mögliche(n) Adverbien!*
   1. .... habe ich als Babysitter gearbeitet.
   2. Ich telefoniere .... mit Erna.
   3. .... will sie wieder im Büro arbeiten.
   4. Wir können zuerst eine Tasse Kaffee trinken und .... ins Museum gehen.
   5. Können Sie bitte .... morgen noch kommen?
   6. Es ist schon spät. Wir müssen .... gehen.
   7. Wir waren .... abgefahren, da fing es an zu regnen.
   8. Samstags geht er .... in den Biergarten.
   9. Lernen Sie schon .... Deutsch?

V. *Was ist richtig?* **erst** *oder* **nur?**
   1. Die Kleine ist .... 15 Monate alt.
   2. Ich arbeite .... seit 2 Wochen hier.
   3. Der Kurs dauert .... 3 Wochen.
   4. Ich kann .... am Freitag kommen, früher nicht.
   5. Pere kommt .... montags zum Unterricht.

TEMA 38

I. *Bitte ergänzen Sie* **viel** *oder* **sehr!**
   1. Es ist heute .... heiß.
   2. Am Strand waren .... Leute.
   3. Heute geht es mir .... gut, ... besser als gestern.
   4. Bitte beeil dich, wir haben nicht mehr .... Zeit.

Tema 38. Ejercicios

5. Unsere neue Wohnung ist nicht .... groß.
6. Wir wollten eine .... größere Wohnung.

II. *Bitte übersetzen Sie:* **viel** *oder* **sehr***!*
1. No tengo mucho tiempo.
2. No estoy muy bien.
3. Me has ayudado mucho.
4. Hoy hace mucho frío.
5. Klaus es muy alto.
6. ¡Mucha suerte!
7. Él ha leído muchísimo.

III. *Bitte fragen Sie nach den kursiv gedruckten Satzteilen!*

> *Beispiel*: Edward kommt *aus Manchester.*
> *Frage*:   Woher kommt er?

1. Die Kassette kostet *25,— DM.*
2. Der Braten schmeckt *ausgezeichnet.*
3. Der Zug fährt *um 10.15 Uhr* ab.
4. Ich möchte *ein paar Semester in München* studieren.
5. Der Unterricht dauert *90 Minuten.*
6. Der älteste Bürger der Stadt ist *105 Jahre* alt.
7. Er fährt *im Sommer nach Frankreich.*

IV. *Die Interrogativadverbien sind durcheinandergeraten. Erraten Sie sie?*

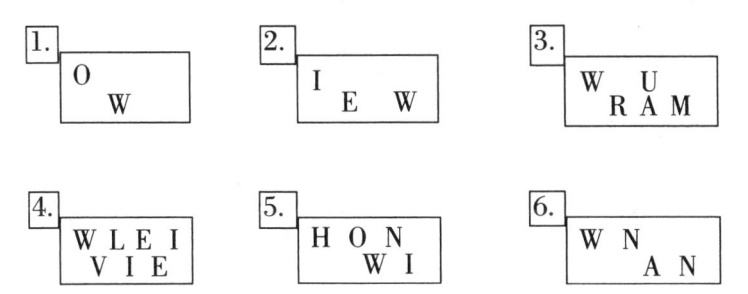

1. O W	2. I E W	3. W U R A M
4. W L E I V I E	5. H O N W I	6. W N A N

V. *Bilden Sie Sätze mit* **gern, lieber, am liebsten***!*

> *Beispiel*: Ich esse gern Käsekuchen, ich esse lieber Apfelstrudel, aber am liebsten esse ich Schwarzwälder Kirschtorte.

1. Apfelstrudel   2. Wein
   Käsekuchen   Sekt

Nivel G

Schwarzwälder Kirschtorte

| gern essen |

Bier

| gern trinken |

3. Sport treiben
   ins Kino gehen
   Musik hören

   | gern lesen |

4. Schach
   Monopoly
   Trivial

   | gern spielen |

5. Kriminalromane
   Gedichte
   Autobiographien

   | gern lesen |

VI. *Bitte fragen Sie*: **worüber, woran, wofür, womit, wovon,** *etc.*
   1. Ich träume *von einer Weltreise*. Bitte, wovon?
   2. Er interessiert sich *für Münzen*. Bitte, ………?
   3. Sie ärgert sich *über die laute Musik*. Bitte, ………?
   4. Wir regen uns *über den Motorradlärm* auf. Bitte ………?
   5. Wir sind *gegen Drogen und Alkohol*. Bitte, ………?
   6. Er fährt *mit dem Fahrrad* zur Arbeit. Bitte, ………?
   7. Sie haben *über Umweltschutz* diskutiert. Bitte, ………?
   8. Sie denkt nur *ans Vergnügen*. Bitte, ………?
   9. *An so einem Wagen* wäre ich interessiert. Bitte, ………?
   10. Die Arbeiter sind *für den Streik*. Bitte, ………?
   11. Sie hat Angst *vor Mäusen und Spinnen*.

VII. *Bitte antworten Sie!*

   Beispiel: Hast du auch Angst *vor Mäusen?*
   Antwort: Natürlich habe ich Angst davor.
   Oder: Nein, davor habe ich keine Angst.

   1. Freust du dich *auf die Reise?*
   2. Träumst du noch *von einem Lottogewinn?*
   3. Fährt du noch *mit dem alten Auto?*
   4. Interessieren Sie sich *für Politik?*
   5. Sind Sie *für den Sport?*
   6. Warten Sie *auf das Essen?*

Tema 39. Ejercicios

VIII. *Bitte fragen Sie!*

> *Beispiel*: Ich ärgere mich.
> *Frage*: Worüber ärgerst du dich?

1. Ich warte.
2. Er regt sich auf.
3. Sie hat Angst.
4. Wir diskutieren.
5. Ich danke.
6. Wir sind einverstanden.
7. Sie lachen.
8. Ich freue mich.
9. Ich träume.
10. Wir sind interessiert.

IX. *Ergänzen Sie **deshalb** oder **trotzdem**!*
1. Detlev ist krank; .... kann er nicht Fußball spielen.
2. Monika ist verheiratet; .... geht sie mit anderen Männern aus.
3. Es regnet; .... machen wir die Radtour.
4. Morgen ist die Prüfung; .... bleibe ich zu Haus und lerne.
5. Es ist heiß; .... gehen wir zum Schwimmbad.
6. Familie Sohler hat im Lotto gewonnen; .... kaufen sie sich ein Haus.
7. Rainer verdient wenig; .... isst er immer im Restaurant.

TEMA 39

I. *Bitte antworten Sie mit **ja** oder **doch**!*
1. Ist Heiner nicht gekommen?

2. Hast du den Brief bekommen?

3. Sie haben die Übung sicher nicht gemacht.

Nivel G

4. Ist das Mary Ducton?

5. Das ist doch kein Stuhl!

6. Sie ist doch noch keine 40 Jahre alt!

7. Kommst du mit ins Kino?

8. Wir haben keinen Wein mehr.

9. Ist Ralf zu Hause?

10. Du hast sicher keine Zeit.

II. *Bitte setzen Sie die passende Partikel ein!*
1. Wo kommen Sie .... her?
    denn
    doch
    mal
2. Wie alt bist du .... ?
    doch
    denn
    mal
3. Probieren Sie .... !
    denn
    doch (mal)
    aber
4. Sind Sie .... schon lange hier?
    doch (mal)
    aber
    denn
5. Wie spät ist es .... ?
    doch
    denn
    einfach
6. Iss .... !
    denn
    doch
    eigentlich
7. Sprechen Sie .... auch Russisch?
    doch
    mal
    denn

Tema 40. Ejercicios

III. *Bitte ergänzen Sie erst, nur oder schon!*
 1. Er lebt .... seit 20 Jahren in Amerika.
 2. Alfred ist .... 92 Jahre alt.
 3. Tanja ist .... 12.
 4. Er lernt .... seit 12 Jahren Deutsch.
 5. Karen hat .... 2 Jahre Deutsch gelernt und sie hat .... das Zertifikat Deutsch als Fremdsprache.
 6. Pepito ist .... 11 Monate alt und kann .... laufen.
 7. Es ist .... 6 Uhr, und du stehst .... auf?
 8. Schon 11.30 Uhr, jetzt frühstückst du .... ?

IV. *Steht in den folgenden Sätzen eine Modalpartikel oder handelt es sich um eine andere Wortart?*

                                               Modalpartikel   andere Wortart

 1. Komm *doch mal* bitte!
 2. Wohnen Sie *denn* jetzt in Freiburg?
 3. Wie spät ist es *eigentlich*?
 4. Anne kommt nicht mit, *denn* sie ist krank.
 5. Die Gäste sind *eben* angekommen.
 6. Bleib *doch einfach* zu Haus!
 7. Auf der Party waren *etwa* 250 Personen.
 8. Sie sprechen *aber* gut Deutsch.
 9. Er ist nicht gekommen, *aber* er hat sich entschuldigt.
 10. Was soll ich *nur* tun?

TEMA 40

I. *Nicht oder kein?*
 1. Das Wetter ist .... gut.
 2. Heute ist .... schöner Tag.
 3. Rudi hat .... geschrieben.
 4. Er hat gewiss .... Zeit.
 5. Ich esse .... Schokolade.
 6. Schokolade mag ich ....
 7. Warum arbeitest du .... ?
 8. Ich habe .... Lust.

9. Ich finde Sabine .... sympathisch.
10. Wir haben .... Bier mehr.
11. Bitte, rauch .... so viel!
12. Es ist zu heiß. Ich möchte .... Tennis spielen.
13. Der Platz ist .... frei.
14. Wir haben .... freien Plätze mehr.
15. Ärgere dich .... !
16. Sie liebt ihn .... mehr.
17. Tut mir leid, billigere Geräte haben wir leider ....

II. *Bitte übersetzen Sie!*
   1. No sé esquiar.

   2. El jefe no está hoy.

   3. Los gatos no me gustan.

   4. Hoy no tenemos clase.

   5. No como pastel.

   6. No puedo ir al concierto; no tengo dinero.

   7. No le entiendo.

   8. Pepe no ha telefoneado.

   9. ¿Por qué no le regalamos a él un disco de música rock?

   10. No le gusta la música rock.

   11. No tengo idea.

   12. No lo sé tampoco.

   13. ¡Esto no es ninguna lámpara!

III. *Bitte negieren Sie die folgenden Sätze!*

> *Beispiel:* Sie kann gut Tennis spielen.
> *Lösung:* Sie kann nicht gut Tennis spielen.

Tema 41. Ejercicios

1. Ich esse gern Fisch.
2. Er kann Ski laufen.
3. Er liest die *Bildzeitung*.
4. Sie hat ihm geholfen.
5. Es regnet.
6. Ich kann dir das Geld geben.
7. Ich weiß es.
8. Ich habe das Buch gelesen.
9. Ich kann diesen Wagen fahren.
10. Wir müssen am Samstag kommen.
11. Hat er das denn gewusst?
12. Sie liebt mich.
13. Ich verstehe dich.
14. Ich kenne Herrn Breitner.

IV. *Wie heißt die Frage?*

Beispiel:	*Antwort:*
Frage: Hast du heute Zeit?	Nein, leider habe ich heute keine Zeit.

1. ....? Es geht ihm leider nicht gut.
2. ....? Das verstehe ich auch nicht.
3. ....? Nein, leider ist der Platz nicht mehr frei.
4. ....? Nein, wir wohnen nicht mehr in Köln.
5. ....? Danke, ich möchte keinen Kaffee mehr.
6. ....? Danke, du brauchst mir nicht zu helfen.
7. ....? Nein, wir haben noch nichts von Elmar gehört.
8. ....? Nein, niemand hat angerufen.

TEMA 41

I. *Verbinden Sie die Sätze mit* **und**! *Wiederholen Sie das Subjekt nicht, wenn es nicht nötig ist!*

> *Beispiel:* Frau Schmidt ging ins Café. Sie bestellte eine Tasse Kaffee und ein Stück Apfelkuchen.
> *Lösung:* Frau Schmidt ging ins Café und bestellte eine Tasse Kaffee und ein Stück Apfelkuchen.

1. Wir machen einen Ausflug. Am Abend gehen wir ins Kino.
2. Im Sommer sind wir in Frankreich gewesen. Wir haben die Schlösser der Loire besichtigt.
3. Herr Roth ist schon da. Seit 30 Minuten wartet er auf Sie.
4. Er hat sich das Bein gebrochen. Er liegt im Bett.

II. *Bitte verbinden Sie die folgenden Sätze mit* **aber, denn, und, sondern, oder***!*
   1. Er macht eine Weltreise, ... er hat im Lotto gewonnen.
   2. Sie können die U-Bahn nehmen, ... Sie müssen zweimal umsteigen.
   3. Wir werden in diesem Urlaub nicht wegfahren, ... zu Hause bleiben.
   4. Wir haben lange gesucht, ... jetzt haben wir endlich eine Wohnung gefunden.
   5. Im Sommer werde ich eine kurze Reise machen, ... vielleicht werde ich auch an einem Sprachkurs teilnehmen.
   6. Der Junge schaute nicht nach links und rechts, ... lief sofort über die Straße.
   7. Hilf mir bitte, ... ich kann den Koffer nicht allein tragen.

III. *Bitte ergänzen Sie* **aber, sondern** *oder* **sonst***!*
   1. Der Unterricht ist nicht montags und mittwochs, ... dienstags und donnerstags.
   2. Beeil dich, ... kommen wir zu spät.
   3. Ich würde dir gern helfen, ... heute habe ich keine Zeit.
   4. Geben Sie das Geld nicht mir, ... der Sekretärin.
   5. Ich habe leider keine Zeit, ... würde ich dir natürlich helfen.
   6. Du kannst gern kommen, ... rufe bitte vorher an.
   7. Er ging nicht sofort nach Hause, ... machte einen Bummel durch die Altstadt.

Tema 43. Ejercicios

IV. *Bitte korrigieren Sie die folgenden Sätze, falls erforderlich!*
1. Er lernt Deutsch, denn möchte er in Deutschland studieren.
2. Er ist nicht gekommen, aber hat er einen Brief geschickt.
3. Ich schreibe dir, denn ich möchte dich einladen.
4. Wollen wir ins Kino gehen oder du gehst lieber tanzen?
5. Wir müssen uns beeilen, sonst die Geschäfte geschlossen sind.
6. Wir waren in Andalusien, und natürlich haben wir auch die Alhambra in Granada besichtigt.
7. Wir kamen spät an, und konnten wir kein Zimmer finden.
8. Daniel hatte ein schlechtes Zeugnis. Trotzdem hat er schnell eine Stelle gefunden.
9. Ich kann die Telefonnummer nicht finden. Deshalb ich die Auskunft anrufe.
10. Wir nehmen ein Taxi, denn unser Auto kaputt ist.

TEMA 43

I. *Bilden Sie **dass**-Sätze nach folgendem Muster!*

> *Beispiel:* Schreiben Sie bitte diesen Brief!
> *Lösung:* Ich möchte, dass Sie diesen Brief schreiben.

1. Stell bitte die Blumen auf den Balkon!
   Ich möchte, dass
2. Bring bitte eine Zeitung mit!
   Ich möchte, dass
3. Bleib bitte heute abend zu Hause!
   Ich möchte, dass
4. Kauf mir bitte eine Schachtel Zigaretten!
   Ich möchte, dass
5. Hol bitte eine Flasche Bier!
   Ich möchte, dass
6. Reparieren Sie bitte den Fernseher!
   Ich möchte, dass

II. *Was antwortet B?*

> *Beispiel:* A) Ist Eva zu Hause?
> B) Ich weiß nicht, ob sie zu Hause ist.

Nivel G

1. A) Ist die Lösung richtig?
   B) Ich bin nicht sicher,
2. A) Müssen wir den ganzen Text übersetzen?
   B) Ich weiß auch nicht,
3. A) Kommen Ingrid und Dieter auch?
   B) Ich bin nicht sicher,
4. A) Kaufst du dir das teure Wörterbuch?
   B) Ich weiß noch nicht,
5. A) Ist die Bibliothek morgen geöffnet?
   B) Ich kann dir leider nicht sagen,
6. A) Beginnt der Vortrag um 19.00 Uhr?
   B) Ich weiß leider nicht genau,

III. *Bitte ergänzen Sie* **dass** *oder* **ob**!
   1. Ich weiß nicht, ... Claudia heute kommt.
   2. Sie hat gesagt, ... sie kommt.
   3. Schade, ... es schon spät ist!
   4. Ich möchte wissen, ... heute noch ein Zug fährt.
   5. Ich hoffe, ... es Ihnen gut geht.
   6. Ich habe gehört, ... du Direktor geworden bist.
   7. Wir sind sicher, ... die Mannschaft gewinnen wird.
   8. Ich frage mich, ... das richtig war.
   9. Entschuldigung, können Sie mir sagen, ... es hier in der Nähe ein Hotel gibt?
   10. Es tut mir leid, ... ich nicht kommen konnte.

IV. *Kombination*
   1. Ich freue mich,   wann der Kurs beginnt.
   2. Können Sie mir bitte sagen,   wie lange ich Deutsch gelernt habe.
   3. Die Sekretärin möchte wissen,   wo das Sekretariat ist.
   4. Ich sage ihr,   dass der Kurs bald anfängt.
   5. Ich möchte gern wissen,   welches Buch wir benutzen.
   6. Zuletzt frage ich,   dass ich drei Monate in Deutschland war.

V. *Ist es leicht oder schwer?*
   Bitte bilden Sie Infinitivsätze mit **zu**.

   Beispiel: Es ist leicht, Deutsch zu lernen.

Tema 44. Ejercicios

1. Deutsch lernen.
2. Die Prüfung bestehen.
3. Das Rauchen aufgeben.
4. Leute kennen lernen.
5. Einen Computer bedienen.
6. Paella kochen.
7. Jeden Tag Gymnastik machen.
8. Einen Kopfstand machen.
9. Eine Torte backen
10. Auto fahren.

VI. *Herr Orderli ist immer pünktlich, gewissenhaft und korrekt. Doch heute hat er alles vergessen. Bitte schreiben Sie:*

> *Beispiel:* Er hat vergessen, den Wecker zu stellen.

1. Er hat den Wecker nicht gestellt.
2. Er ist nicht um 6 Uhr aufgestanden.
3. Er hat den Hund nicht gefüttert.
4. Er ist nicht zur Arbeit gefahren.
5. Er hat die Zeitung nicht gekauft.
6. Er hat die Telefonrechnung nicht bezahlt.
7. Er hat seiner Frau nicht zum Geburtstag gratuliert.

TEMA 44

I. *Bitte suchen Sie die richtigen Erklärungen und setzen Sie die Nomen und Relativpronomen ein:*

1. Tomatensalat   ist ein .... , ... in der Küche steht.
2. Ein Bierglas   ist eine .... , ... an der Wand hängt.
3. Nudelsuppe,   ist ein .... , ... aus Tomaten, Zwiebeln, Öl etc. zubereitet wird.
4. Ein Englischlehrer ist ein .... , aus .... man Bier trinkt.
5. Orangensaft   ist eine .... , ... mit Nudeln gemacht wird.
6. Eine Wanduhr   ein .... , ... Englisch unterrichtet.
7. Ein Küchenschrank   ist ein .... , ... aus Orangen gemacht wird.

II. *Bitte erklären Sie selbst:*
   1. Kartoffelsalat,

Nivel G

2. Ein Wasserglas,
3. Linsensuppe,
4. ein Musiklehrer,
5. Apfelsaft,
6. Eine Küchenuhr,
7. Ein Wohnzimmerschrank

III. *Klatschgeschichten. Die Hausmeisterin und eine Putzfrau unterhalten sich über die Leute im Hochhaus.*

8.	Manfred Schöne
7.	Petra Weiß
6.	Paul und Anna Winter
5.	Sybille Schumann Ursula Peters Gudrun Wenke
4.	Anne und Klaus Berger
3.	Horst Kalb Ulla Rieb
2.	Familie Bruno Groß
1.	Siegfried Müller Gerd Klein Ulrich Herzog Emma Groß

Emma Groß: Die alte Dame. Sie hat 8 Katzen.

Beispiel: A) Wer wohnt denn im Parterre?
Lösung: B) Das ist die alte Dame, die 8 Katzen hat.

1. Siegfried Müller,   Chemiestudenten. Sie spielen in einer
    Gerd Klein,   Band und üben oft in der Wohnung.
    Ulrich Herzog.
2. Familie Bruno Groß   Die Familie hat vier Kinder.
3. Horst Kalb,   Das junge Paar ist erst vor 2 Wochen
    Ulla Rieb.   eingezogen.
4. Anne und Klaus Berger.   Das Ehepaar lädt oft Freunde ein.

Tema 45. Ejercicios

5. Sybille Schumann,   Die Studentinnen bekommen oft Besuch von ihren Freunden.
Ursula Peters
Gudrun Wenke.
6. Paul und Anna Winter   Zwei Geschwister. Ein Arzt kommt oft zu ihnen.
7. Petra Weiß   Die Krankenschwester. Ihre Mutter ist oft bei ihr.
8. Manfred Schöne   Der Junggeselle. Er macht jeden Morgen auf dem Balkon Gymnastik.

III. *Bezeichnen Sie bitte die Gegenstände genauer!*

> *Beispiel:* A) Zeigen Sie mir bitte den   (Der schwarze Rock
> schwarzen Rock!   liegt im Schaufenster)
> B) Welchen?
> A) Den schwarzen Rock, der im Schaufenster liegt.

1. A) Geben Sie mir bitte die braune Tasche!   (Die braune Tasche steht im Regal)
2. A) Zeigen Sie mir bitte die gestreifte Bluse!   (Die gestreifte Bluse ist im Sonderangebot)
3. A) Geben Sie mir bitte diesen Stadtplan   (Der Stadtplan kostet 8,— DM)
4. A) Geben Sie mir bitte diese Flasche Rotwein!   (Sie steht rechts oben)

TEMA 45

I. *Bitte ergänzen Sie **als** oder **wenn**!*
1. .... ich 18 bin, mache ich den Führerschein.
2. .... ich 18 war, machte ich den Führerschein.
3. .... ich klein war, sang ich gern.
4. .... die Kinder klein sind, singen sie gern.
5. .... wir Zeit haben, besichtigen wir die Altstadt.
6. Immer .... ich Prüfungen hatte, rauchte ich viel.
7. .... sie 26 war, heiratete sie.
8. .... sie 26 ist, will sie heiraten.
9. .... sie damals in Italien war, lernte sie ihren Mann kennen.
10. .... er die Prüfung bestanden hatte, gab er eine Party.
11. .... wir im Lotto gewinnen, kaufen wir ein Haus.

12. .... wir damals im Lotto gewannen, kauften wir uns ein Haus am Meer.
13. .... Irene erst 5 Jahre alt war, kam sie schon in die Schule.
14. .... es noch kein Fernsehen gab, lasen die Menschen viel mehr.

II. *Bitte ergänzen Sie **wann, wenn, als, ob**!*
1. .... haben Sie Ihre Frau kennen gelernt?
2. .... ich damals in Deutschland studierte.
3. Bitte können Sie mir sagen, ... der Film anfängt?
4. .... der Film anfing, waren nur 5 Personen im Saal.
5. Immer .... Joachim zuviel getrunken hatte, wurde er aggressiv.
6. Ich bin nicht sicher, ... das richtig ist.
7. .... Dieter gestern so betrunken war, hat er den Fernseher kaputtgeschlagen.
8. Ich möchte gern wissen, ... das Institut im August geöffnet ist.
9. .... es im August geöffnet ist, möchte ich mich für einen Kurs einschreiben.

III. *Verbinden Sie die Sätze, die dasselbe ausdrücken!*

1. Bei Regen bleiben wir zu Hause.
2. Vor dem Essen nehme ich ein Medikament.
3. Während der Arbeit will ich nicht gestört werden.
4. Mit 18 machte ich den Führerschein.
5. Nach dem Frühstück fuhr er zur Arbeit.
6. Seit ihrem Besuch hat sie uns nicht wieder geschrieben.
7. Bis zu ihrer Heirat war sie berufstätig
8. Vor dem Urlaub müssen wir den Wagen zur Revision bringen.
9. Nach der Besichtigung des Museums machen wir eine Stadtrundfahrt.

a) Als ich 18 war, machte ich den Führerschein.
b) Bis sie heiratete, war sie berufstätig.
c) Bevor ich esse, nehme ich ein Medikament.
d) Seitdem sie uns besucht hat, hat sie uns nicht wieder geschrieben.
e) Wenn es regnet, bleiben wir zu Hause.
f) Nachdem wir das Museum besichtigt haben, machen wir eine Stadtrundfahrt.
g) Bevor wir in Urlaub fahren, müssen wir den Wagen zur Revision bringen.
h) Nachdem er gefrühstückt hatte, fuhr er zur Arbeit.
i) Während ich arbeite, will ich nicht gestört werden.

TEMA 46

I. *Bitte kombinieren Sie!*
1. Das ist die Universität,
2. Fahrt doch,
3. Die Kinder können doch nicht einfach gehen,
4. Sie wollte dahin zurück,
5. Wir gingen ins Café,
6. Wir fuhren die gleiche Straße zurück,

a) woher sie gekommen war.
b) wohin sie wollen.
c) wo ich studiert habe.
d) woher wir gekommen waren.
e) wohin ihr wollt.
f) wo wir Monika und Isabel trafen.

II.
1. Die Prüfung war schwerer,
2. Sie war nicht so schwer,
3. Die Operation verlief besser
4. Es waren mehr Leute da,
5. Das Ergebnis war so gut,

a) wie man erwartet hatte.
b) als ich geglaubt hatte.
c) als man erwartet hatte.
d) als der Arzt vermutet hatte.
e) wie ich geglaubt hatte.

III. *Bitte übersetzen Sie!*
1. ¿Cuándo os casasteis?

2. Cuando teníamos 22 años.

3. ¿Me puede decir cuándo empieza el concierto?

4. Cuando tenga 16 años podré ir a las discotecas.

5. Cuando tenía 16 años siempre iba a las discotecas.

6. ¿Cuándo se utiliza *wann*?

7. Cuando leo mucho me duelen los ojos.

8. ¿Sabe cuándo sale el tren?

IV. *Sind die folgenden Sätze richtig? Wenn nicht, dann korrigieren Sie sie bitte!*
1. Wenn ich klein war, wohnten wir in Valencia.
2. Nachdem ich frühstücke, fange ich zu arbeiten an.
3. Während du den Apfel isst, musst du ihn waschen.
4. Als er sie fragte, wurde sie rot.
5. Sagen Sie mir bitte, wenn Sie kommen.

6. Wenn ich groß bin, will ich Pilot werden.
7. Wenn Peter 19 war, musste er zum Militär.
8. Als ich arbeite, will ich Ruhe haben.

TEMA 47
REPASO DE LAS ORACIONES SUBORDINADAS

I. *Bitte ergänzen Sie: **dass, ob, wann, wenn, als, bevor, nachdem, seit, bis, während**! (Manchmal sind mehrere Lösungen möglich).*
   1. Weißt du, ... Rainer Geburtstag hat?
   2. Er gibt doch immer eine Party und lädt viele Leute ein, ... er Geburtstag hat.
   3. .... ich zu der Geburtstagsparty gehe, muss ich zum Friseur.
   4. .... ich zum Haarstudio «Belhair» gehe, ist mein Haar schöner.
   5. .... du beim Friseur bist, kaufe ich ein Geburtstagsgeschenk.
   6. .... ich aber das Geschenk kaufe, muss ich zur Bank und Geld holen.
   7. Das Geschenk kann ich erst kaufen, ... ich Geld geholt habe.
   8. Wir müssen noch fragen, ... die Bank geöffnet ist.
   9. Vielleicht warten wir, ... wir eine Einladung bekommen.
   10. .... wir voriges Jahr auf der Party waren, explodierte eine Gasflasche.
   11. Ja, ja, ... Rainer eine Party gibt, passiert immer etwas.

II. *Bitte bilden Sie Hauptsätze!*

Beispiel:	*Während wir essen*, sehen wir fern.
Lösung:	Während des Essens sehen wir fern.

1. *Als er 24 war*, beendete er sein Studium.

2. *Seitdem ich den Unfall hatte*, bin ich nicht mehr Auto gefahren.

3. *Nachdem ich gegessen habe*, halte ich eine Siesta.

4. *Bevor das Flugzeug startete*, waren wir ganz aufgeregt.

5. *Wenn es regnet*, bleiben wir zu Hause.

6. *Wenn wir fernsehen*, unterhalten wir uns nicht.

Tema 48. Ejercicios

III. *Bitte kombinieren Sie!*

1. Wir warten,
2. Er frühstückte,
3. Sie müssen die Hose waschen,
4. Lernen Sie etwas Italienisch,
5. Ich muss wissen,
6. Ich komme nicht,
7. Ich habe alles so gemacht,
8. Ich werde müde,
9. Sie weinte vor Freude,

a) bevor Sie nach Rom fahren.
b) als sie ihn wiedersah.
c) bis der Unterricht zu Ende ist.
d) bevor Sie sie anziehen.
e) wie du es mir gesagt hast.
f) wenn ich Rotwein getrunken habe.
g) wieviele Personen zur Party kommen.
h) wenn es regnet.
i) nachdem er geduscht hatte.

TEMA 48

I. *Bitte bilden Sie Konditionalsätze nach folgendem Muster!*

> *Beispiel*: Du willst abnehmen? Iss doch weniger!
> *Lösung*: Wenn du abnehmen willst, musst du weniger essen.

1. Du willst die Prüfung bestehen? Lern doch mehr!
2. Du hast Depressionen? Geh doch mal zu einem Psychologen!
3. Du willst fit werden? Treib doch Sport!
4. Du bist nervös? Mach doch Joga!
5. Ihr wollt im Urlaub viel wandern? Fahrt doch in die Schweiz!
6. Du hast Angst? Kauf dir doch einen Hund!
7. Du brauchst dringend Geld? Nimm doch einen Kredit auf!

II. *Bilden Sie irreale Konditionalsätze!*

> *Beispiel*: *Mit einem Hund* würde ich jeden Tag spazieren gehen.
> *Lösung*: Wenn ich einen Hund hätte, würde ich jeden Tag spazieren gehen.

1. *Mit einem Pferd* würde ich jeden Tag reiten.

2. *Mit einer Videokamera* würde ich filmen.

3. *Mit einem Surfbrett* würde ich auf dem Meer surfen.

Nivel G

4. *Mit mehr Glück* würde es mir besser gehen.

5. *Mit einem Auto* könnte ich zur Arbeit fahren.

> Beispiel: Als Pianistin müsste ich viele Stunden täglich Klavier spielen.
> Lösung: Wenn ich Pianistin wäre, (dann) müsste ich viele Stunden täglich Klavier spielen.

6. *Als Stewardess* müsste ich den Fluggästen das Essen servieren.

7. *Als Bibliothekarin* könnte ich viel lesen.

8. *Als Maler* könnte ich zu Hause arbeiten.

9. *Als Reiseleiter* würde ich viele Reisen machen.

10. *Als Filmschauspieler(in)* ....

11. *Als Übersetzer(in)* ....

12. *Als Koch/Köchin* ....

13. *Als Chef/in* ....

14. *Als Politiker/in* ....

III. **Bitte übersetzen Sie!** *wenn/ob*
 1. Si tuviera más tiempo, aprendería esperanto.

 2. Si yo fuese político, lo cambiaría todo.

 3. Si tienes miedo, cómprate un perro.

 4. No sé si sé hacerlo.

 5. Si yo no tuviera estos problemas, estaría mejor.

 6. Si los invitados no vienen pronto, empezamos a comer.

 7. Si yo fuese él, no lo haría.

Tema 48. Ejercicios

8. ¿Puedes decirme si «haya» se escribe con «y» o con «ll»?

9. Si él me da dinero, haré el trabajo.

IV. *Bilden Sie **wenn**-Sätze nach dem folgenden Muster!*

> *Beispiel:* Die Pizza muss heiß sein. Dann esse ich sie.
> *Lösung:* Wenn die Pizza nicht heiß ist, (dann) esse ich sie nicht.

1. Der Wein muss gut sein. Dann trinke ich ihn.

2. Der Mantel muss preiswert sein. Dann kaufe ich ihn.

3. Das Wasser muss warm sein. Dann bade ich.

4. Das Buch muss spannend sein. Dann lese ich es.

5. Ich muss Zeit haben. Dann gehe ich tanzen.

6. Er muss Geld haben. Dann heirate ich ihn.

7. Du musst mit mir gehen. Dann gehe ich auf die Geisterbahn.

V. *Sind die folgenden Sätze richtig? Wenn nicht, korrigieren Sie sie!*
   1. Wenn ich Lust habe, würde ich öfter Briefe schreiben.
   2. Ich frage mich, ob er mich wirklich liebt.
   3. Ob er mich lieben würde, dann wäre er viel netter zu mir.
   4. Wenn du hast Probleme, dann sprich doch mal mit deiner Mutter!
   5. Ich weiß nicht, wenn ich sie wieder anrufen soll.
   6. Wenn ich du bin, würde ich das nicht machen.
   7. Wenn ich ein Motorrad hätte, brauchte ich nicht im Stau zu stehen.

Nivel G

TEMA 49

I. *Verbinden Sie die Sätze mit **obwohl**!*

> *Beispiel:* Herr Thomas ist mit seinem Beruf nicht zufrieden.
> Die Schüler sind nett.
> *Lösung:* Herr Thomas ist mit seinem Beruf nicht zufrieden, obwohl die Schüler nett sind.
> *Oder:* Obwohl die Schüler nett sind, ist Herr Thomas mit seinem Beruf nicht zufrieden.

Herr Thomas (Lehrer) ist mit seinem Beruf nicht zufrieden.
1. Die Schüler sind nett.

2. Die Kollegen sind sympathisch und kollegial.

3. Das Schulgebäude ist modern.

4. Er verdient nicht schlecht.

5. Er hat lange Ferien.

6. Die Schüler akzeptieren ihn.

7. Er ist bei den Schülern beliebt.

II. *Sie gibt das Rauchen nicht auf.*
1. Sie hat oft den Husten.

2. Sie erwartet ein Baby.

3. Sie weiß, wie gefährlich das Rauchen ist.

4. Ihre ganze Wohnung riecht nach Rauch.

5. Es kostet viel Geld.

6. Sie treibt viel Sport.

Tema 49. Ejercicios

III. *Er hat die Prüfung nicht bestanden.*
 1. Er hatte sich gut vorbereitet.

 2. Er hatte vorher gute Noten.

 3. Er war nicht sehr nervös.

 4. Er hatte die Nacht zuvor gut geschlafen.

 5. Sie war nicht sehr schwer.

IV. *Bitte bilden Sie aus dem kursiv gedruckten Satzteil einen Nebensatz!*

> *Beispiel:Trotz des Regens* machen wir die Wanderung.
> *Lösung:* Obwohl es regnet, machen wir die Wanderung.

 1. *Trotz seiner guten Noten* hat Ralf die Stelle nicht bekommen.

 2. *Trotz seines vielen Geldes* ist er nicht glücklich.

 3. *Trotz ihrer Krankheit* ist sie zufrieden.

 4. *Trotz des Unfalls* fährt er unvorsichtig.

 5. *Trotz der hohen Miete* miete ich die Wohnung.

V. *Bilden Sie aus den obenstehenden Sätzen Hauptsätze mit* **trotzdem***!*

> *Beispiel:* Es regnet; trotzdem machen wir die Wanderung.

VI. *Bitte übersetzen Sie!*
 1. Aunque Eva está enferma, se va a la oficina.

 2. Úrsula se va a la discoteca, aunque tiene sólo 13 años.

 3. Fumo aquí, aunque está prohibido.

 4. Aunque él ha estudiado, no ha aprobado el examen.

 5. Los Schneider se van de vacaciones a Acapulco, aunque no tienen dinero.

Nivel G

6. No pudo dormir, aunque estaba cansada.

7. Dirk es muy gordo. A pesar de ello come mucho chocolate.

TEMA 50

I. *Verbinden Sie die folgenden Sätze mit **weil**!*

> *Beispiel:* Frank ist müde. Er hat schlecht geschlafen.
> *Lösung:* Frank ist müde, weil er schlecht geschlafen hat.

Frank ist müde.

1. Er hat schlecht geschlafen.

2. Er hat die ganze Nacht gelernt.

3. Er ist erst um 4 Uhr nach Haus gekommen.

4. Er hatte die ganze Nacht Zahnschmerzen.

5. Er hat zu viele Schlaftabletten genommen.

6. Er hat viele Stunden gearbeitet.

II. *Ich gehe.*
 1. Es gefällt mir nicht.

 2. Es ist schon spät.

 3. Ich muss in 30 Minuten zu Hause sein.

 4. Ich langweile mich.

 5. Mir ist schlecht.

 6. Ich habe viel Arbeit.

III. *Setzen Sie **denn** oder **weil** ein!*
 1. Ich gebe ihr einen Kuss, ... ich sie liebe.

Tema 50. Ejercicios

2. Wir schenken ihr Briefpapier, ... sie hat Geburtstag.
3. Sie lernt Griechisch, ... ihr Freund aus Athen ist.
4. Ich muss zur Werkstatt, ... der Wagen nicht anspringt.
5. Wir haben einen Hund, zwei Katzen und drei Kanarienvögel, ... wir lieben Tiere.
6. Sie nimmt ein Taxi, ... es ist schon sehr spät.

IV. *Bitte formen Sie die folgenden Sätze um!*

> *Beispiel:* *Wegen der hohen Miete* habe ich die Wohnung nicht genommen.
> *Lösung:* Weil die Miete so hoch ist, habe ich die Wohnung nicht genommen.

1. *Wegen des schlechten Wetters* bleiben wir zu Haus.

2. *Wegen der Prüfung* muss ich lernen.

3. *Wegen der Kinder* bleibt sie zu Haus.

4. *Wegen ihrer guten Noten* bekommt Anna ein Stipendium.

V. *Bilden Sie aus dem Hauptsatz einen **deshalb**-Satz!*

> *Beispiel:* Die Miete war hoch; deshalb habe ich die Wohnung nicht genommen.

VI. *Bitte übersetzen Sie!*
1. ¿Por qué no vienes?

2. Porque no tengo ganas.

3. Le doy un beso, porque le amo.

4. Juan no ha venido, porque está enfermo.

5. ¿Por qué no ha escrito?

6. Porque él no tiene tiempo.

Nivel G

7. Ella bebe, porque tiene muchos problemas.

8. Ya es tarde; por eso tengo que irme.

9. Estudio porque mañana tengo un examen.

10. Fumo porque estoy nerviosa.

VII. *Bilden Sie kausale Nebensätze!*

> *Beispiel:* Ich bleibe zu Hause. Ich bin müde.
> *Lösung:* Ich bleibe zu Hause, weil ich müde bin.

1. Sie kauft den schwarzen Rock. Er gefällt ihr.

2. Ich gehe in den Tante-Emma-Laden. Es ist billig.

3. Sie braucht Chili. Sie kocht ein mexikanisches Gericht.

4. Sie geht zum Arzt. Sie hat eine Magengrippe.

5. Er schenkt ihr einen Ring. Er liebt sie.

6. Wir gehen zu Fuß. Unser Auto ist kaputt.

VIII. *Bitte fragen Sie nach dem Grund!*

> *Beispiel:* A) Warum bleibst du denn zu Hause?
> *Antwort:* B) Weil ich müde bin.

TEMA 51

I. *Bitte bilden Sie Finalsätze mit **um zu** oder **damit**!*
   1. Ich treibe Sport
   2. Wir kaufen unserer Tochter Bücher,
   3. Sie isst viel Sahne,
   4. Wir helfen ihm,
   5. Er trinkt,
   6. Sie geht ins Sonnenstudio,
   7. Er trägt einen Bart,
   8. Wir laufen schnell

   a) um seine Probleme zu vergessen.
   b) um dicker zu werden.
   c) damit er die Prüfung besteht.
   d) damit sie liest.
   e) um fit zu werden.
   f) um männlicher auszusehen.
   g) um den Zug nicht zu verpassen.
   h) um braun zu werden.

II. *Verbinden Sie die folgenden Sätze richtig!*
   1. Ich fahre nach Heidelberg,   um Deutsch zu lernen.
      Ich schicke meinen Sohn nach Heidelberg,   damit er Deutsch lernt.
   2. Der Hausbesitzer kommt,   damit ich die Miete bezahle.
      Der Hausbesitzer hat mir geschrieben,   um die Miete zu kassieren.
   3. Ich gehe zur Post,   damit er Briefmarken kauft.
      Ich schicke meinen Sohn zur Post,   um Briefmarken zu kaufen.
   4. Wir schenken meiner Mutter eine Katze,   um die Mäuse zu fangen.
      Die Katze ist hier,   damit sie Gesellschaft hat.
   5. Wir brauchen eine neue Waschmaschine,   um die schmutzige Wäsche waschen zu können.
      Wir rufen den Techniker an,   damit er die Waschmaschine repariert.

III. *Bitte übersetzen Sie **para**!*
   1. ¿Qué necesitamos para el viaje?

   2. ¿Qué puedo hacer para aprender bien el alemán?

   3. Mando a mi hija a España para que aprenda el español.

   4. Necesito los zapatos para bailar.

   5. Necesitamos 30 botellas de vino para la fiesta.

6. Voy al banco para cambiar dinero.

7. Cierro la ventana para que no entren mosquitos.

8. Una carta para ti.

9. Llamamos al electricista para que repare la lámpara.

10. Necesito el bastón para andar mejor.

11. Le han dado 125.000 DM por el coche.

IV. *Bitte setzen Sie* **zu** *oder* **um zu** *ein!*
   1. Ich habe keine Lust, ... den Brief .... schreiben.
   2. Hast du Zeit, ... morgen .... kommen?
   3. Wir kaufen ein Los, ... den 1. Preis .... gewinnen.
   4. Wir müssen ein Taxi nehmen, ... noch rechtzeitig an .... kommen.
   5. Sie haben auch die Möglichkeit, ... jeden Tag Sport .... treiben.
   6. Ich brauche Mehl, ... den Kuchen .... backen.
   7. Tina wird versuchen, ... uns von Toronto aus an .... rufen.
   8. Ich lese die Zeitung, ... mich .... informieren.

SOLUCIONES/LÖSUNGSSCHLÜSSEL

TEMA 1

I.

	sein	heißen	kommen	haben	wohnen	gehen	lernen
ich	bin	heiße	komme	habe	wohne	gehe	lerne
Sie	sind	heißen	kommen	haben	wohnen	gehen	lernen
du	bist	heißt	kommst	hast	wohnst	gehst	lernst
er/sie/es	ist	heißt	kommt	hat	wohnt	geht	lernt
wir	sind	heißen	kommen	haben	wohnen	gehen	lernen
Sie	sind	heißen	kommen	haben	wohnen	gehen	lernen
ihr	seid	heißt	kommt	habt	wohnt	geht	lernt
sie	sind	heißen	kommen	haben	wohnen	gehen	lernen

	essen	trinken	arbeiten	nehmen
ich	esse	trinke	arbeite	nehme
Sie	essen	trinken	arbeiten	nehmen
du	isst	trinkst	arbeitest	nimmst
er/sie/es	isst	trinkt	arbeitet	nimmt
wir	essen	trinken	arbeiten	nehmen
Sie	essen	trinken	arbeiten	nehmen
ihr	esst	trinkt	arbeitet	nehmt
sie	essen	trinken	arbeiten	nehmen

Nivel G

II.

k	n	i	m	m	t	z	s	s	ä	t	i	ss	t
o	e	k	o	m	m	e	u	p	c	t	o	ä	l
i	m	o	a	s	ü	s	p	r	i	c	h	t	i
s	h	s	i	n	d	b	n	i	n	i	r	e	e
t	e	t	i	e	b	r	a	e	o	c	c	s	s
g	i	b	t	t	s	e	i	d	f	l	n	s	t
ä	ß	l	e	t	v	e	r	s	t	e	h	e	n
l	t	e	l	r	s	c	h	l	ä	f	t	n	n
h	o	r	n	i	e	h	d	p	r	r	v	h	p
a	k	n	e	n	s	a	r	h	a	b	e	r	e
t	o	e	i	k	r	b	b	i	s	t	k	e	n
b	i	n	t	e	n	e	u	m	e	n	r	z	w

Horizontal: er, sie, es nimmt; du, er, sie, es isst; ich komme; er, sie, es spricht; wir, Sie, sie sind; er, sie, es, ihr arbeitet; er, sie, es gibt; ihr seid; Sie, wir, Sie, sie verstehen; er, sie, es schläft; du bist; ich bin.
Vertical: er, sie, es ist; er, sie, es hat; du, er, sie, es heißt; Sie, wir, Sie, sie lernen; ich trinke; ich habe; Sie, wir, Sie, sie essen; du, er, sie, es liest;

III. 1. Ich verstehe, 2. Er arbeitet, 3. Sie nimmt, 4. wir sind, 5. ich komme, 6. Sie isst, 7. Er sieht, 8. Sie kommen, 9. Er hilft, 10. Heißt du Eva?, 11. Er schläft, 12. Er hält, 13. Sie liest, 14. Sie wäscht, 15. Er läuft.

IV. 1. s, 2. i, 3. e, 4. l, 5. e, 6. r, 7. n, 8. e, 9. n, 10. s, 11. e, 12. h, 13. r, 14. g. 15. u, 16. t.
SIE LERNEN SEHR GUT!

V. 1. A) sind
    B) heiße, komme, studiere
  2. A) machst
    B) lerne
  3. B) ist, kommt, wohnt (studiert, arbeitet)
  4. A) ist
    B) Bist
    C) bin
    B) geht
    A) gehen

Tema 2. Soluciones

    B) gehe
5. A) kommst
    B) komme, kommst
    A) komme, machst
    B) mache, machst
    A) besuche, lerne
6. A) Lernen
    B) mache
    A) Sind
    B) bin
    A) machen
    B) gehe
    A) Gehen, gehen
    B) ist

TEMA 2

I. Ich kann kommen, er kann kommen, sie (Eva) kann kommen.
Sie müssen zahlen, sie müssen zahlen.
Ich will gehen, er will gehen, sie (Eva) will gehen.
Ich muss fahren, er muss fahren, sie (Eva) muss fahren.
Ich darf hier rauchen, er darf hier rauchen, sie (Eva) darf hier rauchen.
Sie können gut Klavier spielen, sie können gut Klavier spielen.
Du darfst hier nicht parken.
Sie mögen Apfeltorte, sie mögen Apfeltorte.
Du sollst kommen.

II. 1. kann, 2. muss, 3. Können, 4. Kannst, 5. müssen, 6. können, 7. Kann, 8. muss, 9. müssen, 10. Können.

III. 1. Können Sie tanzen?
    2. Hier dürfen Sie nicht parken.
    3. Wir müssen gehen.
    4. Soll ich dir helfen?
    5. Wir können nicht bezahlen.
    6. Aber wir müssen bezahlen.
    7. Jetzt möchte ich frühstücken.
    8. Wir wollen diese Übung nicht machen.
    9. Dieser Papagei kann sprechen.

Nivel G

IV. 1. Hier kann ich mir die Hände waschen. Hier kann ich essen.
2. Hier darf ich nicht links abbiegen. Hier kann ich Geld wechseln.
3. Hier kann ich Information bekommen. Hier darf ich nicht hineinfahren.
4. Hier darf ich nicht laut sprechen. Hier kann ich telefonieren.
5. Hier kann ich Fahrkarten kaufen. Hier darf ich nicht überholen.

V. 1. Wann willst/kannst/darfst du deine Freunde besuchen?
2. Wollen/Können Sie heute oder morgen ins Theater gehen?
3. Kann ich eine Pizza essen?
4. Ich darf/will/kann nicht so viel essen.
5. Er kann/darf/will/muss zu Hause bleiben.
6. Die Kinder können/wollen/müssen die Hausaufgabe machen.
7. Wollen Sie Rotwein oder Weißwein trinken?
8. Ich will/muss zum Arzt (gehen).

TEMA 3

I. 1. lassen (D), 2. lasse (B), 3. lässt (A), 4. lässt (D), 5. Lassen (A), 6. Lässt (A), 7. lässt (C), 8. lassen (B), 9. lasse (D).

II. 1. richtig, 2. falsch. Müssen wir morgen kommen? 3. richtig, 4. richtig, 5. richtig, 6. falsch. Musst du anrufen? 7. falsch. Muss/Soll ich dir das Wort erklären? 8. richtig.

III. 1. Ich werde verrückt. 2. Die Kinder werden groß, 3. Um 6.00 Uhr wird es schon dunkel. 4. Juan möchte Zahnarzt werden. 5. Das Wetter wird besser. 6. Sie wird sofort braun. 7. Wir werden alt.

IV. 1. Heute bleibe ich im Bett. 2. Du brauchst nicht zu singen. 3. Wir lassen den Hund zu Hause. 4. Ich muss die Waschmaschine reparieren lassen. 5. Brauchst du einen Kuli (Kugelschreiber)? 6. Ich muss zu Hause anrufen. 7. Dieses Wochenende bleiben wir zu Hause. 8. Warum werden Sie so nervös?

TEMA 4

I. 1. ein, 2. an, 3. auf, 4. ab, 5. mit, 6. an, 7. zurück.

Tema 4. Soluciones

II. aussehen: Sie sieht sehr gut aus.
ausmachen: Mach bitte das Licht aus!
ausgehen: Heute abend gehen wir nicht aus.
aussteigen: Steigen Sie hier am Karlsplatz aus!

ansehen: Wir sehen uns den Krimi an.
anmachen: Bitte mach das Licht an!
ankommen: Der Zug kommt um 9.15 an.
anfangen: Um 9.00 Uhr fangen wir an.
anrufen: Ich rufe dich morgen früh an.

einkaufen: Samstags kaufen wir oft ein.
einladen: Ich lade dieses Jahr niemand zu meinem Geburtstag ein.
einsteigen: Bitte, steigen Sie schnell ein!

zurückgehen: Um sechs Uhr gehen wir nach Hause zurück.
zurückfahren: Heute fahren wir nicht mehr zurück.
zurückkommen: Komm bitte bald zurück!

durchsehen: Der Lehrer sieht die Aufsätze durch.
durchgehen: Bitte, gehen Sie schon durch!
durchfahren: Der Zug hält nicht in Betzdorf. Er fährt durch.

spazieren gehen: Heute gehen wir nicht spazieren. Es regnet.

umsteigen: Steigen Sie bitte in Köln um!

mitgehen: Wir gehen ins Kino. Gehst du mit?
mitfahren: Ich fahre zum Strand. Fahr doch mit!
mitkommen: Paul kommt heute nicht mit. Er ist krank.

aufmachen: Mach bitte das Fenster auf!
aufhören: Hör sofort auf!

III. 1. Nein, ich gehe nicht spazieren.
2. Nein, ich frühstücke nicht.
3. Nein, ich gehe nicht zurück.
4. Nein, ich steige nicht aus.
5. Nein, ich übersetze nicht.
6. Nein, ich kaufe nicht ein.
7. Nein, ich räume nicht auf.
8. Nein, ich unterbreche nicht.
9. Nein, ich steige nicht ein.
10. Nein, ich fange nicht an.

Nivel G

11. Nein, ich höre nicht auf.
12. Nein, ich antworte nicht.
13. Nein, ich gehe nicht weg.
14. Nein, ich rufe nicht an.

IV. 1. Wir fangen um 8.00 Uhr an.
2. Der Zug kommt um 9.20 Uhr an.
3. Ich muss hier aussteigen.
4. Ich komme um 22.30 Uhr zurück.
5. Der Zug fährt um 13.05 Uhr ab.
6. Heute rufe ich dich an.
7. Kannst du Skilaufen?
8. Nimmst du das Geld nicht mit?

TEMA 5

I. 1. richtig, 2. richtig, 3. falsch. Morgen müssen wir um 7.00 Uhr aufstehen. 4. falsch. Im Unterricht schlafe ich immer ein. 5. richtig, 6. falsch. Ich bleibe noch zwei Stunden. 7. richtig, 8. falsch. Anja und Frank heiraten nächsten Monat.

II. Peter interessiert sich für einen Porsche.
Peter wünscht sich einen Porsche.
Wir freuen uns auf den Film.
Ich setze mich ans Fenster.
Sie interessieren sich für spanische Literatur.
Die Nachbarn ärgern sich über die laute Musik.
Warum regst du dich auf?

III. 1. sich, 2. euch, 3. uns, 4. uns, 5. sich, 6. dich, 7. euch, 8. mich, 9. euch, 10. sich.

IV. 1. Er heißt Albert.
2. Ich stehe um 10.00 Uhr auf.
3. Lydia heiratet im April.
4. Interessierst du dich für Autos?
5. Warum ärgert ihr euch?
6. Sie kennen sich gut.
7. Ich warte vor dem Kino.

Tema 7. Soluciones

TEMA 6

I. 1 a) 7a, trans, b) 7b, intrans, 2 a) 2a, trans, b) 2b, intrans.
   3 a) 1a, trans, b) 1b, intrans, 4 a) 3a, trans, b) 3b, intrans.
   5 a) 4a, trans, b) 4b, intrans, 6 a) 8a, trans, b) 8b, intrans.
   7 a) 9a, trans, b) 9b, intrans, 8 a) 5a, trans, b) 5b, intrans.
   9 a) 6a, trans, b) 6b, intrans.

II. 1. mich, 2. richtig, 3. richtig, 4. in den Schrank, 5. richtig, 6. richtig, 7. richtig, 8. in den Schrank.

III. 1. liegt, 2. stehen, 3. stehen, (liegen), 4. liegt, 5. steht, 6. steht, 7. stellen (legen), legen.

IV. 1. Ute stellt die Schuhe in den Schrank.
    2. Das Bett steht unter dem Fenster.
    3. Hans sitzt (liegt) in der Badewanne.
    4. Der Schirm liegt auf dem Boden.
    5. Die Fliege sitzt auf der Butter.
    6. Rolf sitzt oben im Baum.
    7. Der Vogel sitzt auf der Fensterbank.
    8. Sie legt das Baby ins Bett.
    9. Das Geld liegt auf dem Schreibtisch.
    10. Wir legen die Zeitung auf den Tisch.
    11. Die Hose hängt im Schrank.

V. hängen: der Tisch; stehen: das Kleid, liegen: der Wandschrank; sitzen: die Hose; stecken: die Stühle in der Klasse.

TEMA 7

I. *Nominativ- und Akkusativkiste:* fragen, treffen, besuchen, anrufen, lieben, kosten, sehen, hören, verstehen, essen, trinken, kaufen, waschen, rufen.
Nominativ- und Dativkiste: antworten, gefallen, helfen, gratulieren, verzeihen, passen, gehören, danken, stehen, schmecken, schreiben, zuhören.
Nominativ-, Akkusativ- und Dativkiste: bringen, erklären, erlauben, zeigen, schreiben, empfehlen, schenken, sagen, schicken, kaufen, waschen.

Nivel G

II. 1. *Complemento directo.* Rufen: Nominativ und Akkusativ.
   2. *Complemento indirecto.* Weh tun: Nominativ und Dativ.
   3. *Complemento directo.* Helfen: Nominativ und Dativ.
   4. *Complemento directo.* Gratulieren: Nominativ und Dativ.
   5. *Complemento indirecto.* Fragen: Nominativ und Akkusativ.
   6. *Complemento indirecto.* Kosten: Nominativ und Akkussativ.
   7. *Complemento indirecto.* Gefallen: Nominativ und Dativ.
   8. *Complemento indirecto.* Danken: Nominativ und Dativ.
   9. *Complemento indirecto.* Schicken: Nominativ, Akkusativ, Dativ.

III. Der Gänsebraten schmeckt ausgezeichnet.
   Die Rosen gefallen mir gut.
   Klaus mag ich nicht.
   Klaus habe ich sehr gern.
   Hunde mag ich nicht.
   Meinen Mann habe ich sehr gern.
   Die Gemüsesuppe schmeckt ausgezeichnet.
   Tennis spiele ich gern.
   Krimis lese ich gern.
   Fisch mag ich nicht.
   Fisch esse ich (nicht) gern.
   Sauerkraut mag ich nicht.
   Sauerkraut esse ich (nicht) gern.
   Katzen mag ich nicht.

IV. 1. Ich trinke gern Bier. Ich mag Bier.
   2. Sie liest nicht gern Hitchcock. Sie sieht nicht gern Filme von Hitchcock.
   3. Gefällt Ihnen dieses Bild?
   4. Schmeckt Ihnen die Bohnensuppe?
   5. Ich lese/sehe nicht gern Krimis. Krimis mag ich nicht.
   6. richtig.
   7. Diese Wohnung gefällt mir nicht.
   8. Diese Suppe schmeckt ihr nicht.
   9. Am liebsten esse ich Käsekuchen.

V. 1. richtig, 2. falsch: Dieser Salat schmeckt mir ausgezeichnet. 3. falsch: Ich rufe dich um 9.00 Uhr an, 4. falsch: Kannst du mir bitte helfen? 5. falsch: Ich gratuliere dir zum Geburtstag, 6. falsch: Besuch mich doch mal! 7. falsch: Er fragt mich, 8. falsch: Ich danke dir, 9. falsch: Er antwortet mir nicht, 10. richtig, 11. falsch: Bitte entschuldigen Sie mich, 12. falsch: Verzeihen Sie mir, bitte.

Tema 8. Soluciones

TEMA 8

I. 1. Sie freut sich auf die Reise.
    2. Er wartet auf den Friseur.
    3. Ich gratuliere dir zum Namenstag.
    4. Wir unterhalten uns über die Mode.
    5. Hier duftet es nach Lavendel.
    6. Die Leute beschweren sich über den Lärm.
    7. Ich habe keine Angst vor dem Direktor.

II. 1. Ich danke Ihnen für den netten Brief.
    2. Interessierst du dich für klassische Musik?
    3. Er denkt immer an die Arbeit.
    4. Wir sprechen über den Unterricht.
    5. Ich träume von einer paradiesischen Insel.
    6. Wir kämpfen für mehr Freizeit.

III. 1. Ich träume von einem Schloss am Meer.
     2. Jeden Tag ärgern wir uns über den Chef.
     3. Wir warten auf den Bus.
     4. Er interessiert sich nicht für Frauen.
     5. Die Arbeiter demonstrieren für mehr Freizeit.
     6. Ich schreibe einen Brief an die Firma.
     7. Bitte fragen Sie nach Frau Heller.
     8. Herr Möller, eine Schülerin fragt nach Ihnen.
     9. Wir waren über den Film ziemlich enttäuscht.
     10. B) Oh, ich freue mich über den Brief.
     11. Wir freuen uns auf Weihnachten.

IV. Sie denkt oft an den letzten Urlaub.
    Sie denkt oft an die Lehrerin.
    Sie denkt oft an diesen Typ
    Sie denkt oft an das Konzert.
    Sie denkt oft an schnelle Autos.

    Sie träumen von einem Lottogewinn.
    Sie träumen von der Prüfung.

    Er interessiert sich für schnelle Autos.
    Er interessiert sich für die Lehrerin.
    Er interessiert sich für diesen Typ.
    Er interessiert sich für das Konzert.

Nivel G

Es riecht nach Feuer.

Wir haben keine Angst vor Feuer.
Wir haben keine Angst vor der Prüfung.

Wartet ihr auf die Lehrerin?
Wartet ihr auf diesen Typ?
Wartet ihr auf das Konzert.

Ärgere dich nicht über die Lehrerin.
Ärgere dich nicht über diesen Typ.
Ärgere dich nicht über das Konzert.

Sie freut sich auf das Konzert.

TEMA 9

I. Der Direktor hat den Brief gestern gelesen/diktiert/übersetzt/gesehen.
Der Direktor hat den Kunden heute gefragt/angerufen.
Der Direktor hat das Buch noch nie gelesen/gesehen.
Die Sekretärin hat den Kunden vor einer Stunde gefragt/angerufen.
Ich habe den Lehrer noch nie geküsst.
Ich habe den Lehrer gerade gefragt.
Ich habe das Auto gerade repariert.
Ich habe den Briefträger heute morgen gesehen.
Wir haben das Buch heute morgen gelesen.
Wir haben den Minister gestern interviewt.
Wir haben den Lehrer gerade angerufen.
Sie hat die Nachbarin heute morgen gesehen.

II. 1. sind, 2. haben, 3. sind, 4. sind, 5. haben, sind, haben, 6. sind, sind, 7 ist.

III. Hast du schon einmal Schnecken gegessen?
Hast du schon mit einem Minister gegessen?
Haben Sie noch nie Schnecken gegessen?
Bist du schon einmal in Deutschland gewesen?
Bist du schon einmal ins Wasser gefallen/gesprungen?
Bist du schon einmal mit einem Wasserflugzeug geflogen?
Bist du noch nie mit einem Minister gefahren/geflogen?
Sind Sie schon einmal nach England gefahren?
Sind Sie schon in Deutschland gewesen?

Tema 10. Soluciones

IV. Am Montag hat sie Tennis gespielt, hat ihre Hausaufgaben gemacht und ist zum Englischkurs gegangen (und ist im Englischkurs gewesen).
Am Dienstag hat sie Gymnastik gemacht und hat einen Brief an Udo geschrieben.
Am Mittwoch hat sie das Auto zur Werkstatt gebracht und hat einen Vortrag über Shakespeare gehört (und ist zu einem Vortrag über Shakespeare gegangen).
Am Donnerstag hat sie Kuchen gebacken.
Am Freitag hat sie das Auto abgeholt und ist zum Tanzkurs gegangen.
Am Samstag ist sie beim Friseur gewesen und hat eingekauft. Am Abend ist sie ins Theater gegangen und hat *Hamlet* gesehen.
Am Sonntag hat sie Ulla und Klaus besucht. Am Abend ist sie im Studio 21 gewesen.

TEMA 10

I. 1. Ich habe ihn nicht hängen lassen.
   2. Ich habe es nicht liegen lassen.
   3. Ich habe ihn nicht stecken lassen.
   4. Ich habe sie nicht liegen lassen.
   5. Ich habe sie nicht stehen lassen.
   6. Ich habe sie nicht liegen lassen.

II. 1. Nein, ich habe sie nicht singen hören.
    2. Nein, ich habe sie nicht lachen hören.
    3. Nein, ich habe sie nicht Klavier spielen hören.
    4. Nein, ich habe sie nicht weggehen hören.
    5. Nein, ich habe sie nicht schreien hören.

III. 1. Richtig, 2. Ich habe ihn kommen sehen, 3. Er hat mir nicht helfen wollen, 4. Richtig, 5. Du hast es nicht können wollen, 6. Richtig, 7. Wir haben den Film aber sehen dürfen, 8. Entschuldigung, das habe ich nicht gewollt.

IV. 1. Er ist gekommen.
    2. Ich habe ihn kommen sehen.
    3. Ich habe sie nicht gehört.
    4. Ich habe sie nicht rufen hören.
    5. Wir haben die Katze impfen lassen.

Nivel G

6. Er hat mir nicht helfen können.
7. Ich habe mir den Personalausweis verlängern lassen.
8. Wir haben uns ein Zimmer reservieren lassen.

V. Dann hat sie gefrühstückt.
Um 7.30 ist sie zur Arbeit gefahren. Sie hat die Briefe von gestern weggeschickt und die Kopien abgelegt.
Um 9.00 Uhr hat sie die Post geöffnet und verteilt. Sie hat Briefe übersetzt und beantwortet.
Um 12.00 Uhr ist sie ins Hallenbad gegangen. Danach hat sie zu Mittag gegessen.
Um 14.00 Uhr ist sie ins Büro zurückgegangen. Sie hat Besuchern die Fabrik gezeigt. Später hat sie Briefe unterschreiben lassen.

TEMA 11

I.
l	k	w	o	t	r	a	f	ä	n	a	h	m	e	n
b	a	u	m	r	o	p	i	t	a	p	o	e	l	e
o	m	s	c	h	r	i	e	b	s	f	f	i	m	ß
s	e	c	h	s	e	l	l	u	e	e	t	s	i	a
r	n	h	a	c	i	x	m	n	l	a	t	s	b	
s	i	r	v	ss	d	u	r	f	t	e	t	r	s	e
b	c	r	e	s	b	m	z	s	a	ß	o	a	o	ss
l	o	h	r	t	s	c	b	r	i	ü	n	n	p	z
i	d	i	l	g	a	r	r	s	e	w	v	k	r	f
e	ss	r	o	i	b	i	e	a	t	a	ss	i	t	a
b	s	z	r	n	e	e	s	h	t	r	h	s	a	n
t	a	g	i	g	i	f	e	e	a	f	r	h	t	d
m	u	ss	t	e	l	ss	n	n	h	i	ä	c	e	b

Horizontal: ich, er, sie, es traf; Sie, wir, Sie, sie nahmen; ich, er, sie, es schrieb; ich, er, sie, es durfte; ich, er, sie, es saß; ich, er, sie es musste.
Vertical: Sie, wir, Sie, sie kamen; ich, er, sie, es wusch; ich, er, sie es fiel; ich, er, sie, es aß; ich, er, sie, es tat; ich, er, sie, es trank; ihr bliebt; ich, er, sie, es verlor; ich, er, sie, es ging; ich, er, sie, es; rief;

Tema 12. Soluciones

Sie, wir, Sie, sie sahen; ich, er, sie, es hatte; ich, er, sie, es war; ich, er, sie, es fand.
Diagonal: ich, er, sie, es las.

II. verlieren   verlor
    kommen   kam
    sehen   sah
    müssen   musste
    schreiben   schrieb
    trinken   trank
    finden   fand
    setzen   setzte

III. 1. Es war Oktoberfest. 2. Martin Pech ging in ein Hotel in München. 3. Er wollte ein Einzelzimmer. 4. Aber alles war besetzt. 5. Er suchte weiter, fand aber nichts mehr. 6. Gerade, als er zum Bahnhof zurückgehen wollte, sah er ein altes Haus mit einem Schild «Zimmer frei». 7. Er wollte in das Haus gehen, öffnete die Tür, trat in den Flur, und plötzlich schloss sich die Tür hinter ihm. 8. Er konnte nicht mehr hinaus.

IV. 1. Er schrieb aber nicht. 2. Er hörte aber nicht auf. 3. Er fuhr aber nicht ab. 4. Er antwortete aber nicht. 5. Er wartete aber nicht. 6. Er aß aber nicht. 7. Er ging aber nicht. 8. Er sang aber nicht. 9. Er blieb aber nicht.

V. ging, gab, las, sah, lag, half, ließ, kannte, durfte, mochte, lief, fuhr, saß.

TEMA 12

I. 1. Ein Unfall war passiert.
   2. Er hatte ihn gründlich durchgelesen.
   3. Er war gefallen.
   4. Ich hatte eine Maus gesehen.
   5. Sie hatte uns geholfen.
   6. Sie hatten viel eingekauft.
   7. Ein Hund war auf die Straße gelaufen.
   8. Ich hatte mich von allen verabschiedet.
   9. Ich hatte lange Tennis gespielt.
   10. Er hatte Geld gestohlen.

II. 1. Tanja wird ausschlafen, lesen und Musik hören.
    2. Susi und Frank werden eine Party geben.
    3. Frau und Herr Wolters werden spazieren gehen und fernsehen.
    4. Armin wird an einem Wochenendseminar teilnehmen.
    5. Christian wird bei einem Marathonlauf mitmachen.
    6. Lehrer Lembke wird Hausaufgaben nachsehen und Diktate korrigieren.

III. 1. Im nächsten Jahr werde ich mehr schlafen.
     2. Ich werde nicht mehr rauchen.
     3. Ich werde weniger Alkohol und Kaffee trinken.
     4. Ich werde mich nicht mehr ärgern.
     5. Ich werde pünktlicher sein.
     6. Ich werde mehr Sport treiben.
     7. Ich werde gesünder leben.
     8. Ich werde freundlicher sein.
     9. Ich werde positiver denken.

TEMA 13

I. SEI RUHIG!   VERGISS ES NICHT!
   SCHLAF!   LERN DIE VOKABELN!
   HILF MIR!   RUF MICH BITTE AN!
   FRAG!   SETZ DICH!
   GEH!   SCHREIB DEN BRIEF!
   GIB!   HOL DIE ZEITUNG!
   BEEIL DICH!   WASCH DICH!
                           LIES DAS BUCH!
                           NIMM DIE TABLETTEN!
                           DENK NICHT AN DIE PRÜFUNG!
                           REDE NICHT SO VIEL!

II. *du*   *Sie*   *ihr*
    komm!   kommen Sie!   kommt!
    antworte!   antworten Sie!   antwortet!
    frag!   fragen Sie!   fragt!
    sei ruhig!   seien Sie ruhig!   seid ruhig!
    entschuldige dich!   entschuldigen Sie sich!   entschuldigt euch!
    hör auf!   hören Sie auf!   hört auf!
    lies!   lesen Sie!   lest!
    nimm!   nehmen Sie!   nehmt!

Tema 14. Soluciones

arbeite!	arbeiten Sie!	arbeitet!
zahl!	zahlen Sie!	zahlt!
fahr!	fahren Sie!	fahrt!
schlaf!	schlafen Sie!	schlaft!

III. 1. Gib mir bitte eine Zigarette!
2. Hol mir bitte die Zeitung!
3. Trink nicht so viel!
4. Macht die Hausaufgaben!
5. Esst den Spinat!
6. Seid nicht so laut!
7. Unterschreiben Sie bitte den Brief!
8. Erklären Sie mir das bitte noch einmal!
9. Rufen Sie bitte die Firma Wolters an!

IV. 1. Trink nicht so viel!
2. Rauch nicht so viel!
3. Arbeite nicht so viel!
4. Treib Sport!
5. Sei pünktlicher!
6. Geh öfter mit mir aus!
7. Sieh nicht so viel fern!
8. Hilf mir!

V. 1. Bitte rauch nicht!
2. Helfen Sie mir bitte!
3. Entschuldigen Sie bitte!
4. Entschuldige dich!
5. Fahr nicht so schnell!
6. Rufen Sie mich bitte um 5 Uhr an!
7. Habt keine Angst!
8. Werde nicht nervös!

TEMA 14

I. 1. Morgens könnte/würde ich surfen. 2. Am Nachmittag könnte/würde ich auf dem See segeln. 3. Gegen Abend könnte/würde ich spazieren gehen. 4. Bei schlechtem Wetter würde ich das Museum besichtigen. 5. Abends im Bett würde ich lesen. 6. Morgens könnte/würde ich Tennis spielen. 7. Morgens könnte/würde ich reiten. 8. Nachmittags könnte/würde ich Golf spielen. 9. Bei schlechtem Wetter würde ich in die Sauna gehen. 10. Bei schönem Wetter würde ich mit dem Lift auf den Berg fahren. 11. Jeden Abend würde ich tanzen gehen. 12. Am Sonntag würde ich in den Botanischen Garten gehen. 13. Jeden Tag würde ich gut essen. 14. Ab und zu würde ich faulenzen. 15. Jeden Tag würde ich viel schlafen. 16. Mittags würde ich eine Siesta halten. 17. Jeden Tag würde ich Leute kennen lernen.

II. 1. Ich würde schnell weglaufen.
   An ihrer Stelle würde ich den Stieren den Hut und andere Kleidungsstücke zuwerfen.
   Sie könnten laut um Hilfe rufen.
2. An seiner Stelle würde ich schnell ins Haus laufen.
   Ich würde mir eine Pfeife oder Zigarette anzünden und die Bienen durch den Rauch wegjagen.
3. Ich würde den Leuten sagen, dass die Tür kaputt ist und sie eine andere Tür benutzen sollten.
   Der Besitzer könnte die Tür kaputtschlagen und dann die Leute hereinlassen.
   An seiner Stelle würde ich versuchen, die Tür schnell zu reparieren.
   Wenn ich der Besitzer wäre, würde ich schnell einen Fachmann anrufen und die Tür reparieren lassen.

III. 2. Würden/Könnten Sie bitte etwas langsamer sprechen?
 3. Würdest du mir bitte den Zucker geben?
 4. Würden/Könnten Sie mir das bitte erklären?
 5. Würden Sie bitte das Licht anmachen!
 6. Könntet ihr bitte ruhig sein?
 7. Würdest/Könntest du noch eine halbe Stunde warten?
 8. Würdest/Könntest du mir 10,— DM leihen?
 9. Würden/Könnten Sie mir bitte einen Gefallen tun?
 10. Würden/Könnten Sie bitte den Brief unterschreiben?
 11. Würden/Könnten Sie mir bitte ein Brot mitbringen?

TEMA 16

I. Im Unterricht wird manchmal Kuchen gegessen.
Im Unterricht werden oft Sprachspiele gemacht.
Bei uns wird viel Sekt getrunken.
Hier werden jeden Tag Dialoge geübt.
Im Unterricht werden oft Verben konjugiert.

Tema 17. Soluciones

Bei uns werden oft Gedichte geschrieben.
Hier werden auch Texte gelesen.
Im Unterricht werden manchmal Adjektive dekliniert.
Bei uns werden oft Texte übersetzt.
Im Unterricht werden manchmal Prüfungen gemacht.
Es werden auch Gedichte auswendig gelernt.
Im Unterricht werden jeden Tag Übungen gemacht.
Hier werden auch Schüler gefragt.
Bei uns wird auch der Lehrer kritisiert.
Hier wird auch das Passiv geübt.
Bei uns werden auch Prüfungen bestanden.

II. Der Brief wird geöffnet, gelesen, übersetzt, beantwortet, diktiert, geschrieben, korrigiert, unterschrieben, eingesteckt, weggeschickt, abgelegt, versteckt, zerrissen, weggeworfen, verbrannt, frankiert.

III. In der Disco wird gesungen, getanzt, gelacht, getrunken, geflirtet, geraucht.
Im Schwimmbad wird geschwommen, gelacht, geflirtet, gesungen und Wasser getrunken.
In der Kirche wird gesungen und gebetet.
In der Küche wird gekocht, gesungen, gelacht. Es werden auch Kartoffeln geschält und Kuchen gebacken.
Auf der Post werden Briefmarken verkauft.
In der Kneipe wird geraucht, gesungen, gelacht, getrunken, geflirtet und vielleicht getanzt.

IV. 1. In Deutschland wird viel Bier getrunken.
2. Im Deutschunterricht wird viel gesungen.
3. Im Unterricht wird nicht geraucht.
4. In Spanien wird spät zu Abend gegessen.
5. Im Deutschunterricht wird manchmal geflirtet.
6. In einer Discothek wird viel getanzt, getrunken und gelacht.
7. Er heißt Juan.
8. Der Brief wird jetzt unterschrieben.
9. Ernst wird morgen operiert.

TEMA 17

I. 1. Falsch: Es ist leicht, Deutsch zu lernen. 2. Richtig, 3. Richtig, 4. Falsch: Ich habe Lust, ins Kino zu gehen, 5. Falsch: Sie möchte ins

Nivel G

Kino gehen, 6. Richtig, 7. Falsch: Ich hoffe, kommen zu können, 8. Falsch: Jeden Tag geht er schwimmen, 9. Falsch: Ich habe keine Zeit, die Hausaufgaben zu machen, 10. Richtig.

II. 1. zu, 2. mitzuspielen, 3. ...., 4. zu, 5. ...., 6. ...., 7. zu, 8. ...., 9. zu, 10. zu, 11. zu.

III. 1. Er darf jetzt wieder Fußball spielen.
   2. Hast du Lust, mit mir ins Kino zu gehen?
   3. Ich habe keine Zeit, die Hausaufgaben zu machen.
   4. Es ist angenehm, sich am Strand zu sonnen.
   5. Wir hoffen, bald von euch zu hören.
   6. Er versucht, ein gutes Mittagessen zu kochen.
   7. Es ist verboten, hier zu schwimmen.
   8. Wir werden euch morgen anrufen.
   9. Es ist leicht, einen Kuchen zu backen.

IV. 1. Ich hoffe, dich bald zu sehen.
   2. Es ist angenehm, im Bett zu frühstücken.
   3. Thomas kann sehr gut tanzen.
   4. Ich habe keine Zeit, dir zu helfen.
   5. Ich habe vergessen, dich anzurufen.
   6. Ich werde versuchen, pünktlich zu sein.
   7. Hier darf man nicht parken.
   8. Ich habe keine Lust, ins Kino zu gehen.
   9. Es ist leicht, Deutsch zu lernen.
   10. Du brauchst nicht zu helfen.

TEMA 18
REPASO

I. 1. sprich, 2. nimm, 3. lies, 4. seid, 5. lass, 6. gib, 7. sieh, 8. schrei.

II. 1. ich kam = ich komme, sie half = sie hilft.
   2. wir besuchten = wir besuchen, ihr telefoniertet = ihr telefoniert.
   3. wir durften = wir dürfen, du riefst = du rufst.
   4. sie fuhren = sie fahren, er ging = er geht.
   5. du schliefst = du schläfst, sie mussten = sie müssen.

III. ich bitte, ich bat, ich habe gebeten.
   ich fahre, ich fuhr, ich bin gefahren.

Tema 20. Soluciones

ich gebe, ich gab, ich habe gegeben.
ich laufe, ich lief, ich bin gelaufen.
ich helfe, ich half, ich habe geholfen.
ich liege, ich lag, ich habe gelegen.
ich rate, ich riet, ich habe geraten.
ich komme, ich kam, ich bin gekommen.
ich schreibe, ich schrieb, ich habe geschrieben.
ich wasche, ich wusch, ich habe gewaschen.

IV. 1. Ich habe es genau gewusst.
2. Er sitzt auf der Bank.
3. Ich habe ihn gemocht.
4. Ich kann das.
5. Sie wollte ein Motorrad.
6. Er brachte die Post.

V. 1. P, 2. A, 3. A, 4. P, 5. A, 6. P, 7. P, 8. A.

VI. 1. Er hat gesagt, 2. Sie ist gekommen, 3. Ich bin gegangen, 4. Wir haben gegessen, 5. Du bist gelaufen, 6. Er hat gesungen, 7. Sie sind angekommen, 8. Ihr seid geflogen, 9. Sie ist/sind gewesen.

VII. singte = sang, gehte = ging, rufte = rief, reitete = ritt, fliegte = flog, findete = fand, schlafte = schlief, sehte = sah, trinkte = trank, ziehte = zog, schreibte = schrieb, fahrte = fuhr, nehmte = nahm, waschte = wusch, leste = las, sitzte = saß, hängte = hing, weißte = wusste, helfte = half, stehte = stand, esse = aß, nimmt = nahm, fahre = fuhr.

TEMA 20

I. 1. der, 2. das, 3. das, 4. die, 5. die, 6. das, 7. das, 8. der, 9. das, 10. die, 11. die, 12. der, 13. das, 14. der, 15. die, 16. der, 17. der, 18. der, 19. die, 20. das, 21. die, 22. der, 23. der, 24. das, 25. die, 26. das, 27. die, 28. die, 29. der, 30. die, 31. die, 32. der, 33. die, 34. der.

II.
	der	*die*	*das*
1.	Brief	Zeitung	Buch
2.	Whisky	Milch	Bier
3.	Mann	Frau	Baby

Nivel G

4. Kohl	Bohne	Gemüse
5. Konzertsaal	Oper	Kino
6. Wagen	Honda	Fahrrad
7. Bus	U-Bahn	Flugzeug
8. Sessel	Couch	Bett
9. Hund	Katze	Huhn
10. Monat	Woche	Jahr

2. Getränke, 3. Personen, 4. Gemüse, 5. Dort sind Zuhörer/Zuschauer, 6. Damit kann man fahren, 7. Verkehrsmittel, 8. Möbel, 9. Haustiere, 10. Zeitspannen.

III. 1. der Tisch, 2. der Morgen, 3. das Kino, 4. das Bier, 5. das Auto, 6. der Frühling, 7. der Film, 8. der Apfel, 9. der Brief, 10. der Honig, 11. der Salat, 12. das Ei, 13. das Hähnchen, 14. das Brot, 15. das Fleisch, 16. der Fisch, 17. das Haus, 18. das Wasser, 19. die Sonne, 20. der Mond, 21. die Reise, 22. die Gruppe, 23. die Nummer, 24. die Schokolade, 25. die Zigarre, 26. das Zebra, 27. die Banane, 28. die Sekunde.

TEMA 21

I. 1. die Birne, 2. der Schrank, 3. das Mädchen, 4. der Apfel, 5. der Kuchen, 6. das Kino, 7. das Blatt, 8. die Sekretärin, 9. das Buch, 10. das Auto, 11. das Hähnchen, 12. das Kind, 13. der Rock, 14. der Tag, 15. das Zentrum, 16. das Haus, 17. die Rose, 18. der Monat, 19. das Kleid, 20. das Zimmer, 21. die Woche, 22. das Museum, 23. das Spiel, 24. der Baum, 25. das Foto, 26. das Taxi, 27. der Pullover, 28. das Hotel, 29. die Frau, 30. der Tisch, 31. der Mann, 32. der Stuhl, 33. der Fisch, 34. das Fahrrad, 35. der Supermarkt, 36. der Film, 37. der Pass, 38. das Bild, 39. der Bruder, 40. der Arzt, 41. das Gesicht, 42. die Stadt, 43. die Hand, 44. der Gast, 45. der Bus, 46. die Nacht, 47. das Flugzeug, 48. das Wort, 49. das Zeugnis, 50. das Glas, 51. das Jahr, 52. das Land, 53. die Studentin.

II.

-(e)n	-s	-e	-er	unverändert
Damen	Autos	Brote	Lieder	Schlüssel
Patienten	Hotels	Monate	Häuser	Stiefel
Uhren	Kinos	Getränke	Eier	Lehrer
Motoren		Städte	Dörfer	Teller

Tema 22. Soluciones

Blumen   Bäume
Kirchen
Zeitungen
Kartoffeln

III. der Ast, die Äste; der Zopf, die Zöpfe; das Buch, die Bücher; das Blatt, die Blätter; der Vogel, die Vögel; der Strumpf, die Strümpfe; der Sack, die Säcke; der Topf, die Töpfe; der Hut, die Hüte; der Kamm, die Kämme; der Rock, die Röcke; die Kuh, die Kühe; der Ball, die Bälle; der Korb, die Körbe; der Fuchs, die Füchse.

IV. Väter, Züge, Mädchen, Kuchen, Fotos, Augen, Ohren, Zimmer, Sofas, Tische, Stühle, Jahre, Nächte, Hosen, Kleider, Gärten, Büros, Messer, Hemden, Träume, Mäuse, Lampen, Tauben, Dörfer, Gäste, Nägel.

TEMA 22

I. 1. Herr Sommer (Nominativ), den Brief (Akkusativ)
2. Ich (Nominativ), Wasser (Akkusativ)
3. Sie (Nominativ), Pommes Frites mit Fisch (Akkusativ)
4. Nina (Nominativ), ihrer Mutter (Dativ)
5. Wir (Nominativ), Gina (Dativ), Briefpapier (Akkusativ)
6. Wir (Nominativ), Geburtstag (Akkusativ), Onkel Pauls (Genitiv)
7. Du (Nominativ), ein Stück Torte (Akkusativ)
8. Die Pizza (Nominativ), mir (Dativ)
9. Der Lehrer (Nominativ), den Schülern (Dativ), den Dativ (Akkusativ)
10. Diese Zeichnung (Nominativ), den Fuß (Akkusativ), eines Huhns (Genitiv)

II. 1. den, das, 2. den, die, 3. Den, das, 4. der, das, 5. dem, die, 6. der, das, 7. der, die, 8. der, die.

III.

Posición I	Posición II	Complemento indirecto	Complemento directo	Complemento circunstancial	Complemento prepositivo	Verbo II
Die Schüler	gratulieren	dem Lehrer			zum Geburtstag	
Der Kellner	serviert	den Gästen	das Frühstück	im Garten		
Kaspar	isst		keine Suppe			
Er	hilft	mir		nie		
Wir	werden		die Rechnung	nicht		bezahlen
Peter	träumt			schon	von den Ferien	
Wir	werden	Oma	2.000 DM		zum Geburtstag	schenken

Nivel G

IV. 1. Der Lehrer erklärt den Schülern das Passiv.
2. Herr Weiß will Herrn Rodríguez anrufen.
3 Ich bringe den Kindern Schokolade mit.
4. Wir zeigen den Gästen unsere neue Wohnung.
5. Wir müssen den Wagen unbedingt reparieren lassen.
6. Den Leuten schmeckt die Suppe nicht.

TEMA 23

I. 1. ein, 2. das, 3. einen, 4. der, ein, 5. einen, 6. eine, 7. Die, 8. eine, 9. Der, ein, 10. ein, das, 11. Der, 12. .... 13. der

II. 1. Ich habe eine halbe Stunde gewartet.
2. Der Kaffee schmeckt sehr gut. Gib mir bitte noch eine Tasse!
3. Voriges Jahr waren wir in der Schweiz.
4. Juan hat schon eine Wohnung.
5. Das ist eine sehr schöne Wohnung.
6. Ich habe keine Zeit.
7. Herr Stein ist Lehrer.
8. Morgens/am Morgen höre ich immer Radio.
9. Elisenda spielt sehr gut Klavier.
10. Ana María kommt aus Argentinien.
11. Viele Deutsche lernen Spanisch.
12. Dr. Ebach ist nicht im Büro.
13. Es ist schon 8.00 Uhr.
14. Reimanns sind schon hier.

III. 1. diesen, 2. diese, 3. dieses, 4. diese, 5. diese, 6. dieser, 7. diesem, 8. diesem, 9. dieser, 10. diesem, 11. dieses, 12. diese, 13. diesem, 14. dieses.

TEMA 24

I. 1. jung, 2. hässlich, 3. kalt, 4. dünn, 5. fleißig, 6. leise, 7. klein, 8. dunkel, 9. klug, 10. unfreundlich.

II. 1. ein gestrickter Pullover, 2. ein lustiges Buch, 3. ein spannendes Buch, 4. eine verkochte Suppe, 5. eine versalzene Suppe, 6. ein neuer Pullover, ein neues Buch, 7. ein einfarbiger Pullover, 8. ein interessantes Buch, ein interessanter Pullover, 9. eine schmack-

Tema 25. Soluciones

hafte Suppe, 10. eine angebrannte Suppe, 11. eine wässrige Suppe, 12. ein karierter Pullover, 13. ein weiter Pullover, 14. eine warme Suppe, ein warmer Pullover, 15. eine scharfe Suppe, 16. eine dünne Suppe, ein dünner Pullover, ein dünnes Buch, 17. ein schmutziger Pullover, ein schmutziges Buch, 18. ein langärmeliger Pullover, 19. ein dicker Pullover, eine dicke Suppe, ein dickes Buch, 20. ein gestreifter Pullover.

III. 1. spanischen, 2. spanische, 3. frisches, 4. französischen, 5. flotte, 6. leckeren, 7. starke, 8. kalten, 9. heiße, 10. kühles, 11. geräucherten, 12. gekochten, 13. rohen, 14. gekochte, 15. starken, 16. rotes, 17. lustige, 18. tolle.

IV. 1. .... 3. roten, kühlen, deutsches, frisches, französischem, gekochtem, rohem, geräuchertem, kaltem. 4. unfreundlicher, laute, 5. lustigen, 6. lustige, dicken, breiten, 7. weite, große. 8. blauen, karierten, 9. beste, 10. gefährlicher.

V. 1. eine interessante Übung, 2. ein großer Schrank, 3. ein modernes Bild, 4. ein kleiner Mann, 5. eine bequeme Couch, 6. ein helles Zimmer, 7. ein runder Tisch.

VI. 1. die alten Häuser, der alte Mann, das alte Auto.
2. die große Familie, der große Garten, die großen Städte.
3. die laute Musik, die lauten Kinder, der laute Motor.
4. das warme Essen, die warme Suppe, das warme Zimmer.

VII. 1. komplizierte, 2. hohe, 3. altes, 4. langen, 5. gute.

TEMA 25

I. 2. Der Bach ist tief, der Fluss ist tiefer, das Meer ist am tiefsten.
3. Das Dorf ist groß, die Kleinstadt ist größer, die Großstadt ist am größten.
4. Bier ist teuer, Wein ist teurer, Sekt ist am teuersten.
5. Das Zebra ist schnell, der Leopard ist schneller, der Gepard ist am schnellsten.
6. Ein Kleinkind ist jung, ein Baby ist jünger, ein Neugeborenes ist am jüngsten.
7. Die Schraube ist spitz, der Nagel ist spitzer, die Nadel ist am spitzesten.

Nivel G

8. Der Bungalow ist hoch, das Hochhaus ist höher, der Wolkenkratzer ist am höchsten.

II. 1. höcher = höher, 2. am klugesten = am klügsten, 3. spitziger = spitzer, 4. am mehrsten = am meisten, 5. am dunklersten = am dunkelsten, 6. am fettigsten = am fettesten, 7. mehr hell = heller, 8. gern = lieber, 9. am gütsten = am besten, 10. am sympathischesten = am sympathischsten, 11. teuerer = teurer, 12. nächer = näher, 13. am spannendesten = am spannendsten, 14. am ältsten = am ältesten.

III. 1. höchste, 2. längste, 3. älteste, 4. kleinste, 5. giftigste, 6. meisten, 7. schnellste.

IV. 1. Leider haben wir keinen längeren.
2. Leider haben wir kein weiteres.
3. Leider haben wir keine kürzere.
4. Leider haben wir keine dunkleren.

V. 1. wie, 2. wie, 3. als, 4. als, 5. als, 6. wie.

VI. 1. kürzeren, 2. lieber, 3. besser, 4. leichtere, 5. billigeres, 6. größeres, 7. teurer, 8. schneller, 9. mehr, 10. älter

TEMA 26

I. 1. für, 2. in, 3. mit, 4. mit, 5. mit, 6. in, 7. auf, 8. für, 9. Mit, 10. für, 11. bei, 12. auf, 13. für, 14. an.

II. Sport ist gut für die Gesundheit.
Die Sekretärin ist verliebt in sich.
Der Student ist eifersüchtig auf die Studentin.
Der Autofahrer ist schuld an dem Unfall.
Die Hausfrau ist stolz auf sich.
Der Student ist gespannt auf den Professor.
Die Sekretärin ist zufrieden mit der Arbeit.
Wer ist fertig mit der Arbeit?
Der Student ist böse auf den Professor.
Die Sekretärin ist verheiratet mit dem Chef.
Die Sekretärin ist befreundet mit dem Direktor.
Wer ist interessiert an dem Film?

Tema 27. Soluciones

TEMA 27

I. 1. einunddreißig zweiundfünfzig einundfünfzig
   2. siebenundachtzig nulleins einundneunzig
   3. fünfundachtzig einundvierzig siebzig
   4. fünfzig achtzehn vierundvierzig
   5. zweiundsiebzig zweiundzwanzig zwölf
   6. einundfünfzig neunzehn achtunddreißig
   7. sechsundvierzig einundsechzig fünfundzwanzig
   8. dreiunddreißig dreiundsechzig dreiundsiebzig

II. 1. vierhundertfünfunddreißig zweihundertzweiundzwanzig
    2. vierhundertsechsunddreißig zweiundsechzig
    3. einunddreißig achtzehn zwanzig
    4. einundvierzig siebenunddreißig
    5. vierhundertsiebenundneunzig zweihunderteinundzwanzig
    6. zweiundfünfzig siebenhundertachtundvierzig
    7. vierundvierzig neunhundertvier

III. 1. siebenundachtzig DM
     2. einundvierzig DM
     3. sechzehn Mark vierzig
     4. hunderteinundzwanzig Mark fünfzig
     5. achtundsechzig DM
     6. dreihundertneunundvierzig DM
     7. eintausendzweihundertsechsundzwanzig DM

IV. 1: 5; 2: 9; 3: 18. 4: 32; 5: 365; 6: 4528; 7: 784; 8: 9.999; 9. 1992; 10. 1666.

V. 1. sieben Uhr fünfzig, zehn vor acht, 2. neun Uhr fünf, fünf nach neun, 3. zehn Uhr zwanzig, zwanzig nach zehn, 4. zwölf Uhr vierzig, zwanzig vor eins, 5. 13 Uhr, ein Uhr, 6. sechzehn Uhr fünfunddreißig, fünf nach halb fünf, 7. achtzehn Uhr fünfzehn, Viertel nach sechs, 8. neunzehn Uhr fünfundvierzig, Viertel vor acht, 9. zwanzig Uhr fünfundfünfzig, fünf vor neun, 10. zweiundzwanzig Uhr zehn, zehn nach zehn, 11. dreiundzwanzig Uhr dreißig, halb zwölf.

VI. 1. Wieviel Uhr ist es? Wie spät ist es?
    2. Der Unterricht fängt um 9.00 Uhr an.
    3. Der Unterricht dauert vier Stunden.
    4. Ich stehe um 7.00 Uhr auf.

Nivel G

5. Ich schlafe elf Stunden.
6. Der Flug dauert zweieinhalb Stunden.
7. Wir arbeiten acht Stunden.
8. Das Konzert dauert eineinhalb (anderthalb) Stunden.
9. Komm um 9.00 Uhr!
10. Um wieviel Uhr kommt das Flugzeug aus Frankfurt an?
    Um Viertel nach sechs.
11. Es hat zwei Stunden Verspätung.

VII. 1. Pablo Picasso wurde am fünfundzwanzigsten zehnten achtzehnhunderteinundachtzig geboren und starb am achten vierten neunzehnhundertdreiundsiebzig.
2. Johann Wolfgang von Goethe wurde am achtundzwanzigsten achten siebzehnhundertneunundvierzig geboren und starb am zweiundzwanzigsten dritten achtzehnhundertzweiunddreißig.
3. Manuel de Falla wurde am dreiundzwanzigsten elften achtzehnhundertsechsundsiebzig geboren und starb am vierzehnten elften neunzehnhundertsechsundvierzig.
4. Sigmund Freud wurde am sechsten fünften achtzehnhundertsechsundfünfzig geboren und starb am dreiundzwanzigsten neunten neunzehnhundertneununddreißig.

VIII. Um Viertel nach sieben hat sie geduscht und sich angezogen.
Um halb acht hat sie gefrühstückt.
Von neun bis eins ist sie im Deutschkurs gewesen.
Um Viertel nach eins hat sie in der Mensa zu Mittag gegessen.
Um Viertel vor zwei hat sie ihre Hausaufgaben gemacht.
Um zwanzig nach zwei ist sie an den Bodensee gefahren.
Um halb acht ist sie ins Club Center gegangen.
Um zehn nach elf ist sie zu Bett gegangen.

TEMA 28

I. 2. sie, 4. ihn, 6. es, 8. es, 10. sie.

II. 1. falsche Pronomen: Ihm, sie; 2. falsche Pronomen: Uns, sie, 3. ihr, mir, 4. Ich, mich, 5. mich, 6. mich, 7. Ihnen, mir, 8. Ihnen, unser, 9. Sie, uns.

III. 1. Ich bringe ihn dir sofort.
2. Ich bringe es dir sofort.

Tema 29. Soluciones

    3. Ich bringe ihn dir sofort.
    4. Ich bringe ihn dir sofort.
    5. Ich bringe es dir sofort.
    6. Ich bringe sie dir sofort.
    7. Ich bringe sie dir sofort.

IV. 1. Dafür interessiere ich mich auch.
    2. Für sie interessiere ich mich auch.
    3. Dafür interessiere ich mich nicht.
    4. Für ihn interessiere ich mich nicht.
    5. Dafür interessiere ich mich nicht.
    6. Darauf warten wir auch.
    7. Darauf warten wir auch.
    8. Auf ihn warte ich auch.
    9. Darauf warten wir auch.
   10. Auf ihn warten wir nicht.

V. 1. Im Kühlschrank sind nur noch zwei Flaschen Bier.
   2. Auf dem Bild ist eine moderne Stadt.
   3. Richtig.
   4. Richtig.
   5. Richtig.
   6. In unserer Klasse sind zwei Schüler aus Japan.

TEMA 29

I. 1. Das ist unser Haus, 2. Das ist dein Buch, 3. Das ist euer Auto, 4. Das ist sein Glas, 5. Das ist ihr Hund, 6. Das sind seine Freunde, 7. Das sind ihre Kinder, 8. Das sind unsere Möbel, 9. Das sind meine Zähne, 10. Das sind eure Noten.

II. 1. Peter: sein Fußball, seine Jeans, seine Poster, sein Anorak.
   2. Wir: unsere Bücher, unsere Fotos, unsere Schallplatten, unser altes Radio.
   3. die Zwillinge Hanni und Nanni: ihre Kassetten, ihre Spielsachen, ihre Fotoalben, ihre Gitarre, ihre Kamera, ihre Schuhe.
   4. Sonja: ihr Kleid, ihre Kassetten, ihre Spielsachen, ihre Fotoalben, ihre Gitarre, ihre Kamera, ihre Schuhe.

Nivel G

III. 1. ihrem, 2. sein, 3. ihrem, 4. ihre, 5. seinen, 6. Seine, 7. Unser, 8. Ihr, 9. meinen, 10. unseren, 11. seiner, 12. Ihre, 13. seine, 14. Ihrem, 15. ihre.

IV. 1. Hier sind Pedro und seine Frau.
    2. Ist das Ihr Hund, Herr Krone?
    3. Heute kommen Anita und ihr Mann.
    4. Unser Auto ist 25 Jahre alt.
    5. Claudia fährt mit ihrem Chef zur Hannover Messe.

TEMA 30

I. 1. Ich freue mich über den Erfolg.
   2. Freust du dich über die 100,— DM?
   3. Karla freut sich auf die Hochzeit.
   4. Er freut sich auf seinen Geburtstag.
   5. Freut ihr euch über die Gehaltserhöhung?
   6. Heidi und Gerhard freuen sich über den Lottogewinn.
   7. Wir freuen uns über das gute Zeugnis.
   8. Der kleine Alex freut sich über die Bonbons.
   9. Wir freuen uns auf/über das neue Auto.

II. 1. mich, 2. sich, 3. euch, 4. dich, 5. sich, sie, 6. sich, 7. ihn, 8. dich, 9. sich, 10. mich, 11. euch, sich, 12. uns, 13. sich, 14. uns.

III. 1. Beeil dich!
    2. Bitte ärgern Sie sich nicht!
    3. Heute fühle ich mich nicht wohl.
    4. Pablito kann sich noch nicht allein anziehen.
    5. Wir freuen uns über das gute Resultat.
    6. Ihr müsst euch entschuldigen.
    7. Ich erinnere mich nicht.
    8. Juan und ich, wir haben uns getrennt.
    9. Wo ist Bobby? Er hat sich versteckt.
   10. Die Katze legt sich immer ins Bett.

TEMA 31

I. 1. Bitte, wem schenken wir eine Blumenvase?
   2. Bitte, was schenken wir Klaus?

Tema 32. Soluciones

    3. Bitte, wen besuchen wir morgen?
    4. Bitte, wen müssen wir um Erlaubnis bitten?
    5. Bitte, wer hat morgen Geburtstag.
    6. Bitte, wen soll ich fragen?
    7. Bitte, wen heiratet Ute nächste Woche?
    8. Bitte, was ist er von Beruf?
    9. Bitte, wem gehört der Mantel?

II. 1. wen, 2. wen, 3. wem, 4. wem, 5. wen, 6. wen, 7. wem, 8. wen, 9. wen, 10. wem, 11. wen, 12. wen.

III. 1. Welchen Rock? 2. Was für eine Uhr? 3. Was für ein Geschenk? 4. Welche Uhr? 5. Welche Schuhe? 6. Welchen Herrn? 7. Was für einen Rock? 8. Was für ein Hemd? 9. Welche Jeans? 10. Von welchem Wein?

TEMA 32

I. 1. einen, 2. eins, 3. eine, 4. eine, 5. einen, 6. eins, 7. welche, 8. einen.

II. 1. eins, 2. eine, 3. eine, 4. einen, 5. eins, 6. eins, welche, 7. eins, 8. einen, 9. eine, welche.

III. 1. Hier hängt einer. Ist das deiner?
    2. Hier stehen welche. Sind das deine?
    3. Hier liegt/hängt einer. Ist das deiner?
    4. Hier liegt eins. Ist das deins?
    5. Hier liegt einer. Ist das deiner?
    6. Hier steht eins. Ist das deins?
    7. Hier liegt eine. Ist das deine?
    8. Hier steht einer. Ist das deiner?
    9. Hier steht eins. Ist das deins?

IV. 1. (k)einen, 2. (k)eine, 3. welche, 4. (k)einen, 5. welche, 6. (k)eins, 7. (k)einen, 8. (k)eine.

V. 1. meiner, 2. meine, 3. meins, 4. meine, 5. meine, 6. meins, 7. meine.

VI. 1. B): keins, 2 B): keine, 3 B): keine, 4 B): keine, 5 B): keins, 6 B): keins.

Nivel G

TEMA 33

I. 1. der, 2. die, 3. der, 4. die, 5. das, das.

II. 1. Dieses Wort kenne ich nicht.
    2. Diesen Kuchen musst du probieren.
    3. Dieser Bus fährt zum Bahnhof.
    4. Diese Straßenbahn müssen wir nehmen.
    5. Dieses Buch kostet 48,— DM.
    6. In diesem Haus hat Anne Frank gelebt.
    7. In diesem Buch stehen die Formeln.
    8. Mit diesem Zug fahren wir bis Hamburg.
    9. Aus dieser Stadt komme ich.
    10. Bei dieser Firma arbeitet mein Vater.
    11. An dieser Universität habe ich studiert.
    12. Bei diesen Leuten habe ich lange gewohnt.
    13. In diesem Dorf haben wir einmal Urlaub gemacht.
    14. In dieses Kino möchte ich gehen.
    15. Diesen Film musst du sehen.
    16. In diesem Restaurant essen wir oft.

III. 1. Wer ist das?
    2. Das ist Herr Hausmann.
    3. Was ist das?
    4. Das ist ein Tisch.
    5. Dieser Zug kommt um 11.45 Uhr an.
    6. Dieses Buch gefällt mir nicht.
    7. Wie teuer ist dieser Rock? Wieviel kostet dieser Rock?
    8. Das sind die Zwillinge Alice und Ellen Keßler.
    9. Der Lehrer ist krank. Das tut mir leid.
    10. Das ist phantastisch!
    11. Dieses Jahr heirate ich.
    12. Diese Woche ist kein Unterricht.
    13. Das ist schade!
    14. Diese Suppe schmeckt sehr gut.
    15. Heute morgen hat Pepe angerufen.
    16. Das ist mein Vetter (Cousin).

Tema 35. Soluciones

TEMA 34

I. 1. das, 2. der, 3. in die, 4. die, 5. dessen, 6. den, 7. deren, 8. mit dem, 9. deren, 10. bei der, 11. der, 12. mit der.

II. 1. Ist das der Lehrer, bei dem du Deutschunterricht hast?
2. Ist das das Institut, wo du Deutsch lernst?
3. Ist das die Frau, der du Blumen geschenkt hast?
4. Das ist der Lehrer, vor dem alle Angst haben.
5. Das ist der Junge, dessen Bruder ein bekannter Rennfahrer ist.
6. Das ist der Mann, für den ich arbeite.
7. Das ist das Haus, wo ich geboren bin.
8. Das ist das Motorrad, von dem ich dir erzählt habe.

III. Das ist das Haus, wo ich geboren bin.
Das ist der Student, den wir nach dem Weg gefragt haben.
Das ist der Student, der den 1. Preis gewonnen hat.
Das ist der Student, dessen Schwester in unserer Klasse ist.
Das ist der Student, von dem ich abgeschrieben habe.
Das ist die Dame, der ich Privatunterricht geben soll.
Das ist die Dame, der wir einen anonymen Brief geschrieben haben.
Das ist das Mädchen, das du jeden Tag in der U-Bahn siehst.
Das ist das Mädchen, dessen Schwester in unserer Klasse ist.
Das ist das Mädchen, von dem ich abgeschrieben habe.
Das ist der Herr, den wir nach dem Weg gefragt haben.
Das ist der Herr, der den 1. Preis gewonnen hat.
Das ist der Herr, dessen Schwester in unserer Klasse ist.
Das ist der Herr, von dem ich abgeschrieben habe.
Das sind die Leute, bei denen ich wohne.
Das sind die Leute, die die Bank überfallen haben.

TEMA 35

I. 1. wohin, 2. wo, 3. wohin, 4. wo, 5. wo, 6. wohin, wohin, 7. wo, 8. wohin, 9. wohin, 10. wo.

II. 1. der, 2. den, den, 3. das, der, 4. die, den, 5. der, 6. der.

Nivel G

III. 1. neben, 2. zwischen, 3. auf, 4. in, 5. unter, 6. auf (dem Wasser), in (im Boot), 7. unter, 8. vor, 9. hinter, 10. vor, 11. zwischen, 12. auf, 13. neben, 14. hinter.

IV. 1. mit dem, 2. in die, nach, 3. in die, bei der, 4. bei ihren, 5. in einem, in der, 6. ins, 7. in den, 8. auf dem, 9. im, ins.

V. 1. Dieses Wochenende fahren wir zum (an den) Strand und danach in die Berge.
2. Heute abend gehen wir ins Kino.
3. Ich muss zur Post (auf die Post).
4. Am Morgen gehe ich zur Universität, und am Nachmittag arbeite ich in einer Bibliothek.
5. Ich hätte gern ein Haus am Meer.
6. Gehen wir also ins Restaurant «El Sol». Dort isst man sehr gut.
7. Es ist schon spät. Ich gehe nach Haus.
8. Der Film fängt um 16.45 Uhr an.
9. Dieses Jahr macht die Klasse ihre Abschlussfahrt nach Griechenland.
10. In den Osterferien werden wir auf die Kanarischen Inseln fliegen und auf den Teide steigen.

TEMA 36

I. 1. unten, 2. links, 3. hinten, 4. dort, 5. drinnen.

II. 1. dort, 2. hier, 3. vorne, 4. hinten, 5. oben, 6. überall, 7. links, 8. rechts, 9. darunter, 10, außen, 11. innen, 12. draußen, 13. hinaus, 14. herauf, 15. nirgends, 16. herunter.

III. 1. wo, 2. wo, 3. woher, 4. wohin, 5. wohin, 6. wo, 7. wohin, 8. woher, 9. wohin, wo, 10. wo.

IV. 1. Hier ist das Geld.
2. Die Sekretärin ist heute nicht da.
3. Das Motorrad kam von rechts.
4. Komm bitte her!
5. Die Sekretärin ist oben im dritten Stock.
6. Sie können zu Fuß hinaufgehen.
7. Dort oben ist eine Kapelle.
8. Links ist ein See.

V. 1: Das Dorf liegt unten im Tal. Vorn stehen Bäume. Hinten sind Wiesen. Links ist ein Bach. 2: Hinten steht eine Kirche, vorn ist ein See. Links ist ein Wald. Rechts sind Wiesen. 3: Vorn steht eine Kirche. Rechts ist ein Dorf. Hinten sind Wiesen. 4. Oben auf dem Berg ist ein Schloss. Vorn ist ein Zaun und rechts steht ein Baum.

TEMA 37

I. 1. gestern, 2. heute, 3. morgen, 4. damals, 5. früher, 6. endlich, 7. immer, 8. seither, 9. ewig, 10. spät, 11. abends, 12. sofort.

II. 1. heute, 2. später, 3. heute, heutzutage, 4. nachher, später, 5. oft, 6. nie.

III. 1. wann, 2. wie oft, 3. wann, 4. wie lange, 5. wie oft, wie lange, 6. wie oft, 7. wann.

IV. 1. Früher, damals. 2. gerade, 3. später, demnächst, 4. dann, danach, 5. heute, 6. sofort, gleich, 7. gerade, 8. immer, 9. lange.

V. 1. erst, 2. erst, 3. nur, 4. erst, 5. nur.

TEMA 38

I. 1. sehr, 2. viele, 3. sehr, viel, 4. viel, 5. sehr, 6. viel.

II. 1. Ich habe nicht viel Zeit.
2. Es geht mir nicht sehr gut.
3. Du hast mir sehr geholfen.
4. Heute ist es sehr kalt.
5. Klaus ist sehr groß.
6. Viel Glück!
7. Er hat sehr viel gelesen.

III. 1. Wieviel kostet sie? Wie teuer ist sie?
2. Wie schmeckt der Braten?
3. Wann fährt der Zug ab?
4. Wie lange möchtest du in München studieren?
   Wo möchtest du studieren?
5. Wie lange dauert der Unterricht?

Nivel G

     6. Wie alt ist der älteste Bürger der Stadt?
     7. Wann fährt er nach Frankreich?
        Wohin fährt er im Sommer?

IV. 1. wo, 2. wie, 3. warum, 4. wie viel, 5. wohin, 6. wann.

V. 1. Apfelstrudel esse ich gern, aber lieber esse ich Käsekuchen, und am liebsten (esse ich) Schwarzwälder Kirschtorte.
    2. Bier trinke ich gern, aber lieber trinke ich Wein, und am liebsten Sekt.
    3. Ich lese gern, höre aber lieber Musik, und am liebsten treibe ich Sport und gehe ins Kino.
    4. Ich spiele gern Monopoly, lieber als Trivial, aber am liebsten spiele ich Schach.
    5. Kriminalromane lese ich gern, aber Gedichte lese ich lieber, und am liebsten lese ich Autobiographien.

VI. 2. wofür? 3. worüber? 4. worüber? 5. wogegen? 6. womit? 7. worüber? 8. woran? 9. woran? 10. wofür? 11. wovor?

VII. 1. Natürlich freue ich mich darauf. 2. Natürlich träume ich noch davon, 3. Natürlich fahre ich noch damit. 4. Nein, dafür interessiere ich mich nicht. 5. Natürlich bin ich dafür. 6. Natürlich warte ich darauf.

VIII. 1. Worauf wartest du? 2. Worüber regt er sich auf? 3. Wovor hat sie Angst? 4. Worüber diskutiert ihr? 5. Wofür dankst du? 6. Womit seid ihr einverstanden? 7. Worüber lachen Sie? 8. Worauf/worüber freust du dich? 9. Wovon träumst du? 10. Woran seid ihr interessiert?

IX. 1. deshalb, 2. trotzdem, 3. trotzdem, 4. deshalb, 5. deshalb, 6. deshalb, 7. trotzdem.

TEMA 39

I. 1. doch, 2. ja, 3. doch, 4. ja, 5. doch, 6. doch, 7. ja, 8. doch, 9. ja, 10. doch.

II. 1. denn, 2. denn, 3. doch (mal), 4. denn, 5. denn, 6. doch, 7. denn.

Tema 40. Soluciones

III. 1. schon, 2. schon, 3. erst, 4. schon, 5. erst, schon, 6. erst, schon, 7. erst, schon, 8. erst.

IV. 1. Modalpartikel, 2. Modalpartikel, 3. Modalpartikel, 4. andere Wortart, 5. andere Wortart, 6. Modalpartikel, 7. andere Wortart, 8. Modalpartikel, 9. andere Wortart, 10. Modalpartikel.

TEMA 40

I. 1. nicht, 2. kein, 3. nicht, 4. keine, 5. keine, 6. nicht, 7. nicht, 8. keine, 9. nicht, 10. kein, 11. nicht, 12. nicht, 13. nicht, 14. keine, 15. nicht, 16. nicht, 17. nicht.

II. 1. Ich kann nicht Ski laufen.
2. Der Chef ist heute nicht da.
3. Katzen mag ich nicht.
   Ich mag keine Katzen.
4. Heute haben wir keinen Unterricht.
5. Ich esse keinen Kuchen.
6. Ich kann nicht ins Konzert gehen, ich habe kein Geld.
7. Ich verstehe Sie nicht.
8. Pepe hat nicht angerufen.
9. Warum schenken wir ihm keine Schallplatte mit Rockmusik?
10. Rockmusik mag er nicht. Rockmusik hört er nicht gern.
    Er hört nicht gern Rockmusik.
11. Ich habe keine Ahnung.
12. Ich weiß es auch nicht.
13. Das ist doch keine Lampe!

III. 1. Ich esse nicht gern Fisch.
2. Er kann nicht Ski laufen.
3. Er liest die *Bildzeitung* nicht.
4. Sie hat ihm nicht geholfen.
5. Es regnet nicht.
6. Ich kann dir das Geld nicht geben.
7. Ich weiß es nicht.
8. Ich habe das Buch nicht gelesen.
9. Ich kann diesen Wagen nicht fahren.
10. Wir brauchen am Samstag nicht zu kommen.
    Wir müssen am Samstag nicht kommen.
11. Hat er das denn nicht gewusst?

Nivel G

12. Sie liebt mich nicht.
13. Ich verstehe dich nicht.
14. Ich kenne Herrn Breitner nicht.

IV. 1. Wie geht es ihm? Geht es ihm gut?
    2. Ich verstehe das nicht. Verstehst du das?
    3. Ist der Platz noch frei?
    4. Wohnt ihr noch in Köln?
    5. Möchtest du noch Kaffee?
    6. Soll ich dir helfen?
    7. Habt ihr schon etwas von Elmar gehört?
    8. Hat jemand angerufen?

TEMA 41

I. 1. Wir machen einen Ausflug, und am Abend gehen wir ins Kino.
   2. Im Sommer sind wir in Frankreich gewesen und haben die Schlösser der Loire besichtigt.
   3. Herr Roth ist schon da, und seit 30 Minuten wartet er auf Sie.
   4. Er hat sich das Bein gebrochen und liegt im Bett.

II. 1. denn, 2. aber, 3. sondern, 4. und, aber, 5. und, oder, 6. sondern, 7. denn.

III. 1. sondern, 2. sonst, 3. aber, 4. sondern, 5. sonst, 6. aber, 7. sondern.

IV. 1. ...., denn er möchte in Deutschland studieren.
    2. ...., aber er hat einen Brief geschickt.
    3. richtig.
    4. Wollen wir ins Kino gehen, oder gehst du lieber tanzen?
    5. ...., sonst sind die Geschäfte geschlossen.
    6. richtig.
    7. Wir kamen spät an, und wir konnten kein Zimmer finden.
    8. richtig.
    9. Deshalb rufe ich die Auskunft an.
    10. ...., denn unser Auto ist kaputt.

Tema 43. Soluciones

TEMA 43

I. 1. Ich möchte, dass du die Blumen auf den Balkon stellst.
2. Ich möchte, dass du eine Zeitung mitbringst.
3. Ich möchte, dass du heute abend zu Hause bleibst.
4. Ich möchte, dass du mir eine Schachtel Zigaretten kaufst.
5. Ich möchte, dass du eine Flasche Bier holst.
6. Ich möchte, dass Sie den Fernseher reparieren.

II. 1 B) Ich bin nicht sicher, ob die Lösung richtig ist.
2 B) Ich weiß auch nicht, ob wir den ganzen Text übersetzen müssen.
3 B) Ich bin nicht sicher, ob Ingrid und Dieter auch kommen.
4 B) Ich weiß noch nicht, ob ich mir das teure Wörterbuch kaufe.
5 B) Ich kann dir leider nicht sagen, ob die Bibliothek morgen geöffnet ist.
6 B) Ich weiß leider nicht genau, ob der Vortrag um 19.00 Uhr beginnt.

III. 1. ob, 2. dass, 3. dass, 4. ob, 5. dass, 6. dass, 7. dass, 8. ob, 9. ob, 10. dass.

IV. 1. Ich freue mich, dass der Kurs bald anfängt.
2. Können Sie mir bitte sagen, wann der Kurs beginnt?
Können Sie mir bitte sagen, wo das Sekretariat ist?
Können Sie mir bitte sagen, welches Buch wir benutzen?
Die Sekretärin möchte wissen, wie lange ich Deutsch gelernt habe.
Ich sage ihr, dass ich drei Monate in Deutschland war.
Ich möchte gern wissen, wann der Kurs beginnt.
Ich möchte gern wissen, welches Buch wir benutzen.
Zuletzt frage ich, welches Buch wir benutzen.

V. 1. Es ist leicht, Deutsch zu lernen.
2. Es ist leicht, die Prüfung zu bestehen.
3. Es ist schwer, das Rauchen aufzugeben.
4. Es ist leicht, Leute kennenzulernen.
5. Es ist leicht, einen Computer zu bedienen.
6. Es ist leicht, Paella zu kochen.
7. Es ist leicht, jeden Tag Gymnastik zu machen.
8. Es ist schwer, einen Kopfstand zu machen.
9. Es ist leicht, eine Torte zu backen.
10. Es ist schwer, Auto zu fahren.

Nivel G

VI. 2. Er hat vergessen, um 6 Uhr aufzustehen.
3. Er hat vergessen, den Hund zu füttern.
4. Er hat vergessen, zur Arbeit zu fahren.
5. Er hat vergessen, die Zeitung zu kaufen.
6. Er hat vergessen, die Telefonrechnung zu bezahlen.
7. Er hat vergessen, seiner Frau zum Geburtstag zu gratulieren.

TEMA 44

I. 1. Tomatensalat ist ein Salat, der aus Tomaten, Zwiebeln, Öl, etc. zubereitet wird.
2. Ein Bierglas ist ein Glas, aus dem man Bier trinkt.
3. Nudelsuppe ist eine Suppe, die mit Nudeln gemacht wird.
4. Ein Englischlehrer ist ein Mann, der Englisch unterrichtet.
5. Orangensaft ist ein Saft, der aus Orangen gemacht wird.
6. Eine Wanduhr ist eine Uhr, die an der Wand hängt.
7. Ein Küchenschrank ist ein Schrank, der in der Küche steht.

II. 1. Kartoffelsalat ist ein Salat, der aus Kartoffeln, Öl, Essig etc. zubereitet wird.
2. Ein Wasserglas ist ein Glas, aus dem man Wasser trinkt.
3. Linsensuppe ist eine Suppe, die mit Linsen gemacht wird.
4. Ein Musiklehrer ist ein Mann, der Musik unterrichtet.
5. Apfelsaft ist ein Saft, der aus Äpfeln gemacht wird.
6. Eine Küchenuhr ist eine Uhr, die in der Küche hängt.
7. Ein Wohnzimmerschrank ist ein Schrank, der im Wohnzimmer steht.

III. 1. A) Wer wohnt denn im 1. Stock?
B) Das sind die Chemiestudenten, die in einer Band spielen und oft in der Wohnung üben.
2. A) Wer wohnt denn im 2. Stock?
B) Das ist die Familie, die vier Kinder hat.
3. A) Wer wohnt denn im 3. Stock?
B) Da wohnt das junge Paar, das erst vor 2 Wochen eingezogen ist.
4. A) Wer wohnt denn im 4. Stock?
B) Da wohnt das Ehepaar, das oft Freunde einlädt.
5. A) Wer wohnt denn im 5. Stock?
B) Da wohnen die Studentinnen, die oft Besuch von ihren Freunden bekommen.

Tema 46. Soluciones

6. A) Wer wohnt denn im 6. Stock?
B) Da wohnen die zwei Geschwister, zu denen oft ein Arzt kommt.
7. A) Wer wohnt denn im 7. Stock?
B) Da wohnt die Krankenschwester, deren Mutter oft bei ihr ist.
8. A) Wer wohnt denn im 8. Stock?
B) Da wohnt der Junggeselle, der jeden Morgen auf dem Balkon Gymnastik macht.

III. 1. B) Welche?
A) Die braune Tasche, die im Regal steht.
2. B) Welche?
A) Die gestreifte Bluse, die im Sonderangebot ist.
3. B) Welchen?
A) den Stadtplan, der 8,— DM kostet.
4. B) Welche?
A) Die Flasche Rotwein, die rechts oben steht.

TEMA 45

I. 1. Wenn, 2. Als, 3. Als, 4. Wenn, 5. Wenn, 6. wenn, 7. Als, 8. Wenn, 9. Als, 10. Als, 11. Wenn, 12. Als, 13. Als, 14. Als.

II. 1. Wann? 2. Als, 3. wann, 4. Als, 5. wenn, 6. ob, 7. Als, 8. ob, 9. wenn.

III. 1 *e*, 2 *c*, 3 *i*, 4 *a*, 5 *h*, 6 *d*, 7 *b*, 8 *g*, 9 *f*.

TEMA 46

I. 1. Das ist die Universität, wo ich studiert habe.
2. Fahrt doch, wohin ihr wollt.
3. Die Kinder können doch nicht einfach gehen, wohin sie wollen.
4. Sie wollte dahin zurück, woher sie gekommen war.
5. Wir gingen ins Café, wo wir Monika und Isabel trafen.
6. Wir fuhren die gleiche Straße zurück, woher wir gekommen waren.

II. 1. Die Prüfung war schwerer, als ich geglaubt hatte.
Die Prüfung war schwerer, als man erwartet hatte.
2. Sie war nicht so schwer, wie man erwartet hatte.
Sie war nicht so schwer, wie ich geglaubt hatte.

3. Die Operation verlief besser, als der Arzt vermutet hatte.
4. Es waren mehr Leute da, als man erwartet hatte.
5. Das Ergebnis war so gut, wie man erwartet hatte.

III. 1. Wann habt ihr geheiratet?
2. Als wir 22 Jahre alt waren.
3. Können Sie mir sagen, wann das Konzert anfängt?
4. Wenn ich 16 bin, kann ich in Discotheken gehen.
5. Als ich 16 war, ging ich immer in Discotheken.
6. Wann benutzt man *wann*? Wann wird *wann* benutzt?
7. Wenn ich viel lese, tun mir die Augen weh.
8. Wissen Sie, wann der Zug abfährt?

IV. 1. Falsch: Als ich klein war..., 2. Falsch: Nachdem ich gefrühstückt habe, ... 3. Falsch: Bevor du den Apfel isst, ... 4. Richtig. 5. Falsch: Sagen Sie mir bitte, wann Sie kommen. 6. Richtig. 7. Falsch: Als Peter 19 war,..., 8. Falsch: Wenn ich arbeite,...

TEMA 47

I. 1. wann, 2. wenn, 3. bevor, 4. seit, 5. Während, 6. Bevor, 7. nachdem, 8. wann, 9. bis, 10. Als, 11. wenn.

II. 1. Mit 24, 2. Seit dem Unfall, 3. Nach dem Essen, 4. Vor dem Start, 5. Bei Regen, 6. Beim Fernsehen.

III. 1 c, 2 i, 3 d, 4 a, 5 g, 6 h, 7 e, 8 f, 9 b.

TEMA 48

I. 1. Wenn du die Prüfung bestehen willst, musst du mehr lernen.
2. Wenn du Depressionen hast, musst du mal zu einem Psychologen gehen.
3. Wenn du fit werden willst, musst du Sport treiben.
4. Wenn du nervös bist, musst du Joga machen.
5. Wenn ihr im Urlaub viel wandern wollt, müsst ihr in die Schweiz fahren.
6. Wenn du Angst hast, musst du dir einen Hund kaufen.
7. Wenn du dringend Geld brauchst, musst du einen Kredit aufnehmen.

Tema 49. Soluciones

II. 1. Wenn ich ein Pferd hätte, ... 2. Wenn ich eine Videokamera hätte, ... 3. Wenn ich ein Surfbrett hätte, ... 4. Wenn ich mehr Glück hätte, ... 5. Wenn ich ein Auto hätte, ... 6. Wenn ich Stewardess wäre, ... 7. Wenn ich Bibliothekarin wäre, ... 8. Wenn ich Maler wäre, ... 9. Wenn ich Reiseleiter wäre, ... 10. Wenn ich Filmschauspieler(in) wäre, würden viele Leute mich kennen. 11. Wenn ich Übersetzer/in wäre, würde ich versuchen, im Ausland zu arbeiten. 12. Wenn ich Koch/Köchin wäre, würde ich viele neue Gerichte ausprobieren. 13. Wenn ich Chef/in wäre, würden wir oft ein Betriebsfest feiern. 14. Wenn ich Politiker/in wäre, würde ich die Steuern senken.

III. 1. Wenn ich mehr Zeit hätte, würde ich Esperanto lernen.
2. Wenn ich Politiker wäre, würde ich alles verändern.
3. Wenn du Angst hast, (dann) kauf dir einen Hund.
4. Ich weiß nicht, ob ich das machen kann.
5. Wenn ich diese Probleme nicht hätte, würde es mir besser gehen.
6. Wenn die Gäste nicht bald kommen, fangen wir an zu essen.
7. Wenn ich er wäre, würde ich es nicht machen/tun.
8. Kannst du mir sagen, ob *haya* mit «y» oder mit «ll» geschrieben wird?
9. Wenn er mir Geld gibt, mache ich die Arbeit.

IV. 1. Wenn der Wein nicht gut ist, (dann) trinke ich ihn nicht.
2. Wenn der Mantel nicht preiswert ist, (dann) kaufe ich ihn nicht.
3. Wenn das Wasser nicht warm ist, (dann) bade ich nicht.
4. Wenn das Buch nicht spannend ist, (dann) lese ich es nicht.
5. Wenn ich keine Zeit habe, (dann) gehe ich nicht tanzen.
6. Wenn er kein Geld hat, (dann) heirate ich ihn nicht.
7. Wenn du nicht mit mir gehst, (dann) gehe ich nicht auf die Geisterbahn.

V. 1. Falsch: Wenn ich Lust hätte, ... 2. Richtig. 3. Falsch: Wenn er mich lieben würde, ... 4. Falsch: Wenn du Probleme hast, ... 5. Falsch: Ich weiß nicht, ob ich sie wieder anrufen soll. 6. Falsch: Wenn ich du wäre, ... 7. Richtig.

TEMA 49

I. 2. Obwohl die Kollegen sympathisch und kollegial sind, ist Herr Thomas mit seinem Beruf nicht zufrieden.

Nivel G

3. Obwohl das Schulgebäude modern ist, ...
4. Obwohl Herr Thomas nicht schlecht verdient, ist er mit seinem Beruf nicht zufrieden.
5. Obwohl Herr Thomas lange Ferien hat, ...
6. Obwohl die Schüler ihn akzeptieren, ...
7. Obwohl er bei den Schülern beliebt ist, ...

II. 1. Obwohl sie oft den Husten hat, gibt sie das Rauchen nicht auf.
2. Obwohl sie ein Baby erwartet, gibt sie das Rauchen nicht auf.
3. Obwohl sie weiß, wie gefährlich das Rauchen ist, gibt sie es nicht auf.
4. Obwohl ihre ganze Wohnung nach Rauch riecht, ...
5. Obwohl es viel Geld kostet, ...
6. Obwohl sie viel Sport treibt, ...

III. 1. Obwohl er sich gut vorbereitet hatte, hat er die Prüfung nicht bestanden.
2. Obwohl er vorher gute Noten hatte, ...
3. Obwohl er nicht sehr nervös war, ...
4. Obwohl er die Nacht zuvor gut geschlafen hatte, ...
5. Obwohl die Prüfung nicht sehr schwer war, hat er sie nicht bestanden.

IV. 1. Obwohl Ralf gute Noten hat, hat er die Stelle nicht bekommen.
2. Obwohl er viel Geld hat, ist er nicht glücklich.
3. Obwohl sie krank ist, ist sie zufrieden.
4. Obwohl er einen Unfall hatte, fährt er unvorsichtig.
5. Obwohl die Miete hoch ist, miete ich die Wohnung.

V. 1. Ralf hat gute Noten; trotzdem hat er die Stelle nicht bekommen.
2. Er hat viel Geld; trotzdem ist er nicht glücklich.
3. Sie ist krank; trotzdem ist sie zufrieden.
4. Er hatte einen Unfall; trotzdem fährt er unvorsichtig.
5. Die Miete ist hoch; trotzdem miete ich die Wohnung.

VI. 1. Obwohl Eva krank ist, geht sie ins Büro.
2. Ursula geht in die Discothek, obwohl sie erst 13 ist.
3. Ich rauche hier, obwohl es verboten ist.
4. Obwohl er gelernt hat, hat er die Prüfung nicht bestanden.
5. Schneiders fahren im Urlaub nach Acapulco, obwohl sie kein Geld haben.

Tema 50. Soluciones

6. Sie konnte nicht schlafen, obwohl sie müde war.
7. Dirk ist sehr dick. Trotzdem isst er viel Schokolade.

TEMA 50

I. 2. Frank ist müde, weil er die ganze Nacht gelernt hat.
3. Frank ist müde, weil er erst um 4 Uhr nach Haus gekommen ist.
4. Frank ist müde, weil er die ganze Nacht Zahnschmerzen hatte.
5. Frank ist müde, weil er zuviele Schlaftabletten genommen hat.
6. Frank ist müde, weil er viele Stunden gearbeitet hat.

II. 1. Ich gehe, weil es mir nicht gefällt.
2. Ich gehe, weil es schon spät ist.
3. Ich gehe, weil ich in 30 Minuten zu Hause sein muss.
4. Ich gehe, weil ich mich langweile.
5. Ich gehe, weil mir schlecht ist.
6. Ich gehe, weil ich viel Arbeit habe.

III. 1. weil, 2. denn, 3. weil, 4. weil, 5. denn, 6. denn.

IV. 1. Weil das Wetter schlecht ist, bleiben wir zu Haus.
2. Weil ich eine Prüfung habe, muss ich lernen.
3. Weil sie Kinder hat, bleibt sie zu Haus.
4. Weil Anna gute Noten hat, bekommt sie ein Stipendium.

V. 1. Das Wetter ist schlecht; deshalb bleiben wir zu Haus.
2. Ich habe eine Prüfung; deshalb muss ich lernen.
3. Sie hat Kinder; deshalb bleibt sie zu Haus.
4. Anna hat gute Noten; deshalb bekommt sie ein Stipendium.

VI. 1. Warum kommst du nicht?
2. Weil ich keine Lust habe.
3. Ich gebe ihr einen Kuss, weil ich sie liebe.
4. Juan ist nicht gekommen, weil er krank ist.
5. Warum hat er nicht geschrieben?
6. Weil er keine Zeit hat.
7. Sie trinkt, weil sie viele Probleme hat.
8. Es ist schon spät; deshalb muss ich gehen.
9. Ich lerne, weil ich morgen eine Prüfung habe.
10. Ich rauche, weil ich nervös bin.

Nivel G

VII. 1. Sie kauft den schwarzen Rock, weil er ihr gefällt.
    2. Ich gehe in den Tante-Emma-Laden, weil es billig ist.
    3. Sie braucht Chili, weil sie ein mexikanisches Gericht kocht.
    4. Sie geht zum Arzt, weil sie eine Magengrippe hat.
    5. Er schenkt ihr einen Ring, weil er sie liebt.
    6. Wir gehen zu Fuß, weil unser Auto kaputt ist.

VIII. 1. A) Warum kauft sie denn den schwarzen Rock?
      B) Weil er ihr gefällt.
    2. A) Warum gehst du denn in den Tante-Emma-Laden?
      B) Weil es billig ist.
    3. A) Warum braucht sie denn Chili?
      B) Weil sie ein mexikanisches Gericht kocht.
    4. A) Warum geht sie denn zum Arzt?
      B) Weil sie eine Magengrippe hat.
    5. A) Warum schenkt er ihr denn einen Ring?
      B) Weil er sie liebt.
    6. A) Warum geht ihr denn zu Fuß?
      B) Weil unser Auto kaputt ist.

TEMA 51

I. 1. *e*, 2. *d*, 3. *b*, 4. *c*, 5. *a*, 6. *h*, 7. *f*, 8. *g*.

II. 1. Ich fahre nach Heidelberg, um Deutsch zu lernen.
    Ich schicke meinen Sohn nach Heidelberg, damit er Deutsch lernt.
    2. Der Hausbesitzer kommt, um die Miete zu kassieren.
    Der Hausbesitzer hat mir geschrieben, damit ich die Miete bezahle.
    3. Ich gehe zur Post, um Briefmarken zu kaufen.
    Ich schicke meinen Sohn zur Post, damit er Briefmarken kauft.
    4. Wir schenken meiner Mutter eine Katze, damit sie Gesellschaft hat.
    Die Katze ist hier, um die Mäuse zu fangen.
    5. Wir brauchen eine neue Waschmaschine, um die schmutzige Wäsche waschen zu können.
    Wir rufen den Techniker an, damit er die Waschmaschine repariert.

Tema 51. Soluciones

III. 1. Was brauchen wir für die Reise?
2. Was kann ich tun, um gut Deutsch zu lernen?
3. Ich schicke meine Tochter nach Spanien, damit sie Spanisch lernt.
4. Ich brauche die Schuhe zum Tanzen.
5. Wir brauchen 30 Flaschen Wein für die Party.
6. Ich gehe zur Bank, um Geld zu wechseln.
7. Ich mache das Fenster zu, damit keine Mücken hereinkommen.
8. Ein Brief für dich.
9. Wir rufen den Elektriker, damit er die Lampe repariert.
10. Ich brauche den Stock, um besser zu laufen.
11. Man hat ihm 125.000 DM für den Wagen gegeben.

IV. 1. zu, 2. zu, 3. um zu, 4. um .... anzukommen, 5. zu, 6. um zu, 7. zu, 8. um zu.

NIVEL M

EJERCICIOS/*ÜBUNGEN*

TEMA 1

I. *Bitte korrigieren Sie die Fehler!*
   1. Harry arbeit jetzt als Vertreter für Haushaltsgeräte.
   2. Es riecht so gut. Bäckst du einen Kuchen?
   3. Was hälst du von Haustieren?
   4. Wir lieferen Ihnen die Ware am 13. 4. gegen 10.00 Uhr.
   5. Wie lange arbeitst du freitags?
   6. Ich habe ihm schon mehrmals geschrieben, aber er antwort nicht.
   7. Hier wird eine Sekretärin gesucht. Bewerbest du dich um die Stelle?
   8. Er lauft täglich 10 km.
   9. Esst du das Fleisch nicht? Dann esse ich es.
   10. Was lesest du da? Ah, einen Roman von Simmel.
   11. Was soll ich nehmen? Was empfehlst du mir?
   12. Warum besprechest du das Problem nicht mit dem Chef?
   13. Der Bus haltet jetzt nicht mehr vor unserem Haus.

II. *Bitte übersetzen Sie!*
   1. Ella está esperando desde hace una hora.

   2. ¿Cuándo te encuentras con Betty?

   3. ¡Espera! Te abro la puerta.

   4. ¿Por qué corres tanto? No podemos perder el tren.

   5. ¿Qué piensas del nuevo jefe?

   6. ¿Por qué no me contestas?

Nivel M

7. ¿Me ayudas en este ejercicio, por favor?

8. Yo escojo pizza. ¿Qué escoges tú?

9. ¿Ya lo sabes? Monika se casa con su jefe.

10. ¿Me acompañas a la parada del autobús?

11. ¿Desde cuándo llevas gafas?

III. *Welches Verb passt nicht? Warum nicht?*
   1. treten
      reden
      treffen
      sprechen
   2. rasen
      blasen
      schlafen
      schlagen
   3. kaufen
      taufen
      laufen
      schnaufen
   4. arbeiten
      warten
      achten
      gelten
   5. sich sonnen
      bekommen
      stoßen
      losen

IV. *Bitte ergänzen Sie das Verb!*
   1. Wir müssen bald eine Entscheidung ....
   2. Morgen früh .... ich Ihnen Bescheid.
   3. Weißt du, in welchem Kino der Film ....
   4. Von Carmen soll ich dir viele Grüße ....
   5. Kannst du nicht endlich den Mund ....!
   6. Darf ich dir einen Rat ....?
   7. Ich finde, du solltest mehr Sport ....
   8. Könnten Sie diesmal eine Ausnahme ....?
   9. Es ist Zeit, dass wir Pause ....
   10. Ich möchte ein Telegramm nach Iguedo ....
   11. In der Zeitung .... ein interessanter Artikel über die Freizeit.
   12. Im Urlaub wollen wir keine Fotos mehr ....
   13. Einmal im Leben möchte ich viel Geld im Lotto ....

TEMA 2

I. *Bitte setzen Sie die Modalverben ein:* **können, dürfen, wollen, sollen, müssen, mögen, möchte!**
1. .... man hier rauchen?
2. Ich .... jetzt gern den Film sehen.
3. .... du das verstehen?
4. Hier .... Sie nicht parken.
5. Dieses Zimmer .... wir nehmen.
6. Der Chef sagt, du .... zu ihm kommen.
7. .... Sie mich heute gegen 17.00 Uhr anrufen?
8. .... Sie Katzen?
9. Ich .... unbedingt zum Arzt.
10. .... du eine Tasse Kaffee?

II. *Bitte ergänzen Sie* **müssen** *oder* **sollen!**
1. Was .... ich tun?
2. Der Arzt sagt, ich .... mehr Sport treiben. Ich habe aber zu wenig Zeit.
3. Ich .... heute bis 18.00 Uhr arbeiten.
4. Um diese Uhrzeit ist viel Verkehr und man .... oft lange auf den Bus warten.
5. Mein Mann sagt mir, ich .... mir eine andere Stelle suchen.
6. Am liebsten würde ich nur halbtags arbeiten, aber ich .... Geld verdienen, damit wir besser leben können.

III. *Bitte übersetzen Sie!*
1. ¡Aquí no debe fumar!

2. ¿Quiere que le ayude?

3. ¿Sabe Ud. jugar al ajedrez?

4. Pepe tiene que aprender alemán, ya que quiere ser químico.

5. ¿Puede ayudarme, por favor?

6. No puedo traducir esta carta.

7. Tengo que irme.

8. Tienes que firmar aquí.

Nivel M

9. Este fin de semana queremos ir a esquiar.

10. ¿Sabes esquiar?

11. ¿Se puede aparcar aquí?

12. ¿Qué quieres que haga?

13. ¿Quieres un trozo de pastel?

14. Gracias, el médico ha dicho que no debo tomar dulces.

15. No me gusta el queso.

16. No puedo empezar.

17. Aquí no quiero comer.

IV. *Welche Infinitive kann man weglassen?*
1. Es geht mir noch nicht gut. Ich muss mindestens noch eine Woche im Bett bleiben.
2. Willst du denn schon wieder ins Kino gehen?
3. Am Wochenende wollen wir in die Berge fahren.
4. Heute kannst du nicht zum Zahnarzt gehen. Er hat heute keine Sprechstunde.
5. Ich will schnell zum Supermarkt gehen und ein paar Flaschen Bier für heute abend holen.
6. Herr Maier soll sofort zum Chef kommen.
7. Das Eis muss sofort in die Tiefkühltruhe gelegt werden, sonst schmilzt es.
8. Ich möchte mal wieder essen gehen.
9. Ich muss mal ins Sekretariat gehen. Jemand hat nach mir gefragt.
10. Du bist aber müde! Du musst sofort ins Bett gehen!
11. Hier ist ein Herr. Er möchte zu Ihnen gehen.

TEMA 3

I. *Bitte ergänzen Sie* **nicht brauchen zu, nicht sollen, nicht dürfen, nicht müssen**!
1. Hast du das Schild nicht gesehen?

Tema 3. Ejercicios

Hier .... wir nicht .... halten.
2. Zum Glück .... Eva nicht operiert .... werden.
3. Du .... nicht .... fragen. Du bekommst sowieso keine Antwort.
4. Hier steht, dass man die Bluse nicht zu heiß .... waschen ....
5. Wir .... den Wagen nicht in die Werkstatt .... bringen, aber wir wollen ihn vor der langen Fahrt doch lieber nachsehen lassen.
6. Ich .... noch nicht sofort .... gehen. Ich kann auch einen späteren Bus nehmen.
7. Wir .... die Rechnung nicht .... bezahlen, die Firma bezahlt sie.
8. Ich .... die Arbeit nicht noch mal .... schreiben, aber ich will es.
9. Mutter sagt, dass wir nicht so spät nach Hause .... kommen ....
10. Hier steht ein Verbotsschild: Man .... die Tiere nicht .... füttern.

II. *Beantworten Sie die folgenden Fragen! Benutzen Sie in der Antwort* **lassen**.

> *Beispiel:* A) Nimmst du den Fotoapparat mit?
> *Lösung:* B) Nein, ich lasse ihn zu Haus.

1. Gehst du zum Friseur?
2. Tapeziert ihr eure Wohnung selbst?
3. Soll *ich* die Eintrittskarten besorgen?
4. Kann mein Koffer hier stehen bleiben?
5. Darf deine Tochter in die Disco gehen?
6. Kann man den Fernseher noch reparieren?
7. Kann das Fahrrad hier stehen bleiben?
8. Was meinst du, wollen wir Willi schon wecken?
9. Ist dein Pass auch abgelaufen?
10. Willst du das Auto selbst waschen?

III. *Was passiert? Drücken Sie die Veränderung mit* **werden** *aus!*

> *Beispiel:* Die Kinder sind noch klein, aber
> *Lösung:* sie werden groß.

1. Wir sind noch jung, aber
2. Das Wetter ist noch gut, aber
3. Ralf ist noch krank, aber
4. Es ist noch dunkel, aber
5. Es ist noch Tag, aber
6. Es ist noch Sommer, aber
7. Gina ist noch Studentin, aber
8. Ihr Haar ist noch kurz, aber
9. Das Brot ist noch frisch, aber
10. Die Milch ist noch frisch, aber
11. Die Blumen sind noch frisch, aber
12. Es ist noch kalt, aber
13. Melanie ist noch blass, aber

IV. *Bitte übersetzen Sie!*
1. En seguida se hace de noche.

2. Pronto amanece.

3. El profesor se enfada a menudo y se pone agresivo.

4. La planta crece deprisa.

5. Tengo que cortarme el pelo.

6. Los niños no me molestan. Déjalos que jueguen.

7. ¿Quieres que vaya yo al banco?
No, déjame ir a mí. También tengo que hacer abrir una cuenta.

8. Seguramente el piso quedará muy bonito.

9. Manuela quiere ser profesora.

10. Necesito cinco marcos.

11. Tienes que pagar sólo cinco Marcos.

12. No necesitamos darnos prisa.

TEMA 4

I. *Bitte ergänzen Sie die Präfixe!*
 1. Der Unterricht findet montags und mittwochs ....
 2. Es ist zu dunkel, bitte mach das Licht ....!
 3. Jetzt kommen die Nachrichten. Stell doch bitte den Fernseher ....!
 4. Wir wollen Monopoly spielen. Spielst du ....?
 5. Warst du in Urlaub? Du siehst ja blendend ....!
 6. Das Geld ist schon wieder alle. Du gibst viel zu viel Geld .... Du kommst nie mit deinem Geld ....
 7. Opa sitzt im Wohnzimmer und sieht sich einen Film ....
 8. Was wollen wir am Wochenende machen? Was schlagt ihr ....?
 9. Der Motor springt nicht ....
 10. Wie viele Personen nehmen am Kurs ....?

II. **ab–, an–, auf–, aus–, ein– hin–, vor–+stellen.** *Bitte ergänzen Sie die Präfixe!*
 1. Es ist zu warm. Stell die Heizung bitte ....!
 2. Die Firma stellt zum 1. 10. neue Mitarbeiter ....
 3. Der Maler stellt seine Bilder in der Galerie «Ars» ....
 4. Ich stelle mich kurz .... Mein Name ist Holger Frisch.
 5. Wie stellt man die Schachfiguren denn ....?
 6. Stell dich nicht so ....! Es ist gar nicht so schlimm.
 7. Wenn der Koffer zu schwer ist, dann stell ihn doch ....!

III. *Bilden Sie Sätze im Präsens!*

> *Beispiel*: Er/den Brief/unterschreiben.
> *Lösung*: Er unterschreibt den Brief.

 1. Wir/die Tür/nachts/auflassen.

 2. Wir/die alten Zeitungen/nicht/wegwerfen.

 3. Er/den Brief/durchlesen.

 4. SAT 1/dasFußballspiel/heute abend/übertragen.

 5. Du/übertreiben.

Nivel M

6. Du/mich/ständig/unterbrechen.

7. Wie/man das Wort/aussprechen?

8. Das Hemd ist zu weit. Ich/es/umtauschen.

9. Wen/wir/zur Party/einladen?

10. Wir/bald/nach München/umziehen.

IV. *Bitte übersetzen Sie!*
1. ¡Por favor, explícame esta palabra!

2. ¡Apaga la televisión!

3. ¡Gastas demasiado dinero!

4. Hoy tienes un aspecto deslumbrante.

5. ¡Por favor, rellene este formulario!

6. El tiempo pasa deprisa.

7. Salimos cada viernes.

8. ¡Por favor, abran los libros en la pág. 92!

V. Stellen Sie, wenn erforderlich, das Verb ans Ende!
1. Was vorhabt ihr am Wochenende?
2. Ich langweile mich.
3. Sie ausübt ihren Beruf nicht mehr.
4. Sei nicht traurig! Wir wiedersehen uns ja bald!
5. Nachdenke mal! Wo könntest du dein Portemonnaie gelassen haben?
6. Fritz, herkomm mal! Ich muss dir etwas zeigen.
7. Schon 21.00 Uhr und noch kein Abendessen! Ich verhungere!
8. Abends spazieren gehen wir oft.
9. Wenn du nicht lernst, sitzen bleibst du, mein Junge.
10. Ich anhöre mir Ihre Geschichte gern.

TEMA 5

I. *Sind die folgenden Sätze richtig?*
   1. Telefonnummern kann ich mir leicht behalten.
   2. Wir haben uns beschlossen, uns in sechs Monaten zu heiraten.
   3. Er hat sich in Karin verliebt.
   4. Gerade fällt mir ein, dass Jutta heute Geburtstag hat.
   5. Meine Uhr bleibt sich immer stehen.
   6. Stell dir vor, was mir passiert ist!
   7. Sie kann sich keine Namen merken.
   8. Jeden Morgen werde ich mich schon um halb sechs wach.
   9. Deshalb gehe ich mich abends früh zu Bett.
   10. Wie bist du auf diese Idee gekommen?
   11. Es ist angenehm, sich nach dem Mittagessen ins Bett zu legen.
   12. So einen teuren Wagen kann ich mir nicht leisten.
   13. Am Wochenende waren wir am Meer und haben uns gebadet.
   14. Das Fußballspiel möchte ich mir unbedingt ansehen.
   15. Wenn ich mir die Grammatikregeln lerne, werde ich mich sofort müde.
   16. Er heißt Thomas, aber er nennt sich «Flax».

II. *Was passt zusammen? Ergänzen Sie auch bitte das Reflexivpronomen!*

   1. Sabine freut   a) immer über Politik.
   2. Ich habe   b) vor dem Kino getroffen.
   3. Rosi fühlt   c) an der See gut erholt?
   4. Habt ihr   d) auf die Weltreise.
   5. Wir haben   e) über den starken Verkehr aufgeregt.
   6. Haben Sie   f) für Helga?
   7. Interessierst du   g) gestern den Krimi angesehen?
   8. Sie unterhalten   h) über den Regen geärgert.
   9. Sie haben   i) nach der Grippe wieder wohl.
   10. Er hat   j) heute noch nicht rasiert.

III. *Bezeichnen Sie die reziproke Beziehung durch die Präposition + **einander**!*
   1. Frau Hinz und Frau Kunz sprechen nicht mehr .... einander.
   2. Hermann und Dorothea sind .... einander verliebt.
   3. Sie denken immer .... einander.
   4. Sie sorgen .... einander.
   5. Sie sind .... einander da.
   6. Aber sie haben auch Angst .... einander.

Nivel M

7. Im Unterricht sitzen die Schüler .... einander.
8. Bei Grupppenarbeiten sprechen sie .... einander.

TEMA 6

I. **Stellen** oder **stehen**? *Ergänzen Sie bitte auch die fehlenden Endungen!*
   1. Die Gläser .... auf d .... Tisch.
   2. Du kannst die Bücher in d .... Bücherschrank ....
   3. Die Kisten .... wir am besten in d .... Keller.
   4. Wir mussten drei Stunden Schlange ....
   5. .... bitte den Topf mit den Kartoffeln auf d .... Herd!

II. **Legen** oder **liegen**? *Ergänzen Sie auch die fehlenden Endungen!*
   1. Das Geld .... nicht mehr in d .... Schublade.
   2. Ich .... dir das Buch auf dein .... Schreibtisch.
   3. Die Kinder sind müde. Ich .... sie in .... Bett.
   4. Hoffentlich .... in d .... Bergen noch Schnee, damit wir Ski fahren können.
   5. Du kannst das Besteck in d .... Schublade ....

III. **Sitzen** oder **setzen**? *Ergänzen Sie auch die fehlenden Endungen!*
   1. Auf d .... Erdbeertorte .... eine Wespe.
   2. Die Kinder .... zu oft vor d .... Fernseher.
   3. .... dich doch in d .... Sessel. Da .... du bequemer!
   4. Ich habe Angst, mich auf d .... Pferd zu ....
   5. Die Leute .... alle an .... Tisch. Das Essen kann serviert werden.

IV. *Bitte übersetzen Sie!*
   1. Bajarán las temperaturas en toda España.

   2. La empresa bajará los precios un 20 %.

   3. Le espero a Ud. en mi oficina a las 10.30 h.

   4. Intento contestar las cartas en seguida.

   5. Eva ha tenido una hija.

   6. Lo supe ayer por mi vecina.

Tema 7. Ejercicios

7. Nos conocimos en un curso de alemán.

8. He tenido la gripe.

9. La cogí la semana pasada.

10. Hay alumnos que desaparecen después de la pausa.

11. Nos conocemos desde hace más de 20 años.

12. No le des dinero; lo malgasta todo.

V. *Sind die folgenden Sätze richtig?*
   Wenn nicht, dann ergänzen Sie bitte das Akkusativ-Objekt!
   1. Ich beantworte
   2. Die Preise steigen
   3. Ich erschrecke
   4. Die Butter schmilzt
   5. Wir setzen
   6. Die Leute grüßen
   7. Wir beachten
   8. Ich wecke
   9. Die Temperatur sinkt
   10. Die Firma vergrößert
   11. Paul erwacht
   12. Die Arbeiter fällen

VI. *Sind die folgenden Verben perfektiv oder imperfektiv (durativ)?*
   1. Die Firma *liefert* morgen den neuen Wagen.
   2. Wir *haben* den Wagen schon seit etwa 10 Jahren.
   3. Ich glaube, ich *werde* krank.
   4. Christoph *lernt* jetzt Japanisch.
   5. Ich habe heute morgen Euren Brief *bekommen*.
   6. Gerade *erfahre* ich, dass die Busse heute nicht fahren.
   7. Karolin und Alexander *heiraten* nächsten Monat.

TEMA 7

I. *Bitte übersetzen Sie!*
   1. Esta sopa no me gusta.

   2. Este vestido me gusta mucho.

Nivel M

3. ¿Te gusta esta sopa de patatas?

4. ¿Te gusta la cerveza?

5. No me gustan las novelas policíacas.

6. Le gusta jugar al tenis.

7. A ella le gusta el pastel de queso.

8. ¿Te gustan nuestras fotos?

9. A él le gusta (oír) la música rock.

10. A los niños les gusta ver películas del oeste.

11. ¿Te gustan los animales?

12. A mucha gente le gusta el dinero.

II. *Sind die folgenden Sätze richtig?*
1. Ich verstehe diesen Sätzen nicht.
2. Die Feuerwehr hat dem Kind gerettet.
3. Wenn er betrunken ist, schlägt er seine Frau und seine Kinder.
4. Soll ich dir morgen besuchen?
5. Wir verstecken das Geld auf dem Speicher.
6. Die Eltern erlauben ihre Tochter, in die Disco zu gehen.
7. Warum musst du mich immer widersprechen?
8. Stell dir vor: Die Firma hat mich gekündigt.
9. Die Eltern haben ihren Sohn jahrelang finanziell unterstützt.
10. Die Eltern erziehen ihre Kinder ziemlich streng.
11. Ich sehe ihr zu, wie sie sich das Haar kämmt.
12. Man kann ihn nicht trauen.
13. Wir können ihm fragen, ob das stimmt.
14. Erklärst du mir das bitte?
15. Er schreibt seine Freundin immer lange Briefe.
16. Wie geht es dir und deine Familie?
17. Käsekuchen gelingt mir immer gut.
18. Soll ich die Kinder ein Märchen erzählen?
19. Natürlich bringen wir dir zum Bahnhof.

Tema 8. Ejercicios

III. *Bitte übersetzen Sie!*
1. ¿Cómo estás y cómo está tu familia?

2. La felicitamos por su cumpleaños.

3. ¿Cuándo vas a visitarme?

4. Le pido a Ud. un favor.

5. La abuela siempre me cuenta cuentos.

6. Los niños no me obedecen.

7. ¡Escúchame!

IV. *Schreiben Sie die Verben in die Tabelle:*

Verben Nom. und Akk.	Verben Nom., Dat., Akk.	Verben Nom. und Dativ

beantworten, antworten, begrüßen, bedienen, verstecken, beneiden, glauben, lieben, zählen, leihen, anbieten, erlauben, schulden, raten, vertrauen, zustimmen, applaudieren, helfen, senden, versprechen, unterstützen, gleichen, fehlen, schenken, folgen, verzeihen.

TEMA 8

I. *Setzen Sie die fehlenden Präpositionen und die fehlenden Endungen ein!*
1. Ich möchte .... ein .... Deutschkurs teilnehmen, denn ich interessiere mich .... d .... deutsche Sprache.

Nivel M

2. Wir bestehen .... unser .... Recht.
3. Das Gebäude besteht fast ganz .... Glas und Beton.
4. Die Ursache der Schlägerei bestand .... ein .... Streit zwischen mehreren Leuten.
5. Ich habe mich sehr .... dein .... Brief gefreut.
6. Wir freuen uns .... d .... Besuch von Erika und Peter.
7. Was hältst du .... d .... neuen Sekretärin? Ich halte sie .... zuverlässig.
8. Sie hält sehr .... Ordnung und Disziplin.
9. Ich mache mir Sorgen .... d .... Gruppe. Hoffentlich verirren sie sich nicht!
10. Wer sorgt denn .... d .... Kinder, wenn die Eltern weg sind?
11. Wir waren in großer Sorge .... euch beide, als wir von dem Unglück hörten.
12. Könntest du bitte eine Minute .... d .... Baby aufpassen?
13. Warte nicht länger .... Birgit! Sie kommt nicht mehr. Morgen wird sie sich .... d .... entschuldigen und dir sagen, du sollst dich nicht .... ärgern.

II. *Bitte übersetzen Sie!*
1. Huele a ajo.

2. ¿Qué opinas de este plan?

3. Lo considero poco razonable.

4. ¿Te acuerdas de mí?

5. Me he enfadado contigo.

6. ¡No pienses más en el examen!

7. Tendrías que reflexionar más sobre tu vida.

8. Te felicitamos cordialmente por tu cumpleaños.

III. *Sind die folgenden Sätze richtig? Wenn nicht, dann korrigieren Sie sie bitte!*
1. Er ärgert sich oft mit seiner Frau.
2. Viele Menschen leiden an der Hitze.
3. Wenn die Eltern nicht da sind, sorgt eine Nachbarin um die Kinder.

Tema 9. Ejercicios

4. Ich habe einen Job gefunden. Ich muss mit einem dreijährigen Kind aufpassen.
5. Hoffentlich beteiligen sich viele Leute an diese Aktion
6. Es tut mir leid, dass du nicht kommen kannst. Wir hatten uns so über deinen Besuch gefreut.
7. Das Armband besteht aus Silber.
8. Die Leute halten ihn für verrückt.
9. Wir müssen uns genau an den Anweisungen halten.
10. Was hältst du von unseren Urlaubsplänen?
11. Bei diesem Regenwetter träumt man mit Sonne und Urlaub.

TEMA 9

I. *Setzen Sie die Sätze ins Perfekt!*
1. Der Vertreter fuhr gestern nach Dortmund.

2. Obwohl er keine so lange Mittagspause machte, kam er mit großer Verspätung in Dortmund an.

3. Weil es so spät war, raste er bei Rot über die Kreuzung.

4. Sein Wagen stieß mit einem anderen zusammen, aber zum Glück passierte kein schwerer Unfall.

5. Sie stand spät auf, zog sich an und ging zur Arbeit.

6. Am Wochenende blieben wir zu Hause. Wir spielten Schach, tanzten, sahen fern und ruhten uns aus.

II. *Bitte übersetzen Sie!* (véase tema 6)
gestellt - gestanden
gelegt - gelegen, usw.
1. ¿Has puesto los platos sobre la mesa?

2. Cuando llegamos, los niños ya estaban en la cama.

3. Hemos estado de pie durante tres horas y con el frío que hacía.

4. Ayer estuvimos todo el día sentados mirando la televisión.

5. Mamá ya se ha ido a la cama.

Nivel M

6. La ropa ha estado tendida en el jardín durante tres días.

7. La empresa ha bajado los precios.

8. Las temperaturas han bajado.

9. El trabajo nunca me ha asustado.

10. Me asusté muchísimo cuando vi la serpiente.

11. ¿Dónde están los niños? Han desaparecido.

12. Los precios han vuelto a subir.

III. *Die Polizei verdächtigt Sie, dass Sie Anfang Mai mit einigen Kumpeln eine Bank ausgeraubt haben. Bevor die Polizei Sie verhört, schreiben Sie sich in Stichworten auf, was Sie in der Zeit vom 7. bis 11. Mai gemacht haben. Sie können der Polizei auch die entsprechenden Belege (Flugticket, Rechnungen, Theaterkarte usw.) vorlegen.*

7. 5., 16.00 h:	Mit Lufthansa von Wien nach Düsseldorf geflogen.
um 18.40	Von Düsseldorf mit dem Zug nach Aachen gefahren.
	In Aachen mit einem Kunden gesprochen.
8. 5.	Weiterfahrt nach Münster.
	Ankunft: zwischen 21.00 und 22.00 Uhr.
	Im Hotel «Prinzipal» übernachtet.
9. 5.	Stadt besichtigt, Geschenke eingekauft, im Kino gewesen, Briefe geschrieben, früh ins Bett gegangen.
10. 5.	Kongress in Münster.
	Abends Theaterbesuch.
	Dann Bier getrunken im Ratskeller.
11. 5.	10.17: Abfahrt.

Was würden Sie vor der Polizei aussagen?
z. B.: Am 7. 5. bin ich um 16.00 Uhr mit der Lufthansa von Wien nach Düsseldorf geflogen.

Tema 10. Ejercicios

TEMA 10

I. *Bilden Sie das Perfekt!*

> *Beispiel*: Haben Sie den Briefträger gehört?
> Er hat gerade geklingelt.
> *Lösung*: Nein, ich habe ihn nicht klingeln hören.

Haben Sie den Briefträger nicht gehört?
1. Er hat geschellt.

2. Er hat geklopft.

3. Er hat gerufen.

4. Er hat gehupt.

II. *Bilden Sie das Perfekt.*

> *Beispiel*: A) Opa sitzt nicht mehr auf der Bank.
> B) Eben habe ich ihn doch noch dort sitzen sehen.

1. Die Kinder spielen nicht mehr im Garten.

2. Das Fahrrad steht nicht mehr vor dem Haus.

3. Das Geld liegt nicht mehr auf dem Tisch.

4. Das Bild von Dalí hängt nicht mehr an der Wand.

Nivel M

5. Der Hund liegt nicht mehr vor der Hundehütte.

6. Der Wagen steht nicht mehr vor der Haustür.

7. Der Schlüssel steckt nicht mehr im Schloss.

III. *Vor dem Urlaub. Was ist noch zu tun? In Ihrem Terminkalender steht:*
Friseur: Haar schneiden, Dauerwelle machen lassen.
Werkstatt: Ölwechsel machen, Batterie nachsehen, Reifendruck prüfen lassen.
Bank: Geld wechseln
Reisebüro: Zimmer reservieren.
Arzt: Schlaftabletten, Magentabletten verschreiben lassen.
Reinigung: Lederkostüm, Hosen reinigen lassen.
Einige Tage später. Sie sprechen mit Ihrer Frau/Ihrem Mann.

> *Beispiel:* A) Warst du beim Friseur?
> B) Ja, ich habe mir das Haar schneiden lassen.

IV. *Bitte ersetzen Sie den kursiv gedruckten Ausdruck durch* **sollen**!

> *Beispiel: In der Zeitung steht*, dass es an der Grenze lange Staus gegeben hat.
> *Lösung:* An der Grenze soll es lange Staus gegeben haben.

1. *Ich habe gehört*, dass Katharina von Medici die italienische Küche in Frankreich eingeführt hat.

2. *Hier steht*, dass in unserem Stadtviertel ein neues türkisches Restaurant eröffnet worden ist.

3. *In der Zeitung steht*, dass ein neuer Stern entdeckt worden ist.

4. *Die Zeitung berichtet*, dass der Terrorist sich der Polizei gestellt hat.

5. *In den Nachrichten wird gesagt*, dass in der Altstadt eine Gasflasche explodiert und ein Haus eingestürzt ist.

TEMA 11

I. *Setzen Sie die kursiv gedruckten Verben ins Präteritum!*
«Als der Wecker *klingelt, steht* Herr Zogg einfach nicht auf. Dabei *hat* er ihn selbst gestellt, auf 7 Uhr, wie immer, denn um 8 Uhr *muss* er im Büro sein. Es *wird* Viertel nach 7, Herr Zogg *schläft* weiter, es *wird* halb 8, Herr Zogg *schläft* immer noch, es *wird* Viertel vor 8, und Herr Zogg *schnarcht* sogar.
»"Kameraden", sagt da die Hose zu den anderen Kleidern, die über dem Stuhl *hängen*, "wir müssen wohl". Da *kriecht* die Unterhose in die Hose, Leibchen und Hemd *stopfen* ihre Enden in die beiden hinein, die Krawatte *schlingt* sich um den Hemdkragen, die Jacke *schiebt* sich über das Hemd, die Socken *stellen* sich in die Schuhe, und dann *gehen* sie alle die Treppe hinunter vors Haus, *fahren* im Bus zum Büro, in dem Herr Zogg *arbeitet* und *nehmen* dort den Platz hinter seinem Pult ein.» (Franz Hohler, *Die Kleider des Herrn Zogg.*)

II. *Bitte übersetzen Sie!*
1. Se lo pregunté a él, pero no me contestó.

2. ¿Qué quería saber él?

3. En Heidelberg conocí a Marlene.

4. En seguida me enamoré de ella.

5. Nos quedamos en Heidelberg durante seis meses.

6. En verano ella se fue a casa de sus padres y no volvió.

7. La vecina estaba trabajando en el jardín, cuando entraron los ladrones.

8. Cuando ella era pequeña, leía mucho y cantaba muy bien.

9. ¿Cuándo empezó el curso el año pasado?

10. Cuando jugaba, nunca ganaba, siempre perdía.

Nivel M

III. *Bilden Sie Sätze nach dem Muster:*

> *Beispiel*: Er sollte doch zu Hause bleiben!
> *Lösung*: Er blieb aber nicht zu Hause.

1. Er sollte doch anrufen!

2. Er sollte doch anfangen!

3. Er sollte doch schlafen!

4. Er sollte doch anhalten!

5. Er sollte doch unterschreiben!

6. Er sollte doch weiterlaufen!

7. Er sollte doch aussteigen!

8. Er sollte doch den Brief übersetzen!

9. Er sollte doch singen!

10. Er sollte doch schweigen!

11. Er sollte doch einziehen!

12. Er sollte doch gewinnen!

13. Er sollte doch den Artikel lesen!

14. Er sollte doch die Fragen beantworten!

15. Er sollte doch das Auto waschen!

16. Er sollte doch abfahren!

17. Er sollte doch die Gäste empfangen!

18. Er sollte doch helfen!

19. Er sollte doch das Geld abgeben!

20. Er sollte doch um Erlaubnis bitten!

21. Er sollte das Geld doch annehmen!

TEMA 12

I. *Was war vorher?*

> *Beispiel*: Er musste ein Taxi nehmen.
> *Lösung*: Er hatte sich verschlafen.

1. Die Augen taten ihr weh.

2. Sie machte vor Freude einen Luftsprung.

3. Montse bestand die Mittelstufenprüfung mit «sehr gut».

4. Albert hatte das Bein in Gips.

5. Er küsste sie.

6. Ich hatte Muskelkater.

7. Unser Nachbar wurde verhaftet.

8. Herr Reimann arbeitete nicht mehr.

9. Es hat Überschwemmungen gegeben.

10. Peter ist zum zweitenmal sitzen geblieben.

II. *Was werden Sie in den folgenden Situationen machen?*

> *Beispiel*: Sie haben die Prüfung nicht bestanden.
> *Lösung*: Ich werde mich das nächste Mal besser vorbereiten.

1. Die Firma hat Ihnen gekündigt.

Nivel M

2. Der Fernseher ist kaputt.

3. In Ihrer Wohnung ist eingebrochen worden.

4. Ihr Portemonnaie mit Geld, dem Personalausweis und der Kreditkarte ist Ihnen gestohlen worden.

5. Es ist 22.00 Uhr, und Sie finden im ganzen Ort kein freies Zimmer.

6. Sie finden auf der Straße einen 1.000,— DM-Schein.

7. Sie gewinnen in einem Quiz eine 14-tägige Flugreise für zwei Personen nach Mexiko.

8. Man bietet Ihnen eine ausgezeichnete Stelle an.

9. Sie haben drei Monate Ferien.

10. Sie werden von einer hohen Persönlichkeit Ihres Landes eingeladen.

III. *Was ist passiert? Was vermuten Sie?*

> *Beispiel*: Sie hören Sirenen heulen.
> Sie vermuten: Da wird wohl ein Unfall passiert sein.

1. Sie ist ganz blass.

2. Ich habe Muskelkater.

3. Die Hose passt mir nicht mehr.

4. Mein Portemonnaie ist nicht mehr in der Tasche.

5. Aus dem Wasserhahn kommt kein Wasser.

6. Die Kinder freuen sich.

7. Ihre Freundin/Frau kommt strahlend von der Arbeit nach Hause.

Tema 13. Ejercicios

8. Ihre Arbeitskollege trägt seit gestern einen Ehering.

9. Ihre Wohnungsnachbarn sind ausgezogen.

10. Ihre Nachbarin trägt einen kostbaren Pelzmantel.

TEMA 13

I. *Erklären Sie einer Freundin/einem Freund, wie man von einer Telefonzelle aus telefoniert. Benutzen Sie den Imperativ (2. Person Singular)!*

> *Beispiel*: Hörer abnehmen.
> *Lösung*: Nimm den Hörer ab!

1. Freizeichen abwarten.

2. Münzen einwerfen.

3. Nummer wählen.

4. Nach dem Gespräch: Hörer auflegen.

II. *Erklären Sie einer Freundin/einem Freund, wie man ein Auto in Gang setzt. Benutzen Sie wieder den Imperativ (2. Person Singular)!*
1. Einsteigen.

2. (Sich) anschnallen.

3. Die Kupplung treten.

4. Den Zündschlüssel umdrehen.

5. Den 1. Gang einlegen.

6. Die Handbremse lösen.

7. Gas geben und dabei die Kupplung langsam kommen lassen.

8. Anhalten, denn sie/er hat die Perserkatze der Nachbarn überfahren.

Nivel M

III. *Der Lehrer ist heute sehr schlecht gelaunt. Er brüllt die Schüler an:*
  1. Los, Buch auf Seite 48 aufschlagen!
  2. Thomas, ersten Abschnitt laut lesen!
  3. Unbekannte Wörter unterstreichen!
  4. Den Mund halten!
  5. Ruhig sein!
  6. Aufpassen!
  7. Daniel, an die Tafel kommen!
  8. Deutlich schreiben!
  9. Petra, den Kaugummi aus dem Mund nehmen!

Ein höflicherer Lehrer würde sich anders ausdrücken. Er würde sagen:
  1. Bitte schlagt das Buch auf Seite 48 auf!
  2. Thomas, ...

IV. *Der Junge murrt: «Immer soll ich mich warm anziehen!» Was hat ihm die Mutter wohl gesagt? «Zieh dich warm an»*
Der Junge murrt:
  1. «Immer soll ich den Mund halten.»
  2. «Immer soll ich meine Schulaufgaben sofort machen.»
  3. «Immer soll ich früh nach Hause kommen.»
  4. «Immer soll ich mein Zimmer aufräumen.»
  5. «Immer soll ich nett zu den Erwachsenen sein.»
  6. «Immer soll ich für die Schule lernen.»
  7. «Immer soll ich einkaufen gehen.»
  8. «Immer soll ich mir die Hände waschen.»
  9. «Immer soll ich mir die Nase putzen.»
  10. «Immer soll ich im Garten helfen.»
  11. «Immer soll ich das Radio leise stellen.»
  12. «Immer soll ich mich entschuldigen.»

V. *Bitte übersetzen Sie!*
  1. ¡Calla!
  2. ¡Dale recuerdos a tu hermana!

Tema 14. Ejercicios

3. ¡Escribe pronto!
4. ¡Vuelve pronto!
5. ¡No vuelvas a llegar tarde!
6. ¡No me hagas enfadar!
7. ¡No vengáis tarde!
8. ¡No trabajes tanto!
9. ¡Comed más despacio!
10. ¡Corred más deprisa!
11. ¡No te caigas!

TEMA 14

I. *Bitte ergänzen Sie die Verben im KII!*
  1. Ich wünschte, ich .... mehr Zeit!
  2. Ich wünschte, ich .... ein/e berühmte/r Sänger/in!
  3. Ich wünschte, ich .... mich unsichtbar machen!
  4. Ich wünschte, ich .... mehr Geld verdienen!
  5. Ich wünschte, ich .... nicht mehr allein!
  6. Ich wünschte, ich .... perfekt Deutsch!
  7. Ich wünschte, ich .... bald eine interessante Frau/einen interessanten Mann kennenlernen!

II. *Was hätten Sie an ihrer/seiner Stelle getan?*

> *Beispiel*: Er hat «ja» gesagt.
> *Lösung*: An seiner Stelle hätte ich auch «ja» gesagt.
> *Oder:* An seiner Stelle hätte ich nicht «ja» gesagt.

1. Er hat sich bei der Bank Geld für eine Urlaubsreise geliehen.

2. Er hat im Lotto gewonnen und hat das Geld einer Hilfsorganisation gespendet.

3. Lindas Mann ist krank geworden, und deshalb hat sie ihn verlassen.

4. Manuela versteht sich nicht mehr mit ihren Eltern und ist zu ihrem Freund gezogen.

5. Frau Meier langweilt sich zu Hause und hat sich zu einem Tenniskurs angemeldet.

6. Weil er so viel Arbeit hatte, ist Herr Kohlhaas nicht zum Unterricht gegangen.

7. Weil ihre Familie zu viel fernsah, hat Frau Bender den Fernseher verschenkt.

III. *Bilden Sie Wunschsätze in der Gegenwartsform!*

> *Beispiel*: Wir finden keine Wohnung
> *Lösung*: (Ach), wenn wir doch eine Wohnung fänden!
> *Oder*: Fänden wir doch eine Wohnung!

1. Ich bekomme keine Post.
2. Ich habe kein Glück.
3. Die Sonne scheint nicht.
4. In den Bergen liegt kein Schnee.
5. Ich kann mir kein neues Auto leisten.
6. Die Firma nimmt mich nicht an.
7. Ich weiß die Antwort nicht.
8. Mir geht es nicht gut.

IV. *Bilden Sie Wunschsätze in der Vergangenheitsform!*

> *Beispiel*: Ich habe keine Post bekommen.
> *Lösung*: Wenn ich doch Post bekommen hätte.
> *Oder*: Hätte ich doch Post bekommen!

1. Die Firma hat mich nicht angenommen.
2. Ich habe die Antwort nicht gewusst.
3. Ich konnte mir kein neues Auto leisten.
4. Ich bin nicht zur Konferenz gegangen.
5. Ich habe den Lottoschein nicht abgegeben.
6. Ich habe die günstige Gelegenheit verpasst.

V. Sie sind sehr höflich. Sie sagen nicht: «Gib mir das Geld zurück!», sondern: «Könntest/Würdest du mir bitte das Geld zurückgeben.»
Sie sagen nicht: Sondern:
1. Halt mal das Paket!
2. Tun Sie mir einen Gefallen!
3. Bringen Sie mir eine Tasse Kaffee!

Tema 15. Ejercicios

4. Helfen Sie mir!
5. Kommen Sie morgen wieder!
6. Zahlen Sie an der Kasse!
7. Ruf mich nächste Woche wieder an!
8. Wecken Sie mich morgen um 9.55 Uhr!

TEMA 15

I. *Ergänzen Sie die Konjunktivformen von haben oder sein!*
1. Klaus schreibt, dass er Direktor geworden ....
2. Man sagt, dass bei dem Erdbeben über 300 Menschen ums Leben gekommen ....
3. Meine Mutter sagte, dass ich ein schwieriges Kind gewesen ....
4. Peter behauptet, er .... am Wochenende zu Hause geblieben und .... für die Prüfung gelernt.
5. Die Kinder sagen, dass sie den ganzen Tag nicht ferngesehen ....
6. Man vermutet, dass der Sportler sich gedopt ....
7. Die Schüler haben gesagt, dass sie sehr zufrieden ....
8. Ingrid und Michael schreiben, dass sie uns ein Weihnachtspaket geschickt ....
9. Die Nachbarn behaupten, dass unsere Kinder eine Fensterscheibe bei ihnen zerbrochen ....
10. Der Zahnarzt sagt, er .... den Zahn ziehen müssen.

II. *Formen Sie den folgenden Artikel in die direkte Rede um!*
«In dem Artikel über Ausbildung steht, die Chancen seien gar nicht schlecht. Noch nie hätten Jugendliche in Deutschland so lange und in so großer Zahl für ihre Ausbildung sorgen können. In den zehn Jahren zwischen 1980 und 1990 sei der Anteil der Abiturienten unter den Schülern von 15 auf 36 Prozent gestiegen. (Interessant dabei: Mehr Mädchen als Jungen erreichten höhere Schulabschlüsse.) Von den 15-bis 20-Jährigen gehe etwa die Hälfte noch zur Schule. Die andere Hälfte verdiene schon ihr eigenes Geld, sei dabei aber zu 80 % noch in der Ausbildung.»

Beginnen Sie: «Die Chancen ....

Nivel M

III. *Setzen Sie die folgenden Sätze in die Indirekte Rede! Beginnen Sie:*
In dem Artikel steht, für viele ....

«Für viele ist das Geld aber nicht so wichtig wie die Freizeit. Und da spielt der Sport die Hauptrolle. Für 45 % der jungen Deutschen gilt die schönste Nebensache der Welt als liebste Freizeitbeschäftigung, im Verein oder nur so zum Spaß. Doch nicht nur auf dem Sportplatz ist man aktiv. Jeder fünfte Jugendliche ist Mitglied in einem Jugendverband. Weniger populär sind die Jugendorganisationen der politischen Parteien. Nur noch neun Prozent der Jugendlichen –so ergab eine Umfrage 1990– wollen in Zukunft aktiv politisch arbeiten.»

IV. *Setzen Sie die folgenden Sätze aus der Zeitung in die Indirekte Rede! Beginnen Sie:* In der Zeitung steht (dass).
   1. «Der Außenminister ist nach Polen gereist.»
   2. «Der Außenminister will Verhandlungsgespräche mit seinem polnischen Amtskollegen aufnehmen.»
   3. «Der Außenminister zeigte sich über die Gespräche zufrieden.»
   4. «Viele Probleme ließen sich klären.»
   5. «Die Zahl der Flüchtlinge steigt weiterhin an.»
   6. «Die Hilfsorganisationen brauchen mehr Geld.»

TEMA 16

I. *Schreiben Sie die folgenden Ereignisse aus der Weltgeschichte im Passiv auf!*

Tema 16. Ejercicios

> *Beispiel*: 1492: Entdeckung Amerikas.
> *Lösung*: 1492 wurde Amerika entdeckt.

1. 44 v. Chr.   Ermordung Cäsars.

2. 800   Krönung Karls des Großen.

3. 16. Jahrhundert   Eroberung Mexikos.

4. 1945   Besetzung Deutschlands.

5. 1871   Belagerung von Paris.

6. 1945   Beendigung des 2. Weltkriegs.

7. 1527   Erstürmung Roms.

8. Um 750 v. Chr.   Gründung Roms.

9. 1481   Erneuerung der Inquisition in Spanien.

10. 1588   Vernichtung der Großen Armada.

II. *Bitte antworten Sie (**müssen** + Partizip II + **werden**)!*

> *Beispiel*: Was ist mit den Rechnungen
> *Lösung*: Die müssen noch bezahlt werden.

1. Was ist mit den Briefen?   (tippen, übersetzen, unterschreiben, zur Post bringen, frankieren).

2. Was ist mit der Wäsche?   (waschen, aufhängen, bügeln).

3. Was ist mit den Kartoffeln?   (schälen, kochen, braten).

4. Was ist mit den Schuhen?   (putzen).

5. Was ist mit den Büchern?   (einbinden, ins Regal stellen).

6. Was ist mit den Tests?   (korrigieren).

7. Was ist mit dem Baby?   (baden, füttern, ins Bett bringen).

Nivel M

III. *Bilden Sie Sätze nach dem Muster!*

> *Beispiel*: Warum hast du mich nicht gefragt?
> *Antwort*: Ich dachte, du wolltest nicht gefragt werden.

1. Warum hast du mich nicht geweckt?
2. Warum hast du mich nicht unterbrochen?
3. Warum hast du mich nicht gestört?
4. Warum hast du mich nicht gerufen?
5. Warum hast du mich nicht informiert?

IV. *Bitte ergänzen Sie:* **geworden** *oder* **worden***!*
1. Das Benzin ist wieder teurer ....
2. Die Kinder sind groß ....
3. Sind die Briefe schon zur Post gebracht ....?
4. Die Rechnungen sind schon bezahlt ....
5. Friedrich ist Direktor ....
6. Bei dem Attentat sind 5 Menschen getötet ....
7. Das Wetter ist wieder besser ....
8. Frau Krummacher ist nach Atlanta versetzt ....
9. In unserer Stadt sind dieses Jahr nicht so viele Babys geboren ....
10. Der neuen Sekretärin ist schon gekündigt ....
11. Sie wäre fast verrückt ....
12. Was ist aus dir ....?
13. Viele Häuser in der Altstadt sind saniert ....
14. Im 200-m-Lauf ist Harry Erster ....
15. Vor Schreck ist Rita ganz blass ....
16. Ich glaube, ich bin dicker ....
17. Es ist Frühling ....
18. Das Problem ist bisher nicht gelöst ....
19. Ich habe einen Kuchen gebacken. Er ist sehr gut ....
20. Nach dem Erdbeben sind viele Menschen evakuiert ....

V. *Bitte ergänzen Sie:* **gewesen ist, geworden ist, worden ist***!*
Wissen Sie nicht, dass....
1. das Hotel gestern eröffnet ....?

Tema 16. Ejercicios

2. der Terrorist festgenommen ....?
3. der Kanzler in Japan ....?
4. er dort herzlich empfangen ....?
5. unser Nachbar gestern 50 Jahre alt ....?
6. er lange in Brasilien ....?
7. bei uns eingebrochen ....?
8. die Haustür offen ....?
9. bei den Einbrechern ein guter Freund von uns ....?
10. das Gemälde gestohlen ....?
11. einer der Einbrecher gefunden ....?
12. ein 3-jähriges Mädchen entführt ....?

VI. *Formen Sie die folgenden Sätze mit **sein zu** ins Passiv um!*

> *Beispiel*: Die Rechnung ist sofort zu bezahlen.
> *Lösung*: Die Rechnung muss sofort bezahlt werden.
> *Oder*: Der Kredit ist nicht zu verlängern.
> *Lösung*: Der Kredit kann nicht verlängert werden.

1. Der Text ist nicht zu lesen.

2. Die Briefe sind noch zu übersetzen.

3. Das Problem war nicht zu lösen.

4. Die Schmerzen waren nicht zu ertragen.

5. Die Jacke ist noch zu reinigen.

6. Das Matterhorn ist nicht zu sehen.

7. Die Formulare sind auszufüllen.

VII. *Bitte übersetzen Sie!*

1. La sopa no se puede comer.

2. Hay que firmar las cartas.

3. La montaña no se puede ver hoy.

4. El coche se vendió ayer.

5. La moto todavía no está reparada.

6. Las facturas ya están pagadas.

7. Se pagaron hace una semana.

8. El precio de la gasolina ha subido.

9. ¿Sabes que han operado a Peter?

10. De repente se puso enfermo.

11. El 1 de mayo las tiendas están cerradas.

12. Las cartas ya están traducidas.

13. Las cartas se firmaron esta semana.

14. *Gewesen* se escribe con una *s*.

15. Rubens nació en Siegen.

16. En 1492 se descubrió América.

17. No he venido, porque no me han invitado.

18. Enrique ha llegado a ser director.

19. Durante mucho tiempo ha sido jefe de sección.

20. No quise que me molestaran.

21. Cuando le pregunté, se puso roja.

22. ¿Por qué no has contestado?
    Pues, porque no me han preguntado.

23. En clase no se debe fumar

24. La radio ya no se puede reparar.

TEMA 17

I. *Mit oder ohne **zu**?*
   1. Bitte, hör endlich auf .... rauchen!
   2. Hast du Lust, heute abend essen .... gehen?
   3. Es ist gut, mehrere Fremdsprachen .... können.
   4. Es tut mir leid, aber da ist nichts mehr .... machen.
   5. Es ist uns unmöglich, so eine hohe Miete .... bezahlen.
   6. Im Sommer haben wir sehr wenig .... tun.
   7. Wir bedauern es sehr, nicht mitkommen .... können.
   8. Der Arzt sagt, ich soll noch ein paar Tage im Bett .... bleiben.
   9. Wann fängst du endlich .... arbeiten an?
   10. Vergiss bitte nicht, den Elektriker an........ rufen!
   11. Er soll die Heizung nach.......sehen.
   12. Unser Sohn lernt jetzt Drachen .... fliegen.
   13. Es passt mir nicht, aber er lässt sich nichts .... sagen.

II. *Welche Sätze gehören zusammen? Bitte bilden Sie einen Satz mit dem Infinitiv!*

> *Beispiel*: 1c: Ich bin es leid, die ganze Arbeit allein machen zu müssen.

1. Ich bin es leid,   a) Ich werde bald entlassen.
2. Wir freuen uns,   b) Die Rechnung bezahle ich nicht.
3. Ich denke nicht daran,   c) Die ganze Arbeit muss ich allein machen.
4. Ich fürchte   d) Bald fahren wir in Urlaub.
5. Es tut mir leid   e) Ich habe dir nicht früher geschrieben.
6. Ich bin froh.   f) Ich habe eine neue Stelle gefunden.
7. Sie behauptet   g) Sie ist noch nie zu spät gekommen.

III. *Bitte übersetzen Sie!*
   1. Esta letra no se puede leer.

Nivel M

2. No tengo nada que hacer.

3. Vuelve a llover.

4. No te lo voy a decir.

5. Acabo de ducharme.

6. Oigo que alguien llama.

7. No se puede oír nada.

8. Te ayudo a hacer la maleta.

9. Tengo que hacerme cortar el pelo.

10. Es imposible trabajar con ese ruido.

11. Mi reloj siempre se para.

12. No he visto venir el coche.

13. No se puede hacer nada.

14. No necesitáis leer todo el libro, sino sólo tres capítulos.

15. El jefe parece estar de mal humor.

16. Es mejor no decir nada.

TEMA 18

I. *Erklären Sie die Bedeutung des Partizips!*

> *Beispiel*: ein rauchender Schornstein.
> *Lösung*: ein Schornstein, der raucht.

1. Eine anstrengende Arbeit.

2. Ein überraschender Besuch.

Tema 18. Ejercicios

3. Die folgenden Sätze.

4. Ein brüllender Löwe.

5. Ein Suchender.

6. Eine wachsende Unruhe.

7. Ein erfrischendes Getränk.

8. Entspannende Jogaübungen.

9. Schmelzender Schnee.

10. Fliegende Untertassen.

11. Die Ankommenden.

12. Herabstürzende Steine.

II. *Verbinden Sie immer ein Verb und ein Nomen!*
Beispiel: bellende Hunde.

Frosch	Hunde	Schafe	Pferd	Katze	Bienen
bellen	summen	knattern	gackern	blöken	krähen
Motorrad	Kühe	Vögel	Hühner	miauen	muhen
zwitschern	quaken	Hähne	wiehern		

III. *Bauen Sie Nomengruppen mit dem Partizip I!*

Beispiel: Die Autofahrer warten ungeduldig.
Lösung: Die ungeduldig wartenden Autofahrer.

1. Die Leute jubeln und tanzen.

2. Die Sirenen heulen.

Nivel M

3. Viele Kinder weinen.

4. Das Wasser steigt immer höher.

5. Ein Stau entsteht auf der Autobahn.

6. Die Sonne geht unter.

7. Das Geräusch wird immer lauter.

8. Die Zeit vergeht schnell.

9. Eine Frau schreit laut um Hilfe.

10. Die Autos rasen durch die Straßen.

IV. *Bitte übersetzen Sie!*
1. El baño ha sido realmente refrescante.

2. En esta casa no hay agua corriente.

3. No me gustan ni los niños que lloran ni los perros que ladran.

4. No me dan miedo los leones que rugen.

5. Ella subió al tren en marcha.

6. Perro ladrador poco mordedor.

7. La gente dice que ha visto un platillo volante.

8. ¡Traduzcan la frase siguiente!

9. Ella se quemó con agua hirviendo.

10. ¡Completen los verbos que faltan!

11. Me gustaría tener una alfombra voladora.

12. *Secreto ardiente* es una novela de Stefan Zweig.

13. *Caballo en fuga* es una novela de Martin Walser.

TEMA 19

I. *Bitte erklären Sie die Partizipien mit einem Relativsatz!*

> *Beispiel*: Ein falsch geparktes Auto.
> *Lösung*: Ein Auto, das falsch geparkt (worden) ist.

1. Ein festlich gedeckter Tisch.

2. Der gerade auf Gleis 8 angekommene Zug.

3. Die gelieferte Ware.

4. Die gebügelte Wäsche.

5. Die geernteten Früchte.

6. Der langgesuchte Terrorist.

7. Der aus dem Gefängnis ausgebrochene Verbrecher.

8. Eine bezahlte Rechnung.

9. Ein entführtes Mädchen.

10. Die korrigierten Arbeiten.

II. *Bitte erklären Sie den Unterschied!*
1. Ein rauchender Schornstein.

Eine gerauchte Zigarre.

2. Schmelzendes Eis.

Geschmolzener Schnee.

3. Steigende Preise.

Gestiegene Preise.

4. Die untergehende Sonne.

Nivel M

Die untergegangene Sonne.

5. Ein fliehender Dieb.

Ein geflohener Dieb.

III. *Bilden Sie aus dem kursiv gedruckten Relativsatz eine Partizipialkonstruktion mit dem Partizip II.*

> *Beispiel*: In der Mitte des Zimmers stand ein Tisch, *der festlich gedeckt war*.
> *Lösung*: In der Mitte des Zimmers stand ein festlich gedeckter Tisch.

1. Zur Party kannst du das Hemd anziehen, *das ich frisch gebügelt habe*.

2. Waren, *die gekauft worden sind*, werden nicht umgetauscht.

3. Die Diebe, *die mit einem Porsche geflohen waren*, wurden verhaftet.

4. Die Firma möchte einen Lebenslauf, *der von Hand geschrieben (worden) ist*.

5. Der Unfall geschah auf einer Straße, *die wenig befahren ist*.

6. In einer Viertelstunde verspielte er sein Geld, *das er in einer Woche verdient hatte*.

7. Das Auto, *das falsch geparkt war*, wurde abgeschleppt.

8. Pauli fiel mit der Hose, *die frisch gewaschen war*, in eine Pfütze.

9. Viele Leute kauften sich das Buch, *das viele Jahre lang verboten war*.

10. Viele Touristen besuchten die Sportanlagen, *die in den vergangenen Jahren entstanden waren*.

Tema 20. Ejercicios

TEMA 20

I. *Bitte setzen Sie den bestimmten Artikel ein!*
1. .... Film, 2. .... Firma, 3. .... Abitur, 4. .... Museum, 5. .... Wissen, 6. .... Natur, 7. .... U-Bahn, 8. .... Erlaubnis, 9. .... Bus, 10. .... Herbst, 11. .... Rhein, 12. .... Opel, 13. .... Anfang, 14. .... Schweiz, 15. .... Reaktion, 16. .... Artikel, 17. .... Pfirsich, 18. .... Gold, 19. .... Teilnehmer, 20. .... Ergebnis, 21. .... Zukunft, 22. .... Nordsee, 23. .... Flur, 24. .... Monatsgehalt, 25. .... Abfahrt. 26. .... Vorsicht.

II. *Bitte ordnen Sie! Was haben diese Dinge gemeinsam?*

	der	die	das
1.			
2.			
3.			
4.			
5.			
6.			
7.			
8.			
9.			
10.			
11.			
12.			

1. Zimmer, Raum, Kammer.
2. Koffer, Gepäck, Tasche.
3. Elektrizität, Licht, Strom.
4. Tiger, Maus, Schwein.
5. Boing, Flugzeug, Hubschrauber.
6. Würfel, Spielfigur, Spielbrett.
7. Tasse, Becher, Glas.
8. Lineal, Tintenpatrone, Kuli.
9. Fotoapparat, Blitzlicht, Videokamera.
10. Küche, Keller, Wohnzimmer.
11. Rollo, Gardine, Vorhang.
12. Bett, Schrank, Sitzgarnitur.

III. *Welche Substantive in den einzelnen Gruppen haben ein anderes Genus?*

1. Natur
   Garnitur

2. Elbe
   Mosel

3. Sicht
   Licht

Nivel M

Abitur	Seine	Fahrt
Kultur	Loire	Nacht
Zensur	Mississippi	Macht
4. Minister	5. Industrie	6. Reise
Schlosser	Genie	Woche
Zimmer	Theologie	Affe
Lehrer	Philosophie	Aprikose
Chemiker	Sympathie	Tasche
7. Essen	8. Radio	9. Gebirge
Leben	Foto	Geschenk
Vergnügen	Büro	Geschäft
Lachen	Auto	Getränk
Rachen	Disco	Geduld
10. Ende	11. Abteil	
Wende	Vorteil	
Tonne	Urteil	
Erde	Gegenteil	
Ehe	Ersatzteil	

IV. *Bitte bilden Sie Komposita mit dem bestimmten Artikel! Erklären Sie auch den Unterschied! Z. B.: der Blumentopf/die Topfblume*

Blumen	Karte
Karten	Geld
Topf	Topf
Spiel	Blume
Taschen	Suppe
Geld	Tasche
Fleisch	Fleisch
Suppen	Spiel

V. *Bitte übersetzen Sie! (mit Artikel)*
1. La carta
2. La mesa
3. La ventaja
4. La película
5. El reloj
6. El dinero
7. El juego
8. La silla
9. El sofá
10. Las gafas
11. Las tijeras

12. Los pantalones
13. El agua
14. La cerveza

TEMA 21

I. *Welche Pluralendungen sind falsch?*

1. Häuser	2. Stipendien	3. Eier
Mäuser	Adverbien	Bretter
Wälder	Kriterien	Better
Bücher	Gymnasien	Gläser
Mütter	Verbien	Wörter
4. Leser	5. Studenten	6. Öfen
Lehrer	Präsidenten	Fäden
Schüler	Medikamenten	Gärten
Messer	Referenten	Wägen
Vetter	Produzenten	Läden
7. Flüsse	8. Regeln	9. Gedanke
Küsse	Gabeln	Gebäude
Nüsse	Nadeln	Gebirge
Büsse	Manteln	Getränke
Füße	Mandeln	Gefühle

II. *Bitte ergänzen Sie im Plural!*
   1. Vielen Dank für die Geschenk ....
   2. Wie viele Koffer .... nehmt ihr mit?
   3. Nur vier Koffer .... und fünf Tasche ....
   4. Das sind ja neun Gepäckstück ....!
   5. Wieviel kosten die Kleid ...., die Hose .... und die Blus ....?
   6. Goethes Werk .... umfassen mehrere Bänd ....
   7. Wir bleiben drei Monat .... in Südafrika.
   8. Am Wochenende habe ich einige Brief .... an meine Freund .... und Freundin .... in Amerika geschrieben.
   9. Bring bitte aus dem Supermarkt drei Schachtel .... Zigaretten, vier Tafel .... Schokolade, zwei Päckchen .... Vollkornbrot und zwei Glas .... Erdbeermarmelade mit!
   10. Zum Mittagessen gibt es Kartoffel ...., verschiedene Salat ...., Gemüse .... und für jeden zwei Spiegelei ....
   11. In der Nähe des Hotels sind ein paar Park ...., Schwimmbad .... und sogar zwei See ....

Nivel M

12. In unserer Stadt gibt es sechs Gymnasium ...., zwei Universität .... und mehrere Hochschule ....
13. Kauf bitte Apfel ...., Banane ...., Pfirsich ...., Zwiebel ...., ein paar Kopf .... Salat, Spargel .... und sechs Avocado ....!

III. *Bitte übersetzen Sie!*
1. Los bancos están cerrados hoy.
2. En este parque hay pocos bancos.
3. ¿Has aprendido las palabras nuevas?
4. No quiero oír palabras, quiero ver hechos.
5. Todos los museos están cerrados hoy.
6. ¿Me puedes dar algunos consejos?
7. Me gustan todos los deportes.
8. La cantante recibió varios ramos de rosas, claveles y orquídeas.
9. Han subido los impuestos.
10. Hoy y mañana tiene lugar un seminario para todos los jefes de sección.

TEMA 22

I. *Bilden Sie den Genitiv!*

> *Beispiel*: der Name (die Straße).
> *Lösung:* der Name der Straße.

1. Die Bestellung (der Kunde)
2. Der Ball (der Junge)
3. Der Garten (der Nachbar)
4. Die Zähne (der Elefant)
5. Die Kamera (der Fotograf)
6. Ende (das Jahr)

Tema 22. Ejercicios

7. Die Zeichnung (der Architekt)
8. Das Dach (das Haus)
9. Der Absender (der Brief)
10. Die Telefonnummer (der Student)
11. Die Rede (der Politiker)

II. *Bitte bauen Sie Sätze und tragen Sie sie in das Schema ein:*
   Pos. I Pos. II Subjekt Ergänzung Ergänzung Angabe Ergänzung Verb II

1. Ich   das Hochzeitsgeschenk   habe gestern gekauft   für Annette und Rolf
2. Seit Wochen   die Zeichnung des Architekten   auf   wir warten
3. Gestern   die Zeitung   veröffentlichte   über den Besuch des   einen langen Artikel   Präsidenten
4. Der Lehrer   eine Geschichte las   seiner Klasse   vor
5. Wir   einladen   unsere Freunde   zum Abendessen möchten   morgen abend

III. *Fragen Sie nach: dem Beginn des Unterrichts!*
   Frage: Wann beginnt der Unterricht?
   1. *der Ankunft* der Gäste.

   2. *dem Namen* des Studenten

   3. *dem Preis* des Buches.

   4. *der Abfahrt* des Zuges.

   5. *dem Ziel* seiner Urlaubsreise.

6. *der Bedeutung* des Wortes.

7. *dem Wohnort* des Polizisten.

8. *dem Weg* zur Universität.

9. *der Breite* des Fensters.

10. *den Öffnungszeiten* der Banken.

11. *dem Autor* des Buches.

IV. *Bitte übersetzen Sie!*
 1. ¿Has oído el discurso del presidente?
 2. Los hijos de mi vecino siempre me molestan.
 3. El tío felicita al sobrino por su cumpleaños.
 4. Estoy esperando el plano del arquitecto.
 5. Tienes que consultar a un especialista.
 6. Este señor es el padre de Margot.
 7. El sueldo de un catedrático (Professor) no es muy elevado.
 8. ¡Pregúntaselo a tu compañero de trabajo!
 9. He olvidado el cumpleaños de Thomas.

TEMA 23

I. *Bestimmter, unbestimmter oder Nullartikel?*
 1. Hier liegt .... Wörterbuch. Wem gehört .... Wörterbuch eigentlich?
 2. Für die Wanderung brauche ich noch .... feste Schuhe.
 3. Das Zimmer hat .... Länge von 6 m und .... Breite von 4 m.
 4. A) «Ich habe .... Schmerzen im linken Arm.»
    B) «Seit wann haben Sie denn .... Schmerzen?»
 5. Das war .... heißer Sommer. Es war .... heißeste Sommer seit Jahren.
 6. Mein Vater hat .... Diabetes.
 7. Trinken Sie lieber .... Kaffee oder .... Tee?
 8. Trinken Sie .... Kaffee mit oder ohne .... Milch?
 9. Die Hose ist aus .... Baumwolle.
 10. Der Kurs beginnt .... Mitte .... Oktober.
 11. Als .... Kind war ich oft bei meinen Großeltern.
 12. .... nächste Woche gibt es Ferien.

Tema 23. Ejercicios

13. Ich war bei .... Arzt Dr. Köhne.
14. .... Doktor Köhne ist Facharzt für Innere Krankheiten.
15. Dieser Kuli schreibt nicht. Gib mir bitte .... anderen!
16. Mein Sohn möchte .... Ingenieur werden.
17. Alberto ist .... Peruaner. Er ist zur Zeit in .... Schweiz, um .... Maschinenbau zu studieren.
18. In den Semesterferien arbeitet er als .... Briefträger.

II. *Bitte übersetzen Sie!*
otro (más) = *noch ein ....*
otro (distinto) = *ein ander ....*

1. ¡Por favor, déme otro ejercicio para Carolina, que no ha venido hoy!

2. El pastel es excelente. ¿Puedo coger otro trozo?

3. Este bolígrafo no escribe. ¿Me puedes dar otro?

4. Los lunes y los miércoles no puedo venir. ¿No hay otro curso?

5. Con estos zapatos no puedo ir a la montaña. Tengo que ponerme otros.

6. Este año tenemos otro profesor.

7. Los Klein se han comprado otro coche. Ahora tienen dos.

III. *Bitte übersetzen Sie!*
1. No tengo televisión.

2. El domingo viene tía Berta a visitarnos.

3. El Dr. Halm es otorrinolaringólogo.

4. Mi compañero de trabajo se bebe media botella de whisky en la oficina.

5. El lunes y el martes de la semana que viene tenemos el examen de matemáticas.

6. Durante el desayuno me gusta leer el periódico.

7. Mi hermano tiene unos sellos muy valiosos.

Nivel M

8. Los tres estudiamos derecho.

9. Luisa tiene los ojos verdes.

10. ¿Has dicho a la madre lo que piensas hacer?

TEMA 24

I. *Bitte ergänzen Sie die Endungen!*
   1. Spanisch .... Wein, heiß .... Würstchen (plural), warm .... Wasser, rein .... Wolle, frisch .... Brot, frisch .... Eier, rot .... Licht, schwarz .... Tee.
   2. Ein klein .... Kind, mit einem klein .... Kind, für ein klein .... Kind, wegen dies .... klein .... Kindes.
   3. Zwei älter .... Damen, ein Bus mit ält .... Damen, keine der vier älter .... Damen.
   4. Das neu .... Motorrad von Silvia, Silvias neu .... Motorrad. Die alt .... Klassenkameradinnen von Mutter, Mutters alt .... Klassenkameradinnen, des Kaisers neu .... Kleider.
   5. Folgendes unregelmäßig .... Verb, nach dem folgenden unregelmäßig .... Verb, folgende unregelmäßig .... Verben.
   6. Andere unbekannt .... Wörter, sämtliche unbekannt .... Wörter, folgende unbekannt .... Wörter, manche unbekannt .... Wörter, solche nett .... Schüler, welcher vernünftig .... Mensch? viele bunt .... Luftballons, mancher arbeitslos .... Student, beide klein .... Kinder.
   7. Unser gemeinsam .... Freund, die beiden letzt .... Buchstaben, euer gut .... Recht, ihr alt .... Auto.

II. *Ergänzen Sie die Endungen!*
   1. Ruth ist eine nah .... Verwandt .... von mir.
   2. Wir wollen dieses Jahr mit Bekannt .... in Urlaub fahren.
   3. Unter den Verletzt .... waren auch einige Deutsch ....
   4. Den Arm .... sollte mehr geholfen werden.
   5. Die Firma hat zahlreich .... Angestellt .... entlassen.
   6. Eine Verwandt .... verbrachte die ganz .... Nacht am Bett des Krank ....
   7. Peter ist Beamt .... geworden.
   8. Die Zahl der Arbeitslos .... ist wieder gestiegen.
   9. Ein Betrunken .... hat mich auf der Straße belästigt.

Tema 25. Ejercicios

III. *Bitte übersetzen Sie!*
1. ¡Muchas gracias!

2. ¡Querida Petra, querido Erich!

3. Muchos recuerdos. Cordialmente...

4. ¡Buen fin de semana!

5. La nueva bicicleta de Eva.

6. Un grupo de chicas jóvenes.

7. La alfombra voladora del mago.

8. La historia interminable.

9. Nuestros buenos amigos.

10. El dinero robado.

11. Con una chaqueta blanca.

12. La siguiente película americana.

13. Otras preguntas difíciles.

14. Restaurantes caros.

15. Con gafas de sol oscuras.

16. Una mujer guapa con piernas largas y pelo negro.

TEMA 25

I. *Bitte setzen Sie das Adjektiv im Superlativ ein!*
1. Das (groß) Bierlokal der Welt ist das Mathäser in München.
2. Deutschlands (hoch) Sendeturm ist der Fernsehturm auf dem Alexanderplatz in Berlin.
3. Die (lang) Rutschbahn der Welt gibt es in Peru, im US-Staat Vermont.

Nivel M

4. Die (teuer) Zigarre ist die 29,2 cm lange Don Miguel de Cervantes.
5. Der (jung) Schachweltmeister aller Zeiten ist Garri Kasparov.
6. Die (erfolgreich) Nation bei der Schach-Olympiade ist die GUS.
7. Das (klein) unabhängige Land der Welt ist die Vatikanstadt.
8. Die (alt) Hauptstadt der Welt ist Damaskus.
9. Walt Disney bekam (viel) Oskars.
10. «Stille Nacht, Heilige Nacht» ist das (bekannt) Weihnachtslied in aller Welt.
11. Der (schnell) Komponist der Wiener Klassik war Wolfgang Amadeus Mozart.
12. Der (kurz) deutsche Ortsname ist «Au».
13. Pablo Picasso war der (produktiv) aller Maler.
14. Das (wertvoll) Gemälde der Welt ist die «Mona Lisa».
15. Die (schwer) Schlange ist die Anakonda.

II. **Etwas/nichts** + *Komparativ. Bitte ergänzen Sie!*

> *Beispiel:* Das ist nicht gut genug.
> *Lösung:* Haben Sie nichts Besseres?

1. Das ist mir zu teuer. Ich hätte gern etwas ....
2. Das ist zu langweilig. Gibt es nichts ....?
3. Das ist zu lang. Ich suche etwas ....
4. Das ist zu altmodisch. Ich möchte etwas ....
5. Eine komplizierte Übung. Gibt es nichts ....?

III. *Bitte ergänzen Sie!*

> *Beispiel:* Das Radio ist zu laut. Bitte stellt es etwas (leise)
> Bitte stellt es etwas **leiser**!

1. Die Schuhe sind etwas zu eng. Haben Sie keine .... (weit).
2. Die Miete ist nicht zu hoch. Ich dachte, sie wäre .... (hoch).
3. Mit der Brille kann ich nicht mehr lesen. Ich brauche .... (stark) Gläser.
4. Das Motorrad fährt nicht schnell genug. Ich möchte ein .... (schnell).
5. 20.30 Uhr ist zu spät. Gibt es keinen .... (früh) Zug?

Tema 26. Ejercicios

6. Das ist ein ausgezeichnetes Wörterbuch. Ein .... (gut) finden Sie bestimmt nicht.

IV. *Bitte übersetzen Sie!*
1. La película de cine más larga es *Berlin Alexanderplatz*.

2. La biblioteca más grande de Europa es la Biblioteca Lenin de Moscú.

3. El animal más veloz es el halcón peregrino (Wanderfalke).

4. La gente se vuelve cada vez más egoísta.

5. La vida en las grandes ciudades resulta cada día más inhumana.

6. Es demasiado caro. ¿No tiene nada más barato?

7. Es la mejor calidad. No hay nada mejor.

8. Marta es la que habla mejor alemán.

TEMA 26

I. *Ergänzen Sie die Präposition und die Endungen!*

> *Beispiel:* Der viele Regen ist schädlich .... d .... Ernte.
> *Lösung:* Der viele Regen ist schädlich für die Ernte.

1. Der junge Mann ist stolz .... sein .... neu .... Sportwagen.
2. Dieser Fehler ist charakteristisch .... d .... Studenten.
3. Der entflohene Verbrecher ist .... all .... fähig.
4. Am Ende des Tages waren wir müde .... d .... Arbeit.
5. Der neue Kollege ist .... all .... beliebt.
6. Viele Jugendliche sind nicht .... Politik interessiert.
7. Im August waren wir alle d .... Hitze leid.
8. Nach der Prüfung war er sehr erstaunt .... d .... Resultat.
9. Die Eltern waren verärgert .... d .... schlechte Zeugnis ihres Sohnes.
10. Wir sind .... Ihr .... Vorschlag einverstanden.

191

Nivel M

11. Die jüngste Schwester ist sehr verschieden .... ihr .... Geschwistern.
12. Libyen ist arm .... Wasser, aber reich .... Öl.
13. Der Hund ist sein .... Herrn treu.
14. Der Angeklagte war sich kein .... Schuld bewusst.
15. Es ist .... (ich) einerlei, was die Leute von mir denken.
16. Der Sohn ist mit 23 Jahren immer noch .... sein .... Eltern abhängig.
17. Ich wäre .... (Sie) sehr dankbar, wenn Sie mir diesen Gefallen tun könnten.
18. Wer ist hier .... d .... Post zuständig?
19. Est ist nett .... (du), dass du uns geholfen hast.
20. Im Tresor ist das Geld .... Diebe .... sicher.

II. *Bitte übersetzen Sie!*
1. La secretaria está enamorada de su jefe.

2. Estamos de acuerdo con su propuesta.

3. La mayoría de los estudiantes dependen económicamente de sus padres.

4. Estamos muy contentos de ese resultado.

5. Te estoy muy agradecido por tu gran ayuda.

6. ¿Quién es el responsable de este grupo?

7. Me da igual ir al cine o quedarme en casa.

8. No me fue posible venir a tu fiesta.

9. El gatito sólo tiene un mes.

10. ¿Quién tuvo la culpa de este accidente?

11. Estoy ansioso por ver al nuevo jefe.

12. La gente ya está acostumbrada al ruido.

13. Puedes estar orgulloso de tus hijos.

Tema 27. Ejercicios

14. Mucha gente es alérgica al polen.

15. La secretaria ya está familiarizada con el ordenador.

TEMA 27

I. *Lesen Sie die folgenden Sätze laut und ergänzen Sie die fehlenden Endungen oder Präpositionen!*

> *Beispiel:* Die Prüfung findet .... 13. 5. statt.
> *Lösung:* Die Prüfung findet am dreizehnten fünften statt.

1. Vielen Dank für Dein .... Brief .... 1.3.
2. Heute ist ja schon d .... 19.! Ich dachte, wir hätten erst d .... 17!
3. Die Praxis ist .... 15. 7 .... 5. 8. geschlossen.
4. Können Sie .... Dienstag, ... 3. 6., zu uns kommen?
5. Bis .... 22. 11. müssen wir die Arbeit beendet haben.
6. Sicher werden wir schon vor d .... 30. 10. fertig.
7. Zwischen d .... 24. 12. und d .... 31. 12. ist unser Büro geschlossen.
8. Können wir die Prüfung nicht auf d .... 4. 9. verschieben?
9. Das neue Gesetz gilt seit d .... 1. 9.

II. *Bitte ergänzen Sie die Ordinalzahlen!*

> *Beispiel:* Unser .... (1.) Wagen war ein Seat 600.
> *Lösung:* Unser erster Wagen war ein Seat 600.

1. Unser Verein hat den .... (2.) Platz im Volleyball errungen.
2. Wenn in der .... (1.) Reihe kein Platz mehr frei ist, setzen wir uns in die .... (2.) Reihe.
3. Vom .... (11.) Stockwerk aus hat man eine schöne Aussicht auf die Stadt.
4. Er macht die Mittelstufe I schon zum .... (3.) Mal.
5. Deinen .... (50.) Geburtstag werden wir groß feiern.
6. Frau Simon war dieses Jahr die .... (1 000 000) Besucherin des Freibads.
7. Jeder .... (10.) Bundesbürger jenseits des .... (60.) Lebensjahres ist zuckerkrank.

Nivel M

8. Bitte lesen Sie nun den .... (4.) Abschnitt!
9. In der .... (26.) Spielminute fiel das .... (1.) Tor.

III. *Bitte übersetzen Sie!*
1. El día 1 de septiembre de 1939 empezó la segunda guerra mundial.

2. El periódico dice que una mujer de 61 años ha tenido un niño.

3. La conferencia de paz tendrá lugar del 28 al 30 de este mes.

4. Es la tercera vez que me lo dices.

5. El día 15 de este mes saldrá la 8.ª edición de este libro.

6. En España, a principios de la década de los 80 existían 3266 personas de 100 años.

7. Este año celebraremos nuestro trigésimo séptimo aniversario de boda.

8. A partir de la sexta clase tenemos francés.

IV. *Bitte lesen Sie die folgenden Daten und Jahreszahlen laut!*
1. Philipp II regierte von 1556-1598.
2. 1519 wurde Karl I als Karl V zum deutschen König gewählt.
3. Die Hauptwerke der Romanik gehören dem 12. Jahrhundert an.
4. Seit 1955 ist Spanien Mitglied der Vereinten Nationen.
5. Francisco de Goya ist am 30.3.1746 in Fuendetodos geboren und am 16.4.1828 in Bordeaux gestorben.

TEMA 28

I. *Bitte ersetzen Sie das Nomen durch ein Pronomen!*

> *Beispiel:* A) Vati hätte gern die Zeitung.
> B) Ja, ich bringe sie ihm sofort.

1. Ich hätte gern die Tabletten.
2. Opa hätte gern den Stock.
3. Liese hätte gern das Buch.

Tema 28. Ejercicios

4. Die Kinder hätten gern den Ball.
5. Oma hätte gern ihre Brille.
6. Onkel Fritz hätte gern seine Pantoffeln.
7. Mutti hätte gern das Kochbuch.
8. Pussy miaut. Sie hätte gern ihr Futter.

II. *Ergänzen Sie **mir** oder **mich**!*
1. Besuchst du .... mal?
2. Ruf .... doch mal an!
3. Hilf .... bitte mal!
4. Das Fleisch schmeckt .... ausgezeichnet.
5. Bitte antworte ....!
6. Schreib .... doch mal!
7. Kennst du .... nicht?
8. Du kannst .... ruhig fragen.
9. Gib .... bitte die Zeitung!
10. Kannst du .... bitte die Post bringen?
11. Dein neues Kleid gefällt .... sehr gut.
12. Niemand versteht .... und niemand liebt ....
13. Das neue Fahrrad, das gehört ....

III. *Bitte übersetzen Sie!*
1. ¡Por favor, tráeme las zapatillas!

2. Te las traeré en seguida.

3. La sopa es excelente. ¿Por qué no la comes?

4. El vestido no me gusta. Es demasiado ancho.

5. El florero no me gusta. Podemos regalarlo a Mónica y Heinz.

6. Nadie me entiende, nadie me escucha y nadie me quiere.

7. ¿Cómo están Uds.?

8. Te felicito por tu cumpleaños.

9. Necesito el diccionario. Te lo doy enseguida.

10. Este negocio no me interesa.

Nivel M

IV. *Ergänzen Sie es oder das Personalpronomen!*
1. Die Geburtstagsparty war toll .... ist viel getanzt worden.
2. Hast du die Torte selbst gebacken? .... schmeckt ausgezeichnet.
3. .... geht mir heute nicht sehr gut.
4. Kannst du die Uhr reparieren? .... geht nicht mehr.
5. Tut mir leid, ich kann .... nicht.
6. Wir müssen die Heizung höher stellen. .... ist etwas kühl.

V. *Ergänzen Sie das Pronominaladverb oder die Präposition mit dem entsprechenden Pronomen!*

> *Beispiel:* Das ist Onkel Ernst. Ich habe dir viel *von ihm* erzählt.
> Wir sind gestern von unserer Reise in die Karibik zurückgekommen. *Davon* müssen wir euch einiges erzählen.

1. Das ist Frau Hoppmann, unsere Assistentin. .... können Sie sich hundertprozentig verlassen.
2. Der Service war ziemlich schlecht. Wir haben uns .... beschwert.
3. Sind Sie nicht zufrieden mit dem Lehrer? Dann müssen Sie sich .... beschweren.
4. Als ich in Deutschland war, habe ich einen netten Studenten kennen gelernt. Ich denke oft ....
5. Herr Dr. Wegener, hier ist eine Dame, die .... fragt.
6. Es waren schöne Ferien. Ich denke noch oft ....
7. Die Schüler sind müde und desinteressiert. Der Lehrer ärgert sich ....
8. Gudrun ist meine beste Freundin. Ich unterhalte mich oft stundenlang ....
9. Die alte Mutter kann nichts mehr allein machen. Ihre Tochter kümmert sich ....

VI. *Bitte übersetzen Sie!*
1. En el cajón no hay dinero.

2. ¿Qué hay hoy para comer?

3. En el periódico hay un artículo interesante sobre «El valor del bachillerato hoy en día».

4. En la tele hay una película de R.W. Faßbinder.

Tema 29. Ejercicios

5. ¿Qué hay en este paquete? Pesa mucho.

6. En la foto hay una catedral gótica.

7. ¿Cuántas universidades hay en Barcelona?

8. Hasta 1916 no hubo luz eléctrica en este pueblo.

TEMA 29

I. *Bitte ergänzen Sie die Possessivpronomen!*
1. Ich soll dich herzlich von .... Eltern grüßen.
2. Wir geben heute eine Party, denn es ist .... 10. Hochzeitstag. Wir laden Sie zu .... Party herzlich ein.
3. Der Chef übersetzt die Briefe nicht selbst. Er gibt sie .... Sekretärin zum Übersetzen.
4. Frau Neureich muss die Hausarbeit selber machen. .... Haushälterin hat gekündigt.
5. Herr Kreuz hat sich heute frei genommen. .... Tochter heiratet.
6. Nimm doch .... eigenes Fahrrad! Ich brauche .... selber.
7. Frau Kurt freut sich .... Mann ist Abteilungsleiter geworden.
8. Wir haben eine neue Telefonnummer. Ich schreibe dir .... neue Nummer auf.
9. Wie gefällt dir .... neues Kleid?
10. Wegen .... kleinen Kinder ist Frau Schmitz nicht berufstätig.
11. Trotz .... schlechten Gesundheitszustands hat er die Fahrt mitgemacht.
12. Am Ende des Kurses gehen wir oft mit .... Schülern essen.
13. Du musst besser auf .... Sachen aufpassen, Eva.
14. Hier liegt ein Wörterbuch, Ist das .... , David?
15. Frau Klein spricht am liebsten über .... Kinder.
16. Wegen .... gotischen Doms und .... malerischen Altstadt ist die Stadt ein beliebtes Reiseziel.
17. Ich freue mich schon auf .... Geburtstag.
18. Hast du .... Eltern schon gefragt, Karin?
19. Leider können wir morgen nicht kommen. .... Tochter ist krank geworden.
20. Frau Gottschalk spricht mit .... Hund, als ob er .... Kind wäre.
21. Geht es .... Frau besser, Herr Becker?
22. Wir würden uns freuen, auch .... Familie kennenzulernen, Herr Utsch.

Nivel M

23. Ich kann Ihnen bei .... Steuererklärung gern helfen, Frau Schmitz.

II. *Bitte übersetzen Sie!*

1. ¿Cómo estáis tú y tu familia?

2. ¡Dé muchos recuerdos a su familia, Sr. Buch!

3. En las vacaciones echo de menos a mis amigos.

4. Tus gafas están sobre la mesa.

5. ¿Cómo se llama vuestro profesor de alemán?

6. Nuestros hijos ya están casados.

7. Ya no voy más a casa de nuestros vecinos. Siempre hablan de sus hijos.

8. ¿Qué te parece mi nueva blusa?

9. El director dicta una carta a su secretaria.

10. ¿Ya está listo su piso, Sr. Bach?

11. Lidia siempre está pensando en su novio.

12. El Dr. Gross tiene muchos problemas con su hijo.

13. He dejado mi paraguas en el autobús.

14. Aquí hay un bolso. ¿Es suyo, Sra. Heim?

15. Me gustaría conocer todos los países europeos, sus idiomas y costumbres.

TEMA 30

I. *Bitte ergänzen Sie das Reflexivpronomen!*

1. Es ist schon spät. Wir müssen .... leider verabschieden.

Tema 30. Ejercicios

2. Du musst .... entschuldigen, weil du .... schon wieder verspätet hast.
3. Heute abend möchte ich .... früh ins Bett legen.
4. Es ist plötzlich kühl geworden. Wir müssen .... anders anziehen.
5. Ich muss .... einen Pullover anziehen.
6. Es ist noch früh. Wir brauchen .... nicht zu beeilen.
7. Inzwischen habe ich .... ganz genau erkundigt.
8. Die ganze Anlage hat .... ziemlich viel gekostet.
9. Ich möchte .... gern einen Gebrauchtwagen kaufen.
10. Wir können .... auf eine Bank setzen und .... etwas ausruhen.
11. Ein Momentchen, ich will .... nur noch umziehen, ... kämmen, ... die Zähne putzen, ... schminken, ... die Hände waschen und .... die Fingernägel lackieren.
12. Dein Haar ist wieder fett. Du solltest es .... waschen.
13. Deine Schuhe putze ich nicht. Die kannst du .... selbst putzen.
14. Man merkt, dass du .... wieder verliebt hast.
15. Ich habe .... fest vorgenommen, keinen Tropfen Alkohol mehr zu trinken.
16. Stell .... mal vor, wie es wäre, wenn wir nur 10 Stunden in der Woche arbeiten würden!
17. Ich kann .... jetzt noch nicht entscheiden.
18. Ich muss .... die ganze Sache gut überlegen.
19. Du hast .... so verändert. Hast du .... eine neue Frisur machen lassen?
20. Die neue Kollegin hat .... noch gar nicht vorgestellt.

II. *Bitte übersetzen Sie!*
1. Me he comprado un nuevo coche.

2. ¿Te acuerdas de mí?

3. ¿Ya te has acostumbrado a la vida de aquí?

4. Vengo enseguida. Sólo tengo que peinarme.

5. Quiero presentarme. Me llamo Albert Römer.

6. Hace frío. ¡Ponte una chaqueta!

7. ¿Ya os habéis disculpado?

Nivel M

8. Nos encontramos a las 7.00 delante del cine.

9. Me apunto tu número de teléfono.

10. ¿Dónde puedo lavarme las manos?

11. No me intereso por la política.

12. Tenemos que preocuparnos más por el medio ambiente.

13. Podemos sentarnos en el jardín.

14. Ellos se conocieron en la discoteca.

15. Me he propuesto dejar de fumar.

16. Cuando ve a su suegra, se esconde.

17. A veces uno se equivoca.

18. Tienes que limpiarte los zapatos tú mismo.

19. ¿No te sientes avergonzado?

TEMA 31

I. *Fragen Sie nach dem kursiv gedruckten Satzteil!*

> *Beispiel*: Mein Name ist *Tomasencovic*.
> *Frage*: Bitte, wie ist Ihr Name?

1. Das ist *Karins* Portemonnaie.

2. Die Mitarbeiter gratulieren ihm *zum 25-jährigen Dienstjubiläum*.

3. Er hat *eine Sängerin* geheiratet.

4. Der Zug kommt *auf Gleis 8a* an.

5. Henner wird nächste Woche *50*.

Tema 31. Ejercicios

6. Silvia arbeitet jetzt *als medizinisch-technische Assistentin*.

7. Ich interessiere mich für *Ethologie*.

8. Das habe ich *von unseren Nachbarn* erfahren.

9. Das Wörterbuch gehört *Daniel*.

10. Dieser Brief muss *an 95 Firmen* geschickt werden.

11. Wir haben uns *für die Griechenlandreise* entschieden.

12. Ich erinnere mich noch gut *an die beiden Mädchen* aus Ghana.

13. Hilfst du mir bitte *bei den Matheaufgaben*?

14. Frage doch *Kurt*, ob er dir das Geld leihen kann.

15. Auf *Ursula und Peter* kann man sich immer verlassen.

II. *Wie heißt die Frage?*

Beispiel:	Frage	Antwort
	Wie wird das Wetter am Wochenende?	Es soll tagsüber heiß werden und gegen Abend Wärmegewitter geben.

Antwort

1. Diese Idee habe ich aus einer Modezeitschrift.
2. Wir nehmen diese schwarze Quarzuhr.
3. Meinen Eltern geht es gut.
4. Am Samstag wollen wir einkaufen, am Sonntag Bekannte besuchen.
5. Er sucht einen gebrauchten Volkswagen oder einen 2 CV.
6. Ich glaube, das gehört Uta.
7. An Werktagen fährt der Bus alle 20 Minuten.
8. Es waren über 100 Personen anwesend.

Nivel M

III. *Bitte fragen Sie!*

> *Beispiel*: Nach *dem Fernsehprogramm* von heute abend.
> *Frage*: Was gibt es heute abend im Fernsehen?

1. Nach *dem Grund* seiner Kündigung.

2. Nach *dem Zweck* seiner Reise.

3. Nach *dem Titel* und *dem Autor* des Buches.

4. Nach *dem Erfinder* des Telefons.

5. Nach *dem Geburtsjahr* Goethes.

IV. *Bitte fragen Sie!*

> *Beispiel*: Ich ärgere mich.
> *Frage*: Worüber
>   Über wen?

1. Er freut sich.
2. Sie lacht.
3. Ich danke.
4. Wir gratulieren.
5. Ich frage.
6. Sie erkundigt sich.
7. Sie regt sich auf.
8. Ich denke nach
9. Sie ist stolz.
10. Ich bin einverstanden.

TEMA 32

I. *Bitte ergänzen Sie* **man, einen** *oder* **einem**!
   1. Es kann .... schon ärgern, wenn die Eltern .... dauernd kontrollieren, wenn sie .... dauernd Ratschläge geben, die .... nicht hören will.
   2. Wenn man sich nicht selbst hilft, hilft .... niemand.

Tema 32. Ejercicios

3. Man kann Kindern nicht alles erlauben, sonst tanzen sie .... auf der Nase herum.
4. Wenn .... sein Auto auf der Straße offenstehen lässt, wird es .... gestohlen.
5. Die Leute in dem Dorf sind sehr freundlich: sie grüßen .... fragen, wie es .... geht, erklären .... alles, wenn .... sie etwas fragt, geben .... Auskunft, zeigen .... den Weg und laden .... sogar zu einem Glas Bier ein.
6. In der Klasse machen sich alle über .... lustig, wenn .... etwas nicht versteht.
7. Der Straßenlärm kann .... wirklich verrückt machen.

II. *Ergänzen Sie das unbestimmte Pronemen **ein** .... oder **welch** .... !*

> *Beispiel*: Was ist denn das für ein Kind?
> *Antwort*: Das ist eins aus der Nachbarschaft.

1. A) Haben wir noch Briefpapier?
   B) Ja, in meiner Schreibtischschublade müsste .... sein.
2. Auf dem Markt gibt es billige Äpfel. Könntest du mir .... mitbringen?
3. Wir suchen ein Restaurant, ... wo man typische Gerichte dieser Gegend essen kann.
4. A) Hast du ein Blatt Papier?
   B) Ja, hier ist ....
5. Der Amerikaner hatte noch zwei Brüder. .... ist im Golfkrieg ums Leben gekommen.
6. A) Kochst du Kaffee?
   B) Ja, möchtest du ....?
7. A) Wieviele Mäntel nimmst du mit?
   B) .... genügt.
8. A) Hast du Zigaretten?
   B) Ja, im Auto müssten .... sein.
9. Wir brauchen ein Kindermädchen, aber ...., das sich mit den Kindern beschäftigt.
10. Sie fährt nicht mit jedem, sondern nur mit .... der ein schnelles Auto hat.

III. *Bitte übersetzen Sie!*
   1. Todos para uno y uno para todos.

2. No todo lo barato es malo.

3. No como queso, pero sí de todo lo demás.

4. Querría un vestido con mangas largas.

5. Aquí se podría uno marear.

6. Con todo lo demás estuve de acuerdo.

7. Todo fue fácil.

8. Quiero hablar con el jefe, y con nadie más.

9. Nadie supo el camino.

10. Me fui sin despedirme de nadie.

IV. *Ergänzen Sie die Endung, wenn es nötig ist!*
   1. Auf der Party habe ich mit viel .... Leuten gesprochen und viel .... Leute kennen gelernt.
   2. Ich habe heute nur wenig .... Zeit und kann dir nicht viel .... berichten.
   3. Deine Vorschläge sind gut. Ich bin mit viel ...., was du gesagt hast, einverstanden.
   4. Wie geht es euch all .... ?
   5. All .... geht es gut. Viel .... Dank.
   6. Niemand kann es all .... recht machen.
   7. All ...., was er sagte, war gelogen.

TEMA 33

I. *Bitte ergänzen Sie die Endungen!*
   1. Anfang dies .... Jahres ziehen wir um.
   2. Dies .... Arbeit mache ich nicht gern.
   3. Wir haben dies .... und jen .... gefragt, aber niemand wusste Bescheid.
   4. Dies .... Tag werde ich nie vergessen.
   5. Wem gehört eigentlich dies .... Wörterbuch hier?
   6. Ende dies .... Monats gibt es Ferien.
   7. In dies .... Restaurant werden wir nicht mehr essen.

Tema 33. Ejercicios

8. Die Zahl d........ , die gegen den Vertrag sind, ist ziemlich hoch.
9. Der Professor gibt nur d........ eine gute Note, die ihm sympathisch sind.
10. Wir laden nur d........ ein, die uns etwas geschenkt haben.
11. Kannst du mir dies........ Hundertmarkschein wechseln?
12. Du warst bei Dr. Dohler? Zu d........ bin ich früher auch gegangen.
13. Rechts auf dem Foto, d........ ist Frau Erdmann. Bei d........ hatten wir früher Geographie und Geschichte.
14. Marta ist sitzen geblieben. Sie ist jetzt in d........ selb........ Klasse wie ich.
15. Die .... Video-Kamera ist gut. Ein .... solch .... kaufe ich mir auch.

II. *Bitte übersetzen Sie!*

1. ¡Siéntate en este sillón, que es más cómodo que esta silla.

2. Este reloj de pulsera me lo regaló mi marido.

3. No me gusta esa novela.

4. Éste es mi abuelo.

5. Esta noche no pensamos ir al cine.

6. ¿Quiere Ud. que venga a eso de las cinco?

7. Desde aquel día no volvieron a verle.

8. Me parece que ésta es la mejor solución.

9. Esta blusa te sienta muy bien.

10. Ésta es Carmen. Es abogada.

11. Está enferma y por eso no ha podido venir.

12. ¡Mira, llevas el mismo jersey que yo!

III. *Bitte ergänzen Sie die Endungen!*

1. Bei solch........ herrlich........ Wetter sitzt du zu Haus!
2. Solch........ alt........ Zeug verwahrst du noch?

Nivel M

3. Mit solch .... Leuten will sie nichts zu tun haben.
4. Heute ist solch .... herrlich .... Wetter. Wir könnten doch schwimmen gehen.
5. Ich habe solch .... Kopfschmerzen, dass ich mich hinlegen muss.
6. Rede doch nicht solch .... Unsinn!
7. Wir hatten solch .... Hunger, dass wir schon um 18.00 Uhr zu Abend gegessen haben.
8. Lass uns noch eine Partie spielen. Das macht solch .... Spaß.
9. Die Sache als solch .... wäre schon akzeptabel.
10. Auf solch .... Art und Weise haben wir es noch nie gemacht.

TEMA 34

I. *Bilden Sie Sätze nach folgendem Muster!*

> Das Buch, ... ist vergriffen.
> a) .... ich vor drei Wochen bestellt habe.
> *Lösung*: Das Buch, das ich vor drei Wochen bestellt habe, ist vergriffen.

1. Das Mittelmeer, ... ist 3 Millionen qkm groß.
   a) .... tiefste Stelle 5015 m beträgt.
   b) .... Wasser einen Salzgehalt von mehr als 35 % hat.
   c) .... wirtschaftlich bedeutsam ist.
   d) in .... es u. a. Thunfisch, Sardellen, Sardinen, Anschovis, Langusten, Tintenfische und Austern gibt.
2. Der Bodensee, ... ist der zweitgrößte See Europas.
   a) .... die Römer *Lacus Venetus*» nannten.
   b) .... von sanften Hügeln umgeben ist.
   c) durch .... der Rhein fließt.
   d) .... größte Tiefe 252 m beträgt.
3. Die Alpen .... sind das höchste Gebirge Europas.
   a) .... etwa 1100 km lang und 150-250 km breit sind.
   b) .... Tierwelt durch Hochgebirgstiere gekennzeichnet ist.
   c) in .... der Fremdenverkehr von größter Bedeutung ist.
   d) .... man dem Bau nach in Westalpen und Ostalpen unterteilen kann.
4. Die Schweiz .... ist ein Bundesstaat in Mitteleuropa.
   a) .... reich an Seen ist.

Tema 34. Ejercicios

b) .... amtliche Bezeichnung «Schweizerische Eidgenossenschaft» ist.
c) .... vier Sprachen als Landessprachen anerkannt sind.
d) in .... der Fremdenverkehr wirtschaftlich sehr wichtig ist.
e) .... heute in erster Linie Industrieland ist.

II. *Bitte übersetzen Sie!*
1. La moto que está delante de la casa es de mi hija.
2. ¿Quién es la señora que acabas de saludar?
3. El estudiante que vive con nosotros es canadiense.
4. ¿Sabes algo del profesor que han despedido?
5. ¿Quién es el chico con el que has bailado?
6. Hay muchos estudiantes cuyo nombre ignoro.
7. Por fin llega la carta que he esperado tanto tiempo.
8. Ella siempre habla de cosas de las que no entiende nada.
9. ¿Conoces a alguien que me pueda ayudar?
10. Allí viene la señora cuya hija ganó el primer premio en un concurso de belleza.

III. *Setzen Sie die richtigen Relativpronomen in die Lücken ein!*
1. Petra, ... sehr gut aussah, hatte immer viele Freunde.
2. Kennst du Dieter, bei .... Vater wir Mathematik haben?
3. Von dem Mann, ... ich im Urlaub kennen gelernt habe, höre ich nichts mehr.
4. Eine Witwe ist eine Frau, ... Mann gestorben ist.
5. Die zwei Mädchen, mit .... wir befreundet sind, wohnen im nächsten Dorf.
6. Die Männer, ... die Polizisten folgten, hatten eine Bank überfallen.
7. Der Hund, vor .... ich solche Angst hatte, ist ganz harmlos.

Nivel M

TEMA 35

I. Wo ist/hängt/liegt/steht/sitzt ...?

> *Beispiel*: Der Kühlschrank (die Küche).
> *Lösung*: Der Kühlschrank steht in der Küche.

1. Der Kalender .... (die Wand).
2. Der Teppich .... (der Fußboden).
3. Der Fernseher .... (die Ecke).
4. Die Familie .... (das Esszimmer).
5. Die Stehlampe .... (das Sofa).
6. Die Zeitschriften .... (der Tisch).
7. Der Schreibtisch .... (das Fenster).

II. *Bitte ergänzen Sie den Artikel!*
1. Die Katze springt auf .... Tisch.
2. Ralf sitzt in .... Badewanne.
3. Ich setze mich auf .... Sofa.
4. Der Kuli fällt unter .... Tisch.
5. Der Kuli liegt unter .... Tisch.
6. Die Katze sitzt auf .... Tisch.
7. Rosi geht auf .... Toilette.

III. *Bitte ergänzen Sie die Präpositionen und die Artikel!*
1. Ich stelle die Blumenvase .... d .... Tisch.
2. Sie legt das Telefonbuch .... d .... Telefon.
3. Erwin geht .... sein Zimmer.
4. Der Kalender hängt .... d .... Wand.
5. Der Schlüssel liegt .... d .... Teppich.
6. Er hängt die Lampe .... d .... Sofa.
7. Sie stellt den Stuhl .... d .... Stehlampe und d .... Sofa.
8. Tina sitzt .... d .... Fußboden.

IV. *Was passt zusammen?*

1. Der Schrank steht	unter	dem Fenster.
2. Die Katze springt	auf	der Wand.
3. Die Mutter steht	zwischen	den Tisch.
4. Die Katze sitzt	hinter	den Schreibtisch.
5. Michael liegt	an	dem Klo.
6. Das Bild hängt	auf	dem Bett.

Tema 35. Ejercicios

7. Der Apfel rollt neben der Spüle und dem Kühlschrank.
8. Petra geht unter die Couch.
9. Der Tisch steht vor ins Bad.

V. *Wie lauten die richtigen Präpositionen?*

> am - im - zu - um - von - vom

1. Der Zug fährt .... 12.45 Uhr ab.
2. Er fährt .... Gleis 8 ab.
3. .... Sommer fahre ich in Urlaub.
4. Wir gehen .... Nachmittag ins Café am Markt.
5. Wir fliegen .... Flughafen Fulsbüttel ab.
6. .... Mittwoch ist kein Unterricht.
7. .... Mitternacht gehe ich schlafen.
8. .... wieviel Uhr esst ihr .... Mittag?

VI. *Bitte übersetzen Sie!*
1. A las 10.15 h. tengo que estar en la consulta del dentista.

2. El cuadro cuelga en la pared.

3. La bolsa está debajo de la silla.

4. Juan no está en casa.

5. Hoy voy a casa de mi hijo.

6. Ya es tarde. Me voy a casa.

7. Cada fin de semana vamos a la playa o a la montaña.

8. La carta viene del extranjero.

9. La señora Berkel todavía no ha vuelto de la peluquería.

10. He llevado mi abrigo a la tintorería.

11. Él saca el libro de la bolsa.

12. A las 17.00 h. salgo del trabajo.

13. Desde hace dos años trabajo en Correos.

14. Llegué hace dos semanas.

15. Ahora vengo del médico.

16. Ya es la una y mamá todavía está en la peluquería.

VII. **Vor** oder **seit**? *Bitte ergänzen Sie!*
 1. .... drei Tagen habe ich deinen Brief bekommen.
 2. .... drei Tagen hat sie nichts gegessen.
 3. .... fünf Wochen haben Angela und Stefan geheiratet.
 4. .... fünf Wochen sind sie verheiratet.
 5. .... zwei Tagen war es furchtbar kalt.
 6. .... drei Tagen wurde er krank.
 7. .... drei Wochen bin ich angekommen.
 8. .... drei Wochen bin ich schon hier.
 9. .... fünf Jahren wohnen wir in Berlin.
 10. .... dem 23. 3. sind wir in der Mittelstufe.
 11. .... drei Jahren lerne ich Deutsch.
 12. .... zwei Monaten haben wir uns kennen gelernt.
 13. .... zwei Monaten kennen wir uns.
 14. .... einer Woche habe ich den Führerschein.
 15. .... drei Wochen hatte ich einen Unfall.
 16. .... dem Unfall fahre ich vorsichtiger.

VIII. **Vor** oder **seit**? *Bitte übersetzen Sie!*
 1. Nos casamos hace dos años.

 2. Desde hace dos años estamos casados.

 3. Desde hace dos meses está enfermo.

 4. Llegué hace una semana.

 5. Desde hace tres años vivo en Munich.

 6. Desde hace dos años trabajo en Perezó S.A.

 7. Hace dos años abrimos la tienda.

 8. Desde las 9 los bancos están abiertos.

9. Hace un cuarto de hora empezó la película.

10. No he dormido desde hace dos noches.

TEMA 36

I. *Bitte ergänzen Sie **hin** oder **her**!*
 1. Was hast du da? Zeig mal ....!
 2. Übermorgen ist ein Straßenfest im Stadtzentrum. Ich hätte Lust, ... zugehen. Gehst du mit ....?
 3. Ich habe keine Zeit, zu dir zu kommen. Aber komm du doch ....
 4. Der Wein steht im Keller. Holst du ihn bitte .... auf?
 5. Der Aufzug ist leider kaputt. Sie müssen zu Fuß in den 11. Stock .... aufgehen.
 6. Kannst du mir helfen, die Tasche die Treppe .... untertragen?
 7. Plötzlich kam ein Mann hinter dem Baum .... vor.
 8. Bei dem Glatteis fällt man leicht ....
 9. Der Koffer ist ganz voll. Es geht nichts mehr .... ein.
 10. Bobby steht vor der Tür. Hol ihn doch bitte .... ein!
 11. Die Tür ist auf. Meinst du, ich kann einfach .... eingehen?
 12. Wo kommst du denn ....? Du bist ja so schmutzig.

II. *Bitte benutzen Sie die vollen Formen:* **hinauf, herauf, hinunter, herunter** *usw.*
 1. Bitte kommen Sie .... und nehmen Sie Platz!
 2. Sie sitzt den ganzen Tag am Fenster und schaut ....
 3. Hier oben auf dem Turm ist es zu windig. Lass uns wieder .... gehen.
 4. Klaus, kommst du wohl sofort vom Dach ....!
 5. Die Schuhe gehen nicht mehr in den Koffer ....
 6. Wir können nur 12 Personen .... lassen, die anderen müssen draußen noch etwas warten.
 7. Komm doch .... zu mir! Von hier oben hat man noch eine bessere Aussicht.
 8. Der Bach ist nicht breit. Wir können einfach .... springen. Auf der anderen Seite ist der Weg besser.
 9. Als der Techniker die Antenne anbringen wollte, ist er vom Dach .... gefallen.
 10. Der Koffer geht leider nicht mehr in den Gepäckraum ....

Nivel M

III. *Bitte übersetzen Sie!*
1. He intentado entrar, pero no han dejado pasar a nadie.

2. ¡Por favor, baja a la bodega (Keller) y sube tres botellas de vino!

3. ¡Entre, por favor!

4. ¿Qué estás haciendo arriba?

   Estoy buscando algo. ¡Por favor, sube!

5. La pequeña Úrsula se ha caído escaleras abajo.

6. Las botas no caben en el armario.

7. Yo no puedo ir a la reunión de padres, pero irá mi marido.

8. El coche vino de delante, no por la derecha.

9. He visto tus gafas en alguna parte, pero no recuerdo dónde.

10. ¿De dónde sabes esto?

11. Ya hemos viajado a todas partes, excepto al Japón.

12. Si el traje de baño está mojado, sácalo de la bolsa, por favor.

13. En el coche hay un perro. ¡El pobre! Quiere salir.

14. ¿Todavía no has estado abajo, en la bodega? ¿No? ¡Pues, baja!

15. El ascensor sube, pero no baja.

TEMA 37

I. *Setzen Sie ein Zeitadverb ein:* **vorhin, da, dann, später, sofort, nachher, gerade, damals, bald, jetzt, eben, früher, gleich, künftig, heute.**
   1. Ich schaute gerade zum Fenster hinaus, ... kam mir eine ausgezeichnete Idee.
   2. Warten Sie bitte ein Momentchen. Ich bin .... wieder da.

Tema 37. Ejercicios

3. Bitte gib mir das Geld zurück! Ich brauche es ....
4. Ich hoffe, recht .... wieder von Ihnen zu hören.
5. Die Übersetzung ist nicht dringend. Du kannst sie .... machen, nächste oder übernächste Woche.
6. Wo ist denn das Geld? .... lag es doch noch hier.
7. «Erst die Arbeit, ... das Spiel», sagte meine Mutter .... oft.
8. Viele Leute glauben, dass .... alles besser war.
9. Wir müssen .... darauf achten, dass die Tür immer abgeschlossen wird.
10. .... , als es der Firma schlecht ging, mussten wir Kurzarbeit machen.
11. Erst wollen wir essen und das Geschirr spülen, ... können wir «Trivial» spielen.
12. Paul ist .... am Telefon. Er fragt, ob wir heute abend Zeit haben.
13. Morgen, morgen, nur nicht ...., sagen alle faulen Leute. (Sprichwort).
14. .... hör bitte auf, Klavier zu spielen! Ich kann es nicht mehr hören.
15. .... , wenn ich groß bin, möchte ich Pilot werden.

II. *Verwandeln Sie den Nebensatz in einen Hauptsatz und benutzen Sie statt der Temporalkonjunktion das entsprechende Adverb!*

> *Beispiel:* **Bevor** sie ins Bett ging, nahm sie eine Schlaftablette.
> *Lösung:* Sie ging ins Bett. **Vorher** nahm sie eine Schlaftablette.

1. Gerade **als** wir den Bahnhof erreichten, fuhr der Zug ab.
2. **Wenn/Nachdem** ich die Hausaufgaben gemacht habe, fahre ich zu dir.
3. **Nachdem** Sie das Geld eingeworfen haben, wählen Sie die Telefonnummer.
4. **Seitdem** Monika mit einem Griechen befreundet ist, lernt sie Griechisch.
5. **Während** du den Gästen unser Haus zeigst, koche ich Kaffee.
6. **Solange** der Strom abgestellt ist, können wir nicht fernsehen.

III. *Bitte übersetzen Sie!*
1. Mucha gente cree que antes todo era mejor.
2. El jefe dice que vayas en seguida. Ya te está esperando.

Nivel M

3. El examen práctico es el día 6 de octubre, pero el examen teórico se hace un día antes.

4. Ahora no, lo hago después.

5. Primero tiene Ud. que rellenar el formulario, después puede entregarlo en la ventanilla número 8.

6. Por fin, (él) me ha dado el dinero.

7. Al principio, la fiesta fue aburrida, pero a última hora nos divertimos.

8. Hacemos primero una pausa y después el profesor Kluge hablará sobre el papel del escritor en la sociedad moderna.

9. Nos conocimos en aquel entonces, cuando pasaba mis vacaciones en la Costa Brava.

10. ¿Dónde está la carta?
    Antes estaba encima de la mesa.

TEMA 38

I. *Bitte benutzen Sie statt der Konjunktion das Adverb!*

> *Beispiel*: Weil er einen Unfall hatte, fährt er nicht mehr Motorrad.
> *Lösung*: Er hatte einen Unfall; deshalb fährt er nicht mehr Motorrad.
> *Oder*: Er fährt nicht mehr Motorrad. Er hatte nämlich einen Unfall.

1. Wir gingen spazieren, obwohl es in Strömen regnete.
2. Weil er zuviel gegessen hatte, wurde ihm schlecht.
3. Obwohl Peter schreckliche Zahnschmerzen hatte, ging er nicht zum Zahnarzt.
4. Silvia kam noch einmal zurück, weil sie ihr Portemonnaie vergessen hatte.
5. Obwohl er uns gesehen hatte, grüßte er uns nicht.

Tema 38. Ejercicios

II. Wie lauten die vollständigen Fragen und Antworten?

> Beispiel: A) *Womit* hast du aufgehört?
> B) *Mit* dem Rauchen.
> A) *Damit* möchte ich auch aufhören.

1. A) .... sprecht ihr?
   B) .... unsere Probleme.
   A) .... habt ihr doch schon gestern gesprochen.
2. A) .... denkst du?
   B) .... meine Zahnschmerzen.
   A) Es ist aber nicht gut, wenn du dauernd .... denkst.
3. A) .... wartest du?
   B) .... einen Termin beim Zahnarzt.
   A) .... warte ich schon seit zwei Wochen.
4. A) .... schmecken die Tabletten?
   B) .... Pfefferminz.
   A) Schmecken sie wirklich ....?
5. A) .... hast du angefangen?
   B) .... Gymnastik.
   A) .... möchte ich eigentlich auch anfangen.
6. A) .... sollst du achtgeben?
   B) .... meine Gesundheit.
   A) .... sollte eigentlich jeder achtgeben.

III. Was fragt A?

> Beispiel: ....?
> An den Brief, den ich noch übersetzen muss.
> Lösung: Woran denkst du gerade?

1. A) ....
   B) Über den Film, den wir gestern gesehen haben.
2. A) ....
   B) Auf den nächsten Bus.
3. A) ....
   B) Mit dem Rauchen.
4. A) ....
   B) Nach Schokolade.
5. A) ....

Nivel M

B) Über die Prüfung, die ich mit «sehr gut» bestanden habe.
6. A) ....
B) Über die laute Musik der Nachbarn.
7. A) ....
B) Über das dumme Fernsehprogramm.

IV. *Bitte bauen Sie Sätze!*

1. gibt es Seit 1951 Aufführungen von verschiedenen Wagner-Opern in Bayreuth regelmäßig im Sommer im Festspielhaus
2. Unsere Straße ist wegen Bauarbeiten von Montag bis Freitag vormittags gesperrt
3. zum Wagen Die drei Freunde wegen des Unwetters liefen so schnell sie konnten und sprangen hinein

TEMA 39

I. *Kreuzen Sie die passende Partikel an!*
1. Wie lange lernst du .... schon Deutsch?
   a) aber
   b) doch
   c) mal
   d) denn
2. Oh! Das ist .... schön!
   a) aber
   b) mal
   c) denn
   d) eben
3. Gibst du mir .... die Zeitung?
   a) nur
   b) mal
   c) doch
   d) aber
4. Bleib .... noch!
   a) eigentlich
   b) etwa
   c) doch
   d) mal
5. Komm .... nicht wieder so spät nach Hause!

Tema 39. Ejercicios

    a) denn
    b) bloß
    c) eigentlich
    d) mal

II. *Ergänzen Sie die Modalpartikeln:* **nur, (bloß), mal, denn, ja, aber, doch, einfach, ruhig, auch.**
1. Na, da bist du .... Wie war es .... heute?
2. Kann ich .... kurz mit Gudrun sprechen? Sie ist nicht da. Das tut mir .... Leid!
3. Ralf, gieß .... dem Günther noch ein Glas Wein ein, ja?
4. Das ist .... egal!
5. Was hat Eva .... noch gesagt?
6. Wenn du keine Lust mehr hast, dann hör doch .... auf.
7. Du kannst .... weiter fernsehen. Es stört mich überhaupt nicht.
8. Was? Tina ist nicht in der Schule? Wo ist sie ....?
9. Was habt ihr .... gemacht, als gestern der Strom ausfiel? Wir haben die Schüler .... nach Hause geschickt.
10. A) Du bist .... braun!
    B) Ich bin .... gestern erst aus dem Urlaub gekommen.
11. Wie schaffst du es .... , halbtags als Übersetzerin zu arbeiten und abends zu studieren?
12. Ach, wenn ich .... einmal im Lotto gewinnen würde!
13. Wenn du das nicht tun willst, dann lass es ....
14. Hör .... ! Du kannst .... nicht .... mein Fahrrad nehmen und damit fortfahren!

III. *Welche Fragen könnten in den folgenden Situationen gestellt werden? Benutzen Sie doch bitte eine Modalpartikel!*
1. Ihre beste Freundin/Ihr bester Freund sieht heute sehr schlecht aus und redet kaum ein Wort.
2. Ruth ist zum viertenmal durch die Fahrprüfung gefallen. Resigniert fragt sie sich:
3. Sie fragen eine Kollegin/einen Kollegen nach dem Fernsehprogramm von heute abend.
4. Sie haben sich mit Freunden verabredet, dass Sie sich treffen wollen. Sie haben aber den Zeitpunkt vergessen und rufen einen der Freunde an.
5. Fragen Sie eine Freundin, ob Sie Ihnen einen Gefallen tun kann.
6. Ihre Freundin hat die Fahrprüfung beim erstenmal bestanden. Bewundernd fragen Sie sie, wie sie das gemacht hat.

Nivel M

7. Eine Mutter fragt ihren kleinen Sohn vor dem Mittagessen, ob er sich die Hände gewaschen hat.

TEMA 40

I. **Nicht** oder **kein**? *Ergänzen Sie die Endungen, wo es notwendig ist!*
   1. Diesen Winter können wir leider .... in Urlaub fahren.
   2. Wir können uns .... Urlaub leisten.
   3. Ich bin enttäuscht. Günter hat .... Wort gehalten.
   4. Er ging und hat .... Wort gesagt.
   5. Das Komitee hat noch .... Entscheidung getroffen.
   6. Wusstest du das .... ? Ich esse .... Käse.
   7. Warum lässt du mich .... in Ruhe? Ich möchte doch jetzt .... Radio hören.

II. *Stellen Sie die Satzglieder in die richtige Reihenfolge! (mehrere Möglichkeiten)*
   1. Ich darf .... essen.
      a) nichts
      b) wegen der Zahnbehandlung
      c) drei Stunden lang.
   2. Ich bin .... spazieren gegangen.
      a) im Park
      b) nicht
      c) heute morgen
      d) wegen des schlechten Wetters
      e) mit dem Hund
   3. Ich habe die Hausaufgaben .... machen können.
      a) nicht
      b) gestern
      c) aus Zeitmangel
   4. Ich habe ihm .... nichts gesagt.
      a) beim Tanzen
      b) aus Höflichkeit
      c) gestern
   5. Einige Schüler können .... kommen.
      a) zum Unterricht
      b) nicht mehr
      c) wegen ihrer Prüfungen
      d) einige Wochen lang

Tema 40. Ejercicios

III. *Bitte antworten Sie negativ!*
1. Hast du schon ein Zimmer gefunden?
   — Nein, ich habe ....
2. Habt ihr gestern noch lange diskutiert?
   — Nein,............................
3. Möchten Sie noch Kaffee?
   — ....
4. Ist außer Karla und Joachim noch jemand gekommen?
   — ....
5. Haben Sie noch etwas zu sagen?
   — ....
6. Hast du die Zeitung schon gelesen?
   — ....
7. Habt ihr schon etwas darüber gehört?
   — ....
8. Möchten Sie noch etwas über die Negation hören?
   — ....
9. Willst du den Film noch einmal sehen?
   — ....
10. Bist du schon einmal vom Chef eingeladen worden?
    — ....
11. Hat sich noch jemand eingeschrieben?
    — ....

IV. *Negieren Sie bitte die folgenden Sätze einmal ganz und einmal teilweise. Unterstreichen Sie auch das betonte Wort und markieren Sie die Satznegation (S) und/oder die Teilnegation (T).*

> *Beispiel*: Die Banken öffnen um 9.00 Uhr.
> *Lösung*: Die Banken öffnen um neun Uhr *nicht* (S).
> Die Banken öffnen *nicht um neun Uhr* (T) (sondern erst um zehn Uhr).
> *Nicht die Banken* öffnen um neun Uhr (T), (sondern die Geschäfte).

1. Ich schreibe dir heute.
2. Ich zeige euch meine Urlaubsfotos.
3. Er hat mir gestern geantwortet.
4. Wir verkaufen das Haus.
5. Wir wollen mit dem Bus nach Spanien fahren.

V. *Bitte übersetzen Sie!*
1. Él no me ha dicho nada.

Nivel M

2. No nos levantamos nunca antes de las 11.00 h.

3. Él no quiere jugar al tenis conmigo, sino contigo.

4. Ayer por la noche no fuimos a ninguna parte.

5. En las vacaciones no vamos a los Pirineos, sino a los Alpes.

6. No ha venido nadie.

7. No queremos vender toda la casa, sino solamente los dos pisos de la planta baja.

8. No queremos vender la casa.

9. No se lo preguntes a él, ya que no sabe absolutamente nada.

TEMA 41

I. *Verbinden Sie die zwei Sätze mit der angegebenen Konjunktion oder dem Konjunktionaladverb!*

> *Beispiel*: Die Eltern hatten Verständnis für ihre Tochter. Sie ließen sie zum Rockkonzert gehen (und).
> *Lösung*: Die Eltern hatten Verständnis für ihre Tochter und ließen sie zum Rockkonzert gehen.

1. Ich habe mehrere Male angerufen. Niemand meldete sich (aber).
2. Ich habe überall meine Brille gesucht. Ich habe sie nicht gefunden (jedoch).
3. Ich hatte die Brille im Auto gelassen. Ich konnte sie nicht finden (deshalb).
4. Vor der Fahrprüfung waren wir sehr aufgeregt. Wir fürchteten durchzufallen (*a*. denn, *b*. weil).
5. Eva hatte die Vorfahrt nicht beachtet. Sie bestand die Prüfung nicht (deshalb).

II. *Verbinden Sie jeweils zwei Sätze sinnvoll mit a)* **denn**, *b)* **weil**, *c)* **deshalb**, *d)* **jedoch**.

Tema 41. Ejercicios

1. Unsere Firma hatte ein großes Betriebsfest organisiert. Man wollte das 100-jährige Bestehen der Firma feiern.
2. Es gab Vorträge und ein gemeinsames Abendessen mit Tanz und Unterhaltung. Die Mitarbeiter sollten einen angenehmen Abend verbringen und sich privat besser kennen lernen.
3. Uns gefiel es nicht. Wir haben das Fest frühzeitig am Abend verlassen.

III. *Verbinden Sie die Sätze mit den folgenden Konjunktionen:* **einerseits - andererseits, entweder - oder, nicht nur - sondern auch, zwar - aber, sowohl - als auch**

1. Sie können einen Vorbereitungskurs bei uns besuchen. Sie können sich auch zu Hause auf die Prüfung vorbereiten.
2. Der Kurs ist eine Vorbereitung auf die Prüfung. Sie lernen auch die anderen Teilnehmer kennen.
3. Ich hätte Lust, den Kurs zu besuchen. Die Unterrichtszeit ist aber sehr ungünstig für mich.
4. Im Kurs werden die Bücher der Lektüreliste besprochen und die Techniken der Prüfung geübt.
5. So ist das: Die Firmen verlangen ein Diplom. Sie gewähren einem keine Freizeit für die Weiterbildung.

IV. *Bitte übersetzen Sie!*

1. Él no estaba ni en casa ni en su despacho.

2. Por una parte, me gustaría ir con vosotros, pero, por otra, no quiero dejar a los niños solos.

3. He tocado el timbre varias veces, pero nadie me ha abierto la puerta.

4. Seguramente él tiene mucho trabajo, si no hubiera venido.

5. Tenemos que darnos prisa, si no perderemos el tren.

6. El vestido puede que sea moderno, pero no me favorece.

7. La tía no tiene que ir al hospital, sino que puede quedarse en casa.

8. Me gusta esquiar. Por eso cojo mis vacaciones en invierno.

Nivel M

9. El Sr. Kuhlmann no debe comer dulces, ya que es diabético.

10. No me matriculo aún para el examen, sino que lo haré (el examen/la matrícula) en septiembre.

TEMA 43

I. *Bilden Sie indirekte Fragesätze!*

> *Beispiel*: Ich frage: «Wo soll ich unterschreiben?»
> *Lösung*: Ich frage, wo ich unterschreiben soll.

1. Der Kunde fragt: «Wie viel kostet dieser Wein?»
2. In der Zeitung steht: «Die Opposition hat die Wahlen gewonnen.»
3. Ich habe gehört: «Das Wetter soll besser werden.»
4. Wer sagt denn: «Hier wird nicht gearbeitet?»
5. Ich frage mich manchmal: «Bist du wirklich normal?»

II. *Bei der Einschreibung.*

> *Beispiel*: Die Schüler wollen wissen: «Wann beginnen die Kurse?»
> *Lösung*: Die Schüler wollen wissen, wann die Kurse beginnen.

Die Schüler wollen wissen:
1. «Wie teuer ist ein Intensivkurs?»
2. «Muss man einen Einstufungstest machen?»
3. «Wann ist der letzte Unterrichtstag?»
4. «Kann man ein Stipendium bekommen?»
5. «Wie viele Schüler sind in der Klasse?»
6. «Bekommt man auch ein Zeugnis?»
7. «Kann man sich für zwei Kurse einschreiben?»
8. «Wer gibt den Kurs?»
9. «Wird am Ende des Kurses eine Prüfung gemacht?»
10. «Werden auch Filme gezeigt?»
11. «Welches Buch wird benutzt?»
12. «Muss man auch das Arbeitsbuch kaufen?»

III. *Bitte ergänzen Sie:* **dass, wenn, ob, wann***!*
1. Klaus möchte wissen, ... wir mit dem Zug oder mit dem Auto kommen.

Tema 43. Ejercicios

2. Er sagt, ... er uns abholt, ... wir mit dem Zug kommen.
3. Wir müssen nachsehen, ... der Zug fährt und wie lange die Fahrt dauert.
4. Mich interessiert auch, ... wir umsteigen müssen.
5. Hier steht, ... der Zug dreimal am Tag fährt.
6. .... fahren Sie dieses Jahr in Urlaub? Ich weiß noch nicht, ... ich meinen Urlaub nehme, ... im September oder Dezember.
7. .... es möglich ist, mache ich dieses Jahr im Winter Urlaub.

IV. *Bitte übersetzen Sie:*
que = **dass**
cuándo = **wann** (en preguntas directas e indirectas)
si = **ob** (conjunción dubitativa: *si* «sí» o «no»)
    = **wenn** *en caso* de (conjunción condicional)

1. No sé si está el director.

2. ¿Cuándo viene Carlos?

3. No sé si viene.

4. ¡Lástima que él no pueda venir!

5. ¿Sabe Ud. si el autobús va hasta la estación?

6. Si tienes fiebre, tenemos que llamar al médico.

7. No sé si ella habla francés.

8. No estoy seguro si viene a las 7 o a las 8.

9. Si quieres, podemos ir al cine.

10. ¿Sabe Ud. cuándo sale el tren?

11. Mire, por favor, si la ventana está cerrada.

12. Ciérrela, si puede.

13. ¿Cuándo empieza el curso?

14. Si empieza el 24, no puedo venir ese día.

Nivel M

V. *Bitte bilden Sie Nebensätze!*

> *Beispiel*: Wir danken Ihnen *für Ihre Hilfe*.
> *Lösung*: Wir danken Ihnen (dafür), dass Sie uns geholfen haben.

1. Ich freue mich *auf dein Kommen*.
2. Er half ihr *beim Geschirrspülen*.
3. Haben Sie *von seinem Unfall gehört?*
4. Bitte sie doch *um ihre Hilfe!*
5. Er beklagte sich *über die schlechte Behandlung*.
6. Ich bin *für den Streik*.
7. Er hat sich *an die Kritik* gewöhnt.
8. Viele Leute träumen *vom Leben auf einer einsamen Insel*.
9. Ich konnte ihn *von seinem Unrecht* überzeugen.

TEMA 44

I. *Bilden Sie Relativsätze!*

> *Beispiel*: Da wohnt der Mann. Er spricht mit niemandem.
> *Lösung*: Da wohnt der Mann, der mit niemandem spricht.

1. Da wohnt der Mann.   *a)* Man sieht ihn selten.
        b) Seine Frau ist vor kurzem gestorben.
        c) Ich habe dir schon von ihm erzählt.
        d) Bei ihm habe ich früher gewohnt.
2. Das ist Griselda.   *a)* Sie studiert hier katalanische Philologie.
        b) Ihre Schwester ist Stewardess.
        c) Ich wohne mit ihr in einer Wohngemeinschaft.

II. *Bilden Sie Relativsätze! Was passt?*

1. Das ist die ältere Dame.   a) Er bekommt oft Damenbesuch.
2. Das sind die Geschwister.   b) Ihm gehört das Haus.
3. Das ist der Junggeselle.   c) Ihr Auto steht oft vor dem Haus.
4. Das ist das junge Mädchen.   d) Sie streiten sich immer.
5. Das ist die Reporterin.   e) Ihr gehören die 7 Katzen.
6. Das ist der Mann.   f) Sie sonnt sich oft auf der Terrasse.

Tema 44. Ejercicios

III. *Bitte verbinden Sie die beiden Sätze!*

> *Beispiel*: Das ist das Haus. Als Kind habe ich in dem Haus gewohnt.
> *Lösung*: Das ist das Haus, in dem ich als Kind gewohnt habe.

1. Endlich kommt der Lottogewinn. Ich hatte schon so lange darauf gewartet.

2. Frau Fritz hat sich scheiden lassen. Ihr Mann ging immer mit anderen Frauen.

3. Der Hund biss ein Kind in den Arm. Die Kinder hatten den Hund immer geärgert.

4. Der Wagen ist jetzt auf dem Autofriedhof. Wir hatten einen Unfall mit dem Wagen.

5. Karl hat die Frau geheiratet. Sie hatte eine Heiratsannonce in die Zeitung gesetzt.

6. Der Mann ist Vertreter. Ihm ist das Auto gestohlen worden.

7. Die Polizei hat die Aktentasche gefunden. Die Aktentasche war aus einem Auto gestohlen worden.

8. Viele Leute würden gern auf eine einsame Insel ziehen. Auf der Insel würden sie wie Robinson Crusoe leben.

9. Unsere Tochter ist von zu Hause ausgezogen. Darüber haben wir uns geärgert.

10. Unsere Tochter ist von zu Hause ausgezogen. Wir hatten uns oft über sie geärgert.

IV. *Welche Satzteile gehören zusammen?*

1. Wer alles besser wissen will,   *a)* dafür hat man immer Zeit.
2. Wer zuletzt lacht,   *b)* das verschiebe nicht auf morgen.
3. Wer abnehmen will,   *c)* den kann man nicht belehren.
4. Wem das nicht passt,   *d)* der braucht weniger Miete zu bezahlen.

Nivel M

5. Was du heute kannst besorgen,   d) lacht am besten.
6. Wer die Prüfung nicht besteht,   e) den lädt sie nicht ein.
7. Wem eine alte Wohnung genügt,   f) der soll mich fragen.
8. Wofür man sich interessiert,   g) der kann gehen.
9. Wen sie nicht mag,   h) der kann sie im Juni noch einmal machen.

TEMA 45

I. *Was geschieht vorher? Was geschieht nachher? Bitte verbinden Sie die Sätze!*

> *Beispiel*: *Vorher*: Er kauft Blumen.
> *Nachher*: Er besucht seine Freundin.
> *Lösung*: Bevor er seine Freundin besucht, kauft er Blumen.

1. Vorher: Sie schminkt sich.
   Nachher: Sie geht in die Disco.

2. Vorher: Er duscht.
   Nachher: Er geht mit seiner Freundin aus.

3. Vorher: Wir bringen das Auto in die Werkstatt.
   Nachher: Wir fahren in Urlaub.

4. Vorher: Ich rufe dich an.
   Nachher: Ich besuche dich.

5. Vorher: Ich bügele die Bluse.
   Nachher: Ich ziehe die Bluse an.

II. *Was ist vorher gewesen?*

> *Beispiel*: Er verabschiedet sich. Er geht.
> *Lösung*: Nachdem er sich verabschiedet hat, geht er.

1. Ich frühstücke. Ich gehe zur Arbeit.

2. Er liest die Zeitung. Er fängt zu arbeiten an.

Tema 45. Ejercicios

3. Ich nehme eine Schlaftablette. Ich gehe zu Bett.

4. Wir besichtigen das Dalí-Museum. Wir gehen essen.

5. Ich klopfe. Ich trete ein.

6. Sie sah die Maus. Sie schrie.

7. Ich esse. Ich nehme das Medikament.

8. Er arbeitete zehn Stunden. Er war müde.

9. Er sah sie. Er verliebte sich in sie.

10. Sie bestand die Fahrprüfung. Sie kaufte sich ein Auto.

III. *Was geschieht zur selben Zeit?*

> *Beispiel*: Ich esse. Ich sehe fern.
> *Lösung*: Während ich esse, sehe ich fern.

1. Sie arbeitet. Sie raucht eine Zigarette.
2. Die Familie isst zu Mittag. Die Kinder erzählen vom Schulausflug.
3. Ich lerne Vokabeln. Ich höre Musik.
4. Er singt. Alle hören zu.
5. Der Lehrer spricht. Viele Schüler schlafen.
6. Der Referent hält einen Vortrag. Einige Leute lesen Zeitung.

IV. *Ersetzen Sie die kursiv gedruckten Ausdrücke durch temporale Nebensätze!*

> *Beispiel*: *Nach meiner Rückkehr* rufe ich dich an.
> *Lösung*: Nachdem ich zurückgekehrt bin, rufe ich dich an.

1. *Während des Essens* sehen wir immer fern.

2. *Seit dem Beginn des Semesters* nimmt sie Haschisch.

3. *Vor dem Frühstück* mache ich Gymnastik.

Nivel M

4. *Beim Einsteigen* verlor ich meinen Schuh.

5. *Nach der Ankunft* gingen wir in den Biergarten.

6. *Vor dem Einschlafen* lese ich einen Krimi.

7. *Seit dem Unfall* fahre ich nicht mehr Auto.

8. *Bei Regen* gehen wir gern spazieren.

9. *Beim Aufstehen* brach sie sich ein Bein.

10. *Nach dem Einkaufen* setzten wir uns ins Parkcafé.

VI. *Bitte übersetzen Sie!*
  1. Cuando me casé, no tenía piso.

  2. Cuando como, no hablo.

  3. Antes de firmar el contrato, tienes que leerlo bien.

  4. Desde que llevo gafas, veo mejor.

  5. Desde que vivo en el campo, estoy mejor.

  6. Mientras el profesor explicaba la gramática, los alumnos dormían.

  7. Después de haber llegado, él nos llamó en seguida.

  8. Después de terminar el trabajo, bebimos juntos una copa de cava.

TEMA 46

I. *Bilden Sie irreale Vergleichssätze!*

> *Beispiel*: A) Ist sie wirklich schon 80?
> B) Ja.
> A) Aber sie reitet ....
> *Lösung*: Aber sie reitet, als ob sie 35 wäre.

Tema 46. Ejercicios

1. Ist sie wirklich nie in Deutschland gewesen?
   Nein.
   Aber sie spricht so gut Deutsch, als ob ....
2. Ist er Direktor?
   Nein.
   Aber er tut so, als ob ....
3. Ist er wirklich verheiratet?
   Ja.
   Aber er flirtet, als ob ....
4. Geht es Tante Hulda wirklich so schlecht?
   Nein.
   Dann tut sie nur, als ob ....
5. Verdient Herr Steinmetz denn so gut?
   Nein.
   Aber seine Familie gibt das Geld aus, als ob ....
6. Hast du denn noch so viel Zeit?
   Nein.
   Aber du trödelst, als ob ....

II. *Bitte ergänzen Sie* **ohne zu** *oder* **ohne dass**!

> *Beispiel*: Wir gingen weg. Wir verabschiedeten uns nicht.
> *Lösung*: Wir gingen weg, ohne uns zu verabschieden.
> *Beispiel*: Wir gingen weg. Niemand sah uns.
> *Lösung*: Wir gingen weg, ohne dass jemand uns sah.

1. Ich habe den Vertrag unterschrieben. Ich habe ihn vorher nicht durchgelesen.
2. Eva hat geheiratet. Die Eltern wussten nichts davon.
3. Viele Leute schaffen sich ein Haustier an. Sie überlegen nicht, ob sie sich wirklich darum kümmern können.
4. Wir haben uns einen Computer gekauft. Wir wissen nicht, wie man ihn bedient.
5. Sie nahm das Geld. Sie fragte nicht.
6. Ich habe ihr schon mehrere Male geschrieben. Sie hat mir nicht geantwortet.

Nivel M

III. *Bilden Sie Nebensätze mit **statt zu**!*

> *Beispiel*: Die Leute halfen mir nicht, sondern machten ironische Bemerkungen.
> *Lösung*: Statt mir zu helfen, machten die Leute ironische Bemerkungen.

1. Sie frühstückt nicht, sondern nimmt Vitamintabletten.

2. Die Leute lassen die Geräte nicht reparieren, sondern werfen sie weg.

3. Du solltest nicht so viel fernsehen, sondern gute Bücher lesen.

4. Er kümmert sich nicht um seine Familie, sondern geht abends in die Kneipe.

5. Wir gingen nicht zum Unterricht, sondern machten einen Stadtbummel.

IV. *Ergänzen Sie die Sätze!*

> *Beispiel*: Du musst Sport treiben. Dadurch wirst du fit.
> *Lösung*: Dadurch, dass/Indem du Sport treibst, wirst du fit.

1. Ich habe viel auf Deutsch gelesen. Dadurch habe ich gut Deutsch gelernt.

2. Er beleidigte jeden. Dadurch machte er sich unbeliebt.

3. Lass dich impfen! Dadurch kannst du dich vor Grippe schützen.

4. Fahren Sie langsam! Dadurch können Sie Verkehrsunfälle vermeiden.

5. Stell den Wecker! Dadurch wirst du bestimmt morgen früh wach.

TEMA 47

I. *Verbinden Sie die Sätze mit **so dass**, oder ...., **so dass** y **solch dass**!*

Tema 47. Ejercicios

> *Beispiel*: Die Party war langweilig. Ich ging nach Hause.
> *Lösung*: Die Party war so langweilig, dass ich nach Hause ging.

1. Er verdient viel. Er weiß nicht, was er mit dem Geld machen soll.

2. Er hat viel Geld. Er weiß nicht, wie er es anlegen soll.

3. Der Junge gab eine freche Antwort. Er bekam von seiner Mutter eine Ohrfeige.

4. Der Text ist so kompliziert. Ich kann ihn nicht übersetzen.

5. Der Fernsehfilm ist langweilig. Man schläft dabei ein.

6. Er hatte großen Hunger. Er ließ nichts übrig.

7. Alles geschah schnell. Ich konnte nicht reagieren.

8. Das Haus ist alt. Es ist besser, es abzureißen als es zu renovieren.

9. Unsere Kinder müssen viele Hausaufgaben machen. Vor Mitternacht können sie nicht zu Bett gehen.

10. Der Lehrer unterrichtete schlecht. Die Schüler beschweren sich über ihn.

II. *Bilden Sie Sätze mit **um zu** und **als dass**!*

> *Beispiel*: Der Text ist zu kompliziert. Ich kann ihn nicht übersetzen.
> *Lösung*: Der Text ist zu kompliziert, als dass ich ihn übersetzen könnte.
> *Beispiel*: Ich war zu müde. Ich machte die Wanderung nicht mit.
> *Lösung*: Ich war zu müde, um die Wanderung mitzumachen.

1. Er ist zu klug. Er glaubt unsere Geschichte nicht.

2. Er geht zu schnell. Ich kann ihn nicht einholen.

3. Die Kinder sind zu klein. Man kann sie nicht allein lassen.

Nivel M

4. Die Fahrt war zu anstrengend. Ich würde sie nicht noch einmal machen.

5. Er hat zu wenig Erfahrung. Er kann diese Arbeit nicht machen.

III. *Bitte übersetzen Sie!*
1. Los niños son demasiado pequeños para dejarlos solos.

2. He leído tantas horas que me duelen los ojos.

3. El libro era tan excitante que no pude parar de leerlo.

4. Bobby es un perro tan inteligente que entiende casi todo lo que le dices.

5. El ladrón corrió demasiado rápido para que yo pudiese perseguirlo.

6. Ha sido una sorpresa tan grande que no sé qué decir.

7. Es demasiado hermoso para que sea verdad.

TEMA 48

I. *Bilden Sie Konditionalsätze mit **wenn**!*

> *Beispiel*: Man darf die Pflanze nicht so oft gießen, sonst fault sie.
> *Lösung*: Wenn man die Pflanze zu oft gießt, fault sie.
> *Beispiel*: Das Wetter muss gut sein, sonst wandere ich nicht mit.
> *Lösung*: Wenn das Wetter nicht gut ist, wandere ich nicht mit.

1. Man muss früh kommen, sonst bekommt man keinen Platz.

2. Stell den Fernseher leiser, sonst beschweren sich die Nachbarn.

3. Man muss eine gute Durchschnittsnote haben, sonst bekommt man keinen Studienplatz.

4. Die Schuhe müssen bequem sein, sonst nehme ich sie nicht.

5. Wir müssen uns beeilen, sonst verpassen wir den Zug.

Tema 48. Ejercicios

II. *Bilden Sie irreale Konditionalsätze!*

> *Beispiel*: Ich habe keine Zeit. Deshalb kann ich am Wochenende nicht ausgehen.
> *Lösung*: Wenn ich Zeit hätte, könnte ich am Wochenende ausgehen.

1. Wir haben kein Geld. Deshalb können wir die Wohnung nicht kaufen.
2. Sie ist immer allein. Deshalb hat sie Depressionen.
3. Sie nimmt Medikamente. Deshalb geht es ihr besser.
4. Es regnet. Deshalb können wir nicht im Garten essen.
5. Der Lehrer kommt heute nicht. Deshalb fällt der Unterricht aus.

III. *Benutzen Sie die gleichen Sätze in der Vergangenheit!*

> *Beispiel*: Ich hatte keine Zeit. Deshalb konnte ich am Wochenende nicht ausgehen.
> *Lösung*: Wenn ich Zeit gehabt hätte, hätte ich am Wochenende ausgehen können.

IV. *Bitte lösen Sie die kursiv gedruckten Satzteile in Nebensätze auf!*

> *Beispiel*: *Als Abteilungsleiter* würde ich mehr verdienen.
> *Lösung*: Wenn ich Abteilungsleiter wäre, würde ich mehr verdienen.

1. *Mit einer guten Durchschnittsnote* bekommt man einen Studienplatz.
2. *Ohne Medikamente* wirst du nicht gesund.
3. *Ohne Medikamente* wäre er nicht gesund geworden.
4. *Ohne Anstrengung* schafft man es nicht.
5. *Bei gutem Wetter* hätten wir die Wanderung gemacht.
6. *Ohne deine Hilfe* hätte ich die Stelle nicht bekommen.

V. *Bitte übersetzen Sie (**wenn, ob**)!*
1. Si el domingo hace buen tiempo, vamos de merienda a la playa.

2. No sé si mañana tendré tiempo, pero, si mi jefe no está, podré irme antes.

Nivel M

3. Sería estupendo que nos pudiésemos ver mañana.

4. Tengo que preguntar si todavía hay plazas libres.

5. Si yo no hubiera preguntado, no habría obtenido una plaza.

TEMA 49

I. *Bilden Sie konzessive Nebensätze mit **obwohl**!*

> *Beispiel*: Es geht ihm zwar gut, aber er beschwert sich immer.
> Es geht ihm gut. Trotzdem beschwert er sich immer.
> *Lösung*: Obwohl es ihm gut geht, beschwert er sich immer.

1. Wir haben uns beeilt. Trotzdem haben wir den Bus verpasst.

2. Das Wetter ist zwar schön, ich nehme aber einen Regenschirm mit.

3. Zwar werde ich wenig Zeit zum Lesen haben, ich nehme aber ein paar Bücher mit.

4. Thomas ist magenkrank. Trotzdem lebt er nicht gesund.

5. Man hat ihm zwar viel Geld geboten, aber er will das Bild nicht verkaufen.

6. Das Kleid ist gereinigt worden. Trotzdem sieht man noch Flecken.

7. Sie hat die Pflanzen gut gepflegt. Trotzdem sind sie eingegangen.

8. Wir hatten das Geld gut versteckt. Trotzdem ist es gestohlen worden.

9. Zwar hat er viele Medikamente genommen, es geht ihm aber nicht besser.

10. Ich hatte den ganzen Tag gefaulenzt. Trotzdem war ich am Abend todmüde.

Tema 49. Ejercicios

11. Sie kann nicht gut Deutsch sprechen, trotzdem übersetzt sie Bücher vom Deutschen ins Spanische.

12. Die Ampel war rot. Trotzdem fuhr ein Autofahrer weiter.

13. Hier steht zwar «Baden verboten», wir gehen aber trotzdem ins Wasser.

II. *Bitte bilden Sie aus dem kursiv gedruckten Satzteil einen Nebensatz!*

> *Beispiel*: *Trotz seiner Erkältung* ging er schwimmen.
> *Lösung*: Obwohl er erkältet war, ging er schwimmen.

1. *Trotz seiner Hilfe* sind wir nicht fertig geworden.

2. *Trotz großer Schwierigkeiten* hat sie es geschafft.

3. *Trotz des verlockenden Angebotes* hat er die Stelle nicht angenommen.

4. *Trotz der Kur* geht es ihr nicht besser.

5. *Trotz seiner Verletzung* spielte er.

III. *Bilden Sie aus den obenstehenden Sätzen Hauptsätze mit* **trotzdem**!

> *Beispiel*: *Trotz seiner Erkältung* ging er schwimmen.
> *Lösung*: Er war erkältet. Trotzdem ging er schwimmen.

IV. *Bitte übersetzen Sie!*

1. Aunque los pantalones me vienen algo estrechos, los compro.

2. Aunque gano poco, hago un viaje cada año.

3. Aunque ella es muy amable, no me es simpática.

4. Aunque la playa está a 800 m del pueblo, la gente va en coche.

5. Aunque he preguntado varias veces, no he recibido respuesta alguna.

Nivel M

6. Comeré los caracoles, aunque no me gustan.

7. Leo el libro, aunque es aburrido.

8. Aunque está borracho, conduce.

9. Ella cumplió ayer 99 años, aunque siempre ha fumado.

10. Pronunciaré un discurso sobre Hermann Hesse, aunque no tengo idea de él.

TEMA 50

I. *Bilden Sie kausale Nebensätze mit **weil**!*

> *Beispiel*: Ich gebe ihm Geld. Er hat für mich gearbeitet.
> *Lösung*: Ich gebe ihm Geld, weil er für mich gearbeitet hat.

1. Sie fährt nach Oxford. Sie will Englisch lernen.

2. Er ist arbeitslos geworden. Seine Firma wurde geschlossen.

3. Er konnte gestern nicht kommen. Er war krank.

4. Er raucht nicht mehr. Er hatte einen Herzinfarkt.

5. Sie macht eine kaufmännische Lehre. Sie möchte Fremdsprachenkorrespondentin werden.

6. Gisela und Steffen wohnen bei Giselas Eltern. Sie haben noch keine Mietwohnung gefunden.

7. Sie geht abends früh zu Bett. Sie muss morgens früh aufstehen.

II. a) *Verbinden Sie die obigen Sätze mit **deshalb, deswegen**!*

> *Beispiel*: Er hat für mich gearbeitet.
> *Lösung*: Deshalb gebe ich ihm Geld.

Tema 50. Ejercicios

b) *Benutzen Sie **nämlich**!*

Beispiel: Ich gebe ihm Geld. Er hat nämlich für mich gearbeitet.

III. *Setzen Sie **denn** oder **weil** ein!*
 1. Marta muss in den Sommerferien lernen, ... sie im September eine Nachprüfung hat.
 2. Ich kann morgen nicht kommen, ... ich habe Fahrprüfung.
 3. Ich kann das Formular nicht ausfüllen, ... ich meine Brille vergessen habe.
 4. Frau Krause muss ins Altersheim, ... sie niemanden hat, der sie pflegt.
 5. Gerda kommt nicht ins Haus, ... ihre Handtasche mit den Schlüsseln ist ihr gestohlen worden.

IV. *Bitte formen Sie die folgenden Sätze um!*

Beispiel: *Wegen ihrer schlechten Durchschnittsnote* hat Julia keinen Studienplatz bekommen.
Lösung: Weil ihre Durchschnittsnote schlecht war, hat Julia keinen Studienplatz bekommen.

 1. *Wegen der hohen Preise* können wir nicht im Hotel wohnen.

 2. *Wegen seines guten Aussehens* hat er viele Freundinnen.

 3. *Aus Mitleid* gab ich ihm 50,— DM.

 4. Ich lese das Buch *aus Langeweile*.

 5. *Wegen der Hitze* bekamen die Kinder schulfrei.

V. *Bitte übersetzen Sie!*
 1. Este año no puedo irme de vacaciones, porque no tengo dinero.

 2. ¿Por qué vas a pie? Porque tengo el coche estropeado.

 3. No voy a la discoteca, porque no sé bailar.

 4. Vivimos en casa de mis padres, porque no tenemos piso propio.

 5. Puesto que ya era tarde, regresamos a casa.

Nivel M

TEMA 51

I. *Bitte verbinden Sie die folgenden Sätze mit **um zu** oder **damit**!*

> *Beispiel*: Ich fahre nach Barcelona. Ich will Katalanisch lernen.
> *Lösung*: Ich fahre nach Barcelona, um Katalanisch zu lernen.

1. Sie geht zum Zahnarzt. Sie muss sich einen Zahn ziehen lassen.

2. Wir machen das Licht aus. Niemand soll uns sehen.

3. Wir tragen die Stühle ins Haus. Sie sollen nicht nass werden.

4. Sie arbeitet als Putzfrau. Ihr Sohn soll eine Privatschule besuchen können.

5. Ich arbeite schneller. Ich will heute früher nach Hause gehen.

6. Ich rufe den Arzt an. Er soll mir einen Termin geben.

7. Die Eltern geben den Kindern Schlaftabletten. Sie sollen schnell einschlafen.

8. Er trug eine Maske. Er wollte nicht erkannt werden.

9. Sie schrie um Hilfe. Jemand sollte sie hören.

10. Gib mir das Geld. Es soll nicht gestohlen werden.

II. ***Para**. Bitte übersetzen Sie!*
1. Para desayunar bien se necesita café, pan, mantequilla, mermelada, queso, huevos, jamón, etc.

2. Me he comprado una ratonera para coger ratones.

3. Los compañeros me han regalado dinero para que me compre algo.

4. Hago deporte para olvidar mis problemas.

5. Te regalamos el perro para tu cumpleaños.

Tema 51. Ejercicios

6. ¡Ponte una chaqueta para que no te constipes!

7. ¿Qué hay hoy para comer?

8. El anillo es para ti, para que no me olvides.

9. Me llevo un paraguas para no mojarme.

10. ¿Para qué te has comprado un ordenador? Lo necesito para escribir.

III. **Zu** oder **um zu**?
 1. Ich stelle den Fernseher ein, ... die Nachrichten zu sehen.
 2. Das Fernsehen hilft mir, ... meine Probleme zu vergessen.
 3. Sport zu treiben ist nützlich, ... Leute kennen zu lernen.
 4. Was kann ich tun, ... nicht so viel Geld auszugeben?
 5. Ich muss versuchen, ... mehr zu sparen.
 6. Wir müssen alles tun, ... die Umwelt zu retten.
 7. Die Nachbarn haben uns die Erlaubnis gegeben, ... unseren Wagen in ihre Garage zu stellen.
 8. Anna bittet uns, ... ihr zu helfen.
 9. Sie schreibt uns, ... uns zu ihrer Silberhochzeit einzuladen.
 10. Sie passt auf Kinder auf, ... sich etwas Geld zu verdienen.

SOLUCIONES/*LÖSUNGSSCHLÜSSEL*

TEMA 1

I. 1. arbeitet, 2. Backst, 3. hältst, 4. liefern, 5. arbeitest, 6. antwortet, 7. Bewirbst, 8. läuft, 9. Ißt, 10. liest, 11. empfiehlst, 12. besprichst, 13. hält.

II. 1. Sie wartet schon seit einer Stunde.
2. Wann triffst du dich mit Betty?
3. Warte, ich mache dir die Tür auf!
4. Warum läufst du so? Wir können den Zug nicht verpassen.
5. Was hältst du von dem neuen Chef?
6. Warum antwortest du mir nicht?
7. Hilfst du mir bitte bei dieser Übung?
8. Ich nehme Pizza. Was nimmst du?
9. Weißt du schon, Monika heiratet ihren Chef.
10. Begleitest du mich zur Bushaltestelle?
11. Seit wann trägst du eine Brille?

III. 1. reden (= 2. und 3. Person Sing. kein i: du redest), 2. rasen (2. und 3. Person Sing. kein ä: du rast), 3. laufen (2. und 3. Person Sing. äu), 4. gelten (2. und 3. Person Singular: du giltst, er gilt), 5. stoßen (2. und 3. Pers. Sing. ö).

IV. 1. treffen, 2. sage, gebe, 3. läuft, 4. bestellen, 5. halten, 6. geben, 7. treiben, 8. machen, 9. machen, 10. aufgeben, schicken, 11. steht, 12. machen, 13. gewinnen.

Nivel M

TEMA 2

I. 1. darf, 2. möchte, 3. kannst, 4. dürfen, 5. wollen, möchten, 6. sollst, 7. können, 8. mögen, 9. muss, 10. Möchtest.

II. 1. soll, 2. soll, 3. muss, 4. muss, 5. soll, 6. muss.

III.
1. Hier dürfen Sie nicht rauchen.
2. Soll ich Ihnen helfen?
3. Können Sie Schach spielen?
4. Pepe muss Deutsch lernen, denn er möchte Chemiker werden.
5. Können Sie mir bitte helfen?
6. Ich kann diesen Brief nicht übersetzen.
7. Ich muss gehen.
8. Du musst hier unterschreiben.
9. Dieses Wochenende wollen wir Ski fahren/laufen.
10. Kannst du Ski fahren/laufen?
11. Kann/Darf man hier parken?
12. Was soll ich tun?
13. Möchtest du ein Stück Kuchen?
14. Nein, danke, ich soll keine Süßigkeiten / nichts Süßes essen, hat der Arzt gesagt.
15. Käse mag ich nicht. (Ich esse nicht gern Käse. Ich mag keinen Käse).
16. Ich kann nicht anfangen.
17. Hier möchte ich nicht essen.

IV.
2. Willst du denn schon wieder ins Kino?
3. Am Wochenende wollen wir in die Berge.
4. Heute kannst du nicht zum Zahnarzt.
5. Ich will schnell zum Supermarkt.
6. Herr Maier soll sofort zum Chef.
7. Das Eis muss sofort in die Tiefkühltruhe.
8. Ich muss ins Sekretariat.
9. Du musst sofort ins Bett.
11. Er möchte zu Ihnen.

TEMA 3

I.
1. Hier dürfen wir nicht halten.
2. Zum Glück braucht Eva nicht operiert zu werden.

Tema 3. Soluciones

3. Du brauchst nicht zu fragen.
4. Hier steht, dass man die Bluse nicht zu heiß waschen soll/darf.
5. Wir brauchen den Wagen nicht in die Werkstatt zu bringen.
6. Ich muss noch nicht sofort gehen.
   Ich brauche noch nicht sofort zu gehen.
7. Wir brauchen die Rechnung nicht zu bezahlen.
8. Ich muss die Arbeit nicht noch mal schreiben.
9. Mutter sagt, dass wir nicht so spät nach Hause kommen sollen.
10. Man darf die Tiere nicht füttern.

II. 1. Ja, ich will mir das Haar schneiden lassen.
2. Nein, wir lassen sie tapezieren.
3. Nein, lass mich die Eintrittskarten besorgen.
4. Ja, lass ihn ruhig stehen.
5. Natürlich lassen wir sie in die Disco gehen.
6. Leider lässt er sich nicht mehr reparieren.
7. Ja, lass es ruhig stehen.
8. Lass ihn doch noch schlafen.
9. Ja, ich muss ihn verlängern lassen.
10. Nein, ich lasse es waschen.

III. 1. wir werden alt, 2. es wird schlecht, 3. er wird gesund, 4. es wird hell, 5. es wird Nacht, 6. es wird Herbst, 7. sie wird Ärztin, 8. es wird lang, 9. es wird alt (trocken), 10. sie wird sauer, 11. sie werden welk, 12. es wird warm, 13. ihre Haut wird rosig.

IV. 1. Es wird sofort dunkel (Nacht).
2. Bald wird es hell (Tag).
3. Der Lehrer ärgert sich oft und wird aggressiv.
4. Die Pflanze wächst schnell/wird schnell groß.
5. Ich muss mir das Haar schneiden lassen.
6. Die Kinder stören mich nicht. Lass sie ruhig spielen!
7. Soll ich zur Bank gehen?
   Nein, lass mich hingehen. Ich muss auch ein Konto eröffnen lassen.
8. Sicher wird die Wohnung sehr schön.
9. Manuela möchte/will Lehrerin werden.
10. Ich brauche 5,— DM.
11. Du brauchst nur 5,— DM zu bezahlen.
12. Wir brauchen uns nicht zu beeilen.

Nivel M

TEMA 4

I. 1. statt, 2. an, 3. an, 4. mit, 5. aus, 6. aus, aus, 7. an, 8. vor, 9. an, 10. teil.

II. 1. ab, 2. ein, 3. aus, 4. vor, 5. auf, 6. an, 7. hin.

III. 1. Wir lassen die Tür nachts auf.
2. Wir werfen die alten Zeitungen nicht weg.
3. Er liest den Brief durch.
4. SAT1 überträgt das Fußballspiel heute abend.
5. Du übertreibst.
6. Du unterbrichst mich ständig.
7. Wie spricht man das Wort aus?
8. Das Hemd ist zu weit. Ich tausche es um.
9. Wen laden wir zur Party ein?
10. Wir ziehen bald nach München um.

IV. 1. Bitte erklär mir dieses Wort!
2. Mach den Fernseher aus! Stell den Fernseher ab!
3. Du gibst zu viel Geld aus!
4. Heute siehst du blendend aus.
5. Füllen Sie bitte dieses Formular aus!
6. Die Zeit vergeht schnell.
7. Wir gehen jeden Freitag aus.
8. Schlagen Sie bitte die Bücher auf Seite 92 auf!

V. 1. Was habt ihr am Wochenende vor?
2. Ich langweile mich.
3. Sie übt ihren Beruf nicht mehr aus.
4. Wir sehen uns ja bald wieder.
5. Denke mal nach!
6. Fritz, komm mal her!
7. Ich verhungere!
8. Abends gehen wir oft spazieren.
9. Wenn du nicht lernst, bleibst du sitzen, mein Junge.
10. Ich höre mir Ihre Geschichte gern an.

TEMA 5

I. 1. Telefonnummern kann ich leicht behalten.
2. Wir haben beschlossen, in sechs Monaten zu heiraten.

Tema 5. Soluciones

    3. Richtig.
    4. Richtig.
    5. Meine Uhr bleibt immer stehen.
    6. Richtig.
    7. Richtig.
    8. Jeden Morgen werde ich schon um halb sechs wach.
    9. Deshalb gehe ich abends früh zu Bett.
  10. Richtig.
  11. Richtig.
  12. Richtig.
  13. Am Wochenende waren wir am Meer und haben gebadet.
  14. Richtig.
  15. Wenn ich die Grammatikregeln lerne, werde ich sofort müde.
  16. Richtig.

II. 1. Sabine freut sich auf die Weltreise.
    2. Ich habe mich über den starken Verkehr aufgeregt.
       Ich habe mich über den Regen geärgert.
       Ich habe mich heute noch nicht rasiert.
    3. Rosi fühlt sich nach der Grippe wieder wohl.
    4. Habt ihr euch an der See gut erholt?
       Habt ihr euch gestern den Krimi angesehen?
    5. Wir haben uns vor dem Kino getroffen.
       Wir haben uns über den starken Verkehr aufgeregt.
       Wir haben uns über den Regen geärgert.
       Wir haben uns heute noch nicht rasiert.
    6. Haben Sie sich an der See gut erholt?
       Haben Sie sich gestern den Krimi angesehen?
    7. Interessierst du dich für Helga?
    8. Sie unterhalten sich immer über Politik.
    9. Sie haben sich vor dem Kino getroffen.
       Sie haben sich über den starken Verkehr aufgeregt.
       Sie haben sich über den Regen geärgert.
       Sie haben sich heute noch nicht rasiert.
  10. Er hat sich über den starken Verkehr aufgeregt.
      Er hat sich über den Regen geärgert.
      Er hat sich heute noch nicht rasiert.

III. 1. miteinander, 2. ineinander, 3. aneinander, 4. füreinander, 5. füreinander, 6. voreinander, 7. nebeneinander, 8. miteinander.

Nivel M

TEMA 6

I. 1. Die Gläser stehen auf dem Tisch.
    2. Du kannst die Bücher in den Bücherschrank stellen.
    3. Die Kisten stellen wir am besten in den Keller.
    4. Wir mussten drei Stunden Schlange stehen.
    5. Stellen Sie bitte den Topf mit den Kartoffeln auf den Herd!

II. 1. Das Geld liegt nicht mehr in der Schublade.
    2. Ich lege dir das Buch auf deinen Schreibtisch.
    3. Ich lege sie ins Bett.
    4. Hoffentlich liegt in den Bergen noch Schnee, damit wir Ski fahren können.
    5. Du kannst das Besteck in die Schublade legen.

III. 1. Auf der Erdbeertorte sitzt eine Wespe.
    2. Die Kinder sitzen zu oft vor dem Fernseher.
    3. Setz dich doch in den Sessel. Da sitzt du bequemer.
    4. Ich habe Angst, mich auf das Pferd zu setzen.
    5. Die Leute sitzen alle am Tisch. Das Essen kann serviert werden.

IV. 1. In ganz Spanien werden die Temperaturen sinken.
    2. Die Firma wird die Preise um 20 % senken.
    3. Ich erwarte Sie um 10.30 in meinem Büro.
    4. Ich versuche, die Briefe sofort zu beantworten.
    5. Eva hat eine Tochter bekommen.
    6. Ich habe es gestern von meiner Nachbarin erfahren.
    7. Wir haben uns in einem Deutschkurs kennen gelernt.
    8. Ich habe die Grippe gehabt.
    9. Ich habe sie vorige Woche bekommen.
    10. Es gibt Schüler, die nach der Pause verschwinden.
    11. Wir kennen uns seit mehr als 20 Jahren.
    12. Gib ihm kein Geld, er verschwendet alles.

V. 1. Ich beantworte den Brief.
    2. Richtig.
    3. Richtig. Aber auch: Ich erschrecke die Kinder.
    4. Richtig.
    5. Wir setzen uns.
    6. Richtig.
    7. Wir beachten die Verkehrszeichen.
    8. Ich wecke ihn.

Tema 7. Soluciones

    9. Richtig.
   10. Die Firma vergrößert sich/ihre Büros.
   11. Richtig.
   12. Die Arbeiter fällen den Baum.

VI. 1. perfektiv, 2. durativ, 3. perfektiv, 4. durativ, 5. perfektiv, 6. perfektiv, 7. perfektiv.

TEMA 7

I. 1. Diese Suppe schmeckt mir nicht.
    2. Dieses Kleid gefällt mir gut.
    3. Wie schmeckt dir diese Kartoffelsuppe?
    4. Magst du Bier? Trinkst du gern Bier?
    5. Ich lese nicht gern Kriminalromane.
       Kriminalromane mag ich nicht.
    6. Sie/Er spielt gern Tennis.
    7. Sie isst gern Käsekuchen.
    8. Gefallen dir unsere Fotos?
    9. Er hört gern Rockmusik.
   10. Die Kinder sehen gern Western/Wildwestfilme.
   11. Magst du Tiere?
   12. Viele Leute mögen/lieben das Geld.

II. 1. Ich verstehe diese Sätze nicht.
    2. Die Feuerwehr hat das Kind gerettet.
    3. Richtig.
    4. Soll ich dich morgen besuchen?
    5. Richtig.
    6. Die Eltern erlauben ihrer Tochter, ...
    7. Warum musst du mir immer widersprechen?
    8. Stell dir vor: Die Firma hat mir gekündigt.
    9. Richtig.
   10. Richtig.
   11. Richtig.
   12. Man kann ihm nicht trauen.
   13. Wir können ihn fragen, ...
   14. Richtig.
   15. Er schreibt seiner Freundin immer lange Briefe.
   16. Wie geht es dir und deiner Familie?
   17. Richtig.

Nivel M

18. Soll ich den Kindern ein Märchen erzählen?
19. Natürlich bringen wir dich zum Bahnhof.

III. 1. Wie geht es dir und wie geht es deiner Familie?
2. Wir gratulieren ihr zum Geburtstag.
3. Wann wirst du mich besuchen?
4. Ich bitte Sie um einen Gefallen.
5. Großmutter erzählt mir immer Märchen.
6. Die Kinder gehorchen mir nicht.
7. Hör mir zu!

IV. | *Verben* | *Verben* | *Verben* |
Nom. und Akk.	*Nom., Dat., Akk.*	*Nom. und Dativ*
beantworten	leihen	antworten
begrüßen	anbieten	glauben
bedienen	erlauben	vertrauen
verstecken	schulden	zustimmen
lieben	raten	applaudieren
zählen	senden	helfen
beneiden	versprechen	gleichen
unterstützen	schenken	fehlen
		folgen
		verzeihen

TEMA 8

I. 1. an einem, für die.
2. auf unserem.
3. aus.
4. in einem.
5. über deinen.
6. auf den.
7. von der, für.
8. auf.
9. um die.
10. für die.
11. um.
12. auf das.
13. auf, bei dir, über sie.

Tema 9. Soluciones

II. 1. Es riecht nach Knoblauch.
2. Was hältst du von diesem Plan?
3. Ich halte ihn für unsinnig.
4. Erinnerst du dich an mich?
5. Ich habe mich über dich geärgert.
6. Denk nicht mehr an die Prüfung!
7. Du solltest mehr über dein Leben nachdenken.
8. Wir gratulieren dir herzlich zum Geburtstag.

III. 1. Er ärgert sich oft über seine Frau.
2. Viele Menschen leiden unter der Hitze.
3. Wenn die Eltern nicht da sind, sorgt eine Nachbarin für die Kinder.
4. Ich muss auf ein dreijähriges Kind aufpassen.
5. Hoffentlich beteiligen sich viele Leute an dieser Aktion.
6. Wir hatten uns so auf deinen Besuch gefreut.
7. Richtig.
8. Richtig.
9. Wir müssen uns genau an die Anweisungen halten.
10. Richtig.
11. Bei diesem Regenwetter träumt man von Sonne und Urlaub.

TEMA 9

I. 1. Der Vertreter ist gestern nach Dortmund gefahren.
2. Obwohl er keine so lange Mittagspause gemacht hat, ist er mit großer Verspätung in Dortmund angekommen.
3. Weil es so spät war, ist er bei Rot über die Kreuzung gerast.
4. Sein Wagen ist mit einem anderen zusammengestoßen, aber zum Glück ist kein schwerer Unfall passiert.
5. Sie ist spät aufgestanden, hat sich angezogen und ist zur Arbeit gegangen.
6. Am Wochenende sind wir zu Hause geblieben. Wir haben Schach gespielt, haben getanzt, haben ferngesehen und haben uns ausgeruht.

II. 1. Hast du die Teller auf den Tisch gestellt?
2. Als wir ankamen, haben die Kinder schon im Bett gelegen.
3. Wir haben drei Stunden in der Kälte gestanden.
4. Gestern haben wir den ganzen Tag vor dem Fernseher gesessen.
5. Mutti ist schon ins Bett gegangen.

Nivel M

6. Die Wäsche hat drei Tage im Garten gehangen.
7. Die Firma hat die Preise gesenkt.
8. Die Temperaturen sind gesunken.
9. Die Arbeit hat mich nie erschreckt.
10. Ich war sehr erschrocken, als ich die Schlange sah.
11. Wo sind die Kinder? Sie sind verschwunden.
12. Die Preise sind wieder gestiegen.

III. Um 18.40 bin ich von Düsseldorf mit dem Zug nach Aachen gefahren.
Dort habe ich mit einem Kunden gesprochen. Am 8. 5. bin ich nach Münster weitergefahren. Ich bin zwischen 21.00 und 22.00 Uhr angekommen und habe im Hotel «Prinzipal» übernachtet.
Am nächsten Tag habe ich die Stadt besichtigt, Geschenke eingekauft, bin im Kino gewesen, habe Briefe geschrieben und bin früh ins Bett gegangen. Am 10. 5. bin ich zum Kongress gegangen und habe abends einen Theaterbesuch gemacht. Dann habe ich im Ratskeller Bier getrunken. Ich bin am 11. 5. um 10.17 Uhr abgefahren.

TEMA 10

I. 1. Nein, ich habe ihn nicht schellen hören.
2. Nein, ich habe ihn nicht klopfen hören.
3. Nein, ich habe ihn nicht rufen hören.
4. Nein, ich habe ihn nicht hupen hören.

II. 1. Eben habe ich sie doch noch dort spielen sehen.
2. Eben habe ich es doch noch dort stehen sehen.
3. Eben habe ich es doch noch dort liegen sehen.
4. Eben habe ich es doch noch dort hängen sehen.
5. Eben habe ich ihn doch noch dort liegen sehen.
6. Eben habe ich ihn doch noch dort stehen sehen.
7. Eben habe ich ihn doch noch dort stecken sehen.

III. A) Warst du beim Friseur?
B) Ja, ich habe mir eine Dauerwelle machen lassen.
A) Warst du in der Werkstatt?
B) Ja, ich habe einen Ölwechsel machen (lassen), die Batterie nachsehen (lassen) und den Reifendruck prüfen lassen.
A) Warst du auf der Bank?
B) Ja, ich habe Geld wechseln lassen.

Tema 11. Soluciones

A) Warst du im Reisebüro?
B) Ja, ich habe ein Zimmer reservieren lassen.
A) Warst du beim Arzt?
B) Ja, ich habe mir Schlaftabletten und Magentabletten verschreiben lassen.
A) Warst du in der Reinigung?
B) Ja, ich habe das Lederkostüm und Hosen reinigen lassen.

IV. 1. Katharina von Medici soll die italienische Küche in Frankreich eingeführt haben.
2. In unserem Stadtviertel soll ein neues türkisches Restaurant eröffnet worden sein.
3. Ein neuer Stern soll entdeckt worden sein.
4. Der Terrorist soll sich der Polizei gestellt haben.
5. In der Altstadt soll eine Gasflasche explodiert und ein Haus eingestürzt sein.

TEMA 11

I. klingelte, stand, hatte, musste, wurde, schlief, wurde, schlief, wurde schnarchte, sagte, hingen, kroch, stopften, schlang, schob, stellten, gingen, fuhren, arbeitete, nahmen.

II. 1. Ich fragte ihn, aber er antwortete mir nicht.
2. Was wollte er wissen?
3. In Heidelberg lernte ich Marlene kennen.
4. Ich verliebte mich sofort in sie.
5. Wir blieben sechs Monate in Heidelberg.
6. Im Sommer fuhr sie zu ihren Eltern und kam nicht zurück.
7. Die Nachbarin arbeitete im Garten, als die Diebe hereinkamen.
8. Als sie klein war, las sie viel und sang sehr gut.
9. Wann begann letztes (voriges) Jahr der Kurs?
10. Wenn er spielte, gewann er nie, er verlor immer.

III. 1. Er rief aber nicht an.
2. Er fing aber nicht an.
3. Er schlief aber nicht.
4. Er hielt aber nicht an.
5. Er unterschrieb aber nicht.
6. Er lief aber nicht weiter.

Nivel M

7. Er stieg aber nicht aus.
8. Er übersetzte ihn aber nicht.
9. Er sang aber nicht.
10. Er schwieg aber nicht.
11. Er zog aber nicht ein.
12. Er gewann aber nicht.
13. Er las ihn aber nicht.
14. Er beantwortete sie aber nicht.
15. Er wusch es aber nicht.
16. Er fuhr aber nicht ab.
17. Er empfing sie aber nicht.
18. Er half aber nicht.
19. Er gab es aber nicht ab.
20. Er bat aber nicht um Erlaubnis.
21. Er nahm es aber nicht an.

TEMA 12

I. 1. Sie hatte stundenlang ferngesehen.
2. Sie hatte das Examen bestanden.
3. Sie hatte sich auf die Prüfung gut vorbereitet.
4. Er war beim Skilaufen gestürzt.
5. Er hatte mit ihr geflirtet.
6. Ich hatte eine lange Bergwanderung gemacht.
7. Bei ihm waren Drogen gefunden worden.
8. Er hatte im Lotto viel Geld gewonnen.
9. Es hatte tagelang heftig geregnet.
10. Er hatte nichts für die Schule getan.

II. 1. Ich werde mir eine neue Stelle suchen.
2. Ich werde ihn reparieren lassen.
3. Wir werden uns einen Hund anschaffen.
4. Ich werde zur Polizei gehen.
5. Ich werde bis zum nächsten Ort fahren.
6. Ich werde ihn zur Polizei bringen oder vielleicht werde ich ihn auch behalten.
7. Ich werde natürlich die Reise machen.
8. Ich werde sie wahrscheinlich annehmen.
9. Ich werde eine Reise machen, Freunde besuchen, mich erholen und Sport treiben.
10. Wahrscheinlich werde ich die Einladung annehmen.

Tema 13. Soluciones

III. 1. Sie wird krank gewesen sein.
2. Du wirst eine Bergtour gemacht haben/Ski gelaufen sein, etc.
3. Du wirst zugenommen haben. Die Hose wird eingelaufen sein.
4. Es wird gestohlen worden sein. Du wirst es verloren haben.
5. Das Wasser wird abgestellt worden sein.
6. Sie werden Ferien bekommen haben.
7. Sie wird eine Gehaltserhöhung bekommen haben.
8. Er wird geheiratet haben.
9. Sie werden eine bessere Wohnung gefunden haben.
10. Sie wird ihn geschenkt bekommen haben.

TEMA 13

I. 1. Warte das Freizeichen ab! 2. Wirf Münzen ein! 3. Wähl(e) die Nummer! 4. Leg(e) nach dem Gespräch den Hörer auf!

II. 1. Steig(e) ein! 2. Schnall(e) dich an! 3. Tritt die Kupplung! 4. Dreh(e) den Zündschlüssel um! 5. Leg(e) den 1. Gang ein!, 6. Lös(e) die Handbremse! 7. Gib Gas und lass(e) dabei die Kupplung langsam kommen! 8. Halt(e) an!

III. 2. Thomas, lies bitte den ersten Abschnitt laut!
3. Unterstreicht bitte unbekannte Wörter!
4. Haltet bitte den Mund!
5. Seid bitte ruhig!
6. Passt bitte auf!
7. Daniel, komm bitte an die Tafel!
8. Schreibt deutlich!
9. Petra, nimm den Kaugummi aus dem Mund!

IV. 1. «Halt den Mund!»
2. «Mach deine Schulaufgaben sofort!»
3. «Komm früh nach Hause!»
4. «Räum dein Zimmer auf!»
5. «Sei nett zu den Erwachsenen!»
6. «Lern für die Schule!»
7. «Geh einkaufen!»
8. «Wasch dir die Hände!»
9. «Putz dir die Nase!»
10. «Hilf mir im Garten!»

Nivel M

11. «Stell das Radio leise!»
12. «Entschuldige dich!»

V. 1. Halt den Mund!
2. Bestell deiner Schwester viele Grüße!
3. Schreib bald!
4. Komm bald zurück!
5. Komm nicht wieder so spät!
6. Ärg(e)re mich nicht!
7. Kommt nicht spät!
8. Arbeite nicht so viel!
9. Esst langsamer!
10. Lauft schneller!
11. Fall nicht!

TEMA 14

I. 1. hätte, 2. wäre, 3. könnte, 4. würde, könnte, 5. wäre, 6. könnte, spräche, 7. würde.

II. 1. An seiner Stelle hätte ich mir auch/kein Geld für eine Urlaubsreise geliehen.
2. An seiner Stelle hätte ich das Geld auch einer Hilfsorganisation gespendet.
3. An ihrer Stelle hätte ich den Mann nicht verlassen.
4. An ihrer Stelle wäre ich auch/nicht zu meinem Freund gezogen.
5. An ihrer Stelle hätte ich mich auch/nicht zu einem Tenniskurs angemeldet.
6. An seiner Stelle wäre ich auch nicht/doch zum Unterricht gegangen.
7. An ihrer Stelle hätte ich den Fernseher auch/nicht verschenkt.

III. 1. Wenn ich doch Post bekäme!
Bekäme ich doch Post!
2. Wenn ich doch Glück hätte!
Hätte ich doch Glück!
3. Wenn doch die Sonne schiene!
Schiene doch die Sonne!
4. Wenn doch in den Bergen Schnee läge!
Läge doch in den Bergen Schnee!
5. Wenn ich mir doch ein neues Auto leisten könnte!

Könnte ich mir doch ein neues Auto leisten!
6. Wenn die Firma mich doch annähme!
Nähme die Firma mich doch an!
7. Wenn ich die Antwort doch wüsste!
Wüsste ich die Antwort doch!
8. Wenn es mir doch gut ginge!
Ginge es mir doch gut!

IV. 1. Wenn die Firma mich doch angenommen hätte!
Hätte die Firma mich doch angenommen!
2. Wenn ich doch die Antwort gewusst hätte!
Hätte ich doch die Antwort gewusst!
3. Wenn ich mir doch ein neues Auto hätte leisten können!
Hätte ich mir doch ein neues Auto leisten können!
4. Wenn ich doch zur Konferenz gegangen wäre!
Wäre ich doch zur Konferenz gegangen!
5. Wenn ich doch den Lottoschein (doch) abgegeben hätte!
Hätte ich doch den Lottoschein (doch) abgegeben!
6. Wenn ich doch die günstige Gelegenheit (doch) nicht verpasst hätte!
Hätte ich doch die günstige Gelegenheit (doch) nicht verpasst!

V. 1. Könntest/Würdest du bitte mal das Paket halten.
2. Könnten/Würden Sie mir bitte einen Gefallen tun.
3. Könnten/Würden Sie mir bitte eine Tasse Kaffee bringen.
4. Könnten/Würden Sie mir bitte helfen?
5. Könnten/Würden Sie bitte morgen wiederkommen?
6. Würden Sie bitte an der Kasse zahlen.
7. Könntest/Würdest du mich bitte nächste Woche wieder anrufen.
8. Würden Sie mich bitte morgen um 9.55 Uhr wecken.

TEMA 15

I. 1. sei, 2. seien, 3. sei, 4. sei, habe, 5. hätten, 6. habe, 7. seien, 8. hätten, 9. hätten, 10. habe.

II. In dem Artikel steht: «Die Chancen sind gar nicht schlecht. Noch nie konnten Jugendliche in Deutschland so lange und in so großer Zahl für ihre Ausbildung sorgen. In den zehn Jahren zwischen 1980 und 1990 ist der Anteil der Abiturienten unter den Schülern von 15 auf 36 Prozent gestiegen. (Interessant dabei: Mehr Mädchen als

Jungen erreichen höhere Schulabschlüsse). Von den 15- bis 20-Jährigen geht etwa die Hälfte noch zur Schule. Die andere Hälfte verdient schon ihr eigenes Geld, ist dabei aber zu 80 % noch in der Ausbildung.

III. Für viele sei das Geld aber nicht so wichtig wie die Freizeit. Und da spiele der Sport die Hauptrolle. Für 45 % der jungen Deutschen gelte «die schönste Nebensache der Welt» als liebste Freizeitbeschäftigung -im Verein oder nur so zum Spaß. Doch nicht nur auf dem Sportplatz sei man aktiv. Jeder fünfte Jugendliche sei Mitglied in einem Jugendverband.
Weniger populär seien die Jugendorganisationen der politischen Parteien. Nur noch neun Prozent der Jugendlichen -so habe eine Umfrage 1990 ergeben- wollten in Zukunft aktiv politisch arbeiten.

IV. 1. In der Zeitung steht, der Außenminister sei nach Polen gereist.
In der Zeitung steht, dass der Außenminister nach Polen gereist sei.
2. Er wolle Verhandlungsgespräche mit seinem polnischen Amtskollegen aufnehmen (dass er Verhandlungsgespräche ..... aufnehmen wolle).
3. Der Außenminister habe sich über die Gespräche zufrieden gezeigt.
....., dass der Aussenminister sich über die Gespräche zufrieden gezeigt habe.
4. Viele Probleme hätten sich klären lassen.
....., dass viele Probleme sich hätten klären lassen.
5. Die Zahl der Flüchtlinge steige weiterhin an.
....., dass die Zahl der Flüchtlinge weiterhin ansteige.
6. Die Hilfsorganisationen brauchten mehr Geld.
....., dass die Hilfsorganisationen mehr Geld brauchten.

TEMA 16

I. 1. 44 v. Chr. wurde Cäsar ermordet.
2. 800 wurde Karl der Große gekrönt.
3. Im 16. Jh. wurde Mexiko erobert.
4. 1945 wurde Deutschland besetzt.
5. 1871 wurde Paris belagert.
6. 1945 wurde der 2. Weltkrieg beendet.
7. 1527 wurde Rom erstürmt.

Tema 16. Soluciones

8. Um 750 v. Chr. wurde Rom gegründet.
9. 1481 wurde die Inquisition in Spanien erneuert.
10. 1588 wurde die Große Armada vernichtet.

II. 1. Die müssen noch getippt, übersetzt, unterschrieben, zur Post gebracht und frankiert werden.
2. Die muss noch gewaschen, aufgehängt und gebügelt werden.
3. Die müssen noch geschält, gekocht und gebraten werden.
4. Die müssen noch geputzt werden.
5. Die müssen noch eingebunden und ins Regal gestellt werden.
6. Die müssen noch korrigiert werden.
7. Das muss noch gebadet, gefüttert und ins Bett gebracht werden.

III. 1. Ich dachte, du wolltest nicht geweckt werden.
2. Ich dachte, du wolltest nicht unterbrochen werden.
3. Ich dachte, du wolltest nicht gestört werden.
4. Ich dachte, du wolltest nicht gerufen werden.
5. Ich dachte du wolltest nicht informiert werden.

IV. 1. geworden, 2. geworden, 3. worden, 4. worden, 5. geworden, 6. worden, 7. geworden, 8. worden, 9. worden, 10. worden, 11. geworden, 12. geworden, 13. worden, 14. geworden, 15. geworden, 16. geworden, 17. geworden, 18. worden, 19. geworden, 20. worden.

V. 1. worden ist, 2. worden ist, 3. gewesen ist, 4. worden ist, 5. geworden ist, 6. gewesen ist, 7. worden ist, 8. gewesen ist, 9. gewesen ist, 10. worden ist, 11. worden ist, 12. worden ist.

VI. 1. Der Text kann nicht gelesen werden.
2. Die Briefe müssen noch übersetzt werden.
3. Das Problem konnte nicht gelöst werden.
4. Die Schmerzen konnten nicht ertragen werden.
5. Die Jacke muss noch gereinigt werden.
6. Das Matterhorn kann nicht gesehen werden.
7. Die Formulare müssen ausgefüllt werden.

VII. 1. Die Suppe ist nicht zu essen.
2. Die Briefe sind zu unterschreiben (müssen unterschrieben werden).
3. Der Berg ist heute nicht zu sehen.
4. Das Auto ist gestern verkauft worden.
5. Das Motorrad ist noch nicht repariert.

Nivel M

6. Die Rechnungen sind schon bezahlt.
7. Sie sind vor einer Woche bezahlt worden.
8. Das Benzin ist teurer geworden.
9. Weißt du, dass Peter operiert worden ist?
10. Er ist plötzlich krank geworden.
11. Am 1. Mai sind die Geschäfte geschlossen.
12. Die Briefe sind schon übersetzt.
13. Die Briefe sind diese Woche unterschrieben worden.
14. «Gewesen» wird mit einem «s» geschrieben.
15. Rubens ist in Siegen geboren (Rubens wurde in Siegen geboren).
16. 1492 wurde Amerika entdeckt.
17. Ich bin nicht gekommen, weil ich nicht eingeladen worden war.
18. Heinrich ist Direktor geworden.
19. Er ist lange Abteilungsleiter gewesen.
20. Ich wollte nicht gestört werden.
21. Als ich sie fragte, wurde sie rot.
22. Warum hast du nicht geantwortet?
    Weil ich nicht gefragt worden bin.
23. Im Unterricht darf nicht geraucht werden.
24. Das Radio ist nicht mehr zu reparieren (Das Radio kann nicht mehr repariert werden).

TEMA 17

I. 1. zu, 2. zu, 3. zu, 4. zu, 5. zu, 6. zu, 7. zu, 8. ..., 9. zu, 10. zu, 11. ...., 12. ..., 13. ....

II. 2. Wir freuen uns, bald in Urlaub zu fahren.
    3. Ich denke nicht daran, die Rechnung zu bezahlen.
    4. Ich fürchte, bald entlassen zu werden.
    5. Es tut mir leid, dir nicht früher geschrieben zu haben.
    6. Ich bin froh, eine neue Stelle gefunden zu haben.
    7. Sie behauptet, noch nie zu spät gekommen zu sein.

III. 1. Diese Schrift ist nicht zu lesen.
     2. Ich habe nichts zu tun.
     3. Es regnet wieder.
     4. Ich werde es dir nicht sagen.
     5. Ich habe gerade geduscht.
     6. Ich höre jemand(en) rufen.

Tema 18. Soluciones

7. Es ist nichts zu hören.
8. Ich helfe dir den Koffer packen.
9. Ich muss mir das Haar schneiden lassen.
10. Es ist unmöglich, bei diesem Lärm zu arbeiten.
11. Meine Uhr bleibt immer stehen.
12. Ich habe das Auto nicht kommen sehen.
13. Da ist nichts zu machen.
14. Ihr braucht nicht das ganze Buch zu lesen, sondern nur drei Kapitel.
15. Der Chef scheint schlecht gelaunt zu sein.
16. Es ist besser, nichts zu sagen.

TEMA 18

I. 1. Eine Arbeit, die anstrengt.
2. Ein Besuch, der überrascht.
3. Die Sätze, die folgen.
4. Ein Löwe, der brüllt.
5. Ein Mann, der (etwas) sucht.
6. Eine Unruhe, die wächst.
7. Ein Getränk, das erfrischt.
8. Jogaübungen, die entspannen.
9. Schnee, der schmilzt.
10. Untertassen, die fliegen.
11. Die Leute, die ankommen.
12. Steine, die herabstürzen.

II. summende Bienen, ein knatterndes Motorrad, gackernde Hühner, blökende Schafe, krähende Hähne, eine miauende Katze, muhende Kühe, zwitschernde Vögel, ein quakender Frosch, ein wieherndes Pferd.

III. 1. Die jubelnden und tanzenden Leute.
2. Die heulenden Sirenen.
3. Viele weinende Kinder.
4. Das immer höher steigende Wasser.
5. Ein auf der Autobahn entstehender Stau.
6. Die untergehende Sonne.
7. Das immer lauter werdende Geräusch.
8. Die schnell vergehende Zeit.
9. Eine laut um Hilfe schreiende Frau.
10. Die durch die Straßen rasenden Autos.

Nivel M

IV. 1. Das Bad war wirklich erfrischend.
2. In diesem Haus gibt es kein fließendes Wasser.
3. Ich mag weder weinende Kinder noch bellende Hunde.
4. Ich habe keine Angst vor brüllenden Löwen.
5. Sie sprang auf den fahrenden Zug.
6. Hunde, die bellen, beißen nicht.
7. Die Leute sagen, dass sie eine fliegende Untertasse gesehen haben.
8. Übersetzen Sie den folgenden Satz!
9. Sie hat sich mit kochendem Wasser verbrannt.
10. Ergänzen Sie die fehlenden Verben!
11. Ich hätte gern einen fliegenden Teppich.
12. *Brennendes Geheimnis* ist ein Roman von Stefan Zweig.
13. *Ein fliehendes Pferd* ist ein Roman von Martin Walser.

TEMA 19

I. 1. Ein Tisch, der festlich gedeckt (worden) ist.
2. Der Zug, der gerade auf Gleis 8 angekommen ist.
3. Die Ware, die geliefert worden ist.
4. Die Wäsche, die gebügelt (worden) ist.
5. Die Früchte, die geerntet (worden) sind.
6. Der Terrorist, der lange gesucht worden ist.
7. Der Verbrecher, der aus dem Gefängnis ausgebrochen ist.
8. Eine Rechnung, die bezahlt (worden) ist.
9. Ein Mädchen, das entführt worden ist.
10. Die Arbeiten, die korrigiert (worden) sind.

II. 1. Ein Schornstein, der raucht.
   Eine Zigarre, die geraucht (worden) ist.
2. Eis, das schmilzt.
   Schnee, der geschmolzen ist.
3. Preise, die steigen.
   Preise, die gestiegen sind.
4. Die Sonne, die untergeht.
   Die Sonne, die untergegangen ist.
5. Ein Dieb, der flieht.
   Ein Dieb, der geflohen ist.

III. 1. Zur Party kannst du das frisch gebügelte Hemd anziehen.
2. Gekaufte Waren werden nicht umgetauscht.

Tema 20. Soluciones

3. Die mit einem Porsche geflohenen Diebe wurden verhaftet.
4. Die Firma möchte einen von Hand geschriebenen Lebenslauf.
5. Der Unfall geschah auf einer wenig befahrenen Straße.
6. In einer Viertelstunde verspielte er sein in einer Woche verdientes Geld.
7. Das falsch geparkte Auto wurde abgeschleppt.
8. Pauli fiel mit der frisch gewaschenen Hose in eine Pfütze.
9. Viele Leute kauften sich das viele Jahre lang verbotene Buch.
10. Viele Touristen besuchten die in den vergangenen Jahren entstandenen Sportanlagen.

TEMA 20

I. 1. der, 2. die, 3. das, 4. das, 5. das, 6. die, 7. die, 8. die, 9. der, 10. der, 11. der, 12. der, 13. der, 14. die, 15. die, 16. der, 17. der, 18. das, 19. der, 20. das, 21. die, 22. die, 23. der, 24. das, 25. die, 26. die.

II.

	der	*die*	*das*
1.	Raum	Kammer	Zimmer
2.	Koffer	Tasche	Gepäck
3.	Strom	Elektrizität	Licht
4.	Tiger	Maus	Schwein
5.	Hubschrauber	Boing	Flugzeug
6.	Würfel	Spielfigur	Spielbrett
7.	Becher	Tasse	Glas
8.	Kuli	Tintenpatrone	Lineal
9.	Fotoapparat	Videokamera	Blitzlicht
10.	Keller	Küche	Wohnzimmer
11.	Vorhang	Gardine	Rollo
12.	Schrank	Sitzgarnitur	Bett

1. = Synonyme für *Zimmer*. Darin kann man sich aufhalten.
2. = Der Oberbegriff ist *Gepäck*. Das braucht man für eine Reise.
3. = Der Oberbegriff ist *Elektrizität*.
4. = Tiere.
5. = Der Oberbegriff ist *Flugzeug* (Damit kann man fliegen).
6. = Teile eines Brettspiels. Damit kann man spielen.
7. = Daraus kann man trinken.
8. = Schreibutensilien. Das braucht man zum Schreiben.
9. = Damit kann man fotografieren oder filmen.

Nivel M

    10. = Räume im Haus.
    11. = Sie hängen am Fenster.
    12. = Möbel.

III. 1. das Abitur. 2. der Mississippi, 3. das Licht, 4. das Zimmer, 5. das Genie, 6. der Affe, 7. der Rachen, 8. die Disco, 9. die Geduld, 10. das Ende, 11. der Vorteil.

IV. der Blumentopf = Topf, in dem eine Pflanze wächst.
    die Topfblume = Pflanze, die in einem Topf wächst.
    das Kartenspiel = Spiel, das mit Karten gespielt wird.
    die Spielkarte = Karte, mit der man spielt.
    das Taschengeld = Geld, das ein Kind oder ein Jugendlicher für die Tasche, d. h. für kleine persönliche Ausgaben wöchentlich oder monatlich bekommt.
    die Geldtasche = Tasche für Geld, Geldbörse, Portemonnaie, Geldbeutel.
    die Fleischsuppe = Suppe aus Fleischbrühe und mit Fleisch.
    das Suppenfleisch = Kochfleisch für eine Suppe.

V. 1. der Brief, 2. der Tisch, 3. der Vorteil, 4. der Film, 5. die Uhr, 6. das Geld, 7. das Spiel, 8. der Stuhl, 9. das Sofa, 10. die Brille, 11. die Schere, 12. die Hose, 13. das Wasser, 14. das Bier.

TEMA 21

I. 1. Mäuser = Mäuse, 2. Verbien = Verben, 3. Better = Betten, 4. Vetter = Vettern, 5. Medikamenten = Medikamente, 6. Wägen = Wagen, 7. Büsse = Busse, 8. Manteln = Mäntel, 9. Gedanke = Gedanken.

II. 1. Geschenke, 2. Koffer, 3. Koffer, Taschen, 4. Gepäckstücke, 5. Kleider, Hosen, Blusen, 6. Werke, Bände, 7. Monate, 8. Briefe, Freunde, Freundinnen, 9. Schachteln, Tafeln, Päckchen, Gläser. 10. Kartoffeln, Salate, Gemüse, Spiegeleier, 11. Parks, Schwimmbäder, Seen, 12. Gymnasien, Universitäten, Hochschulen, 13. Äpfel, Bananen, Pfirsiche, Zwiebeln, Köpfe, Spargel, Avocados.

III. 1. Die Banken sind heute geschlossen.
    2. In diesem Park stehen wenige Bänke.

Tema 22. Soluciones

3. Hast du die neuen Wörter gelernt?
4. Ich möchte keine Worte hören, sondern Taten sehen.
5. Alle Museen sind heute geschlossen.
6. Kannst du mir ein paar Ratschläge geben?
7. Ich mag alle Sportarten.
8. Die Sängerin bekam mehrere Sträuße Rosen, Nelken und Orchideen.
9. Die Steuern sind gestiegen.
10. Heute und morgen findet ein Seminar für alle Abteilungsleiter statt.

TEMA 22

I. 1. Die Bestellung des Kunden.
2. Der Ball des Jungen.
3. Der Garten des Nachbarn.
4. Die Zähne des Elefanten.
5. Die Kamera des Fotografen.
6. Ende des Jahres.
7. Die Zeichnung des Architekten.
8. Das Dach des Hauses.
9. Der Absender des Briefes.
10. Die Telefonnummer des Studenten.
11. Die Rede des Politikers.

Nivel M

	Pos. I	Pos. II	Subjekt	Ergänzung	Ergänzung	Angabe	Ergänzung	Verb II Präfix
II.	Ich	habe		das Hochzeitsgeschenk für Annette und Rolf		gestern		gekauft.
	Seit Wochen	warten	wir				auf die Zeichnung des Architekten.	
	Gestern	veröffentlichte	die Zeitung	einen langen Artikel			über den Besuch des Präsidenten.	
	Der Lehrer	las		seiner Klasse	eine Geschichte			vor.
	Wir	möchten		unsere Freunde		morgen	zum Abendessen	einladen.

264

Tema 23. Soluciones

III.
1. Wann kommen die Gäste an?
2. Wie heißt der Student?
3. Wieviel kostet das Buch? Wie teuer ist das Buch?
4. Wann fährt der Zug ab?
5. Wohin fährt er in Urlaub?
6. Was bedeutet das Wort?
7. Wo wohnt der Polizist?
8. Wie komme ich zur Universität?
9. Wie breit ist das Fenster?
10. Wann sind die Banken geöffnet?
11. Wer hat das Buch geschrieben?

IV.
1. Hast du die Rede des Präsidenten gehört?
2. Die Kinder meines Nachbarn stören/belästigen mich immer.
3. Der Onkel gratulierte seinem Neffen zum Geburtstag.
4. Ich warte auf die Zeichnung des Architekten.
5. Du musst einen Spezialisten zu Rate ziehen.
6. Dieser Herr ist Margots Vater.
7. Das Gehalt eines Professors ist nicht sehr hoch.
8. Frag doch deinen Arbeitskollegen!
9. Ich habe Thomas' Geburtstag vergessen.

TEMA 23

I. 1. ein, das, 2. ...., 3. eine, eine, 4 A) ...., B) die, 5. ein, der, 6. ...., 7. ...., 8. den, ..., 9. ...., 10. ...., 11. ...., 12. ...., 13. dem, 14. ...., 15. einen, 16. ...., 17. ...., der, ... 18. ....

II.
1. Geben Sie mir bitte noch eine Übung für Karolina, die heute nicht gekommen ist.
2. Der Kuchen ist ausgezeichnet. Kann ich mir noch ein Stück nehmen?
3. Dieser Kugelschreiber schreibt nicht. Kannst du mir einen anderen geben?
4. Montags und mittwochs kann ich nicht kommen. Gibt es keinen anderen Kurs?
5. Mit diesen Schuhen kann ich nicht in die Berge gehen. Ich muss mir andere Schuhe anziehen.
6. Dieses Jahr haben wir einen anderen Lehrer.
7. Kleins haben sich noch einen Wagen gekauft. Jetzt haben sie zwei.

Nivel M

III. 1. Ich habe keinen Fernseher.
2. Am Sonntag kommt Tante Berta auf Besuch.
3. Dr. Halm ist Hals-, Nasen-, Ohrenarzt.
4. Mein Arbeitskollege trinkt eine halbe Flasche Whisky im Büro.
5. Nächste Woche Montag und Dienstag haben wir die Mathe(matik)prüfung.
6. Beim Frühstück lese ich gern Zeitung.
7. Mein Bruder hat wertvolle Briefmarken.
8. Wir drei studieren Rechtswissenschaft.
9. Luisa hat grüne Augen.
10. Hast du Mutter gesagt, was du vorhast?

TEMA 24

I. 1. Spanischer Wein, heiße Würstchen, warmes Wasser, reine Wolle, frisches Brot, frische Eier, rotes Licht, schwarzer Tee.
2. Ein kleines Kind, mit einem kleinen Kind, für ein kleines Kind, wegen dieses kleinen Kindes.
3. Zwei ältere Damen, ein Bus mit älteren Damen, keine der vier älteren Damen.
4. Das neue Motorrad von Silvia, Silvias neues Motorrad. Die alten Klassenkameradinnen von Mutter, Mutters alte Klassenkameradinnen, des Kaisers neue Kleider.
5. Folgendes unregelmäßige Verb, nach dem folgenden unregelmäßigen Verb, folgende unregelmäßige Verben.
6. Andere unbekannte Wörter, sämtliche unbekannten Wörter, folgende unbekannte Wörter, manche unbekannte(n) Wörter, solche netten Schüler, welcher vernünftige Mensch? Viele bunte Luftballons, mancher arbeitslose Student, beide kleinen Kinder.
7. Unser gemeinsamer Freund, die beiden letzten Buchstaben, euer gutes Recht, ihr altes Auto.

II. 1. eine nahe Verwandte, 2. mit Bekannten, 3. Unter den Verletzten, einige Deutsche, 4. Den Armen, 5. zahlreiche Angestellte. 6. Eine Verwandte verbrachte die ganze Nacht am Bett des Kranken. 7. Beamter, 8. Arbeitslosen, 9. Betrunkener.

III. 1. Vielen Dank.
2. Liebe Petra, lieber Erich!
3. Mit vielen herzlichen Grüßen.

Tema 25. Soluciones

4. Schönes Wochenende!
5. Evas neues Fahrrad.
6. Eine Gruppe junger Mädchen.
7. Der fliegende Teppich des Zauberers.
8. Die unendliche Geschichte.
9. Unsere guten Freunde.
10. Das gestohlene Geld.
11. Mit einer weißen Jacke.
12. Der folgende amerikanische Film.
13. Andere schwierige Fragen.
14. Teure Restaurants.
15. Mit einer dunklen Sonnenbrille.
16. Eine hübsche Frau mit langen Beinen und schwarzem Haar.

TEMA 25

I. 1. größte, 2. höchster, 3. längste, 4. teuerste, 5. jüngste, 6. erfolgreichste, 7. kleinste, 8. älteste, 9. die meisten, 10. bekannteste, 11. schnellste, 12. kürzeste, 13. produktivste, 14. wertvollste, 15. schwerste.

II. 1. Ich hätte gern etwas Billigeres.
2. Gibt es nichts Interessanteres?
3. Ich suche etwas Kürzeres.
4. Ich möchte etwas Moderneres.
5. Gibt es nichts Leichteres/Einfacheres?

III. 1. Haben Sie keine weiteren?
2. höher.
3. stärkere.
4. schnelleres.
5. früheren.
6. besseres.

IV. 1. Der längste Kinofilm ist *Berlin Alexanderplatz*.
2. Die größte Bibliothek von Europa ist die Lenin-Bibliothek in Moskau.
3. Das schnellste Tier ist der Wanderfalke.
4. Die Leute werden immer egoistischer.
5. Das Leben in den großen Städten wird immer unmenschlicher.
6. Das ist zu teuer. Haben Sie nichts Billigeres?

Nivel M

7. Das ist die beste Qualität. Es gibt nichts Besseres.
8. Marta spricht am besten Deutsch.

TEMA 26

I. 1. stolz auf seinen neuen, 2. für die, 3. zu allem, 4. müde von der Arbeit, 5. bei allen beliebt, 6. an, 7. die Hitze, 8. über das, 9. über das, 10. mit Ihrem, 11. von ihren, 12. an, an, 13. seinem, 14. keiner, 15. mir, 16. von seinen, 17. Ihnen, 18. für die, 19. von dir, 20. vor Dieben.

II. 1. Die Sekretärin ist (verliebt) in ihren Chef verliebt.
2. Wir sind (einverstanden) mit Ihrem Vorschlag einverstanden.
3. Die meisten Studenten sind finanziell (abhängig) von ihren Eltern abhängig.
4. Wir sind (sehr zufrieden) mit diesem Resultat sehr zufrieden.
5. Ich bin dir (sehr dankbar) für deine große Hilfe sehr dankbar.
6. Wer ist der Verantwortliche für diese Gruppe?
7. Es ist mir egal, ob ich ins Kino gehe oder zu Hause bleibe.
8. Es war mir nicht möglich, zu deiner Party zu kommen.
9. Das Kätzchen ist erst einen Monat alt.
10. Wer war (schuld) an dem Unfall schuld?
11. Ich bin (gespannt) auf den neuen Chef gespannt.
12. Die Leute sind schon (gewöhnt) an den Lärm gewöhnt.
13. Du kannst (stolz) auf deine Kinder stolz sein.
14. Viele Leute sind (allergisch) gegen Blütenstaub allergisch.
15. Die Sekretärin ist schon (vertraut) mit dem Computer vertraut.

TEMA 27

I. 1. Vielen Dank für Deinen Brief vom ersten dritten.
2. Heute ist ja schon der neunzehnte! Ich dachte, wir hätten erst den siebzehnten!
3. Die Praxis ist vom fünfzehnten sieb(en)ten bis fünften achten geschlossen.
4. Können Sie am Dienstag, dem dritten sechsten, zu uns kommen?
5. Bis zum zweiundzwanzigsten elften müssen wir die Arbeit beendet haben.
6. Sicher werden wir schon vor dem dreißigsten zehnten fertig.
7. Zwischen dem vierundzwanzigsten zwölften und dem einunddreißigsten zwölften ist unser Büro geschlossen.

Tema 27. Soluciones

8. Können wir die Prüfung nicht auf den vierten neunten verschieben?
9. Das neue Gesetz gilt seit dem ersten neunten.

II. 1. Unser Verein hat den zweiten Platz im Volleyball errungen.
2. Wenn in der ersten Reihe kein Platz mehr frei ist, setzen wir uns in die zweite Reihe.
3. Vom elften Stockwerk aus hat man eine schöne Aussicht auf die Stadt.
4. Er macht die Mittelstufe I schon zum dritten Mal.
5. Deinen fünfzigsten Geburtstag werden wir groß feiern.
6. Frau Simon war dieses Jahr die millionste Besucherin des Freibads.
7. Jeder zehnte Bundesbürger jenseits des sechzigsten Lebensjahres ist zuckerkrank.
8. Bitte lesen Sie nun den vierten Abschnitt!
9. In der sechsundzwanzigsten Spielminute fiel das erste Tor.

III. 1. Am ersten neunten neunzehnhundertneununddreißig begann der Zweite Weltkrieg.
2. In der Zeitung steht, dass eine einundsechzigjährige Frau ein Kind bekommen hat.
3. Die Friedenskonferenz findet vom achtundzwanzigsten bis zum dreißigsten dieses Monats statt.
4. Das ist das dritte Mal, dass du mir das sagst.
5. Am fünfzehnten dieses Monats erscheint die achte Auflage dieses Buches.
6. In Spanien lebten Anfang der achtziger Jahre dreitausendzweihundertsechsundsechzig Hundertjährige.
7. Dieses Jahr feiern wir unseren siebenunddreißigsten Hochzeitstag.
8. Ab der sechsten Klasse haben wir Französisch.

IV. 1. Philipp der Zweite regierte von fünfzehnhundertsechsundfünfzig bis fünfzehnhundertachtundneunzig.
2. Fünfzehnhundertneunzehn wurde Karl der Erste als Karl der Fünfte zum deutschen König gewählt.
3. Die Hauptwerke der Romanik gehören dem zwölften Jahrhundert an.
4. Seit neunzehnhundertfünfundfünfzig ist Spanien Mitglied der Vereinten Nationen.
5. Francisco de Goya ist am dreißigsten dritten siebzehnhundert-

sechsundvierzig in Fuendetodos geboren und am sechzehnten vierten achtzehnhundertachtundzwanzig in Bordeaux gestorben.

TEMA 28

I. 1. Ja, ich bringe sie dir sofort.
    2. Ja, ich bringe ihn ihm sofort.
    3. Ja, ich bringe es ihr sofort.
    4. Ja, ich bringe ihn ihnen sofort.
    5. Ja, ich bringe sie ihr sofort.
    6. Ja, ich bringe sie ihm sofort.
    7. Ja, ich bringe es ihr sofort.
    8. Ja, ich bringe es ihr sofort.

II. 1. mich, 2. mich, 3. mir, 4. mir, 5. mir, 6. mir, 7. mich, 8. mich, 9. mir, 10. mir, 11. mir, 12. mich, mich, 13. mir.

III. 1. Bring(e) mir bitte die Pantoffeln!
    2. Ich bringe sie dir sofort.
    3. Die Suppe ist ausgezeichnet. Warum isst du sie nicht.
    4. Das Kleid gefällt mir nicht. Es ist zu weit.
    5. Die Vase gefällt mir nicht. Wir können sie Monika und Heinz schenken.
    6. Niemand versteht mich, niemand hört mir zu und niemand liebt mich.
    7. Wie geht es Ihnen?
    8. Ich gratuliere dir zum Geburtstag.
    9. Ich brauche das Wörterbuch.
       Ich gebe es dir sofort.
    10. Dieses Geschäft interessiert mich nicht.

IV. 1. Es, 2. sie, 3. es, 4. sie, 5. es, 6. es.

V. 1. Auf sie, 2. darüber, 3. über ihn, 4. an ihn, 5. nach Ihnen, 6. daran, 7. über sie, 8. mit ihr, 9. um sie.

VI. 1. In der Schublade ist kein Geld.
    2. Was gibt es heute zum Essen?
    3. In der Zeitung steht ein interessanter Artikel über «Der Wert des Abiturs heute».
    4. Im Fernsehen kommt ein Film von R.W. Faßbinder.

Tema 30. Soluciones

5. Was ist in dem Paket? Es ist sehr schwer.
6. Auf dem Foto ist ein gotischer Dom.
7. Wie viele Universitäten gibt es in Barcelona?
8. Vor 1916 gab es kein elektrisches Licht in diesem Dorf. Erst seit 1916 gibt es elektrisches Licht in diesem Dorf.

TEMA 29

I. 1. meinen, 2. unser, unserer, 3. seiner, 4. ihre, 5. seine, 6. dein, meins, 7. Ihr, 8. unsere, 9. mein, 10. ihrer, 11. seines, 12. unseren, 13. deine, 14. deins, 15. ihre, 16. ihres, ihrer, 17. meinen, 18. deine, 19. Unsere, 20. ihrem, ihr, 21. Ihrer, 22. Ihre, 23. Ihrer.

II. 1. Wie geht es dir und deiner Familie?
2. Bestellen Sie Ihrer Familie viele Grüße, Herr Buch.
3. In den Ferien vermisse ich meine Freunde.
4. Deine Brille liegt auf dem Tisch.
5. Wie heißt euer Deutschlehrer?
6. Unsere Kinder sind schon verheiratet.
7. Ich gehe nicht mehr zu unseren Nachbarn. Sie sprechen immer über ihre Kinder.
8. Wie findest du meine neue Bluse?
9. Der Direktor diktiert seiner Sekretärin einen Brief.
10. Ist Ihre Wohung fertig, Herr Bach?
11. Lydia denkt immer an ihren Freund.
12. Dr. Gross hat viele Probleme mit seinem Sohn.
13. Ich habe meinen Schirm im Bus liegen lassen.
14. Hier ist eine Tasche. Ist das Ihre Tasche, Frau Heim?
15. Ich würde gern alle Länder Europas, ihre Sprachen und ihre Gebräuche (Bräuche, Gewohnheiten) kennen lernen.

TEMA 30

I. 1. uns, 2. dich, dich, 3. mich, 4. uns, 5. mir, 6. uns, 7. mich, 8. mich, 9. mir, 10, uns, uns, 11. mich, mich, mir, mich, mir, mir, 12. dir, 13. dir, 14. dich, 15. mir, 16. dir, 17. mich, 18. mir, 19. dich, dir, 20. sich.

II. 1. Ich habe mir einen neuen Wagen gekauft.
2. Erinnerst du dich an mich?
3. Hast du dich schon an das Leben hier gewöhnt?

Nivel M

4. Ich komme sofort. Ich muss mich nur noch kämmen.
5. Ich möchte mich vorstellen. Ich heiße Albert Römer.
6. Es ist kalt. Zieh dir eine Jacke an!
7. Habt ihr euch schon entschuldigt?
8. Wir treffen uns um 7.00 Uhr vor dem Kino.
9. Ich schreibe mir deine Telefonnummer auf.
10. Wo kann ich mir die Hände waschen?
11. Ich interessiere mich nicht für die Politik.
12. Wir müssen uns mehr um die Umwelt kümmern.
13. Wir können uns in den Garten setzen.
14. Sie haben sich in der Discothek kennen gelernt.
15. Ich habe mir vorgenommen, nicht mehr zu rauchen.
16. Wenn er seine Schwiegermutter sieht, versteckt er sich.
17. Manchmal irrt man sich.
18. Du musst dir die Schuhe selber putzen.
19. Schämst du dich nicht?

TEMA 31

I. 1. Wessen Portemonnaie ist das?
    2. Wozu gratulieren sie ihm?
    3. Wen hat er geheiratet?
    4. Wo kommt der Zug an?
    5. Wie alt wird Henner nächste Woche?
    6. Als was arbeitet Silvia jetzt?
    7. Wofür interessierst du dich?
    8. Von wem hast du das erfahren?
    9. Wem gehört das Wörterbuch?
    10. An wie viele Firmen muss dieser Brief geschickt werden?
    11. Für welche Reise habt ihr euch entschieden?
        Wofür habt ihr euch entschieden?
    12. An wen erinnerst du dich noch gut?
    13. Wobei soll ich dir helfen?
    14. Wen soll ich fragen?
    15. Auf wen kann man sich immer verlassen?

II. 1. Woher hast du diese Idee?
    2. Welche Uhr nehmen Sie?
    3. Wie geht es deinen/Ihren Eltern?
    4. Wann wollt ihr einkaufen?
       Was habt ihr am Samstag vor?

Tema 32. Soluciones

      5. Was für einen Wagen sucht er?
      6. Wem gehört das Wörterbuch?
      7. Wie oft fährt der Bus an Werktagen?
      8. Wie viele Personen waren anwesend?

III. 1. Warum hat er gekündigt?
      2. Wozu macht er diese Reise?
      3. Wie heißt das Buch und wer hat es geschrieben?
      4. Wer hat das Telefon erfunden?
      5. Wann ist Goethe geboren?

IV. 1. Worauf? Worüber?
      2. Worüber? Über wen?
      3. Wofür? Wem?
      4. Wozu? Wem?
      5. Wonach? Wen? Nach wem?
      6. Wonach? Bei wem?
      7. Worüber? Über wen?
      8. Worüber? Über wen?
      9. Worauf? Auf wen?
    10. Womit? Mit wem?

TEMA 32

I. 1. Es kann einen schon ärgern, wenn die Eltern einen dauernd kontrollieren, wenn sie einem dauernd Ratschläge geben, die man nicht hören will.
      2. einem.
      3. einem.
      4. man, einem.
      5. Sie grüßen einen, fragen, wie es einem geht, erklären einem alles, wenn man sie etwas fragt, geben einem Auskunft, zeigen einem den Weg und laden einen sogar zu einem Glas Bier ein.
      6. einen, man.
      7. einen.

II. 1. welches, 2. welche, 3. eins, 4. eins, 5. einer, 6. welchen, 7. einer, 8. welche, 9. eins, 10. einem.

III. 1. Alle für einen und einer für alle.
      2. Nicht alles Billige ist schlecht.

Nivel M

Nicht alles, was billig ist, ist schlecht.
3. Ich esse keinen Käse, alles andere esse ich.
4. Ich möchte ein Kleid, eins mit langen Ärmeln.
5. Hier könnte einem schlecht werden.
6. Mit allem anderen war ich einverstanden.
7. Alles war leicht.
8. Ich möchte mit dem Chef sprechen, ich möchte mit niemand anderem (niemand anders) sprechen.
9. Niemand wusste den Weg.
10. Ich ging, ohne mich von jemand(em) zu verabschieden.

IV. 1. mit vielen, viele. 2. ...., ..., 3. mit vielem, 4. allen, 5. Allen, Vielen, 6. allen, 7. Alles.

TEMA 33

I. 1. Anfang dieses Jahres, 2. Diese Arbeit, 3. diesen und jenen, 4. Diesen, 5. dieses, 6. Ende dieses Monats, 7. diesem, 8. derer, 9. denen, 10. die, 11. diesen, 12. dem, 13. das, der, 14. derselben, 15. Diese, eine solche.

II. 1. Setz dich in diesen Sessel! Der ist bequemer als dieser Stuhl.
2. Diese Armbanduhr hat mir mein Mann geschenkt.
3. Dieser Roman gefällt mir nicht.
4. Das ist mein Großvater.
5. Heute abend wollen wir nicht ins Kino gehen.
Heute abend haben wir nicht vor, ins Kino zu gehen.
6. Soll ich so gegen fünf kommen?
7. Seit dem Tag haben sie ihn nicht mehr gesehen.
8. Mir scheint, dass das die beste Lösung ist.
9. Diese Bluse steht dir sehr gut.
10. Das ist Carmen. Sie ist Rechtsanwältin.
11. Sie ist krank und deshalb konnte sie nicht kommen.
12. Sieh mal, du trägst den gleichen Pullover wie ich!

III. 1. Bei solch herrlichem Wetter ....
Bei solchem herrlichen/Bei solchem herrlichem.
2. Solch altes Zeug ....
Solches alte Zeug.
3. Mit solchen Leuten ....

Tema 34. Soluciones

4. solch herrliches Wetter........
   solches herrliche Wetter.
5. solche Kopfschmerzen........
6. solchen Unsinn.
7. solchen.
8. solchen.
9. solche.
10. solche.

TEMA 34

I. 1. *a)* Das Mittelmeer, dessen tiefste Stelle 5015 m beträgt, ist 3 Millionen qkm. groß.
   b) Das Mittelmeer, dessen Wasser einen Salzgehalt von mehr als 35 % hat........
   c) Das Mittelmeer, das wirtschaftlich bedeutsam ist,........
   d) Das Mittelmeer, in dem es u. a. Thunfisch........
2. *a)* Der Bodensee, den die Römer *Lacus Venetus* nannten, ist der zweitgrößte See Europas.
   b) Der Bodensee, der von sanften Hügeln umgeben ist,........
   c) Der Bodensee, durch den der Rhein fließt,........
   d) Der Bodensee, dessen größte Tiefe 252 m beträgt.
3. *a)* Die Alpen, die etwa 1100 km lang und 150-250 km breit sind, sind das höchste Gebirge Europas.
   b) Die Alpen, deren Tierwelt durch Hochgebirgstiere gekennzeichnet ist,........
   c) Die Alpen, in denen der Fremdenverkehr von größter Bedeutung ist,........
   d) Die Alpen, die man dem Bau nach in Westalpen und Ostalpen unterteilen kann,........
4. *a)* Die Schweiz, die reich an Seen ist, ist ein Bundesstaat in Mitteleuropa.
   b) Die Schweiz, deren amtliche Bezeichnung «Schweizerische Eidgenossenschaft» ist,........
   c) Die Schweiz, deren vier Sprachen als Landessprachen anerkannt sind,........
   d) Die Schweiz, in der der Fremdenverkehr wirtschaftlich sehr wichtig ist,........
   e) Die Schweiz, die heute in erster Linie Industrieland ist,........

Nivel M

II. 1. Das Motorrad, das vor dem Haus steht, gehört meiner Tochter.
2. Wer ist die Frau, die du gerade gegrüßt hast?
3. Der Student, der bei uns wohnt, ist Kanadier.
4. Weißt du etwas von dem Professor, dem gekündigt worden ist? (der entlassen worden ist).
5. Wer ist der Junge, mit dem du getanzt hast?
6. Es gibt viele Studenten, deren Namen ich nicht kenne.
7. Endlich kommt der Brief an, auf den ich so lange gewartet habe.
8. Sie spricht immer über Dinge, von denen sie nichts versteht.
9. Weißt/Kennst du jemand(en), der mir helfen kann?
10. Da kommt die Frau, deren Tochter den ersten Preis in einem Schönheitswettbewerb gewonnen hat.

III. 1. die, 2. dessen, 3. den, 4. deren, 5. denen, 6. denen, 7. dem.

TEMA 35

I. 1. Der Kalender hängt an der Wand.
2. Der Teppich liegt auf dem Fußboden.
3. Der Fernseher steht in der Ecke.
4. Die Familie sitzt im Esszimmer.
5. Die Stehlampe steht neben dem Sofa.
6. Die Zeitschriften liegen auf dem Tisch.
7. Der Schreibtisch steht neben dem Fenster.

II. 1. auf den, 2. in der, 3. auf das, 4. unter den, 5. unter dem, 6. auf dem, 7. auf die.

III. 1. auf den, 2. neben das, 3. in, auf, 4. an der, 5. auf dem, 6. über das, 7. neben die, das, 8. auf dem.

IV. 1. Der Schrank steht an der Wand/neben dem Fenster.
2. Die Katze springt auf den Schreibtisch.
3. Die Mutter steht vor dem Fenster/zwischen der Spüle und dem Kühlschrank.
4. Die Katze sitzt auf dem Bett.
5. Michael liegt auf dem Bett/vor dem Bett.
6. Das Bild hängt an der Wand/neben dem Fenster.
7. Der Apfel rollt unter die Couch.
8. Petra geht ins Bad.
9. Der Tisch steht vor dem Fenster.

Tema 36. Soluciones

V. 1. um, 2. von, 3. Im, 4. am, 5. vom, 6. am, 7. Um, 8. Um, zu.

VI. 1. Um 10.15 Uhr muss ich beim Zahnarzt sein.
2. Das Bild hängt an der Wand.
3. Die Tasche steht unter dem Stuhl.
4. Juan ist nicht zu Hause.
5. Heute gehe ich zu meinem Sohn.
6. Es ist schon spät. Ich gehe nach Hause.
7. Jedes Wochenende fahren wir an den Strand oder in die Berge.
8. Der Brief kommt aus dem Ausland.
9. Frau Berkel ist noch nicht vom Friseur zurück(gekommen).
10. Ich habe meinen Mantel zur Reinigung gebracht.
11. Er nimmt das Buch aus der Tasche.
12. Um 17.00 Uhr komme ich von der Arbeit.
13. Seit zwei Jahren arbeite ich bei der Post.
14. Ich bin vor zwei Wochen angekommen.
15. Jetzt komme ich vom Arzt.
16. Es ist schon ein Uhr und Mutti ist immer noch beim Friseur.

VII. 1. Vor, 2. Seit, 3. Vor, 4. Seit, 5. Vor, 6. Vor, 7. Vor, 8. Seit, 9. Seit, 10. Seit, 11. Seit, 12. Vor, 13. Seit, 14. Seit, 15. Vor, 16. seit.

VIII. 1. Vor zwei Jahren haben wir geheiratet.
2. Seit zwei Jahren sind wir verheiratet.
3. Seit zwei Monaten ist er krank.
4. Vor einer Woche bin ich angekommen.
5. Seit drei Jahren wohne ich in München.
6. Seit zwei Jahren arbeite ich bei Perezó S. A.
7. Vor zwei Jahren haben wir das Geschäft eröffnet.
8. Seit 9 Uhr sind die Banken geöffnet.
9. Vor einer Viertelstunde hat der Film angefangen.
10. Seit zwei Nächten habe ich nicht geschlafen/schlafe ich nicht.

TEMA 36

I. 1. her, 2. hinzugehen, hin, 3. her, 4. herauf, 5. hinaufgehen, 6. hinuntertragen, 7. hervor, 8. hin, 9. hinein, 10. herein, 11. hineingehen, 12. her.

Nivel M

II. 1. herein, 2. hinaus, 3. hinunter, 4. herunter, 5. hinein, 6. herein, 7. herauf, 8. hinüber, 9. herunter, 10. hinein.

III. 1. Ich habe versucht, hineinzugehen, aber sie haben niemand(en) hineingelassen.
2. Bitte geh in den Keller (hinunter) und hol drei Flaschen Wein herauf.
3. Kommen Sie bitte herein!
4. Was machst du da oben?
   Ich suche etwas. Bitte komm herauf!
5. Die kleine Ursula ist die Treppe hinuntergefallen.
6. Die Stiefel gehen nicht in den Schrank hinein.
7. Ich kann nicht zur Elternversammlung gehen, aber mein Mann geht hin.
8. Das Auto kam von vorn(e), nicht von rechts.
9. Ich habe deine Brille irgendwo gesehen, aber ich weiß nicht wo.
10. Woher weißt du das?
11. Wir sind schon überallhin gereist, außer nach Japan.
12. Wenn der Badeanzug nass ist, (dann) nimm ihn bitte aus der Tasche!
13. In dem Auto ist ein Hund. Der arme! Er will hinaus.
14. Bist du immer noch nicht unten im Keller gewesen?
    Nein? Dann geh mal hinunter/nach unten!
15. Der Aufzug fährt hinauf/nach oben, aber nicht hinunter/nach unten.

TEMA 37

I. 1. da, 2. gleich, 3. sofort, 4. bald, 5. später, 6. Vorhin, 7. dann, früher, 8. früher, 9. künftig, 10. Damals, 11. dann, 12. gerade, 13. heute, 14. Jetzt, 15. Später.

II. 1. Wir erreichten den Bahnhof, da fuhr der Zug ab.
2. Zuerst mache ich die Hausaufgaben, dann (danach) fahre ich zu dir.
3. Werfen Sie zuerst das Geld ein und wählen Sie dann/danach die Telefonnummer.
4. Monika ist mit einem Griechen befreundet. Seitdem lernt sie Griechisch.
5. Du zeigst den Gästen unser Haus, inzwischen koche ich Kaffee.
6. Der Strom ist abgestellt. Solange können wir nicht fernsehen.

Tema 38. Soluciones

III. 1. Viele Leute glauben, dass früher alles besser war.
2. Du sollst sofort zum Chef kommen. Er wartet schon auf dich.
3. Die praktische Prüfung ist am 6. Oktober, aber die theoretische Prüfung wird einen Tag vorher gemacht.
4. Jetzt nicht, ich mache es hinterher/später.
5. Zuerst müssen Sie das Formular ausfüllen, dann können Sie es am Schalter 8 abgeben.
6. Endlich hat er mir das Geld gegeben.
7. Am Anfang/Zuerst war die Party langweilig, aber zuletzt haben wir uns doch noch amüsiert. (........ haben wir doch noch Spaß gehabt).
8. Wir machen zuerst eine Pause und dann/anschließend spricht Professor Kluge über die Rolle des Schriftstellers in der modernen Gesellschaft.
9. Wir haben uns damals kennen gelernt, als ich meine Ferien an der Costa Brava verbrachte.
10. Wo ist der Brief?
Vorhin lag er auf dem Tisch.

TEMA 38

I. 1. Es regnete in Strömen. Trotzdem gingen wir spazieren.
2. Er hatte zuviel gegessen. Deshalb wurde ihm schlecht.
Ihm wurde schlecht. Er hatte nämlich zuviel gegessen.
3. Peter hatte schreckliche Zahnschmerzen. Trotzdem ging er nicht zum Zahnarzt.
4. Silvia hatte ihr Portemonnaie vergessen. Deshalb kam sie noch einmal zurück.
Silvia kam noch einmal zurück. Sie hatte nämlich ihr Portemonnaie vergessen.
5. Er hatte uns gesehen. Trotzdem grüßte er uns nicht.

II. 1. A) Worüber sprecht ihr?
B) Über unsere Probleme.
A) Darüber habt ihr doch schon gestern gesprochen.
2. A) Woran denkst du?
B) An meine Zahnschmerzen.
A) Es ist aber nicht gut, wenn du dauernd daran denkst.
3. A) Worauf wartest du?
B) Auf einen Termin beim Zahnarzt.
A) Darauf warte ich schon seit zwei Wochen.

Nivel M

4. A) Wonach schmecken die Tabletten?
   B) Nach Pfefferminz.
   A) Schmecken Sie wirklich danach?
5. A) Womit hast du angefangen?
   B) Mit Gymnastik.
   A) Damit möchte ich eigentlich auch anfangen.
6. A) Worauf sollst du achtgeben?
   B) Auf meine Gesundheit.
   A) Darauf sollte eigentlich jeder achtgeben.

III. 1. A) Worüber unterhaltet ihr euch?
        Worüber sprecht ihr?
   2. A) Worauf wartest du?
   3. A) Womit willst du aufhören/Schluss machen?
   4. A) Wonach schmecken die Tabletten?
   5. A) Worüber freust du dich?
   6. A) Worüber beschwert ihr euch?
      A) Worüber ärgert ihr euch?
   7. A) Worüber ärgert ihr euch?

IV. 1. Seit 1951 gibt es regelmäßig im Sommer Aufführungen von verschiedenen Wagner-Opern im Festspielhaus in Bayreuth.
   Aufführungen von verschiedenen Wagner-Opern gibt es seit 1951 regelmäßig im Sommer in Bayreuth im Festspielhaus.
   Im Festspielhaus in Bayreuth gibt es seit 1951 im Sommer regelmäßig Aufführungen von verschiedenen Wagner-Opern.
   2. Unsere Straße ist wegen Bauarbeiten von Montag bis Freitag vormittags gesperrt.
   Wegen Bauarbeiten ist unsere Straße vormittags von Montag bis Freitag gesperrt.
   3. Die drei Freunde liefen wegen des Unwetters so schnell sie konnten zum Wagen und sprangen hinein.
   Wegen des Unwetters liefen die drei Freunde so schnell sie konnten zum Wagen und sprangen hinein.

TEMA 39

I. 1. denn, 2. aber, 3. mal, 4. doch, 5. bloß.

II. 1. ja, denn, 2. mal, aber, 3. doch/mal/aber/ruhig/auch, 4. doch, 5. denn, 6. einfach, 7. ruhig, 8. denn, 9. denn, einfach, 10. aber,

Tema 40. Soluciones

auch 11. nur (bloß), 12. nur (bloß, doch), 13. ruhig (doch, einfach), 14. mal, doch, einfach.

III. 1. Was ist denn mit dir los?
2. Warum mache ich bloß (nur) immer alles falsch?
3. Was kommt heute eigentlich im Fernsehen?
Was gibt es denn heute im Fernsehen?
4. Sag mal, um wieviel Uhr wollten wir uns eigentlich treffen?
5. Könntest/Kannst du mir mal einen Gefallen tun?
6. Wie hast du das nur (bloß) gemacht?
7. Hast du dir auch die Hände gewaschen?

TEMA 40

I. 1. nicht, 2. keinen, 3. nicht, 4. kein, 5. keine, 6. nicht, keinen, 7. nicht, nicht.

II. 1. Ich darf wegen der Zahnbehandlung drei Stunden lang nichts essen.
2. Ich bin wegen des schlechten Wetters heute morgen mit dem Hund nicht im Park spazieren gegangen.
Ich bin heute morgen wegen des schlechten Wetters nicht mit dem Hund im Park spazieren gegangen.
Ich bin wegen des schlechten Wetters heute morgen nicht mit dem Hund im Park spazieren gegangen.
3. Ich habe die Hausaufgaben aus Zeitmangel gestern nicht machen können.
Ich habe die Hausaufgaben gestern aus Zeitmangel nicht machen können.
4. Ich habe ihm gestern beim Tanzen aus Höflichkeit nichts gesagt.
Ich habe ihm aus Höflichkeit gestern beim Tanzen nichts gesagt.
5. Einige Schüler können wegen ihrer Prüfungen einige Wochen lang nicht mehr zum Unterricht kommen.
Einige Schüler können einige Wochen lang wegen ihrer Prüfungen nicht mehr zum Unterricht kommen.

III. 1. Nein, ich habe noch keins gefunden.
2. Nein, wir haben nicht mehr lange diskutiert.
3. Nein, danke, ich möchte keinen mehr.
4. Nein, es ist niemand mehr gekommen.
5. Nein, ich habe nichts mehr zu sagen.

Nivel M

    6. Nein, ich habe sie noch nicht gelesen.
    7. Nein, wir haben noch nichts darüber gehört.
    8. Nein, ich möchte nichts mehr darüber hören.
    9. Nein, ich will ihn nicht mehr sehen.
  10. Nein, ich bin noch nie von ihm eingeladen worden.
  11. Nein, es hat sich niemand mehr eingeschrieben.

IV. 1. Ich schreibe dir heute *nicht* (S).
      Ich schreibe dir nicht *heute* (T).
      Nicht *ich* schreibe dir heute (T).
   2. Ich zeige euch meine Urlaubsfotos *nicht* (S).
      Ich zeige euch *nicht* meine Urlaubsfotos (T).
      Euch zeige ich meine Urlaubsfotos nicht (S).
   3. Er hat mir gestern nicht *geantwortet* (S).
      Er hat mir nicht *gestern* geantwortet (T).
      Nicht *er* hat mir gestern geantwortet (T).
   4. Wir verkaufen das Haus *nicht* (S).
      Wir verkaufen nicht *das Haus* (T).
      Nicht *wir* verkaufen das Haus (T).
   5. Wir wollen nicht *mit dem Bus* nach Spanien fahren (T).
      Wir wollen mit dem Bus nicht *nach Spanien* fahren (T).
      Nicht *wir* wollen mit dem Bus nach Spanien fahren (T).

V. 1. Er hat mir nichts gesagt.
   2. Wir stehen nie vor 11.00 Uhr auf.
   3. Er will nicht mit mir Tennis spielen, sondern mit dir.
   4. Gestern abend sind wir nirgendwohin gegangen.
   5. In den Ferien fahren wir nicht in die Pyrenäen, sondern in die Alpen.
   6. Es ist niemand gekommen. (Niemand ist gekommen.)
   7. Wir wollen nicht das ganze Haus verkaufen, sondern nur die beiden Wohnungen im Erdgeschoss.
   8. Wir wollen das Haus nicht verkaufen.
   9. Frag ihn (nur/bloß) nicht, denn er weiß überhaupt nichts.

TEMA 41

I. 1. Ich habe mehrere Male angerufen, aber niemand meldete sich.
   2. Ich habe überall meine Brille gesucht, jedoch habe ich sie nicht gefunden (........, ich habe sie jedoch nicht gefunden.)
   3. Ich hatte die Brille im Auto gelassen, deshalb konnte ich sie nicht finden.

Tema 41. Soluciones

    4. Vor der Fahrprüfung waren wir sehr aufgeregt, denn wir fürchteten durchzufallen.
       Vor der Fahrprüfung waren wir sehr aufgeregt, weil wir fürchteten durchzufallen.
    5. Eva hatte die Vorfahrt nicht beachtet, deshalb bestand sie die Prüfung nicht.

II. 1. Unsere Firma hatte ein großes Betriebsfest organisiert, denn man wollte das 100-jährige Bestehen der Firma feiern.
       Man wollte das 100-jährige Bestehen der Firma feiern, deshalb hatte unsere Firma ein großes Betriebsfest organisiert.
       Unsere Firma hatte ein großes Betriebsfest organisiert, weil man das 100-jährige Bestehen der Firma feiern wollte.
   2. Es gab Vorträge und ein gemeinsames Abendessen mit Tanz und Unterhaltung, denn die Mitarbeiter sollten einen angenehmen Abend verbringen und sich privat besser kennen lernen.
       Die Mitarbeiter sollten einen angenehmen Abend verbringen und sich privat besser kennen lernen, deshalb gab es Vorträge und ein gemeinsames Abendessen mit Tanz und Unterhaltung.
   3. Jedoch uns gefiel es nicht. Deshalb haben wir das Fest frühzeitig am Abend verlassen.
       Uns gefiel es jedoch nicht. Deshalb haben wir das Fest frühzeitig am Abend verlassen.
       Wir haben das Fest frühzeitig am Abend verlassen, weil es uns nicht gefiel (denn es gefiel uns nicht).

III. 1. Sie können entweder einen Vorbereitungskurs bei uns besuchen, oder (Sie können) sich auch zu Hause auf die Prüfung vorbereiten.
   2. Der Kurs ist nicht nur eine Vorbereitung auf die Prüfung, sondern Sie lernen auch die anderen Teilnehmer kennen.
   3. Ich hätte zwar Lust, den Kurs zu besuchen, aber die Unterrichtszeit ist sehr ungünstig für mich.
       Einerseits hätte ich Lust den Kurs zu besuchen, andererseits ist aber die Unterrichtszeit sehr ungünstig für mich.
   4. Im Kurs werden sowohl die Bücher der Lektüreliste besprochen als auch die Techniken der Prüfung geübt.
       Im Kurs werden nicht nur die Bücher der Lektüreliste besprochen, sondern auch die Techniken der Prüfung geübt.
   5. So ist das: Einerseits verlangen die Firmen ein Diplom, andererseits gewähren sie einem keine Freizeit für die Weiterbildung.

Nivel M

So ist das: Die Firmen verlangen zwar ein Diplom, aber sie gewähren einem keine Freizeit für die Weiterbildung.

IV. 1. Er war weder zu Haus noch in seinem Büro.
2. Einerseits würde ich gern mit euch gehen, andererseits möchte ich die Kinder aber nicht allein lassen.
3. Ich habe mehrere Male geklingelt, aber niemand hat mir die Tür geöffnet.
4. Er hat sicher viel Arbeit, sonst wäre er gekommen.
5. Wir müssen uns beeilen, sonst verpassen wir den Zug.
6. Das Kleid mag zwar modern sein, aber es steht mir nicht.
7. Die Tante braucht nicht ins Krankenhaus (zu gehen), sondern (sie) kann zu Haus bleiben.
8. Ich laufe gern Ski, deshalb nehme ich meinen Urlaub im Winter.
9. Herr Kuhlmann darf keine Süßigkeiten essen, weil er Diabetiker ist. (........., denn er ist Diabetiker.)
10. Ich melde mich noch nicht für die Prüfung an, sondern mache sie (die Prüfung)/es (das Anmelden) im September.

TEMA 43

I. 1. Der Kunde fragt, wieviel dieser Wein kostet.
2. In der Zeitung steht, dass die Opposition die Wahlen gewonnen hat.
3. Ich habe gehört, dass das Wetter besser werden soll.
4. Wer sagt denn, dass hier nicht gearbeitet wird?
5. Ich frage mich manchmal, ob du wirklich normal bist.

II. 1. Die Schüler wollen wissen, wie teuer ein Intensivkurs ist.
2. Die Schüler wollen wissen, ob man einen Einstufungstest machen muss.
3. Die Schüler wollen wissen, wann der letzte Unterrichtstag ist.
4. Die Schüler wollen wissen, ob man ein Stipendium bekommen kann.
5. Die Schüler wollen wissen, wie viele Schüler in der Klasse sind.
6. Die Schüler wollen wissen, ob man auch ein Zeugnis bekommt.
7. Die Schüler wollen wissen, ob man sich für zwei Kurse einschreiben kann.
8. Die Schüler wollen wissen, wer den Kurs gibt.

Tema 43. Soluciones

     9. Die Schüler wollen wissen, ob am Ende des Kurses eine Prüfung gemacht wird.
    10. Die Schüler wollen wissen, ob auch Filme gezeigt werden.
    11. Die Schüler wollen wissen, welches Buch benutzt wird.
    12. Die Schüler wollen wissen, ob man auch das Arbeitsbuch kaufen muss.

III. 1. Klaus möchte wissen, ob wir mit dem Zug oder mit dem Auto kommen.
    2. Er sagt, dass er uns abholt, wenn wir mit dem Zug kommen.
    3. Wir müssen nachsehen, wann der Zug fährt und wie lange die Fahrt dauert.
    4. Mich interessiert auch, ob wir umsteigen müssen.
    5. Hier steht, dass der Zug dreimal am Tag fährt.
    6. Wann fahren Sie dieses Jahr in Urlaub?
       Ich weiß noch nicht, wann ich meinen Urlaub nehme, ob im September oder Dezember.
    7. Wenn es möglich ist, mache ich dieses Jahr im Winter Urlaub.

IV. 1. Ich weiß nicht, ob der Direktor da ist.
    2. Wann kommt Karl?
    3. Ich weiß nicht, ob er kommt.
    4. Schade, dass er nicht kommen kann!
    5. Wissen Sie, ob der Bus bis zum Bahnhof fährt?
    6. Wenn du Fieber hast, müssen wir den Arzt (an)rufen.
    7. Ich weiß nicht, ob sie Französisch spricht.
    8. Ich bin nicht sicher, ob er um 7 oder um 8 kommt.
    9. Wenn du willst, können wir ins Kino gehen.
   10. Wissen Sie, wann der Zug abfährt?
   11. Sehen Sie bitte nach, ob das Fenster geschlossen ist.
   12. Schließen Sie es, wenn Sie können.
   13. Wann beginnt der Kurs?
   14. Wenn er am 24. beginnt, kann ich nicht kommen.

V. 1. Ich freue mich (darüber), dass du kommst.
   2. Er half ihr (dabei), das Geschirr zu spülen.
   3. Haben Sie (davon) gehört, dass er einen Unfall hatte?
   4. Bitte sie doch (darum), dass sie dir hilft!
   5. Er beklagte sich (darüber), dass er schlecht behandelt werde.
     Er beklagte sich (darüber), schlecht behandelt zu werden.
   6. Ich bin dafür, dass wir streiken. (Ich bin dafür zu streiken.)
   7. Er hat sich daran gewöhnt, dass man ihn kritisiert.

Er hat sich daran gewöhnt, kritisiert zu werden.
8. Viele Leute träumen davon, auf einer einsamen Insel zu leben.
9. Ich konnte ihn (davon) überzeugen, dass er Unrecht hatte.

TEMA 44

I. 1. Da wohnt der Mann, den man selten sieht.
Da wohnt der Mann, dessen Frau vor kurzem gestorben ist.
Da wohnt der Mann, von dem ich dir schon erzählt habe.
Da wohnt der Mann, bei dem ich früher gewohnt habe.
2. Das ist Griselda, die hier katalanische Philologie studiert.
Das ist Griselda, deren Schwester Stewardess ist.
Das ist Griselda, mit der ich in einer Wohngemeinschaft wohne.

II. 1. Das ist die ältere Dame, deren Auto oft vor dem Haus steht.
Das ist die ältere Dame, der die 7 Katzen gehören.
Das ist die ältere Dame, die sich oft auf der Terrasse sonnt.
2. Das sind die Geschwister, die sich immer streiten.
3. Das ist der Junggeselle, der oft Damenbesuch bekommt.
Das ist der Junggeselle, dem das Haus gehört.
4. Das ist das junge Mädchen, dem das Haus gehört.
5. Das ist die Reporterin, deren Auto oft vor dem Haus steht.
Das ist die Reporterin, der die 7 Katzen gehören.
Das ist die Reporterin, die sich oft auf der Terrasse sonnt.
6. Das ist der Mann, der oft Damenbesuch bekommt.
Das ist der Mann, dem das Haus gehört.

III. 1. Endlich kommt der Lottogewinn, auf den ich schon so lange gewartet hatte.
2. Frau Fritz, deren Mann immer mit anderen Frauen ging, hat sich scheiden lassen.
3. Der Hund, den die Kinder immer geärgert hatten, biss ein Kind in den Arm.
4. Der Wagen, mit dem wir einen Unfall hatten, ist jetzt auf dem Autofriedhof.
5. Karl hat die Frau, die eine Heiratsannonce in die Zeitung gesetzt hatte, geheiratet.
6. Der Mann, dem das Auto gestohlen worden ist, ist Vertreter.
7. Die Polizei hat die Aktentasche, die aus einem Auto gestohlen worden war, gefunden.

Tema 45. Soluciones

    8. Viele Leute würden gern auf eine einsame Insel (ziehen), auf der sie wie Robinson Crusoe leben würden, ziehen.
    9. Unsere Tochter ist von zu Hause ausgezogen, worüber wir uns geärgert haben.
  10. Unsere Tochter, über die wir uns oft geärgert haben, ist von zu Hause ausgezogen.

IV. 1. Wer alles besser wissen will, den kann man nicht belehren.
    2. Wer zuletzt lacht, lacht am besten (Sprichwort).
    3. Wer abnehmen will, (der) soll mich fragen.
    4. Wem das nicht passt, der kann gehen.
    5. Was du heute kannst besorgen, das verschiebe nicht auf morgen (Sprichwort).
    6. Wer die Prüfung nicht besteht, (der) kann sie im Juni noch einmal machen.
    7. Wem eine alte Wohnung genügt, (der) braucht weniger Miete zu bezahlen.
    8. Wofür man sich interessiert, dafür hat man immer Zeit.
    9. Wen sie nicht mag, (den) lädt sie nicht ein.

TEMA 45

I. 1. Bevor sie in die Disco geht, schminkt sie sich.
   2. Bevor er mit seiner Freundin ausgeht, duscht er.
   3. Bevor wir in Urlaub fahren, bringen wir das Auto in die Werkstatt.
   4. Bevor ich dich besuche, rufe ich dich an.
   5. Bevor ich die Bluse anziehe, bügele ich sie.

II. 1. Nachdem ich gefrühstückt habe, gehe ich zur Arbeit.
    2. Nachdem er die Zeitung gelesen hat, fängt er zu arbeiten an.
    3. Nachdem ich eine Schlaftablette genommen habe, gehe ich zu Bett.
    4. Nachdem wir das Dalí-Museum besichtigt haben, gehen wir essen.
    5. Nachdem ich geklopft habe, trete ich ein.
    6. Nachdem sie die Maus gesehen hatte, schrie sie.
    7. Nachdem ich gegessen habe, nehme ich das Medikament.
    8. Nachdem er zehn Stunden gearbeitet hatte, war er müde.
    9. Nachdem er sie gesehen hatte, verliebte er sich in sie.
  10. Nachdem sie die Fahrprüfung bestanden hatte, kaufte sie sich ein Auto.

Nivel M

III.
1. Während sie arbeitet, raucht sie eine Zigarette.
2. Während die Familie zu Mittag isst, erzählen die Kinder vom Schulausflug.
3. Während ich Vokabeln lerne, höre ich Musik.
4. Während er singt, hören alle zu.
5. Während der Lehrer spricht, schlafen viele Schüler.
6. Während der Referent einen Vortrag hält, lesen einige Leute Zeitung.

IV.
1. Während wir essen, sehen wir immer fern.
2. Seitdem das Semester begonnen hat, nimmt sie Haschisch.
3. Bevor ich frühstücke, mache ich Gymnastik.
4. Als ich einstieg, verlor ich meinen Schuh.
5. Nachdem wir angekommen waren, gingen wir in den Biergarten.
6. Bevor ich einschlafe, lese ich einen Krimi.
7. Seit(dem) ich den Unfall hatte, fahre ich nicht mehr Auto.
8. Wenn es regnet, gehen wir gern spazieren.
9. Als sie aufstand, brach sie sich ein Bein.
10. Nachdem wir eingekauft hatten, setzten wir uns ins Parkcafé.

V.
1. Als ich heiratete, hatte ich keine Wohnung.
2. Wenn ich esse, spreche ich nicht.
3. Bevor du den Vertrag unterschreibst, musst du ihn dir gut durchlesen.
4. Seit(dem) ich eine Brille trage, sehe ich besser.
5. Seit(dem) ich auf dem Land lebe, geht es mir besser.
6. Während der Lehrer die Grammatik erklärte, schliefen die Schüler.
7. Nachdem er angekommen war, rief er uns sofort an.
8. Nachdem wir die Arbeit beendet hatten, tranken wir zusammen ein Glas Sekt.

TEMA 46

I.
1. ..., als ob sie in Deutschland gewesen wäre.
2. ..., als ob er Direktor wäre.
3. ..., als ob er ledig wäre.
4. ..., als ob es ihr schlecht ginge.
5. ..., als ob er gut verdiente.
6. ..., als ob du viel Zeit hättest.

Tema 47. Soluciones

II. 1. Ich habe den Vertrag unterschrieben, ohne ihn vorher durchzulesen.
2. Eva hat geheiratet, ohne dass die Eltern davon wussten.
3. Viele Leute schaffen sich ein Haustier an, ohne zu überlegen, ob sie sich wirklich darum kümmern können.
4. Wir haben uns einen Computer gekauft, ohne zu wissen, wie man ihn bedient.
5. Sie nahm das Geld, ohne zu fragen.
6. Ich habe ihr schon mehrere Male geschrieben, ohne dass sie mir geantwortet hat.

III. 1. Statt zu frühstücken, nimmt sie Vitamintabletten.
2. Statt die Geräte reparieren zu lassen, werfen die Leute sie weg.
3. Statt so viel fernzusehen, solltest du gute Bücher lesen.
4. Statt sich um seine Familie zu kümmern, geht er abends in die Kneipe.
5. Statt zum Unterricht zu gehen, machten wir einen Stadtbummel.

IV. 1. Dadurch, dass ich viel auf Deutsch gelesen habe, habe ich gut Deutsch gelernt.
(Indem ich viel auf Deutsch gelesen habe, ...)
2. Dadurch, dass er jeden beleidigte, machte er sich unbeliebt.
(Indem er jeden beleidigte, ...)
3. Dadurch, dass du dich impfen lässt, kannst du dich vor Grippe schützen.
(Indem du dich impfen lässt, ...)
4. Dadurch, dass Sie langsam fahren, können Sie Verkehrsunfälle vermeiden.
(Indem Sie langsam fahren, ...)
5. Dadurch, dass du den Wecker stellst, wirst du bestimmt morgen früh wach.
(Indem du den Wecker stellst, ...)

TEMA 47

I. 1. Er verdient so viel, dass er nicht weiß, was er mit dem Geld machen soll.
2. Er hat so viel Geld, dass er nicht weiß, wie er es anlegen soll.
Er hat viel Geld, so dass er nicht weiß, wie er es anlegen soll.
3. Dieser Junge gab so eine/eine so freche Antwort, dass er von seiner Mutter eine Ohrfeige bekam.

Nivel M

    Dieser Junge gab eine freche Antwort, so dass er von seiner Mutter eine Ohrfeige bekam.
4. Der Text ist so kompliziert, dass ich ihn nicht übersetzen kann.
5. Der Fernsehfilm ist so langweilig, dass man dabei einschläft.
6. Er hatte so großen Hunger, dass er nichts übrig ließ.
7. Alles geschah so schnell, dass ich nicht reagieren konnte.
8. Das Haus ist so alt, dass es besser ist, es abzureißen als es zu renovieren.
9. Unsere Kinder müssen so viele Hausaufgaben machen, dass sie vor Mitternacht nicht zu Bett gehen können.
10. Der Lehrer unterrichtete so schlecht, dass die Schüler sich über ihn beschwerten.

II. 1. Er ist zu klug, um unsere Geschichte zu glauben.
2. Er geht zu schnell, als dass ich ihn einholen könnte.
3. Die Kinder sind zu klein, als dass man sie allein lassen könnte.
4. Die Fahrt war zu anstrengend, als dass ich sie noch einmal machen würde.
5. Er hat zu wenig Erfahrung, um diese Arbeit zu machen.
    Er hat zu wenig Erfahrung, um diese Arbeit machen zu können.

III. 1. Die Kinder sind zu klein, als dass man sie allein lassen könnte.
2. Ich habe so viele Stunden gelesen, dass mir die Augen weh tun.
3. Das Buch war so spannend, dass ich nicht aufhören konnte zu lesen.
4. Bobby ist so ein intelligenter Hund, dass er fast alles versteht, was man ihm sagt.
    Bobby ist ein so intelligenter Hund, ...
5. Der Dieb lief zu schnell, als dass ich ihn hätte verfolgen können.
6. Das war eine so große Überraschung, dass ich nicht weiß, was ich sagen soll.
7. Es ist zu schön, um wahr zu sein.

TEMA 48

I. 1. Wenn man nicht früh kommt, bekommt man keinen Platz.
2. Wenn du den Fernseher nicht leiser stellst, beschweren sich die Nachbarn.
3. Wenn man keine gute Durchschnittsnote hat, bekommt man keinen Studienplatz.
4. Wenn die Schuhe nicht bequem sind, nehme ich sie nicht.
5. Wenn wir uns nicht beeilen, verpassen wir den Zug.

Tema 49. Soluciones

II. 1. Wenn wir Geld hätten, könnten wir die Wohnung kaufen.
2. Wenn sie nicht immer allein wäre, hätte sie keine Depressionen.
3. Wenn sie keine Medikamente nähme, ginge es ihr nicht besser.
4. Wenn es nicht regnete, könnten wir im Garten essen.
5. Wenn der Lehrer heute käme, fiele der Unterricht nicht aus.

III. 1. Wenn wir Geld gehabt hätten, hätten wir die Wohnung kaufen können.
2. Wenn sie nicht immer allein gewesen wäre, hätte sie keine Depressionen gehabt.
3. Wenn sie keine Medikamente genommen hätte, wäre es ihr nicht besser gegangen.
4. Wenn es nicht geregnet hätte, hätten wir im Garten essen können.
5. Wenn der Lehrer heute gekommen wäre, wäre der Unterricht nicht ausgefallen.

IV. 1. Wenn man eine gute Durchschnittsnote hat, bekommt man einen Studienplatz.
2. Wenn du keine Medikamente nimmst, wirst du nicht gesund.
3. Wenn er keine Medikamente genommen hätte, wäre er nicht gesund geworden.
4. Wenn man sich nicht anstrengt, schafft man es nicht.
5. Wenn das Wetter gut gewesen wäre, hätten wir die Wanderung gemacht.
6. Wenn du mir nicht geholfen hättest, hätte ich die Stelle nicht bekommen.

V. 1. Wenn Sonntag schönes Wetter ist, machen wir am Strand Picknick.
2. Ich weiß nicht, ob ich morgen Zeit habe, aber wenn der Chef nicht da ist, kann ich früher gehen.
3. Es wäre herrlich, wenn wir uns morgen sehen könnten.
4. Ich muss fragen, ob noch Plätze frei sind.
5. Wenn ich nicht gefragt hätte, hätte ich keinen Platz bekommen.

TEMA 49

I. 1. Obwohl wir uns beeilt haben, haben wir den Bus verpasst.
2. Obwohl das Wetter schön ist, nehme ich einen Regenschirm mit.
3. Obwohl ich wenig Zeit zum Lesen haben werde, nehme ich ein paar Bücher mit.

4. Obwohl Thomas magenkrank ist, lebt er nicht gesund.
5. Obwohl man ihm viel Geld geboten hat, will er das Bild nicht verkaufen.
6. Obwohl das Kleid gereinigt worden ist, sieht man noch Flecken.
7. Obwohl sie die Pflanzen gut gepflegt hat, sind sie eingegangen.
8. Obwohl wir das Geld gut versteckt hatten, ist es gestohlen worden.
9. Obwohl er viele Medikamente genommen hat, geht es ihm nicht besser.
10. Obwohl ich den ganzen Tag gefaulenzt hatte, war ich am Abend todmüde.
11. Obwohl sie nicht gut Deutsch sprechen kann, übersetzt sie Bücher vom Deutschen ins Spanische.
12. Obwohl die Ampel rot war, fuhr ein Autofahrer weiter.
13. Obwohl hier «Baden verboten» steht, gehen wir ins Wasser.

II. 1. Obwohl er uns geholfen hat, sind wir nicht fertig geworden.
2. Obwohl sie große Schwierigkeiten hatte, hat sie es geschafft.
3. Obwohl das Angebot verlockend war, hat er die Stelle nicht angenommen.
4. Obwohl sie eine Kur gemacht hat, geht es ihr nicht besser.
5. Obwohl er verletzt war, spielte er.

III. 1. Er hat uns geholfen. Trotzdem sind wir nicht fertig geworden.
2. Sie hatte große Schwierigkeiten. Trotzdem hat sie es geschafft.
3. Das Angebot war verlockend. Trotzdem hat er die Stelle nicht angenommen.
4. Sie hat eine Kur gemacht. Trotzdem geht es ihr nicht besser.
5. Er war verletzt. Trotzdem spielte er.

IV. 1. Obwohl die Hose mir etwas zu eng ist, kaufe ich sie.
2. Obwohl ich wenig verdiene, mache ich jedes Jahr eine Reise.
3. Obwohl sie sehr freundlich ist, ist sie mir nicht sympathisch.
4. Obwohl der Strand nur 800 m vom Dorf entfernt ist, fahren die Leute mit dem Auto hin.
5. Obwohl ich mehrere Male gefragt habe, habe ich keine Antwort bekommen.
6. Ich werde die Schnecken essen, auch wenn sie mir nicht schmecken.
7. Ich lese das Buch, obwohl es langweilig ist.
8. Obwohl er betrunken ist, fährt er.
9. Gestern ist sie 99 Jahre alt geworden, obwohl sie immer geraucht hat.

Tema 50. Soluciones

10. Ich werde einen Vortrag über Hermann Hesse halten, obwohl ich nichts über ihn weiß.

TEMA 50

I. 1. Sie fährt nach Oxford, weil sie Englisch lernen will.
2. Er ist arbeitslos geworden, weil seine Firma geschlossen wurde.
3. Er konnte gestern nicht kommen, weil er krank war.
4. Er raucht nicht mehr, weil er einen Herzinfarkt hatte.
5. Sie macht eine kaufmännische Lehre, weil sie Fremdsprachenkorrespondentin werden möchte.
6. Gisela und Steffen wohnen bei Giselas Eltern, weil sie noch keine Mietwohnung gefunden haben.
7. Sie geht abends früh zu Bett, weil sie morgens früh aufstehen muss.

II. a) 1. Sie will Englisch lernen. Deshalb fährt sie nach Oxford.
2. Seine Firma wurde geschlossen. Deshalb ist er arbeitslos geworden.
3. Er war krank. Deshalb konnte er gestern nicht kommen.
4. Er hatte einen Herzinfarkt. Deshalb raucht er nicht mehr.
5. Sie will Fremdsprachenkorrespondentin werden. Deshalb macht sie eine kaufmännische Lehre.
6. Gisela und Steffen haben noch keine Mietwohnung gefunden. Deshalb wohnen sie bei Giselas Eltern.
7. Sie muss morgens früh aufstehen. Deshalb geht sie abends früh zu Bett.
b) 1. Sie fährt nach Oxford. Sie will nämlich Englisch lernen.
2. Er ist arbeitslos geworden. Seine Firma wurde nämlich geschlossen.
3. Er konnte gestern nicht kommen. Er war nämlich krank.
4. Er raucht nicht mehr. Er hatte nämlich einen Herzinfarkt.
5. Sie macht eine kaufmännische Lehre. Sie will nämlich Fremdsprachenkorrespondentin werden.
6. Gisela und Steffen wohnen bei Giselas Eltern. Sie haben nämlich noch keine Mietwohnung gefunden.
7. Sie geht abends früh zu Bett. Sie muss nämlich morgens früh aufstehen.

III. 1. weil, 2. denn, 3. weil, 4. weil, 5. denn.

Nivel M

IV. 1. Weil die Preise (so) hoch sind, ...
2. Weil er (so) gut aussieht, ...
3. Weil ich Mitleid mit ihm hatte, ...
4. Ich lese das Buch, weil ich Langeweile habe.
5. Weil es (so) heiß war, ...

V. 1. Dieses Jahr kann ich nicht in Urlaub fahren, weil ich kein Geld habe.
2. Warum gehst du zu Fuß?
   Weil mein Auto kaputt ist.
3. Ich gehe nicht in die Discothek, weil ich nicht tanzen kann.
4. Wir wohnen bei meinen Eltern, weil wir keine eigene Wohnung haben.
5. Weil/Da es schon spät war, kehrten wir nach Hause zurück.

TEMA 51

I. 1. Sie geht zum Zahnarzt, um sich einen Zahn ziehen zu lassen.
2. Wir machen das Licht aus, damit niemand uns sieht.
3. Wir tragen die Stühle ins Haus, damit sie nicht nass werden.
4. Sie arbeitet als Putzfrau, damit ihr Sohn eine Privatschule besuchen kann.
5. Ich arbeite schneller, um heute früher nach Hause zu gehen.
6. Ich rufe den Arzt an, damit er mir einen Termin gibt.
7. Die Eltern geben den Kindern Schlaftabletten, damit sie schnell einschlafen.
8. Er trug eine Maske, um nicht erkannt zu werden.
9. Sie schrie um Hilfe, damit jemand sie hörte.
10. Gib mir das Geld, damit es nicht gestohlen wird.

II. 1. Um gut zu frühstücken, braucht man Kaffee, Brot, Butter, Marmelade, Käse, Eier, Schinken etc.
   (Für ein gutes Frühstück ....
2. Ich habe mir eine Mausefalle gekauft, um Mäuse zu fangen.
3. Die Kollegen haben mir Geld geschenkt, damit ich mir etwas kaufe.
4. Ich treibe Sport, um meine Probleme zu vergessen.
5. Wir schenken dir den Hund zum Geburtstag.
6. Zieh eine Jacke an, damit du dich nicht erkältest!
7. Was gibt es heute zu essen?
8. Der Ring ist für dich, damit du mich nicht vergisst.

Tema 51. Soluciones

    9. Ich nehme einen Schirm mit, um nicht nass zu werden.
   10. Wozu hast du dir einen Computer gekauft?
       Ich brauche ihn zum Schreiben.

III. 1. um, 2. ...., 3. um, 4. um, 5. ...., 6. um, 7. ...., 8. ...., 9. um, 10. um.

NIVEL 0

EJERCICIOS/*ÜBUNGEN*

TEMA 1

I. *Fragen Sie nach dem kursiv gedruckten Satzteil! Benutzen Sie dabei die Verben in der 2. Person Singular Präsens!*

> *Beispiel*: Freitags arbeite ich nur *bis 12 Uhr*.
> *Frage*: Wie lange arbeitest du freitags?

1. Ich schätze *ihn* sehr.
2. Ich stoße mich immer *am Türgriff*.
3. Ich vergesse leicht *Zahlen*.
4. Ich lese gern *Gedichte*.
5. Ich lasse die Kinder *bei ihrer Oma*.
6. Ich brate mir *ein halbes Hähnchen*.
7. Ich lade *die ganze Klasse* zu meinem Geburtstag ein.
8. Ich laufe schnell *zum Supermarkt* und kaufe *ein paar Flaschen Wein*.
9. Ich verlasse mich hundertprozentig *darauf, dass die Maurer morgen kommen*.
10. Diese schwere Entscheidung treffe ich *in den nächsten Tagen*.
11. Ich blase *die Kerze* aus.
12. Ich rate ihr, *noch ein paar Wochen zu warten*.
13. Seit drei Wochen warte ich *auf den Elektriker*.
14. Zu Weihnachten backe ich immer *einen Christstollen*.

II. *Bitte ergänzen Sie das fehlende Verb!*
1. Er .... in der Firma die ganze Verantwortung.
2. Wann........ du endlich diese wichtige Entscheidung?
3. Ich........ Ihnen sofort Bescheid, wenn ich mehr Einzelheiten weiß.

4. Für weitere Informationen........ wir Ihnen gern zur Verfügung.
5. In diesem Rundschreiben möchte der Generalsekretär zu den Vorwürfen Stellung........
6. Diesen Wunsch kann ich dir leider nicht........
7. Darf ich Ihnen eine Frage ....?
8. Du brauchst mir heute noch keine Antwort zu ....
9. Professor Nial .... morgen einen Vortrag über Kriminologie.
10. Dieses Thema .... hier nicht zur Diskussion.
11. Ich .... anderer Meinung als er.
12. Ich soll dir Grüße von Marta ....
13. Könnten Sie mir bitte Auskunft .... ?
14. Der Unterricht .... heute einfach kein Ende.

III. *Welcher Ausdruck ist richtig? Bitte kreuzen Sie an!*
1. errichten
    a) bauen
    b) richten
    c) richtig sein
2. wundern
    a) bewundern
    b) erstaunt sein
    c) ein Wunder erleben
3. verbreiten
    a) breiter machen
    b) weitersagen
    c) verströmen
4. Die Bienen
    a) surren
    b) summen
    c) brummen
5. Das Gegenteil von *einschlafen* ist
    a) ausschlafen
    b) verschlafen
    c) aufwachen
6. Ich habe einen furchtbaren Hunger. Mir .... der Magen.
    a) knurrt
    b) schreit
    c) brummt
7. Nächste Woche muss ich die Abschlussprüfung ....
    a) passieren
    b) abmachen
    c) ablegen

TEMA 2

I. *Bitte ersetzen Sie den kursiv gedruckten Ausdruck durch ein Modalverb!*
 1. *Ich habe die Absicht*, die Stelle zu wechseln.

 2. Hier ist Rauchen *verboten*.

 3. Die Finanzierung dieses Projekts *ist noch zu klären*.

 4. *Es wäre wünschenswert*, wenn dieser Plan möglichst bald verwirklicht würde.

 5. Der Fernseher *ist* leider nicht mehr *zu reparieren*.

 6. *Er war nicht imstande*, eine brauchbare Auskunft zu geben.

 7. Ich *kann* ihn *nicht leiden*, er ist mir zu arrogant.

 8. *Ich bin leider nicht in der Lage*, ihn finanziell zu unterstützen.

 9. *Er besitzt die Fähigkeit*, komplizierte Dinge einfach darzustellen.

 10. *Ich hätte Lust*, eine Bergtour zu machen.

 11. *Der Lehrer besteht darauf*, dass wir das Referat morgen abgeben.

II. *Bitte ergänzen Sie **müssen** oder **sollen**!*
 1. Vielen Dank für die Einladung. Um wieviel Uhr .... ich bei dir sein?
 2. Ich .... leider jetzt gehen, denn um 23.45 Uhr fährt die letzte U-Bahn.
 3. Ich .... am Wochenende zu Hause bleiben und lernen, denn Montag habe ich eine Prüfung.
 4. Der Chef sagt, Sie .... bitte zu ihm kommen.
 5. Was .... ich bloß machen?
 6. Ich weiß nicht, ob ich ihr antworten ....
 7. Der Arzt hat gesagt, ich .... nach jeder Mahlzeit eine Tablette nehmen.
 8. Diese Tabletten haben Nebenwirkungen, aber ich .... sie nehmen, sonst werde ich nicht gesund.
 9. Max .... noch 14 Tage im Krankenhaus bleiben.

Nivel O

10. Ich .... das Abitur machen, sagen meine Eltern, aber ich möchte nicht länger lernen, sondern Geld verdienen.
11. Wir .... vermeiden, dass jemand sich benachteiligt fühlt.

III. *Bitte übersetzen Sie!*
1. Tenemos que entregar la solicitud el 15 de junio.

2. No sé qué decir.

3. No sé si debo responder sí o no.

4. La pintura surrealista no me gusta.

5. Papá quiere que a las 10.30 h estés en casa.

6. Aquí hay un señor que quiere hablar con Ud.

7. ¡Dígale que espere diez minutos!

8. No sé escribir con la mano derecha.

9. No quiero retenerle más.

10. ¿Me permite que le pida también una cerveza?

11. Este año queremos viajar al Mar del Norte.

12. ¿A qué hora quieres que venga?

13. Antonio me ha dicho que le ayudara a hacer sus deberes de matemáticas.

14. No debes regar la planta tan a menudo.

IV. *Bitte ersetzen Sie den kursiv gedruckten Ausdruck durch ein Modalverb! (mehrere Lösungen möglich).*

Beispiel: Vermutlich wird die Zahl der Raucher in den nächsten Jahren abnehmen.
Lösung: Die Zahl der Raucher dürfte in den nächsten Jahren abnehmen.

Tema 2. Ejercicios

1. *Möglicherweise* haben Sie Recht, aber Sie überzeugen mich nicht.

2. Sie sind *sicher* Zwillinge, denn ich kann sie nicht unterscheiden.

3. Es ist *sicher* sehr kalt draußen, weil alle Leute warm angezogen sind.

4. Was ist *wohl* mit ihm los?

5. Wie *ist es nur möglich*, dass ein Mensch so dumm ist?

6. Der Professor weiß *vielleicht* etwas über dieses Problem.

7. Er redet nur Unsinn. *Ich habe den Eindruck*, dass er betrunken ist.

8. *Ich habe gehört*, dass dieser Arzt sehr gut ist.

9. Das ist *zweifellos* wahr.

10. *Sie behauptet*, sie könne Arabisch.

11. *Ich nehme an*, dass das Kleid zu groß für sie ist.

12. Meine Eltern warten *wahrscheinlich* auf einen Brief von mir.

13. *Ich habe gehört*, dass das Ehepaar sich jeden Tag streitet.

14. *Sie behaupten*, dass sie eine glückliche Ehe führen.

15. *Ich bin ziemlich sicher*, dass das der Briefträger ist.

16. Bei Ottos brennt Licht. *Ganz gewiss* sind sie zu Hause.

17. Der Saal ist ganz voll. Wie viele Personen sitzen *wohl* hier?

18. *Ich vermute*, dass etwa 200 Zuschauer hier sind.

19. *Wahrscheinlich* sind es bis Krombach noch 30 km.

V. *Bitte ersetzen Sie den unterstrichenen Ausdruck durch das Modalverb* **sollen**.

> *Beispiel:* Der Wetterbericht meldet, dass das Wetter wieder besser wird.
> *Lösung:* Das Wetter soll wieder besser werden.

1. *Hier steht*, dass jährlich eine Million Tiere durch Tierversuche ums Leben kommen.

2. *Die Wissenschaftler behaupten*, dass eine Scheidung so schädlich für die Gesundheit sei wie der Tabak oder der Alkohol.

3. *In der Zeitung steht*, dass das «Amerikanische Museum» wieder geöffnet wird.

4. *Hier steht*, dass nächste Woche der Tischtennis-Worldcup beginnt.

5. *Es wird gesagt*, dass Spieler aus 21 Ländern daran teilnehmen.

6. *Im Lexikon steht*, dass das Porzellan aus China kommt.

VI. *Bitte übersetzen Sie und benutzen Sie dabei ein Modalverb!*
1. Es posible que a principios de mayo nieve.
2. Es muy probable que este alumno no apruebe el examen.
3. Ella tiene muy mala cara. Estoy seguro de que está enferma.
4. El teléfono suena. Supongo que es para ti.
5. Se lo he explicado bien; tendrían que encontrar el camino.
6. ¿Cómo estará Marta?
7. Ud. puede tener razón, pero no me convence.
8. Dicen que la casa vale 95 millones de pesetas.
9. He oído que el nuevo profesor de alemán es austríaco.
10. Dicen que la empresa está en quiebra.

TEMA 3

I. *Bitte ersetzen Sie den kursiv gedruckten Ausdruck durch lassen!*

> *Beispiel: Erlaubst du*, dass ich mit deinem Motorrad fahre?
> *Lösung:* Lässt du mich mit deinem Motorrad fahren?

Tema 3. Ejercicios

1. Unser Chef *duldet es nicht*, dass wir während der Arbeitszeit Alkohol trinken.

2. *Durch den warmen Wind* trocknet die Wäsche ganz schnell.

3. *Ich vergesse* oft meine Brille zu Hause.

4. *Ich sorge dafür*, dass der Brief sofort übersetzt wird.

5. Diesen Vertrag kann ich nicht übersetzen. *Das muss ein Übersetzer machen.*

6. Den Mantel will ich lieber nicht waschen. *Ich bringe ihn in die Reinigung.*

7. Wir *erlauben unserer Tochter nicht*, mit ihrem Freund zu zelten.

8. Die Waschmaschine ist schon alt. *Man kann sie nicht mehr reparieren.*

9. *Man kann* diese Bluse sehr leicht bügeln.

II. **Lassen, bleiben, werden.** *Bitte übersetzen Sie!*
   1. ¡Por favor, déjame entrar!

   2. En España se puede encontrar una enorme cantidad de estos libros.

   3. ¡Deja el dinero sobre la mesa!

   4. Ya es hora de que te hagas cortar el pelo.

   5. También tienes que hacer valer los puntos de vista de los demás.

   6. La gente no se deja manipular tan fácilmente.

   7. Quiero hacerme un vestido para la boda.

   8. No quisiera dar la impresión de que no quiero hacerlo.

   9. En seguida me pongo morena.

   10. Ya te lo digo ahora: la fiesta resultará una catástrofe.

11. ¡Date prisa, si no se hará demasiado tarde!

12. ¡Apaga la radio, por favor, me vuelvo loca con esa música!

13. No te preocupes, la comida quedará muy buena.

14. Los sábados me quedo en la cama hasta las once.

15. En los exámenes él siempre se pone nervioso.

III. *Bitte ergänzen Sie **nicht brauchen ... zu, nicht sollen, nicht dürfen** oder **nicht müssen**!*
   1. Jedem sollte klar sein, dass wir die Umwelt nicht weiter .... zerstören ....
   2. Wie oft habe ich dir gesagt, dass du mich nicht stören ....
   3. Sie .... natürlich nicht .... kommen, aber es wäre besser, wenn möglichst viele Leute anwesend wären.
   4. Auf dem Verbotsschild steht, dass man auf dieser Seite nicht .... parken ....
   5. Es ist noch früh. Wir .... uns nicht .... beeilen.
   6. Sie bekommen sowieso keine Antwort. Sie .... gar nicht erst .... fragen.
   7. In den Zehn Geboten steht: «Du .... nicht .... töten!»
   8. Sie .... natürlich nicht unbedingt die Hausaufgaben .... machen. Niemand kann Sie dazu zwingen.
   9. Wenn Sie nicht gern Schnecken essen, dann .... Sie sie natürlich nicht .... essen.

TEMA 4

I. *Bitte setzen Sie die entsprechenden Verben ein und bilden Sie ganze Sätze:* **ab-, an-, durch-, er-, zu-, ein-, auf-, vor-, ent-, be-, hin- halten!**
   1. Ein Paket ....
   2. Sich die Nase ....
   3. Ihm seine Fehler ....
   4. Vor der Ampel ....
   5. Sie von der Arbeit ....
   6. Die Telefonnummer ....
   7. Jemandem die Hand ....
   8. Einen Liter Wein ....

Tema 4. Ejercicios

    9. Sein Versprechen ....
  10. Bis zum Schluss ....
  11. Jemandem die Tür ....

II. *Desgleichen mit:* **vor-, mit-, an-, um-, her-, durch-, fort-, be-, aus-, ent-, ver-, ab-, loskommen**
1. Am Ziel ....
2. Ein Geschenk ....
3. Vom Weg ....
4. Das soll nie mehr ....
5. Mit dem Geld ....
6. Ins Kino ....
7. Wo soll denn das Geld ....?
8. Bei einer Prüfung ....
9. Im Leben ....
10. Bei einem Erdbeben ....
11. Aus dem Gefängnis ....
12. Im Elend ....
13. Vom Alkohol ....

III. *Desgleichen mit:* **auf-, vor-, ein-, zu-, nach-, be-, her-, an-, um-, ver-, durch-, hin-, aussehen**
1. Dem Fußballspiel ....
2. Sein Unrecht ....
3. Jemanden als Nachfolger des Ministers ....
4. Erstaunt von der Arbeit ....
5. Jemanden von allen Seiten ....
6. Die Diktate ....
7. Bitte alle mal zu mir ....
8. Sich einen Film ....
9. Sich nach allen Seiten ....
10. Sich für die Reise mit Proviant ....
11. Die Hefte der Schüler ....
12. Sehr krank ....

IV. *Ist das Verb trennbar oder nichttrennbar? Bilden Sie Sätze im Präsens!*

> *Beispiel:* Vorsicht! Die Milch/überkochen.
> *Lösung:* Vorsicht! Die Milch kocht über.

Nivel O

1. Der Brief ist schlecht. Ich/umschreiben.
2. Im Unterricht/wir/gerade/das Passiv/durchnehmen.
3. Sie/immer/ihren Kopf/durchsetzen.
4. Ich/seine Absichten/nicht durchschauen.
5. Der Anruf/uns/überraschen.
6. Hilfe! Ich/untergehen.
7. Wir/in dieser Sache/nichts/unternehmen.
8. Die Flammen/das Haus/umzingeln.
9. Die Eltern/immer/unsere Pläne/durchkreuzen.
10. Der Gastgeber/uns/die Gläser/immer/vollgießen.
11. Ein schöner Garten/das Haus/umgeben.
12. Er/den Brief/noch einmal/durchlesen. Dann/er/ihn/unterschreiben.
13. Ich/mich/mit ihm/gern/unterhalten.

TEMA 5

I. *Bitte setzen Sie das in Klammern stehende Verb und, falls erforderlich, das Reflexivpronomen ein!*

> *Beispiel*: Wir (........) auf Ihr Schreiben vom 19. 6 (beziehen).
> *Lösung*: Wir beziehen uns auf Ihr Schreiben vom 19. 6.

1. Ich kann (........) keine Zahlen (merken).
2. Zahlen kann ich (........) einfach nicht (behalten).
3. Er hat (........) .... pünktlicher zu sein (vornehmen).
4. Ich (staunen) (........) darüber, dass er die Prüfung bestanden hat.
5. Man muss (........) darüber ...., dass er die Prüfung bestanden hat (wundern).
6. Die Prüfung .... (........) aus drei Teilen (bestehen).
7. Die Prüfung .... (........) aus drei Teilen (zusammensetzen).
8. Wir haben (........) ...., in drei Monaten zu heiraten (beschließen).
9. Habt ihr (........) immer noch nicht .... (entscheiden)?
10. Die Kursgebühren .... (........) jedes Jahr (erhöhen).
11. Die Benzinpreise sind (........) schon wieder .... (steigen).
12. In der Zwischenzeit hat (........) viel bei uns .... (ereignen).
13. Hier ist (........) in den letzten Wochen allerlei .... (passieren).
14. Es hat (........) .... dass er doch betrunken war (herausstellen).

Tema 5. Ejercicios

II. *Bitte übersetzen Sie!*
1. Me he enterado de que los Klein quieren divorciarse.

2. El Sr. Martínez se gana la vida con las ovejas y con productos de su propia cosecha.

3. De todo eso resulta que nuestra decisión ha sido acertada.

4. Me niego a tomar una decisión.

5. Se trata de un asunto privado.

6. El aula «H» se halla al final del pasillo.

7. Con ese resultado podemos contentarnos.

8. ¿Cómo se te ha ocurrido esa idea?

9. No sé cómo ocurrió esto.

10. Los ciudadanos se han declarado a favor de la huelga.

11. Del resultado de las elecciones se desprende que tenemos que esforzarnos más.

III. *Bezeichnen Sie die reziproke Beziehung durch die Präposition + einander!*
1. Bitte, nehmt doch mehr Rücksicht ....
2. Auf dem Bahnsteig nahmen sie Abschied ....
3. Statt .... zu sprechen, leben wir nur .... her.
4. Wir beide sind immer gut .... ausgekommen.
5. Man hat den Eindruck, ihr habt Angst ....
6. Die Zwillinge unterscheiden sich kaum ....
7. Die beiden können sich sicher nicht mehr .... erinnern.
8. Seid doch bitte freundlicher .... !
9. Karl und ich, wir wissen, wir können uns immer .... verlassen.
10. Die Menschen sollten sich mehr .... kümmmern.

IV. *Setzen Sie ein es ein, wenn es notwendig ist!*
1. Heute hat .... den ganzen Tag geregnet.
2. Den Leuten geht .... viel zu gut.
3. Geh mal an die Tür! .... hat geklingelt.

4. Hmm, hier riecht .... nach einem guten Braten!
5. Bei diesem Buch handelt .... sich um einen Bildungsroman.
6. In der Fabrik hat .... letzte Nacht gebrannt.
7. Sieh mal, wie .... der Schornstein raucht!
8. Seit Tagen isst er nichts mehr. Nichts schmeckt .... ihm mehr.
9. Bitte mach die Tür zu, ... zieht.

TEMA 6
(véase también tema 9)

I. *Wählen Sie das passende Verb und setzen Sie es in der richtigen Präsensform in den Satz!*
   a) *Sinken oder senken:*
      1. Heben Sie den Arm, dann .... Sie ihn wieder!
      2. Er .... den Blick.
      3. Der Nebel ....
      4. Der Boden .... sich.
      5. Sein Einfluss ....
   b) *Erlöschen oder löschen:*
      1. Das Feuer .... im Kamin.
      2. Ich .... mein Konto bei der Sparkasse.
      3. Die Arbeiter .... im Hafen eine Schiffsladung.
      4. Der Hass ....
      5. Diese Schuld .... mit seinem Tode.
   c) *Springen oder sprengen:*
      1. Jenaer Glas .... nicht.
      2. Der Gärtner .... den Rasen.
      3. Der Junge .... aus dem Bett.
      4. Der Reiter .... über das Feld (Er reitet im Galopp über das Feld).
   d) *Verschwinden oder verschwenden:*
      1. Er .... sein Geld.
      2. Ich .... kein Wort mehr an ihm (Ich spreche nicht mehr mit ihm, weil es keinen Sinn hat).
      3. ....! (Geh schnell weg!)
      4. Der Dieb .... in der Menge.
      5. Du .... deine Worte.
      6. Die Sonne .... hinter den Wolken.
   e) *Versinken oder versenken:*
      1. Die Nähmaschine lässt sich ....
      2. Er .... die Hände in die Taschen.

3. Das Schiff .... in den Wellen.
4. Die Sonne .... hinter dem Horizont.

II. **Sitzen, stehen** oder **liegen**? *Ergänzen Sie die passende Präsensform!*
   1. Das Besteck .... in der Schublade.
   2. Das Geschirr .... im Schrank.
   3. Vor dem Fenster .... ein Vogel.
   4. In der Zeitung .... ein interessanter Artikel über die Freizeitgestaltung.
   5. Der Topf .... auf dem Herd.
   6. Vorsicht! Auf deinem Arm .... eine Stechfliege!
   7. Das Kleid .... dir nicht. Du siehst darin viel älter aus als du bist.
   8. Der Bart .... dir gut.
   9. Der Anzug .... wunderbar.

III. *Sind die folgenden Verben perfektiv oder imperfektiv (durativ)?*
   1. Wir besteigen den Berg.
   2. Die Rosen verblühen schon.
   3. Ich friere.
   4. Die Kakteen sind erfroren.
   5. Es bleibt vorläufig heiß.
   6. Das Wetter soll besser werden.
   7. Setzen Sie sich doch bitte!
   8. Die Katze hat vier Junge bekommen.
   9. Wir haben einen neuen Wagen.
   10. Nächste Woche ziehen unsere Nachbarn nach Heidelberg.
   11. Wir wohnen seit fünf Jahren in Masnou.
   12. Er kommt morgen um 10.20 Uhr an.
   13. Sie kann gut Ski fahren.
   14. Ich bin erst um 3.00 Uhr eingeschlafen.
   15. Bei diesem Lärm kann man doch nicht schlafen.

TEMA 7

I. *Bitte übersetzen Sie!*
   1. No me fío de esta gente.

   2. La muerte del compañero los afecta mucho.

   3. La empresa despidió a la secretaria.

4. ¡No me contradigas siempre!

5. ¡Escúchame cuando hablo!

6. Te aseguro que te ayudaré.

7. El perro me ha mordido en la pierna.

8. Estoy de acuerdo con Ud.

9. De acuerdo, le compro a Ud. todos estos libros antiguos.

10. La compañía de seguros les asegura contra daños producidos por el fuego.

11. ¿Qué le importa a Ud.?

12. Sus compañeros le llaman «sabelotodo».

13. El piso me ha costado 15 millones de ptas.

14. Sí, me acuerdo del suceso.

15. El atleta está seguro de su triunfo.

16. Somos plenamente conscientes de la importancia de este asunto.

II. *Bitte ergänzen Sie das richtige Verb!*
1. Im Unterricht werden Sie auch den anderen Prüfungsteilnehmern ....
   a) treffen.
   b) begegnen.
   c) finden.
2. Natürlich werden wir Sie bei Ihren Bemühungen ....
   a) helfen.
   b) zur Seite stehen.
   c) unterstützen.
3. Die hervorragende Dissertation .... der Prüfungskommission.
   a) imponierte.
   b) beeindruckte.
   c) bewegte.

Tema 8. Ejercicios

4. Ausnahmsweise .... der Jugendliche dem Ratschlag seiner Eltern.
   a) folgte.
   b) beherzigte.
   c) befolgte.
5. Wir .... Sie zu Ihrem Erfolg.
   a) gratulieren.
   b) übermitteln Glückwünsche.
   c) beglückwünschen.
6. Er .... mich mit einem langen Messer.
   a) bedrohte.
   b) drohte.
   c) androhte.
7. Er hat mir .... , Sie zu grüßen.
   a) angewiesen.
   b) beauftragt.
   c) aufgetragen.
8. Mein Bruder hat mir das Schwimmen ....
   a) gelehrt.
   b) beigebracht.
   c) gelernt.
9. Diese Frage kann ich Ihnen sofort ....
   a) erwidern.
   b) antworten.
   c) beantworten.
10. Diese Jacke .... Sie gut.
    a) steht.
    b) kleidet.
    c) passt.

TEMA 8

I. *Setzen Sie in den folgenden Sätzen die richtigen Präpositionen und den richtigen Kasus ein!*
   1. Schon seit vier Jahren arbeitet Frank .... sein .... Dissertation.
   2. Was hältst du .... dies .... Angelegenheit?
   3. Hältst du das .... richtig?
   4. Hast du schon .... d .... Brief geantwortet?
   5. Wir möchten uns .... d .... neu .... Kursen erkundigen.
   6. Es handelt sich .... d .... Stipendium.
   7. Der Roman handelt .... Überleben einer Gruppe Jugendlicher auf einer einsamen Insel.

Nivel 0

8. Wir müssen uns heute .... d .... wichtigsten Punkte beschränken.
9. Die Bevölkerung hat sich .... d .... Vertrag ausgesprochen.
10. Ich beneide ihn nicht .... sein .... Posten.
11. Wir beziehen uns .... Ihr .... Bewerbungsschreiben vom 13. d. M.
12. Wie denken Sie .... d .... Abtreibung?
13. Ich denke nicht gern .... d .... Schulzeit.
14. Jeder sollte sich .... dies .... Umweltaktion beteiligen.
15. .... dies .... guten Ergebnis hatte ich gar nicht gerechnet.

II. *Bitte setzen Sie die richtige Präposition ein!*
1. Die schriftliche Prüfung besteht .... vier Teilen.
   a) aus
   b) in
   c) auf
2. Frag doch Karsten! Der weiß viel .... Computer.
   a) von
   b) über
   c) um
3. Leider sind meine Pläne .... Wasser geworden.
   a) aus
   b) zu
   c) ....
4. Wir sollten .... unser .... Aktion noch einige Wochen warten.
   a) auf
   b) mit
   c) bis
5. Was verstehen Sie .... Freiheit?
   a) von
   b) auf
   c) unter
6. Ich möchte .... alle .... Mitarbeiter .... nicht über diese Sache sprechen.
   a) über
   b) vor
   c) zu

III. *Bitte übersetzen Sie!*
1. No creo en fantasmas.
2. Muchas personas mueren cada año de cáncer.
3. No dudo de la autenticidad de estas joyas.

Tema 9. Ejercicios

4. Esta mañana me he disgustado a causa del perro del vecino.
5. Él sueña todavía con el primer premio de la lotería.
6. Su trabajo consiste en la catalogación y clasificación de libros.
7. ¡Imagínate! Me he encontrado por casualidad con Alberto en la calle.
8. El Sr. Bäumer ha preguntado por Ud.
9. Nos hemos decidido por el proyecto del arquitecto argentino.
10. Tienes que esforzarte por obtener una buena nota final.

TEMA 9

I. *Bitte ergänzen Sie **sein** oder **haben**!*
   1. Gestern abend .... ich beim Fernsehen eingeschlafen. Ich .... fünf Stunden vor dem Fernseher geschlafen. Durch die Schüsse im Mitternachtskrimi .... ich aufgewacht.
   2. Die Rosen .... dieses Jahr von Ende April bis etwa Ende Mai geblüht. Durch den vielen Regen .... sie leider schnell verblüht.
   3. Es .... die ganze Nacht ununterbrochen geschneit. Die Schneefälle .... viele Unfälle verursacht. Wir .... mit unserem Wagen in einer Schneewehe stecken geblieben. Viele ältere Menschen .... gefallen und .... sich Knochen gebrochen.
   4. Es .... plötzlich kalt geworden. In der Nacht .... es gefroren. Viele Pflanzen .... erfroren. Sogar die Wasserleitung .... eingefroren.
   5. Kurt .... den Arm gebrochen. Er .... über eine Wurzel gestolpert und .... hingefallen.
   6. An der Kreuzung .... ein Unfall passiert. Ein Taxi .... bei Rot über die Kreuzung gerast.
   7. Seitdem wir uns gesehen ...., ... wieder acht Monate vergangen. Du .... dich überhaupt nicht verändert. Du .... gar nicht älter geworden.
   8. Du .... dich geirrt. Die Tür .... nicht von selbst zugeschlagen. Das war mein Sohn. Vor lauter Wut .... er die Tür hinter sich zugeschlagen. Deshalb .... die Tür kaputtgegangen.

II. *Bitte setzen Sie die Sätze ins Perfekt!*
Traumferien einer 16-Jährigen:
um 11 Uhr aufstehen
lange im Bad bleiben
gut frühstücken

Nivel 0

Freunde anrufen
Tennis spielen, ins Freibad gehen, schwimmen
Motorrad fahren
spät zu Mittag essen
sich sonnen
einen Stadtbummel machen
sich mit Freunden treffen
Rockkonzerte besuchen, zu Parties gehen, tanzen gehen, nach Mitternacht nach Hause kommen
nicht an die Schule denken.

> *Beispiel*: In den Sommerferien ist Tanja oft um 11 Uhr aufgestanden. Sie ....

III. *Das Perfekt einiger transitiver und intransitiver Verben. Bitte ergänzen Sie* **sein** *oder* **haben** *und das Partizip Perfekt!*
1. Das Wörterbuch .... (verschwinden). Aber es .... doch gestern noch im Regal .... (stehen).
2. Ich .... die Stühle in die Garage .... (stellen).
3. Die Sonne scheint, deshalb .... ich die Wäsche in den Garten .... (hängen).
4. Wir .... den ganzen Abend vor dem Fernseher .... (sitzen).
5. Die Arbeiter .... die Brücke heute morgen .... (sprengen).
6. Ich .... heute zum erstenmal vom 10m-Brett .... (springen).
7. Als ich nach Hause kam, ... du schon im Bett .... (liegen).
8. Wir .... drei Stunden in der Kälte .... (stehen) und .... auf einen Zug .... (warten).

IV. *Bitte übersetzen Sie!*
1. Ha desaparecido una niña de tres años.

2. Has malgastado demasiado tiempo en este trabajo.

3. Me he dormido en clase.

4. Delante del Ayuntamiento ha estallado una bomba.

5. En las vacaciones, Juan se ha roto la pierna.

6. La tribuna se ha hundido bajo el peso de tantos espectadores.

Tema 10. Ejercicios

7. Aproximadamente 400 personas han perdido la vida.

8. Esta mañana me he despertado a las 5.00 h.

9. El bosque ha ardido toda la noche. Todos los pinos se han quemado.

10. El policía ha perseguido al ladrón.

11. El perro me ha asustado.

12. Estoy asustado.

TEMA 10

I. *Bitte ersetzen Sie den kursiv gedruckten Ausdruck durch das passende Modalverb:*

> *Beispiel*: *Man sagt*, dass diese Frau schon viermal verheiratet war.
> *Lösung*: Diese Frau soll schon viermal verheiratet gewesen sein.

1. Er hat die Prüfung *wahrscheinlich* gut bestanden.

2. *Es ist möglich*, dass sie umgezogen ist.

3. Sie haben sich *wahrscheinlich* verhört.

4. *Wäre es möglich*, dass du die Schlüssel verloren hast?

5. *Ich bin sicher*, dass es letzte Nacht geregnet hat.

6. *In der Zeitung steht*, dass am Wochenende 32 Personen durch Verkehrsunfälle ums Leben gekommen sind.

7. *Ich halte es für unmöglich*, dass sie den Brief schon bekommen hat.

8. *Sie gibt an*, den Preis des Kleides nicht bemerkt zu haben.

9. Er ist *bestimmt* sehr krank gewesen.

10. Wie *die Leute sagen*, sind dort, wo jetzt dieser See ist, einmal fünf Dörfer gewesen.

II. *Bitte übersetzen Sie!*
1. No he podido hablar con él.
2. No he oído llorar a los niños.
3. He visto venir el accidente.
4. Juan no ha querido ayudarme.
5. ¿Sabes? Los Weber se han divorciado.
6. ¿Te has cortado el pelo?
7. He dejado el dinero encima de la mesa.
8. No nos han permitido ir a la discoteca.
9. He tenido que pagar 200,— DM de multa.
10. Nos han permitido quedarnos en la fiesta hasta las 2.00 h.
11. No he podido hacerlo sola.
12. He dejado la luz encendida.
13. He oído que ella echaba pestes.
14. No he podido acordarme de su nombre (de él).

III. *Bitte formen Sie die Sätze nach folgendem Muster um!*

> *Beispiel*: Ich habe gesehen, wie der Mann aus dem Wagen stieg.
> *Lösung*: Ich habe den Mann aus dem Wagen steigen sehen.

1. Wir haben gehört, wie die Kinder schrieen.
2. Wir haben gesehen, wie das Taxi über die Kreuzung raste.
3. Er hat ihr geholfen, den Koffer zu tragen.
4. Sie hat gesehen, wie das Auto abfuhr.
5. Wir haben gehört, wie die Nachbarin schimpfte und fluchte.

TEMA 11

I. *Bitte setzen Sie die kursiv gedruckten Verben ins Präteritum!*

«An diesem Freitagmorgen *weht* eine starke Brise. Wenn Janna-Berta aus dem Fenster *schaut, sieht* sie die jungen Birkenblätter in der Sonne glitzern. Die Schatten der Zweige *zittern* auf dem Asphalt des Schulhofs. Über die Pavillondächer *schneit* es Kirschblütenblätter. Der Himmel *ist* tiefblau. Nur vereinzelte Wolken, weiß und leicht wie Watte, *treiben* über ihn hin. Für einen Maimorgen *ist* es außergewöhnlich warm. Die Sicht *ist* klar.

»Plötzlich *heult* die Sirene. Herr Benzig *bricht* seinen Kommentar zur neuen Französisch-Lektion mitten im Satz ab und *wirft* einen Blick auf seine Armbanduhr» (G. Pausewang, *Die Wolke,* Otto Maier Verlag, Ravensburg 1987, p. 9).

II. *Bitte setzen Sie die eingeklammerten Verben ins Präteritum!*
   1. Beethoven (schaffen) neun Symphonien.
   2. Wir (verschaffen) ihm eine gute Stellung.
   3. Was sagst du? Der Scheck ist weg! Gestern (liegen) er doch noch in der Schublade.
   4. Die Feuerwehr (löschen) den Brand in kurzer Zeit.
   5. Als ich das (sehe), (sinken) mein Mut.
   6. Zuerst (heben) sie den Arm, dann (senken) sie ihn wieder.
   7. Er (erschrecken) mich mit Drohungen.
   8. Ich (erschrecken), als ich ihn (sehe).
   9. Früher (senden) der Rundfunk mehr Konzerte.
   10. Die Firma (versenden) auf Wunsch Prospekte.
   11. Nach der Explosion (hängen) dicke Rauchwolken über dem Gebäude.
   12. Der Anrufer rief nur «Hallo» und (hängen) ein.
   13. Meine Füße (schwellen) nach der langen Wanderung.

III. *Welches Verb gehört nicht in diese Reihe?*
   1. *a)* kennen, kannte, gekannt
      b) rennen, rannte, gerannt
      c) brennen, brannte, gebrannt
      d) trennen, trannte, getrannt
      e) nennen, nannte, genannt
   2. *a)* senden, sandte, gesandt
      b) wenden, wandte, gewandt
      c) spenden, spandte, gespandt
   3. *a)* beißen, biss, gebissen

b) reißen, riss, gerissen
c) leiten, litt, gelitten
d) schneiden, schnitt, geschnitten
4. a) binden, band, gebunden
b) finden, fand, gefunden
c) singen, sang, gesungen
d) springen, sprang, gesprungen
e) winken, wank, gewunken

TEMA 12

I. *Setzen Sie die eingeklammerten Verben ins Plusquamperfekt!*
 1. Da ich keine Glückwunschkarte (schicken), gratulierte ich ihr telefonisch zum Geburtstag.
 2. Es fiel ihr erst auf der Straße ein, dass sie die elektrische Platte nicht (ausschalten).
 3. Ich (treten) mit aller Kraft auf die Bremse, aber der Unfall war nicht mehr zu vermeiden.
 4. Wir (einschlafen) gerade, da schaltete sich die Alarmanlage ein.
 5. Nachdem seine Eltern (sterben), nahmen Verwandte den Jungen auf.
 6. Jeden Abend schrieb ich in mein Tagebuch, wie der Tag (verlaufen) und was ich (machen).
 7. Als wir zu Abend (essen), schaltete Vater den Fernseher an.

II. *Was vermuten Sie?*

> *Beispiel*: Anna ist gar nicht braun.
> *Lösung*: Sie wird wohl dieses Jahr nicht in Urlaub gefahren sein.

 1. Bernd hat die Prüfung nicht bestanden.

 2. Familie Belz hat sich ein Appartement an der Küste und ein neues Auto gekauft.

 3. Die Sekretärin weint.

 4. Günter hat ein blaues Auge und trägt einen Gipsverband.

 5. Die Fußballfans feierten die ganze Nacht.

Tema 12. Ejercicios

6. Alberto ist heute nicht zum Unterricht gekommen.

7. Meine Zimmerpflanzen sind vertrocknet.

8. Sie hat 10 kg zugenommen.

9. Die Polizei hat ihm den Führerschein entzogen.

10. Ernst Langfinger sitzt wieder im Gefängnis.

III. *Was versprechen Sie?*

> *Beispiel*: A) Die Rechnung ist immer noch nicht bezahlt.
> *Lösung*: B) Ich werde sie in den nächsten Tagen bestimmt bezahlen.

1. Der Wasserhahn tropft seit Tagen.

2. Ich brauche unbedingt meine Wörterbücher.

3. Heute ist schon der 10. und Sie haben die Miete immer noch nicht bezahlt.

4. Lässt du mal von dir hören?

5. Der Brief muss bis morgen übersetzt sein.

6. Ich mache mir Sorgen um dich. Bei dem Unwetter willst du fahren?

7. Das Essen ist schon wieder angebrannt!

8. Jetzt bist du schon zum drittenmal durchgefallen!

IV. *Warnen oder drohen Sie! Benutzen Sie dabei bitte das Futur I!*

> *Beispiel*: Es ist 23.30 Uhr. Ihr 10-jähriger Sohn liest noch im Bett. Sie wollen, dass er das Licht ausmacht und schläft.
> *Lösung*: Sie sagen: «Wirst du wohl das Licht ausmachen und schlafen!»

Nivel 0

1. Ihre 14-jährige Tochter ruft am Samstag um 23.00 Uhr an und fragt, ob sie noch bis 4.00 Uhr ausgehen darf. Sie möchten, dass sie nach Hause kommt.

2. Ihr Mann sitzt seit sechs Stunden vor dem Fernseher. Sie wollen, dass er die «Glotze» abstellt.

3. Ihr 5-jähriger Sohn bemalt die Wände des Wohnzimmers. Sie wollen, dass er aufhört.

4. Ihre 5-jährige Tochter hat sich versteckt. Sie wollen, dass sie sofort kommt.

TEMA 13

I. *Wie heißt der Imperativ?*

> *Beispiel*: Soll ich hier auf dich warten?
> *Lösung*: Ja, warte bitte hier!

1. Soll ich anfangen?
2. Darf ich noch bleiben?
3. Darf ich mir noch ein Stück Kuchen nehmen?
4. Dürfen wir mitfahren?
5. Muss ich pünktlich sein?
6. Soll ich jetzt gehen?
7. Soll ich dir den Artikel vorlesen?
8. Soll ich noch mal mit ihm darüber sprechen?
9. Soll ich dir helfen?
10. Soll ich dich morgen vertreten?

II. *Setzen Sie die Sätze aus Thema 12 No. IV in den Imperativ!*

> *Beispiel*: Mach sofort das Licht aus und schlaf!

Tema 13. Ejercicios

III. *Verwenden Sie statt der Modalverbkonstruktion die Imperativform!*

> *Beispiel*: Du musst dich sofort entschuldigen!
> *Lösung*: Entschuldige dich bitte sofort!

1. Du musst zweimal klingeln!
2. Du musst das sofort erledigen!
3. Du musst die Ausgaben zusammenrechnen!
4. Du musst dich noch einmal erkundigen!
5. Du musst dich um diese Angelegenheit kümmern!
6. Du musst dich mehr mit den Kindern beschäftigen!
7. Du musst den Kindern mehr Zeit widmen!
8. Du musst die Schüler benachrichtigen!
9. Du solltest diese Bluse nicht heiß bügeln!
10. Du musst dich bemühen, pünktlicher zu sein!

IV. *Bitte übersetzen Sie!*

1. ¡No olvides las llaves!

2. ¡No gastes tanto dinero!

3. ¡No hables más de ello!

4. ¡Vámonos al cine!

5. ¡Espérame!

6. ¡No tires las pilas al cubo de la basura!

7. ¡No tengas miedo de nuestro perro! No es peligroso.

8. ¡Por favor, no me interrumpas!

9. ¡Ayúdame, por favor!

10. ¡No me prometas nada!

11. ¡Quedémonos, pues, en casa!

12. ¡Toma, pues, otro trozo de pastel!

Nivel 0

13. ¡Solicita, pues, el empleo del anuncio!

14. ¡No comas tan de prisa!

15. ¡No seas tan pesimista!

16. ¡Pidamos otra cerveza!

V. *Bitte ergänzen Sie das fehlende Verb und bilden Sie den Imperativ!*

> *Beispiel*: geeignete Maßnahmen treffen/ergreifen.
> *Lösung*: Lasst uns geeignete Maßnahmen treffen!

1. bei der Sache ....
2. Entschlüsse ....
3. die Gelegenheit ....
4. bei der Wahrheit ....
5. Gespräche ....
6. den Antrag ....
7. nicht ins Fettnäpfchen ....
8. die einzelnen Punkte in Erwägung ....
9. einen Beitrag ....
10. keine Versprechungen ....
11. eine Pause ....
12. Feierabend ....

TEMA 14
(véanse temas 47 y 48)

I. *Bilden Sie Wunschsätze in der Gegenwartsform!*

> *Beispiel*: a) Daniel ruft nicht an.
> *Lösung*: (Ach), wenn er doch anriefe!
> *Oder*: Riefe er doch an!
>   b) Ich muss heute ins Büro.
>   (Ach), wenn ich doch nicht ins Büro müsste!
>   Müsste ich doch nicht ins Büro!

1. Armin nimmt Drogen.
2. Der Zahn muss gezogen werden.

Tema 14. Ejercicios

3. Die Mieter ziehen nicht aus.
4. Die öffentlichen Verkehrsmittel streiken.
5. Die U-Bahn fährt heute nicht.
6. Der Briefträger kommt nicht.
7. Die Firma bekommt keine Aufträge mehr.
8. Der Motor springt nicht an.
9. Gaby schreibt nicht.
10. Das Konzert fällt aus.

II. *Schreiben Sie die gleichen Wunschsätze, indem Sie mit **ich wollte** beginnen!*

> *Beispiel*: Ich wollte, Daniel riefe an.

III. *Bilden Sie Wunschsätze in der Vergangenheitsform!*

> *Beispiel*: a) Daniel hat nicht angerufen.
> (Ach), wenn er doch angerufen hätte!
> Hätte er doch angerufen!
> b) Der Motor ist nicht angesprungen.
> (Ach), wenn er doch angesprungen wäre!
> Wäre er doch angesprungen!

1. Doris ist zu Hause geblieben.
2. Jens ist nicht mitgefahren.
3. Karsten hat die Aufnahmeprüfung nicht bestanden.
4. Helga ist nicht angenommen worden.
5. Günter hat die Stelle nicht bekommen.
6. Elsbeth hat ihre Familie verlassen.

IV. *Schreiben Sie Wunschsätze mit **müsste**!*

> *Beispiel*: Wenn man doch fliegen könnte!
> *Lösung*: Fliegen müsste man können!

1. Wenn ich doch in einer Villa am Meer wohnte!

2. Wenn ich doch unsichtbar wäre!

3. Schade, dass man nicht immer jung bleiben kann!

4. Schade, dass ich keine gute Durchschnittsnote habe!

5. Wenn ich doch Arzt oder Rechtsanwalt wäre!

V. *Antworten Sie mit **fast/beinahe**!*

> *Beispiel*: Haben Sie den Auftrag bekommen?
> *Lösung*: Nein, aber fast hätte ich ihn bekommen.

1. Haben Sie das Haus gemietet?

2. Ist dein Studium anerkannt worden?

3. Habt ihr den Zug noch erreicht?

4. Ist er ins Finale gekommen?

5. Ist Paul Erster geworden?

VI. *Bilden Sie Sätze mit **sonst** oder **anderenfalls**!*

> *Beispiel*: Ich hatte keine Zeit, dir zu helfen.
> *Lösung*: Ich hatte keine Zeit, sonst/anderenfalls hätte ich dir geholfen.

1. Gut, dass das Wetter schön war (wir zu Hause bleiben müssen).

2. Gut, dass ich mir seine Telefonnummer habe geben lassen (ihn nicht anrufen können).

3. Gut, dass der Motor angesprungen ist (euch nicht besuchen können).

4. Gut, dass ich mich vorbereitet hatte (die Antwort nicht wissen).

5. Gut, dass ich die Anzeige gelesen habe (ich die Stelle nicht bekommen).

Tema 15. Ejercicios

VII. *Bilden Sie Sätze mit **an ihrer/seiner/deiner Stelle**!*

> *Beispiel*: Er hat den Vertrag nicht unterschrieben.
> *Lösung*: An seiner Stelle hätte ich ihn auch nicht unterschrieben.
> *Oder*: An seiner Stelle hätte ich ihn aber (doch) unterschrieben.

1. Sie hat gekündigt.

2. Ich habe die Rechnung nicht bezahlt.

3. Ich habe sofort zugesagt.

4. Er ist nicht mehr hingegangen.

5. Sie hat sich sehr geärgert.

6. Wir waren sehr enttäuscht.

7. Sie nahm die Stelle nicht an.

8. Ich habe ihn nicht wieder eingeladen.

TEMA 15

I. «*Was ärgert dich an deinen Eltern?*»
Bitte setzen Sie den folgenden Bericht junger Leute in die indirekte Rede! Beginnen Sie: Astrid erzählt, sagt, meint usw.

> *Beispiel*: Astrid Kern (15 Jahre), Schülerin:
>   «Bei uns in der Familie nimmt niemand ein Blatt vor den Mund.»
> *Lösung*: Astrid sagt, bei ihr in der Familie nehme niemand ein Blatt vor den Mund.

Astrid Kern: 1. «Wenn ich weggehen will, erlaubt meine Mutter es mir manchmal bis 4 Uhr morgens.»

2. «Aber wenn meine Mutter Ärger im Büro hat, lädt sie ihren Stress zu Hause ab.»

3. «Mit meinem Vater verstehe ich mich nicht so gut. Bei ihm darf ich nichts. Er will mich immer nur beschützen.»

Thorsten Patt: «Schlimm finde ich an meiner Mutter, dass sie sich über vieles sehr schnell aufregt, vor allem, wenn ich die Sachen nicht gleich wegräume.
Meine Eltern sagen immer, dass sie mich besser kennen und verstehen als ich mich selbst. Das kann ich nicht so sagen.»

Katrin Höfer, 20 Jahre, Schülerin auf einer Wirtschaftsschule:
«Wir sind sehr streng erzogen worden und hatten nicht viele Freiheiten. Meine Freundinnen zum Beispiel durften abends lange weggehen. Ich musste schon viel früher zu Hause sein. Das hat mir gar nicht gefallen.

«Aber heute sehe ich an einigen Freundinnen, dass solche Freiheiten manchmal gar nicht so gut sind. Darum bin ich eigentlich froh, dass ich nicht alles tun durfte, was ich wollte.»

Auch die Eltern berichten, was ihnen an ihren Kindern nicht gefällt:

Frau Patt: «Im Moment kann ich mehr Negatives als Positives über meine Kinder sagen. Es ist die ganze Einstellung, die die Kinder haben - dieses Egal-Gefühl.»

Tema 15. Ejercicios

«Die Schlampigkeit, Nachlässigkeit und ihr Egoismus regen mich immer wieder auf. Ihre Zimmer rühre ich nicht an.»

«Wirklich gut finde ich, dass meine Kinder sehr ehrlich sind. Lieb können sie auch sein - wenn sie wollen.»

II. *Der Rockmusiker und Schauspieler G.H. erzählt, wie er berühmt wurde:*
«Meine erste Band gründete ich schon mit 10 Jahren. Später holte mich der Avantgarde-Regisseur P.Z. als Pianist an das Schauspielhaus von B. Eines Tages bot man mir eine Rolle in einem Musical an, obwohl ich den Beruf des Schauspielers nie gelernt hatte. Damals war ich 18 Jahre alt. Nach dem Abitur studierte ich Jura und Musik auf der Universität. Aber ich spielte immer wieder Theater und arrangierte die Musik für die Produktionen des Regisseurs Z. im Schauspielhaus.»
Bitte setzen Sie G.H.s Bericht in die indirekte Rede! Beginnen Sie:
G.H. erzählt, er habe ....

III. *Eine Zeugin berichtet, wie sie den Toten entdeckte:*
«Also ich ging durch den Garten zum Schuppen. Vor der Tür standen Marks Schuhe und eine Harke. Ich stieß die Tür auf. Klopfen wollte ich nicht, ich wollte Mark überraschen. Und dann sah ich ihn. Er hing an diesem Haken an der Decke, und ich wusste, er war tot. Es war schrecklich!»
Machen Sie bitte aus diesem Bericht einen kurzen Zeitungsartikel in der indirekten Rede. Beginnen Sie: Die Zeugin berichtet, sie ....

Nivel O

TEMA 16

I. *Bitte schreiben Sie die Ausschnitte aus der Geschichte der Stadt Trier im Passiv auf!*

> *Beispiel*: Um 15 v. Chr.: Gründung der Stadt von Augustus.
> *Lösung*: Um 15 v. Chr. wurde die Stadt von Augustus gegründet.

1. Rund 100 Jahre später: Bau eines Amphittheaters für 25 000 Personen.

2. Um 150 n. Chr.: Anlage der Barbarathermen.

3. 275 n. Chr.: Zerstörung der Stadt durch Franken und Alemannen.

4. Bis 390 n. Chr.: Wiederaufbau und erhebliche Vergrößerung unter Constantius Chlorus.

5. Nach 324 n. Chr.: Bau einer großen Doppelbasilika auf dem Palast der Kaiserinmutter Helena.

6. Zwischen 313 und 316: Errichtung des Nordtores der römischen Stadtmauer.

7. 882: Zerstörung Triers von den Normannen.

8. Im 11. Jh.: Bau des Westwerks des Domes und Erweiterung des Domes zu einer dreischiffigen Hallenkirche.

9. Später: Anbau des Ostchores, des Querschiffes vor dem Ostchor und der Schatzkammer.

10. Im 18. Jh.: Umbau des Inneren.

Tema 16. Ejercicios

11. Um 1106: Anlage der ersten Stadtbefestigung.

12. Zwischen 1161 und 1190: Verleihung der Stadtrechte.

13. 1743: Errichtung einer Universität.

14. 1818: Geburt von Karl Marx in Trier.

II. *Ellipsen: Bitte bauen Sie ganze Sätze!*

> *Beispiel*: Wegen Inventur geschlosen.
> *Lösung*: Das Geschäft ist wegen Inventur geschlossen.

1. Einfahrt verboten.
2. Verkäufer gesucht.
3. Überholen verboten.
4. Geldbörse gefunden.
5. Wellensittich zugeflogen.
6. Rauchen nicht gestattet.
7. Schäferhund entlaufen.

III. *Bitte ergänzen Sie:* .... *worden ist,*
.... *geworden ist,*
.... *gewesen ist.*

Wissen Sie nicht, dass
1. er in Südafrika ....
2. er Direktor ....
3. er drei Jahre Direktor ....
4. er lange krank ....
5. er operiert ....
6. die Firma gestern geschlossen ....
7. ein neues Restaurant eröffnet ....
8. mir gekündigt ....
9. Ralf Vater ....
10. die Reise schön ....
11. das Buch endlich veröffentlicht ....
12. das Rohr repariert ....
13. im Rohr ein Loch ....
14. der Präsident ermordet ....
15. er nur 14 Tage Präsident ....
16. die Grenze geöffnet ....

17. Pérez Präsident ....
18. Pérez wiedergewählt ....
19. Dänemark Europameister ....

IV. *Passiversatz*
   a) ***sein - zu***

> *Beispiel*: Das Geschirr muss noch abgewaschen werden.
> *Lösung*: Das Geschirr ist noch abzuwaschen.

1. Man kann das Auto nicht mehr reparieren.

2. Man kann den Text gut verstehen.

3. Diese beiden Formulare müssen ausgefüllt werden.

4. Die Wände müssen gestrichen werden.

5. Die Getränke müssen bestellt werden.

6. Den heißen Tee kann man nicht trinken.

7. Bei Nebel kann man den Berg nicht sehen.

b) ***sich lassen***

> *Beispiel*: Dieser Stoff ist waschbar.
> *Lösung*: Dieser Stoff lässt sich waschen.

1. Der Koffer ist leicht zu schließen.

2. Der Vorgang ist leicht zu beschreiben.

3. Das Problem ist nicht zu lösen.

4. Das Heft ist nicht zu finden.

5. Diese Instrumente können noch nicht hergestellt werden.

6. Man kann die Schrift nicht lesen.

7. Die Bücher konnten nicht verkauft werden.

Tema 16. Ejercicios

c) *bekommen/kriegen*

> *Beispiel*: Ihm wurde das Buch geschenkt.
> *Lösung*: Er bekam das Buch geschenkt.

1. Dem Mädchen ist zum Geburtstag ein Fahrrad geschenkt worden.

2. Den Mitarbeitern ist ein neuer Termin gestellt worden.

3. Mir wurden die Bücher mit der Post ins Haus geschickt.

4. Den Warenhäusern werden in der nächsten Woche neue Teppiche geliefert.

d) *Suffixe: -bar, -lich*

> *Beispiel*: Kann man die Beeren essen?
> *Lösung*: Ja, sie sind essbar.

1. Kann man diese Decke abwaschen?

2. Kann man diesen Tisch fahren?

3. Kann man die Schublade verschließen?

4. Kann man das Wasser trinken?

5. Kann man das Gerät tragen?

V. *Bitte übersetzen Sie!*
1. Hay que firmar el contrato en seguida.

2. ¿Se hubiera podido evitar el accidente?

3. Hay que enviar la carta.

4. Este frío apenas se puede aguantar.

5. ¿Qué te han regalado por tu cumpleaños?

6. Esta letra no se puede leer.

7. No se puede abrir la puerta.

8. Cada día me traen las bebidas a casa.

9. Me hacen la cama.

10. No se puede solucionar este problema.

11. Esta proposición es discutible.

12. ¡Qué bolso más bonito! ¿Te lo han regalado?

13. Se puede ver una evolución positiva.

VI. *Bauen Sie die folgenden Sätze um! Sagen Sie dasselbe in der gewöhnlichen Passivform!*

> *Beispiel*: Dieser Irrtum ist nicht zu entschuldigen.
> *Lösung*: Dieser Irrtum kann nicht entschuldigt werden.

1. Das ist eine unlösbare Aufgabe.

2. Gottseidank ließ sich eine Lösung finden.

3. Eine unheilbare Krankheit.

4. Diese Summe ist niemals zu bezahlen.

5. Das ist ein undurchführbarer Plan.

6. Wir kriegten viele Sachen geschenkt.

7. Sein Verschwinden ist unerklärlich.

TEMA 17

I. *Welche Sätze gehören zusammen? Bitte bilden Sie einen Satz mit dem Infinitiv Perfekt!*

Tema 17. Ejercicios

> *Beispiel*: Wir hoffen, euch einen Gefallen getan zu haben.

Ich bedauere es nicht,	Wir haben die Wohnung gemietet.
Wir hoffen,	Er hat die Prüfung bestanden.
Ich ärgere mich,	Wir haben euch einen Gefallen getan.
Er freut sich,	Ich habe gekündigt.
Ich gebe zu,	Er war der Beste.
Wir sind froh,	Ich habe diesen dummen Fehler gemacht.
Er freut sich noch immer,	Ich habe das Geld genommen.

II. *Mit oder ohne zu?*
1. Was? Du gehst noch .... einkaufen? Ich schicke meine Tochter immer .... einkaufen.
2. Warum lässt du keinen Kostenvoranschlag .... machen?
3. Hast du etwas Zeit, mir im Garten .... helfen?
4. Gut, ich helfe dir, den Brief .... übersetzen.
5. Es ist unmöglich, diesen Brief .... verstehen.
6. Bleiben Sie ruhig .... sitzen!
7. Gaby lernt jetzt Flöte .... spielen.
8. Hast du schon Neumanns Weinkeller gesehen? Sie haben da mindestens 200 Flaschen .... liegen.
9. Jetzt heißt es, sich auf den Hosenboden .... setzen, mein Lieber.
10. Sieh mal, es hat angefangen .... schneien.
11. Ernst hat zu Hause nichts .... sagen.
12. Es ist immer gut, das .... wissen.

III. *Bitte bilden Sie einen Satz mit **sein zu** oder **haben zu** + Infinitiv!*

> *Beispiel*: Diese Aufgabe kann man nicht lösen.
> *Lösung*: Diese Aufgabe ist nicht zu lösen.
> Ihr müsst den Mund halten.
> *Lösung*: Ihr habt den Mund zu halten

1. Der Antrag muss sofort gestellt werden.

2. Eine Besserung der Lage kann erwartet werden.

3. Papier und Abfälle müssen in die dafür vorgesehenen Behälter geworfen werden.

4. Diese Sache muss sofort erledigt werden.

5. Die Miete muss bis zum 5. eines jeden Monats bezahlt werden.

6. Der Mieter muss die Miete bis zum 5. eines jeden Monats bezahlen.

7. Der Mieter muss die Wohnung in gutem Zustand hinterlassen.

8. Die Besucher müssen Rücksicht auf die Kranken nehmen.

IV. *Bitte übersetzen Sie!*
1. Toda la noche estuve oyendo ladrar a los perros.

2. El hacer gimnasia diariamente es muy saludable.

3. Voy a mandar servir la comida.

4. Le rogué que me acompañase hasta casa.

5. Creo haberla visto en otra ocasión, pero no estoy seguro.

6. Me alegro mucho de conocer a tu hermana.

7. ¡No te olvides de llamar a la secretaria!

8. Él parece haberlo olvidado.

9. No te olvides de decírmelo.

10. Ud. tiene derecho a solicitar una beca.

11. ¡No vuelvas a beber tanto!

12. Él suele llegar los viernes a las 7.00.

13. No cesa de llover.

14. Voy a llamar a la policía.

TEMA 18

I. *Manche der folgenden Sätze sind grammatisch falsch. Kreuzen Sie sie bitte an!*
   1. Das Ergebnis ist unbefriedigend.
   2. Sie ist einen Brief übersetzend.
   3. Seit 10 Minuten bin ich auf dich wartend.
   4. Dieses Argument ist nicht überzeugend.
   5. Diese vielen Regeln sind verwirrend.
   6. Seine Worte waren Mitleid erregend.
   7. Es ist regnend.
   8. Das gute Ergebnis ist ermutigend.
   9. Ich bin immer an dich denkend.
   10. Der Lärm hier ist störend.

II. *Bitte ersetzen Sie das Verb durch **ist/war** + Partizip I!*

> *Beispiel*: Das schlechte Ergebnis hat mich entmutigt.
> *Lösung*: Das schlechte Ergebnis war entmutigend.

   1. Deine Erklärungen leuchten mir ein.
   2. Die lange Fahrt hat uns alle angestrengt.
   3. Das Desinteresse der Studenten deprimiert mich.
   4. Die Gründe, dass er abreisen würde, liegen nahe.
   5. Seine Worte verletzten mich.
   6. Die Dusche hat mich erfrischt und hat mir wohlgetan.

III. *Bitte verwandeln Sie den partizipialen Ausdruck (Gerundiv) in einen a) Infinitiv mit **sein zu** und b) einen Relativsatz mit Modalverb und Passiv!*

> *Beispiel*: Eine leicht zu lösende Aufgabe.
> *Lösung*: a) Eine Aufgabe, die leicht zu lösen ist.
> b) Eine Aufgabe, die leicht gelöst werden kann.

   1. Ein zu unterzeichnender Vertrag.

   2. Die zu befürchtende wirtschaftliche Krise.

3. Ein nicht zu beseitigender Schaden.

4. Die zu schützende Umwelt.

5. Die noch durchzuführenden Versuche.

6. Die zu reinigenden Kleidungsstücke.

IV. *Bilden Sie nun selbst das Gerundiv!*

> *Beispiel*: Ein Text, der schwer zu übersetzen ist.
> *Lösung*: Ein schwer zu übersetzender Text.

1. Die Streitfrage, die zu entscheiden ist.

2. Die Arbeitsplätze, die in der nächsten Zeit zu schaffen sind.

3. Die Wohnungen, die sofort zu beziehen sind.

4. Ein Eingriff, der nicht zu rechtfertigen ist.

5. Die Reaktion, die bei diesem Experiment zu beobachten ist.

V. *Bitte übersetzen Sie!*
1. Yo estaba viendo la televisión cuando llamaste.
2. La casa se iba llenando de gente.
3. Sigue nevando.
4. Los precios continúan subiendo.
5. Empiezan riendo y terminan llorando.
6. Lleva mes y medio faltando a clase.
7. Llevamos diez años viviendo en Sevilla.
8. Éste es el punto esencial.

TEMA 19

I. *Bitte erklären Sie den Unterschied!*

> *Beispiel*: Das sich kämmende Mädchen.
> *Lösung*: Das Mädchen, das sich (gerade) kämmt.
>
> Das gekämmte Mädchen.
> Das Mädchen, das gekämmt (worden) ist.

1. Die sich bewährende Methode.
   Die bewährte Methode.

2. Die sich in Wasser lösende Tablette.
   Die gelöste Aufgabe.

3. Die lesende Frau.
   Das gelesene Buch.

4. Der schimpfende Mann.
   Der geschimpfte Mann.

5. Die zurückbleibenden Personen.
   Die zurückgebliebenen Personen.

II. *Bilden Sie aus dem kursiv gedruckten Relativsatz eine Partizipialkonstruktion mit dem Partizip II!*

Nivel 0

> *Beispiel*: Als wir aufstanden, sahen wir den Schaden, *den das Unwetter angerichtet hatte.*
> *Lösung*: Als wir aufstanden, sahen wir den von dem Unwetter angerichteten Schaden.

1. Der junge Mann, *der dem Motorboot nachgesprungen war,* ging sofort unter.

2. Der Schriftsteller las aus seinem Buch, *das gerade erschienen ist.*

3. Der Krebs gehört zu den Krankheiten, *die man am meisten fürchtet.*

4. Wo sind denn die Bücher, *die gestern jemand für mich abgegeben hat?*

5. Die Grünflächen, *die für diesen Stadtteil geplant sind,* konnten aus Geldmangel bisher nicht angelegt werden.

6. Die erste Dampfmaschine, *die von Stephenson entwickelt worden war,* wurde 1814 auf Schienen gestellt.

7. Deutschland, *das zu Beginn des 19. Jahrhunderts noch in viele Kleinstaaten zersplittert war,* war kaum industrialisiert.

8. Die Versicherung, *die im April vergangenen Jahres abgeschlossen wurde,* läuft Ende des Monats ab.

9. Gewisse Schäden, *die durch «Höhere Gewalt» verursacht werden,* sind oft vom Versicherungsschutz ausgenommen.

10. Ein Schmerzensgeld für einen Schüler, *der geohrfeigt worden war,* kommt nicht in Betracht.

III. *Bitte übersetzen Sie!*
  1. A pesar del calor, él llevaba puestos los guantes.

  2. Leído el breve discurso, el alcalde bebió un vaso de agua.

  3. Murió al año de casado.

Tema 20. Ejercicios

4. Llevo leídas 25 páginas de esta novela.

5. Antonio sigue preocupado.

6. Heinz dejó a sus amigos admirados.

7. De un total de 825 exámenes van corregidos 520.

8. Mi hijo anda todo el día aburrido, sin hacer nada.

9. Queda abolida la pena de muerte.

10. He decidido quedarme en casa.

11. Este problema me trae muy preocupado.

12. Él siempre anda involucrado en negocios raros.

TEMA 20

I. *Bitte setzen Sie den bestimmten Artikel ein!*
1. .... Alarm, 2. .... Dattel, 3. .... Annonce, 4. .... Hormon, 5. .... Komma, 6. .... Debatte, 7. .... Fieber, 8. .... Fest, 9. .... Film, 10. .... Etikett, 11. .... Kordel, 12. .... Lack, 13. .... Zebra, 14. .... Zigarre, 15. .... Oase, 16. .... Melone, 17. .... Panik, 18. .... Protest, 19. .... Anteil, 20. .... Gegenteil, 21. .... Orchester, 22. .... Rezept, 23. .... Sekunde, 24. .... Signal, 25. .... Tarif, 26. .... Vokal, 27. .... Uniform, 28. .... Zypresse, 29. .... Bankrott, 30. .... Aquarell, 31. .... Garage, 32. .... Geste, 33. .... Komponente, 34. .... Lama, 35. .... Dividende, 36. .... Courage, 37. .... Geranie, 38. .... Ekstase, 39. .... Hymne, 40. .... Pantoffel, 41. .... Thermometer, 42. .... Kilometer, 43. .... Vorteil, 44. .... Oberteil, 45. .... Erdteil, 46 .... Monatsgehalt, 47. .... Sauerstoffgehalt, 48. .... Küchenmesser, 49. .... Geschwindigkeitsmesser, 50. .... Nordsee, 51. .... Binnensee, 52. .... Irrtum, 53. .... Christentum, 54. .... Geruch, 55. .... Gewässer, 56. .... Armut, 57. .... Unmut, 58. .... Missmut, 59. .... Anmut, 60. .... Entgelt, 61. .... Einkommensteuer.

Nivel 0

II. *Welche Substantive in den einzelnen Gruppen haben ein anderes Genus?*

1. Ergebnis
   Erlebnis
   Zeugnis
   Erkenntnis
   Ereignis
2. Gesang
   Geschmack
   Geruch
   Gefühl
   Gebrauch
3. Bäckerei
   Metzgerei
   Schweinerei
   Konditorei
   Hühnerei
4. Schwermut
   Hochmut
   Unmut
   Freimut
   Wagemut
5. Bestandteil
   Abteil
   Erdteil
   Anteil
   Vorteil
6. Disco
   Video
   Kino
   Foto
   Büro
7. Hilfe
   Reise
   Küche
   Treppe
   Gedanke
8. Anfang
   Spiel
   Fall
   Kauf
   Schlaf
9. Bulle
   Bote
   Kunde
   Erbe
   Dogge
10. Ferment
    Element
    Fragment
    Konsument
    Sortiment

III. *Falsche Freunde. Bitte übersetzen Sie! (mit Artikel).*
 1. El billete.
 2. El bombón.
 3. El dato.
 4. La demostración.
 5. La capital.
 6. La balanza.
 7. El balance.
 8. El codo.
 9. La concurrencia.
 10. El concurrente.
 11. El compás.
 12. El dramaturgo.
 13. La labor.
 14. La prisa.
 15. La raqueta.
 16. El rumor.

IV. *Bitte bilden Sie Komposita (mit dem Artikel)!*

> *Beispiel*: Die Arbeitszeit.

Tema 21. Ejercicios

1. Arbeits.
2. Arbeiter.
3. Meer.
4. Meeres.
5. Tage.
6. Tages.
7. Ersatz.
8. Stadt.

a) Teil
b) Zeit
c) Dichtung
d) Teil
e) Schweinchen
f) Spiegel
g) Ordnung
h) Buch

TEMA 21

I. *Welche Pluralendungen sind falsch?*
1. Zeugnisse
   Erlebnisse
   Praxisse
   Ereignisse
   Ersparnisse
2. Schneemänner
   Hampelmänner
   Staatsmänner
   Kaufmänner
   Gasmänner
3. Visen
   Zentren
   Gymnasien
   Daten
   Ministerien
4. Kartoffeln
   Möbeln
   Gabeln
   Zwiebeln
   Regeln
5. Autos
   Kinos
   Fotos
   Eskimos
   Kontos
6. Rhythmen
   Zirken
   Organismen
   Viren
   Typen
7. Hühne
   Hähne
   Hände
   Wände
   Strände
8. Lehrer
   Messer
   Helfer
   Bürger
   Schwester
9. Stätten
   Staaten
   Städten
   Matten
   Latten

II. *Ordnen Sie die folgenden Wörter in die Liste mit den Pluralendungen ein. Setzen Sie aber bitte zuerst den Artikel!*
   1. .... Spiegel, 2. .... Kino, 3. .... Situation, 4. .... Rente,

Nivel 0

5. .... Universität, 6. .... Thema, 7. .... Fahrt, 8. .... Semester, 9. .... Snob, 10. .... Auto, 11. .... Freundschaft, 12. .... Tätigkeit, 13. .... Wohnung, 14. .... Tatsache, 15. .... Messer, 16. .... Schüler, 17. .... Konstitution, 18. .... LKW, 19. .... Bäckerei, 20. .... Mensch, 21. .... Zeitung, 22. .... Reise, 23. .... Name, 24. .... Büro, 25. .... Schule, 26. .... Lebensmittel, 27. .... Wagen, 28. .... Frau, 29. .... Unternehmen, 30. .... Kollege, 31. .... Kuchen, 32. .... Straße, 33. .... Schwester, 34. .... Firma, 35. .... Herr, 36. .... Doktor, 37. .... Radio.

-n   *-en*   *-s*   *0*

III. *Wie lautet der Plural?*
1. Ich glaube, die .... (Bank) sind geschlossen.
   Die .... im Park sind gestrichen worden.
2. Wir müssen für morgen die neuen .... (Wort) lernen.
   Über Ihre netten .... des Dankes haben wir uns sehr gefreut.
   Also, da fehlen mir doch die ....
3. Die Bibliothek hat jetzt alle .... (Band) der Tagebücher von Thomas Mann.
   Diesen Teppich habe ich aus bunten .... geflochten.
4. In unserem Dorf sind in den letzten Jahren einige Wohn .... (Block) entstanden.
   Wie haben die Menschen damals wohl die schweren Stein .... herbeigeschafft?

Tema 22. Ejercicios

5. Auf einer .... (Strauß)farm werden .... zur Gewinnung von .... federn gezüchtet.
Zur Hochzeit bekamen wir sehr viele Blumen. In der ganzen Wohnung stehen ....

IV. *Bitte übersetzen Sie!*
1. Ahora tengo todos los tomos de los *Diarios* de Thomas Mann.

2. Tengo que mirar estas palabras en el diccionario.

3. El gobierno ha vuelto a aumentar los impuestos.

4. Muchas gracias por tus consejos.

5. El tenis, la natación y la gimnasia son deportes que me gustan.

6. Últimamente ha habido muchas desgracias en el pueblo.

7. Ella compra todos sus vestidos en la tienda «Il nome».

8. Esta prenda de vestir no se debe lavar a máquina.

TEMA 22

I. *Bilden Sie den Genitiv!*

> *Beispiel:* Die Meinung (die Leute).
> *Lösung:* Die Meinung der Leute.

1. Die Größe (das Zimmer)
2. Die Art (sein Verhalten)
3. Das Verhalten (viele Menschen)
4. Die Kinder (der Nachbar)
5. Der Inhaber (der Ausweis)
6. Die Praxis (der Arzt)
7. Die Höhle (der Löwe)
8. Die Höhe (das Haus)
9. Die Rede (der Abgeordnete)
10. Die Villa (der Präsident)
11. Die Meinung (der Spezialist)

II. *Bilden Sie den Genitiv!*

> *Beispiel:* Die Rede (der Bürgermeister Dickel).
> *Lösung:* Die Rede des Bürgermeisters Dickel.

1. Die Vorlesung (der Herr Professor Groß)

2. Der Rücktritt (Minister Schreiber)

3. Die Beschwerde (der Direktor)

4. Die Argumente (unser Kollege Stefan Werner)

5. Der Untersuchungsbericht (der Arzt, Dr. Köhne)

6. Die Ansichten (unser Leiter, Dr. Weinberg)

7. Das Buch (Dr. Kaiser)

8. Die Ermordung (Botschafter Kluger)

9. Die Beisetzung (die Frau Professor Hundt)

10. Die Reichsgründung (Kaiser Karl)

11. Das Kabinett (der Fürst Bismarck)

III. *Sind die folgenden Sätze richtig? Wenn nicht, korrigieren Sie sie bitte!*
  1. Ich gehe schnell zum Fotograf ...., um meine Passbilder abzuholen.
  2. Wir haben ein Gespräch mit dem Intendant .... des Hamburger Staatstheaters geführt.
  3. Der Vorschlag Bürgermeister .... Thalmann .... fand Zustimmung.
  4. Dem Student .... wird das nicht schwerfallen.
  5. Wie geht es dir und deine .... Familie?
  6. An Ihrer Stelle würde ich mal einen Experte .... fragen.
  7. Sie will mit dem Fürst .... von Monaco persönlich gesprochen haben.
  8. Ich traue die neue Sekretärin nicht.

9. Pastor Fuchs hat sie getraut.
10. Ich möchte Ihnen keinen Vorwurf machen.

IV. *Bitte übersetzen Sie!*
1. La hora de visita del Prof. Dr. Schmidt empieza a las 10.00 h.
2. No conozco las demás obras del autor.
3. ¿Tienes las llaves de la caja fuerte?
4. ¡Silencio! ¡La televisión transmite el discurso del presidente!
5. La hija de la Sra. Schiller se casa con un estudiante de medicina.
6. Soy consciente de nuestra precaria situación.
7. Espero que tú y tu familia estéis bien.
8. Estamos esperando la factura del arquitecto.
9. El especialista contradice al profano.
10. Al paciente le duele la cabeza.

V. *Fragen Sie nach:*

> *Beispiel:* - der *Höhe* des Hauses.
> *Lösung:* Wie hoch ist das Haus?

1. -der *Anzahl* der Teilnehmer.
2. -dem *Alter* des Studenten.
3. -der *Art* seiner Kleidung.
4. -dem *Datum* der Veranstaltung.
5. -dem *Ort* des Treffens.
6. -der *Dauer* des Kurses.
7. -dem *Gewicht* des Gepäcks.
8. -dem *Namen* des Spezialisten.
9. -der *Ursache* seiner schlechten Laune.

Nivel 0

TEMA 23

I. *Bitte ergänzen Sie den bestimmten oder unbestimmten Artikel wo es nötig ist!*
   1. Er leidet an .... Asthma.
   2. Wie lange haben Sie .... Kopfschmerzen schon?
   3. Rudi arbeitet jetzt als .... Krankenpfleger.
   4. Der Kurs beginnt .... Anfang Oktober.
   5. .... Platin ist ein silbergrau glänzendes Edelmetall.
   6. Tanja arbeitet jetzt als .... Dolmetscherin für Russisch im Auswärtigen Amt.
   7. Solch einen Ofen nennt man .... «Kachelofen».
   8. .... Tante Frieda ist am Telefon.
   9. Dirk will .... Rechtsanwalt werden.
   10. Sie hat ihn aus .... Liebe geheiratet, nicht wegen .... Geldes.
   11. Was machst du .... Silvester?
   12. .... Wind weht aus .... Süden.
   13. Der Chef ist heute außer .... Haus.
   14. Sie ist .... Künstlerin von Ruf.
   15. Hast du .... Vater gefragt, ob er es erlaubt?
   16. Der Motorradfahrer hatte .... Schuld an dem Unfall.
   17. Er ist .... Marokkaner.
   18. Sie beteten zu .... Gott.

II. *Bitte übersetzen Sie!*
   1. El doctor Barraquer es un gran oculista.

   2. La Sra. Herrero no ha venido.

   3. En el comedor de la empresa nos dan a menudo la sopa fría y la carne dura.

   4. Tienes el oído muy fino.

   5. ¡No salgas a la calle con los pantalones tan sucios!

   6. En España se comen mucho los calamares fritos.

   7. Vivo con la conciencia tranquila.

   8. El latín y el griego cada vez se estudian menos.

   9. Esta novela ya ha sido traducida al inglés y al francés.

Tema 23. Ejercicios

10. Entiendo el neerlandés, pero no lo hablo.

11. El guía habla el inglés perfectamente, pero no sabe español.

12. Nuestra hija ha pasado ya la varicela y el sarampión.

13. Los cuatro somos extranjeros.

14. Los dos habían estado en África.

15. El 10 % de la población no sabe leer.

16. Yo calzo el 39.

17. Los hombres dicen que las mujeres somos malas conductoras, pero no es verdad.

18. A los alemanes nos gusta viajar al extranjero.

19. Fue elegido presidente a los 70 años.

20. ¿Sabes? Manolo ha puesto un negocio.

21. Ya encontraremos ocasión de hablar más despacio de ello.

22. Le dio (a él) la carta sin decir palabra.

23. Sí, veo que Ud. tiene cierto parecido con su hermana.

24. Buscarán otra solución al problema.

25. Hemos tardado sólo media hora.

26. Juan ha abierto un despacho.

27. En el examen nos preguntaron sobre Fernando VII.

28. Todos los hombres son mortales.

29. Carlos es todo un hombre.

30. No vi jamás una chica tan simpática.

Nivel O

TEMA 24

I. *Bitte ergänzen Sie die Endungen, wo es nötig ist!*
 1. Herzlich .... Dank für die viel .... schön .... Geschenke.
 2. Die wenig .... gesund .... Bäume müssen gerettet werden.
 3. Bitte ein Steak mit viel .... grün .... Salat.
 4. Die Schmerzen wurden mit viel .... stark .... Medikamenten gelindert.
 5. Ich habe wenig .... klein .... Geld.
 6. Rothenburgs mittelalterlich .... Stadtbild ist wirklich sehenswert.
 7. Der Philosoph, mit dessen neuest .... Buch ich mich gerade beschäftige, hält nächst .... Monat einen Vortrag.
 8. Unter den Blind .... ist der Einäugig .... König.
 9. Im letzt .... Bus kurz nach Mitternacht saßen fast nur Betrunken ....
 10. Wir müssen auch mit andere .... unbekannt .... Faktoren rechnen.
 11. Alles unnötig .... Gepäck lass bitte zu Hause!
 12. Mit etlich .... früher .... Klassenkameraden stehe ich noch in Verbindung.
 13. In mein .... wenig .... frei .... Stunden spiele ich Schach.
 14. Mit groß .... Freude haben wir Ihren Brief gelesen.
 15. Zum Geburtstag wünsche ich dir alles erdenklich .... Gut ....
 16. Fragen wir den freundlich .... lächelnd .... Mann dort!
 17. Das ist übrigens Rainers jüngst .... Tochter.
 18. Hast du schon etwas Neu .... gehört?
 19. Solch .... schwer .... Fehler sind nicht zu verzeihen.
 20. Er gilt als ein vielversprechend .... Nachwuchsschauspieler.
 21. Wir befinden uns in einer heikel .... Lage.
 22. Dieses Jahr ist lila Modefarbe. Ich werde mir ein lila .... Kostüm oder einen lila .... Hosenanzug kaufen.
 23. Gestern ist mir etwas Merkwürdig .... passiert.

II. *Bilden Sie aus dem Relativsatz jeweils ein Partizipialattribut!*

> *Beispiel:* Den Autofahrer erwarten Straßen, *die vorzüglich ausgebaut sind.*
> *Lösung:* Den Autofahrer erwarten vorzüglich ausgebaute Straßen.

Tema 25. Ejercicios

1. Eine Kommission, *die 1990 eingesetzt wurde*, hat rechtzeitig Maßnahmen gegen die Verschmutzung des Sees durchgesetzt.

2. Die Biozide, *die man über Jahrzehnte hinweg eingesetzt hat*, sollten Ernteschäden verhindern.

3. Das Abwasserabgabengesetz, *das am 1. Januar 1978 in Kraft getreten ist*, sieht folgende Maßnahmen vor.

4. Im Rahmen des Umweltprogramms der Bundesregierung, *das seit 1971 besteht*, wurde 1974 das Bundesimmissionsschutzgesetz verabschiedet.

5. Die Bundesrepublik Deutschland gehört zu den Ländern der Erde, *die am dichtesten besiedelt sind*.

III. *Bitte übersetzen Sie!*
   1. Varios alumnos buenos han tenido una beca.

   2. En el accidente hubo dos muertos y cinco heridos.

   3. Los supervivientes fueron llevados a la clínica más próxima.

   4. Me gusta este jersey beige.

   5. Él se despidió reiterando sus amables palabras.

   6. Tenemos que leer el siguiente texto corto.

   7. ¿Sabes? Martin será funcionario.

TEMA 25

I. *Wie heißt der Komparativ?*
   1. Ich kann mir leider keine (teuer) Wohnung leisten.
   2. Ich kann mir keinen (eitel) Menschen vorstellen als dich.
   3. Haben Sie auch (dunkel) Stoffe?
   4. Eine (plausibel) Erklärung kann ich dir leider nicht geben.
   5. Wir müssen eine (akzeptabel) Lösung finden.
   6. Seitdem sie Sport treibt, fühlt sie sich (jung).

II. *Wie heißt der Superlativ?*
 1. Er war einer der (berühmt) Geiger.
 2. Krebs und Aids sind die (gefürchtet) Krankheiten.
 3. Sonja ist das (hübsch) Mädchen der Klasse.
 4. Bitte, wie komme ich auf dem (kurz) Weg nach Feldbach?
 5. Heute ist bestimmt der (heiß) Tag des Jahres.
 6. Selbst der (gewissenlos) Mensch hätte so etwas nicht verantwortet.
 7. Schicken Sie mir ein Fax. So geht es am (rasch).
 8. Der Bodensee ist der (zweitgroß) See Europas.

III. ***Als*** oder ***wie?***
 1. Die Planung ist genauso wichtig …….. die eigentliche Arbeit.
 2. Er hat in der Prüfung bedeutend besser abgeschnitten …….. ich.
 3. Die Preise sind wesentlich höher …….. im Vormonat.
 4. Das neue Verfahren ist bei weitem rentabler …….. das frühere.
 5. Dieser Text ist wenigstens so schwer …….. der andere.

IV. *Bitte übersetzen Sie!*
 1. La gente se vuelve cada día más egoísta.

 2. Cada vez me dan más trabajo.

 3. Desde que está divorciada parece cada vez más joven.

 4. Cada vez hay más gente que deja de fumar.

V. *Bitte ersetzen Sie die kursiv gedruckten Wörter durch ein Superlativadverb!*

> *Beispiel:* Dieser Entschluss wurde *äußerst scharf* kritisiert.
> *Lösung:* Dieser Entschluss wurde aufs schärfste kritisiert.

 1. Wir wurden *sehr herzlich* empfangen.
 2. Diese Nachricht hat uns *tief* betroffen.
 3. Sie wies diese Kritik *sehr heftig* zurück.
 4. Die beiden Familien waren *sehr eng* miteinander befreundet.
 5. Wir wurden *sehr gründlich* untersucht.
 6. Als wir das hörten, waren wir *freudig* überrascht.

VI. *Bitte übersetzen Sie!*
 1. Él es el poeta más famoso de su país.

Tema 26. Ejercicios

2. Ella es la mujer más elegante del mundo.

3. Es la institución más antigua que sigue existiendo hoy en Europa.

4. Este texto es sumamente complicado.

5. Pepita es una de las alumnas que más habla.

6. El jefe iba dictando cada vez más deprisa.

7. Cada vez viene menos gente a las conferencias.

8. Nos recibieron de forma amabilísima.

9. Él ha comido la mayor parte del menú.

TEMA 26

I. *Bitte ergänzen Sie den Artikel!*
   1. Findest du nicht, dass Rudolf .... Innenminister ähnlich sieht?
   2. Ich bin .... Sekretärin sehr dankbar dafür, dass sie mich angerufen hat.
   3. Wir sollten .... alten Leuten öfter behilflich sein.
   4. .... Eltern war das Verschwinden ihrer Tochter völlig unerklärlich.
   5. Wirklich, diese Arbeit ist nicht .... Mühe wert.
   6. Dieser Fall ist .... Polizei längst bekannt.
   7. .... Direktor war diese Situation äußerst peinlich.
   8. .... Übersetzer war es nicht möglich, die Übersetzung termingerecht abzuliefern.
   9. .... arbeitslosen Jungen war der Lottogewinn natürlich höchst willkommen.

II. *Bitte ergänzen Sie die Präposition und gegebenenfalls den Artikel!*
   1. Dieses Land ist arm .... Rohstoffen.
   2. Wer war eigentlich schuld .... Unfall?
   3. Der alte Mann war .... Strapazen der Reise total erschöpft.
   4. Die Schülerin hat sich .... Lehrer verliebt.
   5. Wir sind .... Gehalt der Kinder angewiesen.
   6. Der Dozent ist .... Studenten sehr beliebt.
   7. Zu viele Tabletten sind schädlich .... Gesundheit.

Nivel O

8. Diese Leute sind frei .... Ressentiments gegen die Terroristen.
9. Die Banken sind jetzt .... größeren Investitionen bereit.
10. Wir sind gespannt .... weitere politische Entwicklung in diesem Land.
11. Diese Sendung ist .... Kanada bestimmt.
12. Zum Glück blieben wir .... Erdbeben verschont.
13. Wir sind .... d .... Übung fertig.

III. *Bitte übersetzen Sie!*
1. Cada ministro es responsable de su ministerio.

2. Este plan es inadecuado para la industria.

3. El valor del dinero depende en parte de la economía de un país.

4. Este terrorista es capaz de todo.

5. El juez estaba convencido de la culpabilidad del acusado.

6. Los partidos políticos estaban decepcionados del resultado de la encuesta.

7. No todos los obreros están contentos con su salario.

8. Los ciudadanos están asustados de los disturbios durante la manifestación.

9. El ministerio del interior es responsable de la emisión de pasaportes.

10. Esta crisis económica no es comparable con la del 29.

TEMA 27

I. *Bilden Sie das Passiv!*

> *Beispiel:* 1492: Entdeckung Amerikas.
> *Lösung:* Amerika wurde 1492 entdeckt.
> *Oder:*   1492 wurde Amerika entdeckt.

Tema 27. Ejercicios

1. 1527: Erstürmung Roms.

2. 3000 v. Chr.: Erfindung des Segelschiffes.

3. Um 1000: Entdeckung Nordamerikas.

4. Im 1. Jahrhundert: Erfindung des Papiers.

5. 587 v. Chr.: Zerstörung Jerusalems.

6. 44 v. Chr.: Ermordung Cäsars.

II. *Bitte ersetzen Sie die kursiv gedruckten Wörter durch eine (substantivierte) Kardinalzahl auf -er!*

> *Beispiel:* Drei Briefmarken *zu 80 Pfennig*.
> *Lösung:* Drei achtziger Briefmarken.

1. Die Jahre *von 90 bis 99*.
2. Ein *Fünfzig-Mark-Schein*.
3. Ein Junge *von drei Jahren*.
4. Eine Dame *von 40 Jahren*.
5. Eine Buskarte, *mit der man zehnmal fahren kann*.
6. Ein Kajak *für zwei Personen*.
7. Ein Anschluss *für zwei Fernsprechteilnehmer*.
8. Bob *für vier Personen*.
9. Eine Packung, *die zehn Zigaretten (o.a.) enthält*.

III. *Lesen Sie die folgenden Sätze laut und ergänzen Sie die fehlenden Endungen oder Präpositionen!*

1. Bis .... 15. 5. müssen die Unterlagen fertig sein.
2. Die Praxis von Dr. Baumgarten ist in der Zeit .... 4. 8. .... 25. 8. geschlossen.
3. Heute ist schon .... 28? Ich dachte, wir hätten erst .... 27.
4. .... 1. November fällt dieses Jahr auf einen Freitag.
5. Vielen Dank für Ihr Schreiben .... 11. 8.
6. .... 3. 12. hat Ulrike Geburtstag.
7. Wir müssen die Prüfung auf Montag, ... 1. 6., verschieben.
8. Barcelona, ... 18. 1. 19..

IV. *Lesen Sie bitte laut!*
 1. Papst Johannes XXIII war der Nachfolger des Papstes Pius XII.
 2. Das Reich Karls V war so groß, dass der Kaiser sagen konnte, in seinem Reich gehe die Sonne nicht unter.
 3. 1519 wurde Karl I als Karl V zum deutschen König gewählt.
 4. Unter Philipp II war Spanien die Vormacht der europäischen Gegenreformation.
 5. Nach Ferdinand VI suchte Karl III im Geist der Aufklärung innere Reformen durchzuführen.
 6. Nach dem Tode Alfons XII fiel die Krone an seinen nachgeborenen Sohn Alfons XIII.

V. *Lesen Sie die Bruchzahlen!*
 1/2, 2/5, 3 3/4, 3/8, 7 1/2, 1 3/4.

VI. *Ergänzen Sie Einteilungszahlen (-ens), Wiederholungszahlen (-mal), Vervielfältigungszahlen (-fach) und Gattungszahlen (-erlei).*
 1. Bitte, schicken Sie uns den Antrag in 4 .... Ausfertigung.
 2. Zum 3. .... sage ich schon, dass man hier nicht rauchen darf.
 3. Sie können zwischen 10 .... Obstsorten wählen.
 4. Die Preise in dieser Region sind bestimmt 2 .... so hoch wie bei uns.
 5. Das ist Vierfruchtmarmelade, aus 4 .... Sorten von Früchten.
 6. Aus folgenden Gründen können wir die Wohnung nicht mieten:
  1) Die Miete ist zu hoch.
  2) Die Wohnung ist nicht groß genug.
  3) Die Verkehrslage ist recht ungünstig.

TEMA 28

I. *Bitte ergänzen Sie die Pronomen!*
 1. Da kommt eine Frau. Wir können .... ja nach dem Weg fragen.
 2. Gerd hat heute Geburtstag. Hast du .... schon gratuliert? Wenn du .... besuchst, kannst du .... ein Geschenk von mir mitnehmen.
 3. Da ist Herr Guldner. .... habe ich es zu verdanken, dass ich die Stelle bekommen habe.
 4. Hört mal, ich habe .... doch verboten, auf der Straße Fußball zu spielen.
 5. Ich habe das Gedicht gelernt, Mutti, frag .... bitte ab!

Tema 28. Ejercicios

6. Klausi will immer alles genau wissen. Was man sagt, genügt .... meistens nicht.
7. Heidi verlangt von ihrem Freund, dass er sich immer nach .... richtet.
8. Herr Reitmeier, der Chef möchte mit .... sprechen.
9. Du weißt doch, dass du dich auf .... verlassen kannst.
10. Unsere Tochter hat das Examen bestanden. Wir sind richtig stolz auf ....
11. Herr Neumann, die Schüler haben sich leider über .... beschwert.
12. Rosi redet viel zuviel. Du kannst .... nichts anvertrauen.
13. Wir haben uns über Fritz geärgert und .... deshalb nicht eingeladen und .... auch nicht geholfen.
14. Nächste Woche gehe ich mit meiner Nachbarin ins Kino. Ich muss .... nur noch fragen, an welchem Tag es .... passt.

II. *Bitte übersetzen Sie!*
1. Él la vio, pero no quiso saludarla.

2. Él se lo dio a él, no a ella.

3. Se pasaba el día oyéndola cantar.

4. Él no nos la ha presentado.

5. Es el 23 de abril.

6. ¿Quién tiene el magnetofón? Yo lo tengo.

7. Es un inglés.

8. ¡Truena!

9. De pronto, alguien llamó a la puerta.

10. Hay un señor que quiere hablarle.

11. Ayer le vi a usted en el cine.

12. Él pensaba hacerse abogado y lo consiguió.

13. ¡No se te olvide decírselo a él!

Nivel O

14. ¡No le despiertes tan temprano!

15. ¿Sabes que Pedro tiene coche? Sí, se lo regaló su padre.

III. *Bringen Sie den kursiv gedruckten Satzteil an den Anfang des Satzes und prüfen Sie dann, ob das* **es** *wegfallen muss!*
1. Es wurde *an diesem Tag* schon früh dunkel.

2. Es ging mir *ein guter Gedanke* durch den Kopf.

3. Es ging den Leuten *damals* schlecht.

4. Es soll *niemand* kommen, der keine Einladung erhalten hat.

5. Es handelt sich *hier* um ein ganz neues Phänomen.

6. Es ist *die Arbeit*, die mich beschäftigt.

IV. *Muss ein* **es** *in die Lücke eingesetzt werden oder nicht?*
1. Worum handelt .... sich in diesem Roman?
2. .... wundert mich, dass er noch nicht angerufen hat.
3. Meine Eltern wollten mich überraschen. .... ist ihnen gelungen.
4. Was ist das für ein Vogel? .... ist ein Wiedehopf.
5. .... ärgert mich, dass er so unzuverlässig ist.
6. Ich ziehe .... vor, hierzubleiben.
7. Mir ist .... nicht gelungen, ihn von seinem Irrtum zu überzeugen.
8. .... war ein großer Zufall, dass wir uns getroffen haben.
9. .... hat mir nicht gepasst, dass er nichts von sich hat hören lassen.
10. Von der langen Wanderung waren alle müde, ich war .... aber nicht.

TEMA 29

I. *Setzen Sie die Possessivpronomen mit den richtigen Endungen ein!*
1. Meine Schwester ist umgezogen; Ich gebe dir .... neue Adresse.
2. Juan arbeitet jetzt intensiv an .... Doktorarbeit.
3. Wir sind sehr stolz auf .... Kinder.
4. Sie haben mir sehr geholfen. Vielen Dank für .... Hilfe.
5. Einer .... Bekannten ist zur Zeit auch in Südafrika.
6. Kann ich deinen Kuli benutzen? .... schreibt nicht.

Tema 29. Ejercicios

7. Wie geht es .... Frau, Herr Ebach?
8. Wie geht es dir und .... Familie?
9. Morgen kommt Ute mit .... Eltern zu uns.
10. Gestern traf ich Fräulein Kunz mit .... neuen Freund.
11. Fragen Sie entweder Doktor Groß oder .... Sekretärin.
12. Theo hat mit .... Freundin Schluss gemacht.
13. Elvira und Rüdiger wollen nicht mehr mit .... Eltern in Urlaub fahren.
14. Normalerweise verwöhnen die Großeltern .... Enkel sehr.
15. Das Schiff mit .... ganzen Besatzung ist untergegangen.
16. Des Chef hat alle .... Mitarbeiter zu einer Weihnachtsfeier eingeladen.
17. Haben Sie schon die Stadt und .... Umgebung gesehen?
18. Die Schüler haben auch .... Lehrer zum Kostümfest eingeladen.
19. Schäferhunde sind bekannt für .... Wachsamkeit und .... Mut.
20. Ich treffe mich morgen mit .... Freundin am Goetheplatz.
21. Die Firma hat einige .... Angestellten entlassen.
22. Jeden Abend geht unser Nachbar mit .... Hund spazieren.
23. Frau Stolz spricht nur über .... Krankheiten.

II. *Bitte übersetzen Sie!*

1. La casa y sus habitantes.

2. ¡Dé recuerdos a su esposa, Sr. Martin!

3. Los abuelos y sus nietos.

4. El mar con sus playas.

5. Vosotros y vuestras ideas.

6. El árbol con sus hojas.

7. El bosque con sus animales.

8. Los Alpes con sus refugios.

9. El paisaje con sus montañas y valles.

10. Emilio y su amiga.

11. Eso es asunto mío.

12. Mi casa y la tuya son muy viejas.

13. Esta maleta no parece la mía.

14. El mío y el tuyo son los jardines más bonitos del vecindario.

15. ¡Dios mío!

16. Amigo mío, ésta es la mejor solución.

17. Natalia encuentra a sus amigos en la discoteca.

18. Daniela está deprimida. Sus notas son malas.

19. ¿Cómo está su familia, Sr. Bender?

20. Mi madre está bien.

21. Tengo que hablar con mi jefe.

22. María escribe una carta a su hija.

23. Christian visita a su abuela.

24. Nuestros hijos no deben ver la película. Son demasiado pequeños.

25. ¡Preguntad a nuestros padres!

26. Hoy he visto a Alex con su nuevo coche.

27. Anna da un paseo con su perro.

28. Nuestros hijos están en la escuela.

29. ¿Has visto mis gafas?

TEMA 30
(véase tema 5)

I. *Setzen Sie das Reflexivpronemen ein!*
1. Sie überließen die beiden .... selbst.
2. Die Menge wich zurück, als der Zug .... näherte.
3. Wir begegneten .... vor der Bibliothek.
4. Ich muss .... die Sache noch einmal durch den Kopf gehen lassen.
5. Ich habe .... vorgenommen, ... mehr zu beeilen.
6. Ich will .... den Vorschlag gründlich überlegen.
7. Eigentlich hatte ich .... die Arbeit leichter vorgestellt.
8. Ich weigere .... , diese Aufgabe zu übernehmen.
9. Ich habe .... mit Frau Meier gestritten.
10. Nach dem Mittagsschlaf fühle ich .... wohler.
11. Es tut mir Leid, dass ich .... wieder verspätet habe.
12. Bilde .... nicht ein, dass ich .... alles gefallen lasse!
13. Ich begnüge .... nicht mit ein paar DM!
14. Mit diesem Ergebnis gebe ich .... nicht zufrieden.
15. Beim Skifahren habe ich .... das rechte Bein gebrochen.
16. Ich habe .... in ihm getäuscht.
17. Jetzt wird .... alles klar.
18. Wenn ich mit ihm zusammen bin, ärgere ich .... manchmal über ihn, aber ich langweile .... nie mit ihm.
19. Diese Argumente überzeugen .... nicht.
20. Das Kleid ist etwas zu lang. Du solltest es .... etwas kürzer machen lassen.
21. Ich verstehe .... mit ihm nicht mehr so gut wie früher.
22. Ich habe .... gesagt: «Das ist alles gar nicht so schlimm!»
23. Stell .... vor, was mir heute passiert ist!

II. *Bitte übersetzen Sie!*
1. A veces me he preguntado si he tomado la decisión acertada.

2. Me duché, me lavé los dientes, me peiné, me vestí, tomé un café, me puse el abrigo y salí de casa.

3. ¡Ven y cámbiate!

4. El profesor se ha quejado de la 6.ª clase.

5. Te has portado muy mal.

Nivel 0

6. Aún me siento joven.

7. ¡No te impacientes tanto!

8. Creo que se equivoca Ud.

9. «Me muero», balbució él.

10. Temo que el joven se haya suicidado.

11. En las vacaciones nos levantamos tarde.

12. Son las 11 y Mónica todavía no se ha despertado.

13. ¿Te has peleado con Sabina?

14. Me he reconciliado con mis padres.

15. A las 8.00 h. las tiendas se abren, las calles se animan, a mediodía los restaurantes se llenan. Hacia las 2.00 h. la ciudad queda vacía.

16. ¡Ya se ve!

17. Eso no se perdona.

18. Los sentimientos no se imponen.

19. Los matrimonios felices pueden contarse con los dedos de una mano.

20. Esto no se hace.

21. Con música se trabaja mejor.

22. ¿De qué se trata?

23. Se hacía tarde.

24. Las toallas se cambian cada día.

25. Este plato se come frío.

Tema 31. Ejercicios

26. El accidente ya no podía evitarse.

27. Son cosas que no se aprenden en la escuela.

28. No me atrevo a saltar del puente.

TEMA 31

I. *Bitte stellen Sie Fragen (nur Personen)!*

> *Beispiel:* .... hat er gefragt?
> *Lösung:* Nach wem hat er gefragt?

1. .... soll ich mich wenden?
2. .... soll ich aufpassen?
3. .... hast du geantwortet?
4. .... hast du dich geärgert?
5. .... ist dieser Fehler aufgefallen?
6. .... hast du dich wieder aufgeregt?
7. .... gehst du heute abend aus?
8. .... soll ich das ausrichten?
9. .... hat er immer etwas auszusetzen?
10. .... soll ich mich bedanken?
11. .... seid ihr befreundet?
12. .... können wir heute beglückwünschen?
13. .... hat er sich beklagt?
14. .... beneidest du?
15. .... sollst du beraten?
16. .... sollst du von der Reise berichten?
17. .... ist bestraft worden?
18. .... bevorzugst du?
19. .... hast du um Mithilfe gebeten?
20. .... hat er für das Amt eingesetzt?
21. .... willst du eintreten?
22. .... Bewerber habt ihr euch entschieden?
23. .... kannst du dich noch gut erinnern?
24. .... willst du diese Sache geheim halten
25. .... gehört der Schäferhund?
26. .... hältst du für den Dieb?
27. .... werden diese Waren geliefert?

363

28. .... liegt es, dass die Veranstaltung ausfällt?
29. .... kann man sich nicht verlassen?
30. .... will er sich rächen?
31. .... soll er sich immer richten?
32. .... hast du gesagt, dass du im Lotto gewonnen hast?
33. .... schimpft Maria eigentlich immer?
34. .... schwärmt unsere Tochter denn jetzt wieder?
35. .... unterhaltet ihr euch eigentlich die ganze Zeit?
36. .... hast du verhandelt?
37. .... seid ihr stolz?
38. .... hat er sich versöhnt?
39. .... hast du die Prämie versprochen?
40. .... habt ihr gewählt?
41. .... müsst ihr warnen?
42. .... habt ihr euch gewandt?
43. .... hast du gewettet?

II. *Bitte fragen Sie (nur Personen)!*

> *Beispiel:* Ich bin begeistert.
> *Frage:* Von wem?

1. Sie ist sehr beliebt.
2. Sie ist abhängig.
3. Er ist böse.
4. Er ist eifersüchtig.
5. Ich bin enttäuscht.
6. Wir sind dankbar.
7. Er ist sehr misstrauisch.
8. Wir sind zufrieden.
9. Sie ist verliebt.
10. Wir sind einverstanden.
11. Wir sind eingeladen.
12. Ich schäme mich.
13. Ich versöhne mich.
14. Ich warne dich.
15. Wir gratulieren.

TEMA 32

I. **Todo:** *Bitte übersetzen Sie!*
1. Todos los que quisieron pudieron entrar.

2. No como cordero, pero sí todo lo demás.

3. Todo el que quiera podrá participar en el viaje.

4. Todos los que estuvieron ayer en la fiesta oyeron la noticia.

5. He hablado con todos, excepto con Luis.

6. He leído toda la novela de un tirón.

7. Veranean todos los años en la Costa Brava.

8. Todos los esfuerzos han sido inútiles.

9. En todas partes cuecen habas (proverbio).

10. Hay que llevar a cabo este proyecto a toda costa.

11. Somos todo oídos.

12. Todos estamos de acuerdo.

13. Pasaron todo un invierno en Canarias.

II. *Bitte ergänzen Sie:* **man, einen, einem***!*
1. Hier sieht .... keiner.
2. Hier hilft .... keiner.
3. Dabei kann .... nichts gewinnen.
4. Hier kann .... sich wohlfühlen.
5. Das kann .... auf die Palme bringen.
6. Die Leute fragen .... gar nicht.
7. Sie lassen .... nicht in Ruhe.
8. Er unterbricht .... ständig.
9. Sie gönnen .... nichts Gutes.
10. Die Firma kann .... jederzeit kündigen.

III. *Bitte ergänzen Sie die Endung, wenn es nötig ist.*
 1. Es gibt hier viel .... , was mir nicht gefällt.
 2. Von ihm war nur wenig .... Neues zu erfahren.
 3. Mit dem viel .... Bargeld in der Tasche gehst du durch die Stadt?
 4. Viel .... Menschen kann man nichts recht machen.
 5. Bei der Gasexplosion sind viel .... Menschen ums Leben gekommen.
 6. Nachdem wir das Haus gebaut hatten, mussten wir auf viel .... verzichten.
 7. Heutzutage wird viel .... zu viel .... weggeworfen.
 8. Wir haben diesmal nicht viel .... eingekauft.

IV. *Bitte übersetzen Sie!*
 1. Cada cual tiene sus problemas.

 2. Cada cosa a su tiempo.

 3. De cada diez alumnos aprueban ocho.

 4. No has hecho nada malo.

 5. Él apenas conoce a nadie aquí.

 6. El ladrón penetró en la casa sin que nadie le viera.

 7. Muchos estudiantes salen al extranjero durante el verano.

 8. Esta vez ha hecho Ud. muchas más faltas.

 9. Vamos a explicar el asunto en pocas palabras.

 10. Los dos hermanos recibieron sendas bicicletas.

 11. Van a ver a sus padres cada quince días.

 12. En este pueblecito conocemos a todo el mundo.

 13. Necesitamos a alguien que tenga iniciativa.

TEMA 33

I. *Bitte übersetzen Sie!*
1. Es el 23 de abril. Es el Día del Libro.
2. ¿De quién es este coche?
3. Ese chico con quien hablaste ayer, me parece un estúpido.
4. Esta casa es más bonita que aquélla.
5. Teníamos un coche y una moto; ésta estaba estropeada y aquél no tenía gasolina.
6. Sí, seguramente será eso.
7. Ésta era la única esperanza que teníamos.
8. Éstas son las últimas botellas de vino de la fiesta.
9. Éste es el peligro.
10. Éste es mi padre.
11. Siempre dices lo mismo.
12. Mercedes tiene los mismos ojos como su madre.
13. Carmen y yo hemos ido a la misma escuela.
14. ¡Mira, Ruth tiene la misma moto que yo!
15. En GII todos utilizamos el mismo libro de texto.
16. Pronto aparecerá del mismo autor en la misma editorial el libro ....

II. *Bitte ergänzen Sie die Endungen, wenn es nötig ist!*
1. Dein Fotoapparat gefällt mir. Solch .... ein .... kaufe ich mir auch. Dann hätten wir beide d .... gleich .... Fotoapparat.
2. Gestern besuchten wir Herrn Baumann und d .... Sohn (Herrn Baumanns Sohn).

Nivel 0

3. Wir beide sind in d .... selb .... Dorf geboren.
4. Solch .... ein .... Tasche wollte ich immer einmal haben.
5. Dies .... Brief auf Französisch verstehst du nicht? Dann frag doch Nicole, d .... Mutter ist Französin.
6. D .... jenig .... , der mir den Hund zurückbringt, zahle ich einen hohen Finderlohn.
7. Weißt du, wie die Leute in deiner Straße heißen?
   Nein, ich weiß nur den Namen d .... , die in unmittelbarer Nähe wohnen.
8. Nach der Schule hat Gudrun dies .... und jen .... gemacht, aber sie hat keine richtige Berufsausbildung.
9. Die Zahl .... , deren Gepäck gestohlen worden ist, ist ziemlich hoch.
10. Probieren Sie doch mal d .... Hose an, d .... ist sehr elegant.
11. Bei solch .... ein .... Wetter wäre ich zu Hause geblieben.
12. Die Arbeiten d .... , die voneinander abgeschrieben haben, werden nicht bewertet.
13. Ich helfe nur d .... , die mir sympathisch sind.
14. Sie schenkt nur d .... etwas, die sie auch einladen.
15. D .... wird bestimmt ein schöner Abend.
16. Du bist nicht angenommen worden? D .... ist aber schade!

TEMA 34
(véase tema 44)

I. *Bitte ergänzen Sie die Relativpronomen und evtl. die Präposition!*
   1. Es geschah genau das, ... wir vermeiden wollten.
   2. .... ich erfuhr, war streng geheim.
   3. .... wir kennen, unterstützen wir.
   4. Der Schriftsteller, ... Autobiographie vor kurzem erschienen ist, lebt in der Schweiz.
   5. Die Leute, ... er geholfen hat, haben sich mit einem Geschenk bedankt.
   6. .... wir zuerst treffen, fragen wir.
   7. .... die schriftliche Prüfung nicht bestanden hat, wird zur mündlichen nicht zugelassen.
   8. In diesem Bericht steht manches, ... noch besprochen werden muss.
   9. Meine Freundin, ... Eltern ein Haus in den Pyrenäen haben, hat mich eingeladen.

Tema 34. Ejercicios

10. Das Hotel lag an einem schönen See, ……… ……… man segeln konnte.
11. Hier stellt sich eine Frage, ……… wir auf den Grund gehen müssen.
12. Seine Hände waren auf einen Stock gestützt, ……… mit einem silbernen Knauf versehen war.
13. Auf dem Foto waren Leute, ……… mir zum größten Teil fremd waren.
14. Ich kenne jemanden, ……… dir helfen könnte.
15. Die Prüfer stellten viele Fragen, ……… ……… der Kandidat keine Antwort wusste.
16. Wo sind die Leute, ……… ……… ich mich bedanken soll?
17. Ich suche eine Frau, ……… ……… man Pferde stehlen kann.
18. ……… nicht zu raten ist, dem ist auch nicht zu helfen (Sprichwort).
19. ……… zuletzt lacht, lacht am besten (Sprichwort).
20. Fällt Ihnen noch etwas ein, ……… wir sprechen müssen?

II. *Bitte übersetzen Sie!*
  1. Un redactor de «La Vanguardia» fue quien hizo esta pregunta.

  2. No fue fácil encontrar a alguien que diera clases de piano a mi mujer.

  3. Ahora no tengo a nadie que me ayude en casa.

  4. Aunque el pueblo es pequeño, tenemos muchos amigos con quienes charlar.

  5. Son las personas a que recurrimos cuando necesitamos algo.

  6. Él nos presentó al amigo con el que juega la partida diaria de ajedrez.

  7. Le hicieron mil preguntas, a las que tuvo al fin que contestar.

  8. El señor a quien pertenece esta finca vive en Madrid.

  9. ¿Conoces a la chica cuya hermana se fue hace poco a Estados Unidos?

III. *Bitte bilden Sie Relativsätze!*

> *Beispiel:* Das ist ein Punkt, über den wir noch diskutieren müssen.

1. Hier auf dem Foto ist mein Onkel
2. Das ist ein Punkt
3. In dem Rundschreiben steht manches
4. Die Ministerin wurde entlassen
5. Ich kenne einen guten Rechtsanwalt
6. Der Kunde hat den Brief noch nicht erhalten
7. Ich habe viele Freunde

a) Es ist nicht ganz klar.
b) Von ihrem neuen Plan wurde viel gesprochen.
c) Ich habe ein Haus von ihm geerbt.
d) Vor zwei Wochen hatten wir ihn abgeschickt.
e) Ich habe ihm viel zu verdanken.
f) Man kann ihn nicht rechtfertigen.
g) Wir müssen darüber noch diskutieren.
h) Mit seiner Hilfe werden wir das Problem lösen.
i) Mit ihrer Unterstützung kann ich jederzeit rechnen.

TEMA 35

I. *Setzen Sie die fehlenden Artikel ein!*
   1. Mir ist die Arbeit über .... Kopf gewachsen.
      Die Decke stürzt mir über .... Kopf zusammen.
   2. Er sah in .... Spiegel. Er betrachtete sich .... Spiegel.
   3. Ich trat an .... Fenster und sah auf .... Straße. Auf .... Straße war gerade ein Unfall passiert.
   4. Fahren Sie im Sommer in .... Berge?
      Nein, meiner Frau ist es in .... Bergen zu langweilig.
   5. Ihr Name steht nicht auf .... Liste. Sie müssen sich in .... Liste eintragen.
   6. Unter .... Bäumen sehen die Lilien gut aus. Wir werden sie unter .... Bäume setzen.
   7. Ist dir kalt? Dann setz dich doch näher an .... Kamin. Hier an .... warmen Kaminfeuer ist es richtig gemütlich.
   8. Gestern wurde er in .... Universitätsklinik eingeliefert. Seit gestern liegt er in .... Universitätsklinik.

Tema 35. Ejercicios

II. **Von... aus, auf... zu, von... an:** *Bitte setzen Sie die Präpositionen ein!*
 1. .... Barcelona .... machten wir viele Ausflüge in die Umgebung.
 2. Das neue Gesetz tritt .... Januar .... in Kraft.
 3. Wir fahren bis Ribas de Freser. .... dort .... laufen wir nach Nuria.
 4. Es wird dunkel. Es geht schon .... den Abend ....
 5. Er kam .... mich .... und umarmte mich.
 6. Was würdest du machen, wenn plötzlich ein Tiger .... dich .... käme?
 7. .... hier .... ist die Straße ziemlich schlecht.
 8. .... 12. September .... müssen wir wieder früh aufstehen.

III. **Aus** *oder* **vor**?
 1. Sie machte .... Freude einen Luftsprung.
 2. .... eigener Kraft hätte ich mich nicht befreien können.
 3. Wir zitterten .... Kälte.
 4. Ich kenne das .... eigener Erfahrung.
 5. .... Versehen habe ich sie im Haus eingeschlossen.
 6. Ihr Gesicht war blass .... Angst.
 7. .... lauter Lärm konnte ich die Stimme des Anrufers kaum hören.
 8. .... Neugier hat er angefangen, Drogen zu nehmen.
 9. .... privaten Gründen kann ich leider nicht mitfahren.
 10. Die Fans schrieen .... Begeisterung, als ihre Mannschaft das erste Tor schoss.

IV. *Bitte übersetzen Sie!*
 1. Es muy alto para su edad.

 2. Salimos para Berlín.

 3. Éramos tres en total.

 4. Vamos a celebrar una fiesta en tu honor.

 5. ¡No te preocupes! Estamos contigo.

 6. Hay otro motivo de queja.

 7. Lo he dicho en broma.

 8. Han sido muy amables para con nosotros.

9. El jefe es muy generoso con todos.

10. Ella lloraba de alegría al leer la carta.

11. La foto pasó de mano en mano.

12. En esta ocasión no tuve la posibilidad de hablarte.

13. No quiero que lo hagas por cortesía.

14. ¿Por qué no vas por mí a la reunión?

15. Nos pudimos entender perfectamente en francés.

16. Hay que traducir la carta del inglés al francés.

17. En la cumbre se habló sobre todo de problemas ecológicos.

V. *Ergänzen Sie die fehlenden Präpositionen (im Bedarfsfall mit Artikel)!*
1. Der Bodensee ist .... seine Schönheit weltberühmt.
2. Millionen Menschen sterben jährlich weltweit .... Krankheiten, die .... Tabakgenuss .... Verbindung gebracht werden.
3. .... Appell .... alle Bürger hat die Regierung .... mehr Rücksichtnahme den Nichtrauchern .... gebeten.
4. .... Bundesrepublik gibt es .... Gegensatz .... anderen Ländern nur relativ wenige überregionale Tageszeitungen.
5. .... der Vielzahl der Punkte, die .... Tagesordnung stehen, haben wir uns da .... entschlossen, ... eine längere Mittagspause zu verzichten.
6. Die Teilnehmer .... Treffen sind .... Veranstaltern .... hingewiesen worden, dass eine Änderung des Programms große Schwierigkeiten .... sich bringen würde.

VI. *Bitte ergänzen Sie die Präpositionen!*
1. Das ist der Punkt, ... dem er ausgegangen ist.
   Das ist der Punkt, ... den er immer wieder zurückkommt.
   Das ist der Punkt, ... den es sich jetzt handelt.
   Das ist der Punkt, ... den es ankommt.
   Das ist der Punkt, ... dessen Erwähnung er stets bleich wird.
2. Das ist ein Punkt, ... den sich reden lässt.
   Das ist ein Punkt, ... dem er Stellung nehmen will.

Tema 36. Ejercicios

Das ist ein Punkt, ... dessen Klärung man sich bemühen sollte.
Das ist ein Punkt, ... dessen baldige Behandlung er sich eingesetzt hat.
Das ist ein Punkt, ... dem ihm nichts mehr einfällt.

TEMA 36

I. *Bitte setzen Sie ein:* **hinauf, herauf, hinein, herein** *usw! (Die vollen Formen)*
  1. Der Wein steht im Keller. Könntest du ihn bitte .... holen?
  2. Der Aufzug ist kaputt. Sie müssen zu Fuß .... gehen.
  3. Kannst du mir helfen, die schwere Tasche die Treppe .... zu tragen?
  4. Plötzlich kam ein maskierter Mann zur Tür ....
  5. Der Koffer ist ganz voll. Es geht nichts mehr ....
  6. Bobby steht vor der Tür. Er möchte in den Garten ....
  7. Sie sitzt den ganzen Tag am Fenster und schaut ....
  8. Hier oben auf dem Turm ist es zu windig. Lass uns wieder .... gehen.
  9. Da drüben steht ein komischer Typ. Er guckt schon die ganze Zeit zu uns ....
  10. Jemand hat die Tür von außen abgeschlossen. Wir können nicht ....

II. *Ergänzen Sie* **hin** *oder* **her***, falls erforderlich!*
  1. Hier gefällt es mir nicht. Gehen wir doch woanders ....
  2. Ich möchte am Wochenende mal wegfahren, irgendwo ....
  3. Renate arbeitet nicht mehr bei Siemens. Sie arbeitet woanders ....
  4. Wir wollen irgendwo .... in Italien Urlaub machen.
  5. Als ich kam, war er bereits irgendwo .... verschwunden.
  6. Hörst du nichts? Von irgendwo .... kommt Musik.
  7. Es riecht nach Feuer. Irgendwo .... muss es brennen.
  8. Die Messebesucher waren von überall .... gekommen.
  9. Ich habe dich überall .... gesucht.
  10. Als wir in Paris waren, haben wir alle Sehenswürdigkeiten der Stadt und der Umgebung besichtigt. Wir sind überall .... gefahren.
  11. Hier ist keine Parklücke, aber fahr doch das Auto dort ....
  12. Am liebsten würde ich jetzt nach Spanien fahren. Dort .... scheint nämlich die Sonne.

13. Ich brauche Ruhe. Heute möchte ich zu Hause bleiben und nirgendwo .... gehen.

III. *Bitte antworten Sie!*

> *Beispiel:* A) Das Bier steht ja nicht im Kühlschrank!
> B) Aber ich habe es doch reingestellt.
> A) Das Buch liegt nicht auf dem Tisch.
> B) Aber ich habe es doch draufgelegt.

1. Das Kleid hängt nicht im Schrank.

2. Die Hemden liegen nicht im Koffer.

3. Die Blumen stehen nicht auf dem Balkon.

4. Der Müllbeutel steht noch hier oben.

5. Die Wäsche hängt noch im Garten.

6. Der Wein ist noch im Keller.

7. Das Auto steht noch nicht in der Garage.

8. Die Kinder sind noch drüben bei den Nachbarn.

9. Der Zettel klebt noch nicht auf dem Paket.

10. Das Portemonnaie ist nicht in der Tasche.

11. Das Geld ist nicht in der Brieftasche.

IV. *Bitte fragen Sie!*

> *Beispiel:* A) Auf dem Zettel steht etwas.
> B) Was steht denn drauf?

1. An der Tafel steht etwas.

2. Auf dem Stuhl liegt etwas.

Tema 36. Ejercicios

3. Unter dem Tisch liegt etwas.

4. Unter dem Teppich liegt etwas.

5. In der Schublade liegt etwas.

6. An der Scheibe klebt etwas.

V. *Bitte übersetzen Sie!*
1. Desde aquí se ve mejor que desde ahí.

2. A) El dinero no está en el cajón.

   B) Pero yo lo puse dentro.

3. ¿Puedes bajar la maleta del armario?

4. Este restaurante está lleno. Tenemos que ir a otra parte.

5. Te he buscado por todas partes.

6. Delante hay sitio.

7. ¡Cuidado! De la derecha viene un coche.

8. Nunca he estado en Heidelberg. Podemos ir allí el fin de semana.

9. Empieza a llover. Tenemos que meter la ropa adentro.

10. El ascensor no funciona. Tenemos que subir a pie.

11. El ascensor se ha parado. No podemos salir.

12. El cubo de la basura está lleno. No cabe nada más.

13. Si alguien llama a la puerta mientras no estoy, ¡no dejes entrar a nadie!

14. ¡Pon el coche un poco más adelante!

15. Los Keller ya no viven en Bonn; viven en otra parte.

TEMA 37

I. *Setzen Sie die Sätze ins Perfekt oder ins Präteritum und suchen Sie geeignete Temporaladverbien!*

> *Beispiel:* Demnächst fahre ich nach Oxford, um Englisch zu lernen.
> *Lösung:* Kürzlich war ich in Oxford, um Englisch zu lernen.

1. *In einem Jahr* beendet er sein Studium.
2. *Nächste Woche* ist ein Feiertag.
3. Der Zug fährt *gleich* ab.
4. Ich rufe dich *nachher* an.
5. *In den nächsten Jahren* wird dieses ganze Gebiet bebaut.
6. Harald kommt *übermorgen* an.
7. Wir werden *künftig* in Bremen wohnen.
8. *In naher Zukunft* wird die Mehrwertsteuer erhöht.

II. *Setzen Sie die Handlung aus der Vergangenheit in der Zukunft fort!*
   1. Vorhin war ein furchtbares Gewitter .... wird die Sonne scheinen.
   2. Früher wurde mit Holz und Kohle geheizt .... mit Atomenergie.
   3. Eben ist er hinausgegangen .... kommt er wieder.
   4. Neulich haben sich Karin und Paul verlobt .... sie heiraten.
   5. Einst ernährten sich die Menschen von Pflanzen und rohem Fleisch. .... Tabletten.
   6. Vor kurzem sind wir hier angekommen. .... abfahren.

III. *Setzen Sie die folgenden Temporaladverbien in die Lücke ein:* **da, dann, danach, inzwischen, seitdem, vorher.**
   1. Ich hole zuerst Elisabeth ab, ... fahre ich zu dir.
   2. Die Mieter sind ausgezogen, und .... steht die Wohnung leer.
   3. Er hat eine Million im Lotto gewonnen, und .... arbeitet er nicht mehr.

Tema 38. Ejercicios

4. Ich ziehe mich schnell um. Du kannst .... das Auto aus der Garage fahren.
5. Ich hatte mehrere Male geklingelt, ... wurde endlich die Türe geöffnet.
6. Ich habe endlich die Fahrprüfung bestanden, ... war ich schon zweimal durchgefallen.
7. Ich wollte gerade die Tür schließen, ... kam noch ein Kunde.
8. Nächste Woche reise ich ab, aber .... habe ich noch sehr viel zu erledigen.
9. Sie macht eine Schlankheitskur. .... hat sie 6 kg abgenommen.
10. Sie hat einen Deutschen kennnen gelernt, ... lernt sie Deutsch.
11. Zuerst musst du das Geld einwerfen und .... die Telefonnummer wählen.

IV. *Bitte ergänzen Sie -lich oder -ig und die entsprechenden Endungen!*
1. Wir machen eine vierzehntäg .... Reise durch Spanien.
2. Sie können das Auto in vierteljähr .... Raten bezahlen.
3. Nehmen Sie von den Tropfen zweistünd .... einen Teelöffel.
4. Der Unterricht findet vierzehntäg .... statt.
5. Wir suchen eine halbtäg .... Haushaltshilfe.
6. Der Zug verkehrt stünd ....
7. Nach dem zwölfstünd .... Flug waren wir ziemlich müde.
8. Seine achtjähr .... Amtszeit ist bald abgelaufen.
9. Er verdient monat .... 70 000 Ptas.
10. Während seines neunmonat .... Aufenthaltes in den Vereinigten Staaten hat er mehrere Artikel veröffentlicht.

TEMA 38

I. *Bitte übersetzen Sie!*
1. El vestido negro te está mejor que el verde.

2. Siento mucho no haber estado en casa cuando vino Ud. a verme.

3. ¿Tanto le querías?

4. ¿Es mucho más caro este abrigo de ante que uno de paño?

5. ¿Quiere Ud. café o té? Prefiero té. Por la mañana me gusta más que el café.

6. Prefiero venir el viernes. Me va mejor que el miércoles.

7. Estos zapatos del 39 me van mejor que los del 40.

8. Antes la gente trabajaba más y ganaba menos dinero.

9. Me gustan todos los deportes, pero especialmente nadar.

10. Cuando emigraron sus padres, ella era muy niña.

II. *Bitte fragen Sie nach:*

> *Beispiel: dem Grund* seines Stellenwechsels.
> *Lösung:* Warum wechselte er die Stelle?

1. *der Herkunft* der Leute.

2. *dem Termin* des Seminars.

3. *der Dauer* ihres Krankenhausaufenthaltes.

4. *der Häufigkeit* der Vorträge.

5. *der Entfernung* von hier bis zum Schillerplatz.

6. *dem Grund* seines Fehlens.

7. *der Höhe* des Berges.

8. *der Breite* des Regals.

9. *der Dicke* des Brettes.

10. *dem Grund* ihres Handelns.

11. *der Stärke* der Wand.

12. *dem Urlaubsziel* der Nachbarn.

13. *der Ankunft* der Gäste.

Tema 38. Ejercicios

14. *dem Gewicht* des Goldbarrens.

15. *dem Grund* ihrer plötzlichen Abreise.

16. *der Anzahl* der Schüler in einer Klasse.

III. *Benutzen Sie statt der Konjunktion das Adverb!*

> *Beispiel:* Die Wälder müssen geschützt werden, weil sie ein wichtiger Klimafaktor sind.
> *Lösung:* Die Wälder sind ein wichtiger Klimafaktor. Deshalb müssen sie geschützt werden.
> *Oder:* Sie müssen deshalb geschützt werden.

1. Er fährt mit, obwohl er erkältet ist.
2. Obwohl sie sich auf die Prüfung nicht gut vorbereitet hatte, brachte sie es auf «gut».
3. Da die Straße sehr glatt war, begann das Auto zu schleudern.
4. Weil der Junge ein schlechtes Zeugnis hatte, getraute er sich nicht, nach Hause zu gehen.
5. Obwohl die Straße vereist war, fuhren wir sehr schnell.
6. Weil es regnete, musste das Spiel ausfallen.
7. Obwohl Spezialcontainer bereitstehen, werfen viele Leute die verbrauchten Batterien in den Hausmüll.

IV. *Bitte bauen Sie Sätze!*

1. Wir   mit unseren Gästen   heute   wegen   des schönen Wetters im Garten   haben   Fleisch   gegrillt

2. geht   Dr. Groß   im Herbst   als Lektor   mit seiner Familie nach Kalifornien   für drei Jahre

3. sich   erhängt   gestern   aus Verzweiflung   der Junge in einem   Schuppen   hat

4. gestern auf der A-7 wegen eines schweren Verkehrsunfalls kam es in Richtung La Junquera zu zahlreichen Staus

Nivel 0

TEMA 39

I. *Ergänzen Sie die Modalpartikel* **aber, auch, bloß, denn, doch, eben (halt), eigentlich, einfach, etwa, ja, mal, doch mal, nur, ruhig, schon, überhaupt, wohl**!
   1. Es riecht .... hier so nach Zigaretten. Kinder, habt ihr .... geraucht?
   2. Da bist du .... endlich! Das hat .... lange gedauert!
   3. Wohnt ihr .... jetzt schon sechs Jahre in Figueras?
   4. Komm .... nicht wieder so spät nach Hause!
   5. Hätte ich doch .... auf seinen Rat gehört!
   6. Keine Sorge! Ich werde .... gut auf Hansi aufpassen.
   7. Probier es .... ! Es ist wirklich nicht schwer.
   8. Ihr könnt .... wegfahren. Es wird .... nichts passieren.
   9. Sag mal, hat Jochen .... schon eine Freundin?
   10. Wenn der Fahrkartenschalter schon geschlossen ist, dann lösen wir die Karte .... im Zug.
   11. Hast du .... einen dicken Pullover eingepackt? Manchmal ist es im August recht kühl.
   12. Kommt .... am Wochenende mal zu uns!
   13. Keine Angst, wir werden das Problem .... lösen.
   14. Wenn kein Bus mehr fährt, dann nimm .... ein Taxi!
   15. Schon 9 Uhr und du liegst noch im Bett! Hast du .... heute keinen Unterricht?
   16. Gibst du mir .... die Zeitung?
   17. Der Elektriker ist nicht gekommen, Er wird es .... vergessen haben.
   18. Sie haben keine Quittung? Haben Sie .... bezahlt?
   19. Seit Monaten habe ich den alten Herrn Hansen nicht mehr gesehen. Lebt er .... noch?
   20. Du siehst so traurig aus! Was ist .... passiert?

II. *Was würden Sie in den folgenden Situationen sagen?*

> *Beispiel:* Es ist Anfang April, und die Rosen blühen schon.
> *Lösung:* Die Rosen blühen ja schon!

   1. Jemand fragt zweifelnd: «Ob ich wohl bald wieder eine Stelle finde?» Sie antworten:

   2. Sie bitten eine Freundin, Ihnen die Türe aufzuhalten.

Tema 40. Ejercicios

3. Sie fragen ihre Tochter besorgt, ob sie Hausaufgaben gemacht hat.

4. Sie wünschen sich, dass die Prüfung schon verbei wäre.

5. Sie sind zu einer Hochzeit eingeladen und fragen Ihre Freundin, was Sie anziehen sollen.

6. Sie suchen Ihre Armbanduhr überall und finden sie nicht.

7. Sie fragen verwundert, ob Hänschen schon zur Schule geht.

8. Sie fordern ihre Tochter drohend auf, den Unterricht nicht wieder zu schwänzen.

9. Ihr Hund ist mit Ihrem Pantoffel im Maul weggelaufen.

10. Sie besuchen Ihre Freunde und sehen mit Erstaunen, dass sie einen Schäferhund haben.

TEMA 40

I. *Bitte übersetzen Sie!*
1. No la vi en el concierto, sino en el cine.

2. Nadie tiene tanta suerte como tú.

3. Ningún problema puede desanimarte.

4. No siempre se puede tener suerte.

5. No hace ni cinco minutos que él se ha ido.

6. En toda la noche no he pegado ojo.

7. Está enfadada y no sin motivo.

8. Él ni siquiera nos ha avisado.

9. No queremos respuesta alguna.

10. En mi vida he visto algo parecido.

11. Ella lo sabe mejor que nadie.

12. No quiero marcharme sin que nadie lo sepa.

13. Nunca más volvió a emborracharse.

II. *Bitte antworten Sie negativ!*
  1. Hat Klaus schon eine neue Stelle?
     —Nein, er hat ....
  2. Warst du schon einmal in Australien?
     —Nein, ...
  3. Arbeitet Hermann immer noch bei Siebald & Co.?
     —Nein, er arbeitet .... dort.
  4. Haben wir noch Wein?
     —Nein, es ist .... da.
  5. Soll ich dir sonst noch etwas mitbringen?
     —Nein, nur Salat, sonst ....
  6. Hat sich schon jemand auf die Anzeige gemeldet?
     —Nein, ...
  7. Hast du noch welchen bekommen?
     —Nein, es war .... da.
  8. Habt ihr schon etwas von Ulrich gehört?
     —Nein, wir haben .... von ihm gehört.
  9. Wollt ihr noch einmal aufs Matterhorn steigen?
     —Oh nein, ...

III. *Negieren Sie bitte die folgenden Sätze einmal ganz und einmal teilweise. Unterstreichen Sie auch das betonte Wort und markieren Sie die Satznegation (S) und/oder die Teilnegation (T)!*

> *Beispiel:* Wir haben dort gegessen.
> *Lösung:* Wir haben dort nicht gegessen (S).
> *Gegessen* haben wir dort nicht (T).
> Nicht *dort* haben wir gegessen (T).

  1. Es ist anzunehmen, dass Franz morgen zurückkommt.

Tema 40. Ejercicios

2. Der Herr öffnete mir die Tür.

3. Ich nehme den schwarzen Rock.

4. Die Sekretärin hat den Brief in zwei Stunden übersetzt.

5. Wir haben uns auf der Party amüsiert.

IV. *Stellen Sie die Satzglieder in die richtige Reihenfolge (mehrere Möglichkeiten)!*
 1. Die meisten Leute sind .... gefahren.
  a) nicht
  b) heute
  c) mit den öffentlichen Verkehrsmitteln
  d) wegen des Streiks
  e) zur Arbeit
 2. Sie konnte .... antworten.
  a) auf die Fragen des Prüfers
  b) vor lauter Aufregung
  c) gestern bei der Prüfung
  d) nichts
 3. Hugo hat .... geschrieben.
  a) seit seiner Abreise
  b) nicht mehr
  c) nach Ägypten
  d) an seine Familie
 4. Der Bus hält
  a) nicht mehr
  b) wegen der Bauarbeiten
  c) ab heute

Nivel 0

d) in der Kantstraße
e) an der Haltestelle

TEMA 41

I. *Bitte übersetzen Sie!*
   1. He leído la pregunta varias veces y no la comprendo.

   2. Hemos visto el piso y no nos ha gustado.

   3. La Declaración de la Renta puede enviarse por correo o bien entregarse en la oficina de Hacienda.

   4. O él lo ignora o finge ignorarlo.

   5. Ni de día ni de noche tiene él un momento de reposo.

   6. Ni el padre ni la madre lo sabían.

   7. El dinero hace ricos a los hombres, pero no los hace felices.

   8. No se limitaron a enseñarnos la ciudad, sino que por la noche nos invitaron a cenar.

   9. O vienes con nosotros o te quedas en casa.

   10. Tanto sus amigos como sus conocidos están enfadados con él.

   11. Este piso puede que sea bonito, pero es demasiado pequeño.

   12. Por una parte, tengo ganas de ir de viaje con vosotros, pero, por otra, el viaje es demasiado largo y duro para mí.

   13. Hemos preguntado a Peter, pero afirma no haber visto nada.

   14. Nosotros queremos visitar museos e iglesias, pero nuestros hijos sólo quieren ir a la discoteca.

II. *Verbinden Sie die folgenden Sätze mit einer der folgenden Konjunktionen:* **aber, doch, jedoch, nämlich, und, denn, sonst, zwar... aber, sondern, vielmehr!**

Tema 41. Ejercicios

1. Ich habe mehrere Male geklingelt. Es hat niemand aufgemacht. (jedoch)

2. Sie liest sehr viel über französische Malerei. Sie interessiert sich sehr dafür (nämlich).

3. Die Textilfabrik brannte nicht durch Blitzschlag ab. Ein Brandstifter hatte sie angesteckt (*a*: vielmehr; *b*: sondern).

4. Er wurde mehrere Male aufgefordert, zum Verhandlungstermin zu kommen. Er ist nie erschienen (*a*: aber; *b*: doch).

5. Die Temperaturen waren plötzlich gesunken. Wir froren in unserer leichten Kleidung (und).

6. Obst und Gemüse werden immer teurer. Die Ernte war in diesem Jahr schlecht (*a*: denn; *b*: nämlich).

7. In der Landwirtschaft müssen moderne Methoden angewandt werden. Die Erträge können nicht gesteigert werden (sonst).

8. Niemand wurde bei dem Unfall verletzt. Es entstand großer Sachschaden (*a*: zwar .... aber; *b*: jedoch; *c*: trotzdem).

9. Wir haben uns an der Nordsee gut erholt. Wir hatten schlechtes Wetter (jedoch).

10. Der Bauherr musste einen Kredit aufnehmen. Er konnte den Bau nicht mit eigenen Mitteln finanzieren (*a*: denn; *b*: nämlich).

III. *Verbinden Sie die Sätze mit den folgenden Konjunktionen:* **einerseits .... andererseits, entweder .... oder, nicht nur .... sondern auch!**

1. Rolf wird Abteilungsleiter. Er kündigt.

2. Helga strengt sich mehr an. Sie bleibt sitzen.

3. Die Leute suchen Arbeit. Sie kommen nicht, wenn man sie braucht.

4. Der Aufsatz ist fehlerhaft. Er verfehlt das Thema.

5. Schicken Sie uns die Bescheinigung per Post. Geben Sie sie beim Einwohnermeldeamt ab!

6. Die Firma will Energie verkaufen. Sie will aber auch Verzicht auf Stromeinsatz propagieren.

7. Jugendherbergen bieten jungen Gästen eine preiswerte Übernachtung. Für Familien und Senioren stehen die Häuser auch offen.

TEMA 43

I. *Ersetzen Sie die kursiv gedruckten Satzteile durch **dass**-Sätze oder Infinitivsätze! Ergänzen Sie die obligatorischen Korrelate!*

Beispiel:	Wir werden uns *um eine Verbesserung der Arbeitsbedingungen* bemühen.
Lösung:	Wir werden uns bemühen, die Arbeitsbedingungen zu verbessern.
Oder:	Wir werden uns bemühen, dass die Arbeitsbedingungen verbessert werden.

Tema 43. Ejercicios

1. Wir rechnen *mit einer Gehaltserhöhung von 5 %*.

2. Wir gratulierten ihm *zu seinem Lottogewinn*.

3. Niemand hinderte ihn *an der Ausführung seines Vorhabens*.

4. Der Besitzer willigte *in den Verkauf der Firma* ein.

5. Ich freue mich *auf unser baldiges Wiedersehen*.

6. Wir scheuen uns *vor solchen Maßnahmen*.

7. Die Regierung ist *für eine Änderung der Verfassung*.

8. Alle waren natürlich begeistert *über den Sieg*.

9. Sie hat sich *ans Alleinsein* gewöhnt.

10. In dem Gespräch spielte er *auf seinen langen Auslandsaufenthalt* an.

11. Einige stimmten *gegen die Durchführung des Plans*.

12. Die Konferenz begann *mit einer Beratung über die zu ergreifenden Maßnahmen*.

13. Er berichtete *über das Auftreten von Schwierigkeiten*.

14. Sie hat mir *bei der Ausarbeitung des Vortrags* geholfen.

15. Wir bestehen *auf einer Annahme der Bedingungen*.

16. Wir haben uns jetzt *an das frühe Aufstehen* gewöhnt.

II. *Ergänzen Sie die obligatorischen Korrelate* **es** *und* **dar** + *Präposition!*
 1. Sie hatte .... abgesehen, Streit anzufangen.
 2. Jetzt geht .... dass wir alles tun, um die Inflation zu bremsen.
 3. Mir kommt .... an, dass jeder zufrieden ist.
 4. Mir ist jetzt nicht .... zumute, so eine lange Fahrt zu unternehmen.
 5. Wir sind .... unterrichtet worden, dass die Generalprobe eine Woche später stattfindet.

Nivel 0

6. Wir rechnen .... , dass alle mitmachen.
7. Er jammerte .... , dass alles schief gegangen war.
8. Wir entschuldigten uns .... dass wir zu spät gekommen waren.
9. Meiner Meinung nach liegt ...., dass die praktische Ausbildung vernachlässigt wird.

III. *Ersetzen Sie die kursiv gedruckten Satzteile durch Nebensätze mit Fragewort!*

> *Beispiel:* Ich weiß *den Autor des Buches* nicht.
> *Lösung:* Ich weiß nicht, wer das Buch geschrieben hat.

1. Ich weiß *den Beginn der Vorstellung* nicht.

2. Ich weiß *die Bedeutung des Wortes* nicht.

3. Wir kennen *die Herkunft dieser Krankheit* nicht.

4. Wir wissen *den Täter* nicht.

5. Wir wissen die *Dauer der Verhandlungen* noch nicht.

6. Er weiß *den Preis des Produktes* noch nicht.

7. Man weiß noch nicht viel über *die Entstehung dieser Krankheit*.

8. Man weiß *den Grund seines Rücktritts* nicht.

TEMA 44

I. *Bitte übersetzen Sie!*
1. Haremos lo que ustedes decidan.

2. El capítulo sexto tendrá que leerlo quien se interese por el romanticismo.

3. Aprovecharé la mínima ocasión que se me ofrezca.

4. Buscamos un piso que tenga, por lo menos, cuatro habitaciones.

Tema 44. Ejercicios

5. Este año los padres le dejan pasar las vacaciones donde él quiera.

6. Ya sé qué haré con los libros que me prestaste.

7. El chico al que dieron un premio ha desaparecido.

8. La casa en la que vivíamos estaba lejos del centro.

9. El amigo de quien te hablé estudia ciencias de la comunicación.

10. Podéis comer cuanto queráis.

11. Buscamos a alguien que sepa ruso.

12. Lo que pasó ayer fue muy divertido.

13. Ya sabes a quién me refiero.

14. Este plato te gustará más que el que comimos ayer.

II. *Verbinden Sie die beiden Sätze!*

> *Beispiel:* Er verkaufte das Auto. Damit hatte er einen Unfall gehabt.
> *Lösung:* Er verkaufte das Auto, mit dem er einen Unfall gehabt hatte.

1. Hier stellt sich eine Frage. Die Beantwortung der Frage ist von Wichtigkeit.

2. In der Firma findet ein Fortbildungsseminar statt. Jeder Mitarbeiter sollte daran teilnehmen.

3. Frau Halm lässt sich scheiden. Ihr Mann war spielsüchtig.

4. Wegen des Regens fiel das Rockkonzert aus. Ich hatte schon eine Eintrittskarte dafür.

Nivel O

5. Leider fand das Rockkonzert nicht statt. Ich hatte mich so darauf gefreut.

6. Wir stiegen auf die Kolumbussäule. Von dort aus hat man einen herrlichen Blick auf den Hafen.

7. Mit dem Boot fuhren wir zur «Teufelshöhle». Darin sind viele Taucher ums Leben gekommen.

8. Wir haben uns ein elektronisches Wörterbuch gekauft. Damit können wir uns ganz gut verständigen.

9. Er legte seine Hand auf meine Schulter. Das gefiel mir nicht.

III. *Formen Sie die Sätze um!*

> *Beispiel:* Jeder, der die Regeln nicht beachtet, wird bestraft.
> *Lösung:* Wer die Regeln nicht beachtet, (der) wird bestraft.

1. Leuten, die keine Beziehungen haben, wird nicht geholfen.
2. Dinge, die unangenehm sind, schiebt man gern auf die lange Bank.
3. Leute, die alles besser wissen, kann man nicht belehren.
4. Dinge, die verboten sind, sind besonders interessant.
5. Leute, denen das Leben in einem Dorf zu langweilig ist, sollten in die Stadt ziehen.
6. Mit Dingen, für die man sich interessiert, beschäftigt man sich gern.
7. Diejenigen, denen die Übung zu langweilig ist, können ja aufhören.

TEMA 45

I. *Ersetzen Sie die kursiv gedruckten Ausdrücke durch temporale Nebensätze!*

Tema 45. Ejercicios

> *Beispiel:* Seit dem Unfall fährt er nicht mehr Auto.
> *Lösung:* Seitdem er den Unfall hatte, fährt er nicht mehr Auto.

1. *Bei genauer Untersuchung der Statistik* ergeben sich aufschlussreiche Werte.

2. Der Versicherungsschutz tritt *sofort nach Versicherungsabschluss* in Kraft.

3. *Nach Abschluss der Verhandlungen* werden wir Sie ausführlich über die Ergebnisse unterrichten.

4. *Bei der Überprüfung der Angelegenheit* stellte sich heraus, dass ein Irrtum vorlag.

5. *Lange vor der Besiedlung anderer Landstriche* wohnten hier schon Menschen.

6. *Seit der Industrialisierung der ländlichen Gebiete* hat sich das Leben auf dem Land grundlegend verändert.

7. *Beim Eintreten des Professors* erhoben sich die Studenten.

8. *Im Näherschreiten* verbarg er den Revolver in der Manteltasche.

9. *Nach vier Monaten* kündigte die Firma ihm.

10. *Vor der Abfahrt des Passagierdampfers* herrschte eine große Geschäftigkeit.

11. *Seit seinem Sieg im Weltturnier* hielt er sich für den wichtigsten Mann der Welt.

12. *Mit 17 Jahren* hatte er schon ein Dutzend Schachpreise gewonnen.

13. Einen Tag *vor dem Einzug Hitlers in Wien* wurde Dr. B. verhaftet.

14. *Nach dem Tod seiner Eltern* wurde der Junge von einem Pfarrer aufgenommen.

15. Das Personal des Pavillons blieb *bis zum Ende der Weltausstellung* in Sevilla.

16. *Während des Abendessens* sehen wir uns die Nachrichten im Fernsehen an.

17. *Während der Übertragung der Eröffnungsfeier* gab es mehrere Bildstörungen.

18. *Sofort nach dem Frühstück* fahren wir los.

II. Bitte übersetzen Sie!
 1. Desde que llegamos, no hemos tenido un momento de reposo.
 2. En cuanto lleguéis al aeropuerto, nos llamáis por teléfono.
 3. Nos quedamos hasta que terminó el baile.
 4. Después de que hayas leído la novela, haz el favor de devolvérmela.
 5. Mientras viva el abuelo no se venden los libros antiguos.
 6. Cuando él habla todo el mundo se ríe.
 7. En el momento en que llegó el profesor cesó el alboroto en el aula.
 8. Cuando me tocó a mí ya se habían vendido los últimos billetes.
 9. Desde que murió el abuelo la casa está vacía.
 10. Poco antes de irse ella de viaje nos visitó.

TEMA 46

I. Bitte formen Sie den kursiv gedruckten Satzteil in einen Nebensatz um!

> Beispiel: *Durch Drücken der Taste* setzen Sie die Maschine in Gang.
> Lösung: Indem Sie die Taste drücken, setzen Sie die Maschine in Gang.
> Oder: Dadurch, dass Sie die Taste drücken, setzen Sie die Maschine in Gang.

 1. *Durch die Bereitstellung großer finanzieller Mittel* kann das Projekt verwirklicht werden.

Tema 46. Ejercicios

2. *Durch Geschwindigkeitsbegrenzungen* auf dieser gefährlichen Strecke könnten einige Unfälle vermieden werden.

3. *Durch die sofortige Operation* konnte ihm das Leben gerettet werden.

4. *Durch sein häufiges Fehlen* hat er den Anschluss verpaßt.

II. *Bitte übersetzen Sie!*
   1. Llegó a ser el mejor alumno estudiando varias horas cada día.

   2. Él/ella descansó haciendo gimnasia.

   3. Ha ocurrido todo tal y como él lo había predicho.

   4. La empresa ha respondido tan rápidamente como yo esperaba.

   5. El tiempo fue mejor de lo que habíamos esperado.

   6. El jefe piensa sobre esto de forma distinta a como suponíamos nosotros.

   7. Aunque está casado, flirtea como si fuera soltero.

   8. Ella tiene 80 años, pero aparenta 60.

   9. Él robó la maleta sin que nos diéramos cuenta.

III. *Bilden Sie aus den kursiv gedruckten Satzteilen Nebensätze mit* **ohne zu** *oder* **ohne dass***!*

> *Beispiel:* Das hat er *ohne mein Wissen* getan.
> *Lösung:* Das hat er getan, ohne dass ich davon wusste.

1. Sie hat *ohne ein Wort* die Klasse verlassen.

Nivel O

2. Die Schüler lachen die ganze Zeit *grundlos*.

3. Ich musste die Arbeit *ohne seine Hilfe* beenden.

4. Das Fußballspiel ging *ohne Zwischenfälle* zu Ende.

5. Die Kinder sind *ohne meine Erlaubnis* ins Kino gegangen.

IV. *Bilden Sie Nebensätze mit* **statt zu***!*

> *Beispiel:* Sie hängt die Kleidungsstücke nicht in den Schrank, sondern wirft sie achtlos aufs Bett.
> *Lösung:* Statt die Kleidungsstücke in den Schrank zu hängen, wirft sie sie achtlos aufs Bett.

1. Sie macht nicht ihre Schulaufgaben, sondern trifft sich mit Freunden.

2. Sie geht nicht zu Fuß, sondern fährt immer mit dem Motorrad.

3. Sie spart kein Geld, sondern gibt es für Musikkassetten aus.

4. Sie bleibt nicht bei ihren Eltern wohnen, sondern zieht zu einem Freund.

5. Sie lässt sich nicht mehr von ihren Eltern bedienen, sondern muss nun alles selbst machen.

TEMA 47

I. *Bitte übersetzen Sie!*

1. La tía se quedó en casa con los niños, de modo que nosotros pudimos ir al cine.

2. Ella vive con tal sencillez que uno no se imaginaría que es tan rica.

3. Los alumnos se comportaban tan mal que fue preciso avisar al director de la escuela.

Tema 47. Ejercicios

4. Ella se viste de tal modo que va llamando la atención por la calle.

5. Ella habló tanto que perdió la voz.

6. Los miembros del tribunal examinador hicieron las preguntas de tal manera que el candidato suspendió.

II. *Verbinden Sie die Sätze mit **so... dass**, ..., **so dass** und **solch ... dass**!*

> *Beispiel:* Es hatte stark geregnet. Im Norden des Landes kam es zu Überschwemmungen.
> *Lösung:* Es hatte so stark geregnet, dass es im Norden des Landes zu Überschwemmungen kam.

1. Es herrschte eine Trockenheit. In vielen Ländern drohte eine Dürrekatastrophe.

2. Der Wasserverbrauch muss beschränkt werden. Die Bewohner dürfen ihre Gärten nicht mehr bewässern.

3. Die Not ist groß. Das Wasser wurde rationiert.

4. Es müssen Filteranlagen vorgeschrieben werden. Die Schadstoffe können nicht mehr in die Luft gelangen.

5. Wir müssen Überstunden machen. Die Firma kann die Liefertermine einhalten.

6. Die Prüfungsaufgaben waren schwierig. Ich konnte sie nicht lösen.

III. *Bilden Sie Sätze mit **um zu** und **als dass**!*

> *Beispiel:* Man ist nie zu alt. Man kann noch etwas Neues lernen.
> *Lösung:* Man ist nie zu alt, um noch etwas Neues lernen zu können.

> *Beispiel:* Die Busreise ist zu anstrengend. Ich kann daran nicht teilnehmen.
> *Lösung:* Die Busreise ist zu anstrengend, als dass ich daran teilnehmen könnte.

Nivel 0

1. Die Schrift ist zu undeutlich. Man kann sie nicht lesen.

2. Alles passierte zu schnell. Ich konnte die Autonummer nicht erkennen.

3. Der Brief ist zu lang. Man kann ihn nicht in einer Stunde übersetzen.

4. Sie ist alt genug. Sie kann alleine mit dem Bus nach Heidelberg fahren.

5. Die Kinder sind noch zu klein. Man kann sie nicht allein zu Hause lassen.

6. Die Suppe ist zu versalzen. Man kann sie nicht essen.

7. Ich hatte zu wenig Geld bei mir. Ich konnte mir das Buch nicht kaufen.

8. Wir verdienen zu wenig. Wir können uns kein eigenes Haus leisten.

9. Der Koffer ist zu schwer. Ich kann ihn nicht allein tragen.

10. Das Problem ist zu groß. Allein kann ich es nicht lösen.

TEMA 48

I. *Bitte lösen Sie die unterstrichenen Satzteile in Nebensätze auf!*

> *Beispiel:* Mit seiner *Hilfe* hätten wir die Aufgabe lösen können.
> *Lösung:* Wenn er uns geholfen hätte, hätten wir die Aufgabe lösen können.

1. *Ohne die Erfindung der Eisenbahn* hätte die industrielle Revolution nicht stattgefunden.

2. *Bei sinkenden Temperaturen* kommt es zu Glatteisgefahr.

3. *Im Falle einer Katastrophe* werden alle Hilfsdienste alarmiert.

Tema 48. Ejercicios

4. *Bei größerer Beachtung der Verkehrsvorschriften* dürften nicht so viele Unfälle passieren.

5. *Bei maßvolleren Forderungen* wäre der Schaden geringer gewesen.

6. *Ohne sofortige Hilfsmaßnahmen* müssen viele Menschen verhungern.

II. *Bitte übersetzen Sie!*
   1. En caso de que la veas, dile que la espero delante del cine Apolo.
   2. Él te ayudará siempre que se lo pidas.
   3. Si vinieras esta tarde, hablaríamos de este asunto.
   4. Estando tú conmigo, no tengo miedo.
   5. Si hubiera tenido dinero, me habría comprado un piso.
   6. Si hubiéramos tenido más tiempo, habríamos visitado también el norte de Alemania.
   7. Yendo por este camino, llegaremos antes a casa.
   8. Cuanto más se tiene, más se desea.
   9. Cuanto menos venga él por aquí, mejor.
   10. Cuanto más añejo es el vino, tanto mejor sabe.
   11. Cuanto más alemán sé, más me gusta esta lengua.

III. *Bilden Sie Sätze mit je .... desto/um so ....!*

> *Beispiel:* Wenn der Wein alt ist, schmeckt er besser.
> *Lösung:* Je älter der Wein ist, desto besser schmeckt er.

1. Wenn man dieses Bild länger betrachtet, erkennt man immer mehr Einzelheiten.

2. Wenn es ihm schlecht geht, wird er launisch.

3. Wenn es heiß ist, sind die Freibäder überfüllt.

4. Wenn man viel verdient, bezahlt man auch viele Steuern.

5. Wenn man schnell fährt, wird die Unfallgefahr größer.

IV. Bilden Sie Konditionalsätze mit **wenn**!

> *Beispiel:* Lass das Geld nicht hier liegen, sonst wird es gestohlen.
> *Lösung:* Wenn du das Geld hier liegen lässt, wird es gestohlen.

1. Du musst mehr lernen, sonst wirst du die Prüfung nicht bestehen.

2. Bitte hilf mir, sonst kann ich die Übersetzung nicht rechtzeitig abgeben.

3. Mach das Licht nicht an, sonst kommen Mücken ins Zimmer.

4. Man darf diese Hose nicht zu heiß waschen, sonst läuft sie ein.

V. Bilden Sie irreale Konditionalsätze!

> *Beispiel:* Ich wusste es auch nicht, sonst hätte ich es dir gesagt.
> *Lösung:* Wenn ich es gewusst hätte, hätte ich es dir gesagt.

1. Ich hatte deine Telefonnummer nicht, sonst hätte ich dich angerufen.

2. Ich bekam keinen Urlaub, sonst hätte ich mich für die Fahrt angemeldet.

3. Ich musste Überstunden machen, sonst wäre ich gern mit dir ins Kino gegangen.

4. Sie konnte das Antibiotikum nicht vertragen, sonst wäre es ihr besser gegangen.

5. David hat nicht viel gearbeitet, sonst hätte er bessere Noten gehabt.

TEMA 49

I. *Bilden Sie aus den kursiv gedruckten Satzteilen einen Nebensatz!*

> *Beispiel:* **Trotz unserer Anstrengungen** konnten wir das Auto nicht wieder in Gang setzen.
> *Lösung:* Obwohl wir uns anstrengten, konnten wir das Auto nicht wieder in Gang setzen.

1. *Trotz bester hygienischer Verhältnisse in den Krankenhäusern* kommt es oft zu Infektionen.

2. *Bei allem Verständnis für ihre schwierige Lage* kann ich ihr Verhalten nicht billigen.

3. *Trotz Senkung der Preise* geht die Nachfrage dauernd zurück.

4. *Trotz des Kostenanstiegs* wurde das Produkt genehmigt.

5. *Trotz der großen Hitze* wollte der Mann Tennis spielen.

6. *Trotz der Verkehrshinweise* kam es zu kilometerlangen Staus.

II. *Bitte übersetzen Sie!*
1. Aunque me lo jures, no lo creo.

2. Aunque él tuviera mucho dinero, no me casaría con él.

3. Su última novela se ha vendido bien, aunque las críticas no fueron muy positivas.

4. No encontrará Ud. aquí esta moneda antigua, por mucho que busque.

5. Por muy bajo que sea el precio, para nosotros será demasiado alto.

6. Aunque ella quiera salir, no debes permitírselo.

7. Aunque el trabajo no me guste, tengo que aceptarlo.

8. Por más amigos que él tenga, siempre se siente solo.

9. Enfermo y todo, jugó al futbol.

10. Por más que (ella) come, no engorda.

III. *Verwandeln Sie die Sätze nach dem Muster!*

> *Beispiel:* Obwohl das Kleid preiswert ist, kann ich es mir nicht leisten.
> *Lösung:* So preiswert das Kleid (auch) ist, ich kann es mir nicht leisten.

1. Obwohl es mir leid tut, kann ich dir diesen Gefallen nicht tun.

2. Obwohl ich lange suchte, fand ich mein Portemonnaie nicht.

3. Obwohl er darüber sehr lachte, war ihm die Sache doch ernst.

4. Obwohl die Lebensumstände dürftig waren, hinderten sie ihn nicht daran, sein großes Werk zu schaffen.

5. Obwohl es spät ist, muss ich den Krimi auslesen.

IV. *Bilden Sie verallgemeinernde Konzessivsätze nach folgendem Muster!*

> *Beispiel:* Ganz gleich, wann du kommst, du bist zu jeder Zeit herzlich willkommen.
> *Lösung:* Wann auch immer du kommst, du bist zu jeder Zeit herzlich willkommen.

1. Es ist einerlei, an wen Sie sich wenden, jeder wird Ihnen das gleiche sagen.

Tema 50. Ejercicios

2. Ganz gleich, was er unternimmt, das meiste geht schief.

3. Es ist ganz gleich, wie du handelst, es wird richtig sein.

4. Es ist einerlei, was die Eltern sagen, die Jugendlichen behaupten immer das Gegenteil.

5. Es ist egal, was du machst, deine Leistung wird nie anerkannt.

TEMA 50

I. *Bitte formen Sie die kursiv gedruckten Satzteile in Nebensätze um!*

Beispiel: Aus Nervosität zündete er sich eine Zigarette nach der anderen an.
Lösung: Weil er nervös war, zündete er sich eine Zigarette nach der anderen an.

1. *Vom vielen Rauchen* waren seine Finger gelb geworden.

2. *Wegen des dichten Nebels* konnte das Flugzeug nicht starten.

3. *Wegen der schlechten Straßen* bedeuteten damals das Reisen und der Transport von Gütern Strapazen und Mühsal.

4. *Aufgrund eines starken Sicherheitsbedürfnisses* schließen viele Leute eine Versicherung ab.

5. *Bei der großen Zahl der Arbeitslosen* sollte man an eine Herabsetzung des Rentenalters denken.

6. *Infolge der vielen Protestaktionen* beschäftigt sich eine Arbeitsgruppe mit diesem Thema.

7. *Aus Furcht vor einer Verknappung der Lebensmittel* kommt es bereits zu Angstkäufen.

8. *Dank einer guten technischen Ausrüstung* können wir die kompliziertesten Untersuchungen durchführen.

9. *Aus Furcht vor einer Strafe* versteckte sich das Kind.

10. *Aus Gewohnheit* liest er auch im Ausland seine deutsche Zeitung.

11. *Infolge der zunehmenden Bevölkerungsdichte* wird das Leben in den Großstädten immer schwieriger.

12. *Bei der ungünstigen Lage der Stadt* war die Versorgung mit Lebensmitteln nicht leicht.

13. *Durch die Unaufmerksamkeit des Fahrers* passierte ein Unfall.

14. *Nur mit seiner Hilfe* haben wir es geschafft.

15. *Wegen des schlechten Wetters* ist eine Missernte zu befürchten.

II. *Bilden Sie Kausalsätze mit* **weil, da, zumal, wo ... doch***!*
1. Im Urlaub ging es mir gesundheitlich nicht gut. Ich habe das Essen nicht vertragen.

2. Daniel studiert Rechtswissenschaft. Er möchte später die Kanzlei seines Vaters übernehmen.

3. Du wirst bestimmt angenommen. Du hast doch so gute Zeugnisse.

4. Die Vorstellung fiel aus. Der Hauptdarsteller hatte wegen Krankheit absagen müssen.

5. Wir fuhren sehr langsam. Es war dunkel und schneite.

6. Sein Verhalten ist enttäuschend. Wir haben sehr viel für ihn getan.

7. Die Miete musste erhöht werden. Die Lebenshaltungskosten waren stark gestiegen.

III. *Bitte übersetzen Sie!*
1. No puedes opinar sobre este libro, puesto que no lo has leído.

Tema 51. Ejercicios

2. Ya que estamos aquí, debemos saludar a los Pérez.

3. Es un escritor que, por haber vivido muchos años en el extranjero, ve nuestros problemas con otra perspectiva.

4. Los alcanzaremos pronto, dado que ellos van a pie y nosotros a caballo.

5. Es un edificio provisional, pues dentro de dos meses estará terminado el nuevo instituto.

6. Como nadie le respondiera, se retiró muy decepcionado.

7. No te daré más dinero, porque no lo sabes administrar.

TEMA 51

I. *Verbinden Sie die folgenden Sätze mit **damit** oder **um... zu**!*
1. Machen Sie die Tür zu! Es soll nicht ziehen.

2. Wir machten eine Stadtrundfahrt. Wir wollten die berühmten Bauwerke besichtigen.

3. Ich helfe meinem Sohn bei den Hausaufgaben. Er soll eine gute Note bekommen.

4. Viele Studenten lernen Deutsch. Sie können später Fachbücher im Original lesen.

5. Karl ist weggegangen. Er will die Zeitung kaufen.

6. Wir veranstalteten ein Schulfest. Wir wollten damit unsere Klassenreise finanzieren.

7. Beeil dich, sonst werden wir nicht mehr fertig!

8. Wir ließen mehrere Tische im «Alt Heidelberg» reservieren. Wir wollten dort unser Wiedersehen feiern.

Nivel 0

II. *Bitte formen Sie die kursiv gedruckten Satzteile in Nebensätze um!*

> *Beispiel:* Für den möglichst raschen Ausbau des Autobahnnetzes wurden vom Staat große Summen zur Verfügung gestellt.
> *Lösung:* Um das Autobahnnetz möglichst rasch auszubauen, wurden vom Staat große Summen zur Verfügung gestellt.

1. *Zur Vermeidung weiterer Verkehrsunfälle* an dieser gefährlichen Kreuzung wurden Ampeln aufgestellt.

2. *Zur Verbesserung der Situation* will die Regierung eine Gesetzesänderung veranlassen.

3. *Für die Erhaltung der Denkmäler* muss der Staat große Summen aufwenden.

4. *Für das Wohnen im Grünen* nehmen viele Berufstätige oft weite Anfahrtswege zur Arbeit in Kauf.

5. *Zum besseren Verständnis meiner schlechten Lage* lege ich Ihnen eine Verdienstbescheinigung und Kontoauszüge vor.

6. *Zur Deckung aller Kosten* müsste die Miete drastisch erhöht werden.

III. *Bitte übersetzen Sie!*
   1. ¡Apúntalo para que no se te olvide!

   2. ¡Cuelga el cuadro de manera que se vea bien!

   3. ¡Date prisa para que lleguemos puntualmente!

   4. El profesor escribe las reglas en la pizarra para que los alumnos las aprendan mejor.

   5. Necesito mis apuntes para prepararme para el examen.

   6. Le explico a Ud. todo para que no haya malentendidos.

Tema 51. Ejercicios

7. Le he prestado dinero para ayudarle.

8. Tiene Ud. que tomar pastillas para que cesen los dolores.

9. Tienes que regar las plantas más a menudo para que no se sequen.

10. Mis padres me han dado dinero para que me compre un coche.

IV. *Ergänzen Sie **dass/damit** oder nur **dass**!*
1. Du liegst ja immer noch im Bett! Steh auf, ... du nicht zu spät kommst!
2. Man versteht ja sein eigenes Wort nicht mehr. Stellt bitte das Radio leiser, ... die Nachbarn sich nicht beschweren.
3. In Mathe stehst du ziemlich schlecht. Du musst zusehen, ... du in der nächsten Arbeit eine gute Note bekommst!
4. Es ist schon spät. Wir müssen zusehen, ... wir noch Eintrittskarten bekommen.
5. Da bist du ja schon wieder! Mach, ... du sofort verschwindest!

SOLUCIONES/*LÖSUNGSSCHLÜSSEL*

TEMA I

I. 1. Wen schätzt du sehr?
    2. Woran stößt du dich?
    3. Was vergisst du leicht?
    4. Was liest du gern?
    5. Bei wem lässt du die Kinder?
    6. Was brätst du dir?
    7. Wen lädst du zum Geburtstag ein?
    8. Wohin läufst du schnell und was kaufst du?
    9. Worauf verlässt du dich hundertprozentig?
    10. Wann triffst du diese schwere Entscheidung?
    11. Was bläst du aus?
    12. Was rätst du ihr?
    13. Auf wen wartest du seit drei Wochen?
    14. Was backst du zu Weihnachten immer?

II. 1. trägt.
    2. triffst.
    3. sage, gebe.
    4. stehen.
    5. nehmen.
    6. erfüllen.
    7. stellen.
    8. geben.
    9. hält.
    10. steht.
    11. bin.
    12. bestellen.
    13. geben.

Nivel 0

    14. nimmt.

III. 1. bauen.
    2. erstaunt sein.
    3. weitersagen.
    4. summen.
    5. aufwachen.
    6. knurrt.
    7. ablegen.

TEMA 2

I. 1. Ich möchte/will.
    2. Hier darf man nicht rauchen.
    3. muss noch geklärt werden.
    4. Dieser Plan sollte .... verwirklicht werden.
    5. Der Fernseher kann leider nicht mehr repariert werden.
    6. Er konnte........
    7. Ich mag ihn nicht.
    8. Ich kann ihn leider nicht finanziell unterstützen.
    9. Er kann komplizierte Dinge einfach darstellen.
    10. Ich möchte gern........
    11. Wir müssen das Referat morgen abgeben.

II. 1. soll.
    2. muss.
    3. muss.
    4. sollen.
    5. soll.
    6. soll.
    7. soll.
    8. muss.
    9. muss.
    10. soll.
    11. müssen.

III. 1. Wir müssen den Antrag am 15. Juni abgeben.
    2. Ich weiß nicht, was ich sagen soll.
    3. Ich weiß nicht, ob ich ja oder nein antworten soll.
    4. Ich mag surrealistische Malerei nicht.
    5. Vati möchte, dass du um 10.30 zu Hause bist.

Tema 2. Soluciones

     6. Hier ist ein Herr, der Sie sprechen möchte.
     7. Sagen Sie ihm, er soll 10 Minuten warten.
        Sagen Sie ihm, dass er 10 Minuten warten soll.
     8. Ich kann mit der rechten Hand nicht schreiben.
     9. Ich möchte Sie nicht länger aufhalten.
   10. Darf ich Ihnen auch ein Bier bestellen?
   11. Dieses Jahr wollen wir an die Nordsee fahren.
   12. Um wieviel Uhr soll ich kommen?
   13. Antonio hat mir gesagt, dass Sie ihm bei den Mathematikhausaufgaben helfen sollen (oder: ...., dass ich ihm .... helfen soll).
   14. Du darfst die Pflanze nicht so oft gießen.

IV.   1. Sie mögen zwar recht haben, aber Sie überzeugen mich nicht.
     2. Sie müssen Zwillinge sein, ...
     3. Es muss sehr kalt draußen sein, ...
     4. Was mag wohl mit ihm los sein?
     5. Wie kann ein Mensch nur so dumm sein?
     6. Der Professor dürfte etwas über dieses Problem wissen.
     7. Er dürfte betrunken sein.
     8. Dieser Arzt soll sehr gut sein.
     9. Das muss wahr sein.
   10. Sie will Arabisch können.
   11. Das Kleid dürfte zu groß für sie sein.
   12. Meine Eltern dürften auf einen Brief von mir warten.
   13. Das Ehepaar soll sich jeden Tag streiten.
   14. Sie wollen eine glückliche Ehe führen.
   15. Das muss der Briefträger sein.
   16. Ottos müssen zu Hause sein.
   17. Wieviele Personen mögen wohl hier sitzen?
   18. Es dürften etwa 200 Zuschauer hier sein.
   19. Bis Krombach dürften es noch 30 km sein.

V.   1. Eine Million Tiere sollen jährlich durch Tierversuche ums Leben kommen.
     2. Eine Scheidung soll so schädlich für die Gesundheit sein wie der Tabak oder der Alkohol.
     3. Das «Amerikanische Museum» soll wieder geöffnet werden.
     4. Nächste Woche soll der Tischtennis-Worldcup beginnen.
     5. Spieler aus 21 Ländern sollen daran teilnehmen.
     6. Das Porzellan soll aus China kommen.

Nivel 0

VI. 1. Anfang Mai kann es schneien.
2. Dieser Schüler dürfte die Prüfung nicht bestehen.
3. Sie sieht sehr schlecht aus. Sie muss krank sein.
4. Das Telefon klingelt. Das kann/könnte/dürfte für dich sein.
5. Ich habe es ihnen gut erklärt, sie müssten den Weg finden.
6. Wie mag es wohl Marta gehen?
7. Sie mögen zwar recht haben, aber Sie überzeugen mich nicht.
8. Das Haus soll 95 Millionen Peseten kosten.
9. Der neue Deutschlehrer soll Österreicher sein.
10. Die Firma soll bankrott sein.

TEMA 3

I. 1. Unser Chef lässt uns während der Arbeitszeit keinen Alkohol trinken.
2. Der warme Wind lässt die Wäsche schnell trocknen.
3. Ich lasse oft meine Brille zu Hause (liegen).
4. Ich lasse den Brief sofort übersetzen.
5. Wir müssen ihn von einem Übersetzer übersetzen lassen.
6. Ich lasse ihn reinigen.
7. Wir lassen unsere Tochter nicht mit ihrem Freund zelten.
8. Sie lässt sich nicht mehr reparieren.
9. Diese Bluse lässt sich leicht bügeln.

II. 1. Lass mich bitte herein(kommen)!
2. In Spanien lassen sich Unmengen solcher Bücher finden.
3. Lass das Geld auf dem Tisch (liegen)!
4. Es ist Zeit, dass du dir das Haar schneiden lässt.
5. Du musst auch die persönlichen Gesichtspunkte der anderen gelten lassen.
6. Die Leute lassen sich nicht so leicht manipulieren.
7. Ich möchte mir für die Hochzeit ein Kleid machen (nähen) lassen.
8. Ich möchte nicht den Eindruck entstehen lassen, dass ich es nicht machen will.
9. Ich werde sofort braun.
10. Ich sage es dir jetzt schon: Das Fest wird eine Katastrophe.
11. Beeil dich, sonst wird es zu spät!
12. Mach bitte das Radio aus, bei dieser Musik werde ich verrückt.
13. Mach dir keine Sorgen, das Essen wird sehr gut.
14. Samstags bleibe ich bis 11.00 Uhr im Bett (liegen).
15. Bei Prüfungen wird er immer nervös.

III. 1. zerstören dürfen.
2. sollst.
3. müssen.
4. darf.
5. brauchen .... zu.
6. brauchen .... zu.
7. sollst.
8. müssen.
9. brauchen .... zu.

TEMA 4

I. 1. erhalten (Es ist immer schön, ein Paket zu erhalten).
2. zuhalten (Der Gestank war so unerträglich, dass wir uns die Nase zuhalten mussten).
3. vorhalten (Bei jeder Gelegenheit hält sie ihm seine Fehler vor).
4. anhalten (Bitte halte vor der Ampel an, dann steige ich aus).
5. abhalten (Sie halten mich nicht von der Arbeit ab).
6. behalten (Telefonnummern muss ich mir aufschreiben. Ich kann sie nicht behalten).
7. hinhalten (Als Zeichen der Versöhnung hielt er uns die Hand hin).
8. enthalten (Diese Flasche enthält einen Liter Wein).
9. einhalten (Wer ein Versprechen gibt, muss es auch einhalten).
10. durchhalten (Nur wenige hielten bis zum Schluss durch).
11. zuhalten (Der Junge hielt seinem kleinen Bruder die Tür zu).

II. 1. ankommen (Harry kam als erster am Ziel an).
2. bekommen (Tina hat zum Geburtstag viele Geschenke bekommen).
3. abkommen (Bei der Wanderung sind wir vom Weg abgekommen und erst nach zwei Stunden am Ziel angekommen).
4. vorkommen (Solche Dinge kommen häufig vor).
5. auskommen (Ich komme nie mit meinem Geld aus).
6. mitkommen (Kommst du mit ins Kino?).
7. herkommen (Komm mal bitte her!).
8. durchkommen (Endlich ist er bei der Fahrprüfung durchgekommen).
9. fortkommen (Er kommt im Leben nicht recht fort).
10. umkommen (Viele Menschen sind bei dem Erdbeben umgekommen).

Nivel 0

11. entkommen (In der Zeitung steht, dass 5 Häftlinge aus dem Gefängnis in L. entkommen sind).
12. verkommen (Niemand kümmerte sich um die Familie, die nach wenigen Jahren im Elend verkam).
13. loskommen (Er wird wohl nie vom Alkohol loskommen).

III.
1. zusehen (Die Leute waren von weither gekommen, um dem Fußballspiel zuzusehen).
2. einsehen (Endlich hat sie ihr Unrecht eingesehen).
3. vorsehen (Man sieht einen Professor von der Universität G. als Nachfolger des Ministers vor).
4. aufsehen (Erstaunt sah er von der Arbeit auf).
5. ansehen (Sie sah mich prüfend von allen Seiten an).
6. nachsehen (Es sind noch 48 Diktate nachzusehen).
7. hersehen (Seht mal alle zu mir her!).
8. ansehen (Die alte Dame sieht sich am liebsten Heimatfilme an).
9. umsehen (Bevor er das Versteck verließ, sah er sich nach allen Seiten um).
10. versehen (Überall sind Raststätten. Wir brauchen uns nicht mit Proviant zu versehen).
11. durchsehen (Der Lehrer hat die Hefte durchgesehen).
12. aussehen (Klaus sieht wirklich sehr krank aus).

IV.
1. Ich schreibe ihn um.
2. Im Unterricht nehmen wir gerade das Passiv durch.
3. Sie setzt immer ihren Kopf durch.
4. Ich durchschaue seine Absichten nicht.
5. Der Anruf überrascht uns.
6. Hilfe! Ich gehe unter!
7. Wir unternehmen in dieser Sache nichts.
8. Die Flammen umzingeln das Haus.
9. Die Eltern durchkreuzen immer unsere Pläne.
10. Der Gastgeber gießt uns die Gläser immer voll.
11. Ein schöner Garten umgibt das Haus.
12. Er liest den Brief noch einmal durch. Dann unterschreibt er ihn.
13. Ich unterhalte mich gern mit ihm.

TEMA 5

I.
1. Ich kann mir keine Zahlen merken.
2. Zahlen kann ich einfach nicht behalten.

Tema 5. Soluciones

    3. Er hat sich vorgenommen, pünktlicher zu sein.
    4. Ich staune darüber, dass er die Prüfung bestanden hat.
    5. Man muss sich darüber wundern, dass er die Prüfung bestanden hat.
    6. Die Prüfung besteht aus drei Teilen.
    7. Die Prüfung setzt sich aus drei Teilen zusammen.
    8. Wir haben beschlossen, in drei Monaten zu heiraten.
    9. Habt ihr euch immer noch nicht entschieden?
   10. Die Kursgebühren erhöhen sich jedes Jahr.
   11. Die Benzinpreise sind schon wieder gestiegen.
   12. In der Zwischenzeit hat sich viel bei uns ereignet.
   13. Hier ist in den letzten Wochen allerlei passiert.
   14. Es hat sich herausgestellt, dass er doch betrunken war.

II. 1. Ich habe erfahren, dass Kleins sich scheiden lassen wollen.
    2. Herr Martínez verdient sich den Lebensunterhalt mit Schafen und Produkten aus eigener Ernte.
    3. Aus all dem ergibt sich, dass unsere Entscheidung richtig war.
    4. Ich weigere mich, eine Entscheidung zu treffen.
    5. Es handelt sich um eine private Angelegenheit.
    6. Die Klasse «H» befindet sich am Ende des Ganges.
    7. Mit diesem Resultat können wir uns zufriedengeben.
    8. Wie bist du auf diese Idee gekommen?
    9. Ich weiß nicht, wie das passiert ist.
   10. Die Bürger haben sich für den Streik ausgesprochen.
   11. Aus dem Wahlergebnis ergibt sich, dass wir uns mehr anstrengen müssen.

III. 1. aufeinander.
    2. voneinander.
    3. miteinander, nebeneinander.
    4. miteinander.
    5. voreinander.
    6. voneinander.
    7. aneinander.
    8. zueinander.
    9. aufeinander.
   10. umeinander.

IV. 1. es.
    2. es.
    3. Es.

Nivel O

4. es.
5. es.
6. es.
7. ....
8. ....
9. es.

TEMA 6

I.
   a)
   1. senken.
   2. senkt.
   3. sinkt.
   4. senkt.
   5. sinkt.
   b)
   1. erlischt.
   2. lösche.
   3. löschen.
   4. erlischt.
   5. erlischt.
   c)
   1. springt.
   2. sprengt.
   3. springt.
   4. sprengt.
   d)
   1. verschwendet.
   2. verschwende.
   3. verschwinde!
   4. verschwindet.
   5. verschwendest.
   6. verschwindet.
   e)
   1. versenken.
   2. versenkt.
   3. versinkt.
   4. versinkt.

Tema 7. Soluciones

II. 1. liegt.
2. steht.
3. sitzt.
4. steht.
5. steht.
6. sitzt.
7. steht.
8. steht.
9. sitzt.

III. 1. perfektiv, 2. perfektiv, 3. imperfektiv, 4. perfektiv, 5. imperfektiv, 6. perfektiv, 7. perfektiv, 8. perfektiv, 9. imperfektiv, 10. perfektiv, 11. imperfektiv, 12. perfektiv, 13. imperfektiv, 14. perfektiv, 15. imperfektiv.

TEMA 7

I. 1. Ich traue diesen Leuten nicht.
2. Der Tod des Kollegen geht ihnen sehr nahe.
3. Die Firma kündigte der Sekretärin.
4. Widersprich mir nicht immer!
5. Hör mir zu, wenn ich spreche!
6. Ich versichere dir, dass ich dir helfen werde.
7. Der Hund hat mich ins Bein gebissen.
8. Ich stimme Ihnen zu.
9. Einverstanden, ich kaufe Ihnen alle diese antiken Bücher ab.
10. Die Versicherung(sfirma) versichert Sie gegen Feuer.
11. Was geht Sie das an?
12. Seine Kameraden nennen ihn «Alleskönner».
13. Die Wohnung hat mich 15 Millionen Ptas. gekostet.
14. Ja, ich erinnere mich des Vorfalls.
Ja, ich erinnere mich an den Vorfall.
15. Der Athlet ist sich seines Sieges sicher.
16. Wir sind uns der Bedeutung dieser Angelegenheit voll bewusst.

II. 1. begegnen.
2. unterstützen.
3. imponierte.
4. folgte.
5. beglückwünschen.
6. bedrohte.

Nivel 0

7. aufgetragen.
8. beigebracht.
9. beantworten.
10. kleidet.

TEMA 8

I. 1. an seiner.
    2. von dieser.
    3. für.
    4. auf den.
    5. nach den neuen.
    6. um das.
    7. vom.
    8. auf die.
    9. für/gegen den.
    10. um seinen.
    11. auf Ihr.
    12. über die.
    13. an die.
    14. an dieser.
    15. mit diesem.

II. 1. aus, 2. über, 3. zu, 4. mit unserer, 5. unter, 6. vor allen Mitarbeitern.

III. 1. Ich glaube nicht an Gespenster.
     2. Viele Leute sterben jährlich an Krebs.
     3. Ich zweifle nicht an der Echtheit dieser Schmuckstücke.
     4. Heute morgen habe ich mich über den Hund des Nachbarn aufgeregt.
     5. Er träumt noch immer von einem Hauptgewinn in der Lotterie.
     6. Seine Arbeit besteht im Katalogisieren und Einordnen von Büchern.
     7. Stell dir vor, ich habe Alberto auf der Straße getroffen.
     8. Herr Bäumer hat nach Ihnen gefragt.
     9. Wir haben uns für das Projekt des argentinischen Architekten entschieden.
     10. Du musst dich um eine gute Abschlussnote bemühen.

Tema 9. Soluciones

TEMA 9

I. 1. bin, habe, bin.
    2. haben, sind.
    3. hat, haben, sind, sind, haben.
    4. ist, hat, sind, ist.
    5. hat, ist, ist.
    6. ist, ist.
    7. haben, sind, hast, bist.
    8. hast, ist, hat, ist.

II. Sie ist lange im Bad geblieben.
    Sie hat gut gefrühstückt. Dann hat sie Freunde angerufen.
    Sie hat Tennis gespielt, ist ins Freibad gegangen, hat geschwommen, hat (ist) Motorrad gefahren, hat spät zu Mittag gegessen, hat sich gesonnt, hat einen Stadtbummel gemacht, hat sich mit Freunden getroffen, hat Rockkonzerte besucht, ist zu Parties gegangen, ist tanzen gegangen, ist nach Mitternacht nach Hause gekommen.
    Sie hat nicht an die Schule gedacht.

III. 1. ist verschwunden, hat .... gestanden.
     2. habe .... gestellt.
     3. habe .... gehängt.
     4. haben .... gesessen.
     5. haben .... gesprengt.
     6. bin .... gesprungen.
     7. hast .... gelegen.
     8. haben .... gestanden, haben gewartet.

IV. 1. Ein dreijähriges Mädchen ist verschwunden.
    2. Du hast mit dieser Arbeit zuviel Zeit verschwendet.
    3. Ich bin im Unterricht eingeschlafen.
    4. Vor dem Rathaus ist eine Bombe explodiert.
    5 In den Ferien hat Juan sich das Bein gebrochen.
    6. Die Tribüne ist unter dem Gewicht so vieler Zuschauer eingestürzt (zusammengebrochen).
    7. Etwa 400 Personen sind ums Leben gekommen.
    8. Heute morgen bin ich um 5.00 Uhr wach geworden.
    9. Der Wald hat die ganze Nacht gebrannt. Alle Pinien sind verbrannt.
    10. Der Polizist hat den Dieb verfolgt.
    11. Der Hund hat mich erschreckt.
    12. Ich bin erschrocken.

Nivel 0

TEMA 10

I. 1. Er dürfte die Prüfung gut bestanden haben.
    2. Sie kann umgezogen sein.
    3. Sie dürften sich verhört haben.
    4. Könntest du die Schlüssel verloren haben?
    5. Es muss letzte Nacht geregnet haben.
    6. Am Wochenende sollen 32 Personen durch Verkehrsunfälle ums Leben gekommen sein.
    7. Sie kann den Brief noch nicht bekommen haben.
    8. Sie will den Preis des Kleides nicht bemerkt haben.
    9. Er muss sehr krank gewesen sein.
    10. Dort, wo jetzt dieser See ist, sollen einmal fünf Dörfer gewesen sein.

II. 1. Ich habe nicht mit ihm sprechen können.
    2. Ich habe die Kinder nicht weinen hören.
    3. Ich habe den Unfall kommen sehen.
    4. Juan hat mir nicht helfen wollen.
    5. Weißt du, Webers haben sich scheiden lassen.
    6. Hast du dir das Haar schneiden lassen?
    7. Ich habe das Geld auf dem Tisch liegen (ge)lassen.
    8. Wir haben nicht in die Diskothek gehen dürfen.
    9. Ich habe 200,— DM Strafe bezahlen müssen.
    10. Wir haben bis 2.00 Uhr auf der Party bleiben dürfen.
    11. Ich habe es nicht allein machen können.
    12. Ich habe das Licht brennen lassen.
    13. Ich habe sie schimpfen hören.
    14. Ich habe mich nicht an seinen Namen erinnern können.

III. 1. Wir haben die Kinder schreien hören.
    2. Wir haben das Taxi über die Kreuzung rasen sehen.
    3. Er hat ihr den Koffer tragen helfen.
    4. Sie hat das Auto abfahren sehen.
    5. Wir haben die Nachbarin schimpfen und fluchen hören.

TEMA 11

I. wehte, schaute, sah, zitterten, schneite, war, trieben, war, war, heulte, brach, warf.

II. 1. schuf, 2. verschafften, 3. lag, 4. löschte, 5. sah, sank, 6. hoben,

Tema 12. Soluciones

senkten, 7. erschreckte, 8. erschrak, sah, 9. sendete, 10. versandte, 11. hingen, 12. hängte, 13. schwollen.

III. 1. *d)* trennen, trennte, getrennt.
    2. *c)* spenden, spendete, gespendet.
    3. *c)* leiten, leitete, geleitet,
    4. *e)* winken, winkte, gewinkt.

TEMA 12

I. 1. geschickt hatte.
   2. ausgeschaltet hatte.
   3. hatte (war) getreten.
   4. waren eingeschlafen.
   5. gestorben waren.
   6. verlaufen war, gemacht hatte.
   7. gegessen hatten.

II. 1. Er wird sich nicht gut darauf vorbereitet haben.
   2. Sie wird wohl im Lotto gewonnen haben.
   3. Die Firma wird ihr gekündigt haben.
   4. Er wird einen Unfall gehabt haben.
   5. Sie werden wohl Europameister geworden sein.
   6. Er wird wohl keine Lust gehabt haben.
   7. Du wirst sie nicht genug gegossen haben.
   8. Sie wird zuviel gegessen haben.
   9. Er wird viel zu schnell gefahren sein.
      Er wird einen Unfall verursacht haben.
   10. Er wird eine Bank überfallen haben.

III. 1. Ich werde ihn sofort reparieren.
    2. Ich werde sie dir sofort zurückgeben.
    3. Morgen werde ich sie bestimmt bezahlen.
    4. Noch diese Woche werde ich dich anrufen.
    5. Ich werde ihn heute nachmittag bestimmt übersetzen.
    6. Ich werde bestimmt vorsichtig fahren.
    7. Das nächste Mal werde ich bestimmt aufpassen.
    8. Beim nächsten Mal werde ich die Prüfung bestimmt bestehen.

IV. 1. Wirst du wohl sofort nach Hause kommen!
    2. Wirst du wohl endlich die «Glotze» abstellen!

Nivel 0

3. Wirst du wohl sofort aufhören!
4. Wirst du wohl sofort kommen!

TEMA 13

I. 1. Ja, fang bitte an!
   2. Ja, bleib noch!
   3. Ja, nimm dir noch ein Stück!
   4. Ja, fahrt mit!
   5. Ja, sei pünktlich!
   6. Ja, geh bitte jetzt!
   7. Ja, lies mir bitte den Artikel vor!
   8. Ja, sprich bitte noch mal mit ihm darüber!
   9. Ja, hilf mir bitte!
   10. Ja, vertritt mich bitte!

II. 1. Komm sofort nach Hause!
    2. Stell bitte die «Glotze» ab!
    3. Hör sofort auf!
    4. Komm sofort her!

III. 1. Kling(e)le bitte zweimal!
     2. Erledige das bitte sofort!
     3. Rechne bitte die Ausgaben zusammen!
     4. Erkundige dich bitte noch einmal!
     5. Kümmere dich bitte um diese Angelegenheit!
     6. Beschäftige dich bitte mehr mit den Kindern!
     7. Widme bitte den Kindern mehr Zeit!
     8. Benachrichtige bitte die Schüler!
     9. Büg(e)le diese Bluse bitte nicht heiß!
     10. Bemühe dich bitte, pünktlicher zu sein!

IV. 1. Vergiss die Schlüssel nicht!
    2. Gib nicht so viel Geld aus!
    3. Sprich nicht mehr davon!
    4. Lass(t) uns ins Kino gehen! Gehen wir ins Kino!
    5. Warte auf mich!
    6. Wirf die Batterien nicht in den Abfalleimer!
    7. Hab keine Angst vor unserem Hund! Er ist nicht gefährlich.
    8. Bitte unterbrich mich nicht!
    9. Hilf mir bitte!

Tema 14. Soluciones

    10. Versprich mir nichts!
    11. Lasst uns zu Hause bleiben! Bleiben wir zu Hause!
    12. Nimm doch noch ein Stück Kuchen!
    13. Bewirb dich doch um die in der Anzeige angebotene Stelle!
    14. Iss nicht so schnell!
    15. Sei nicht so pessimistisch!
    16. Lasst uns noch ein Bier bestellen! Bestellen wir noch ein Bier!

V. 1. Lasst uns bei der Sache bleiben!
    2. Lasst tuns Entschlüsse fassen!
    3. Lasst uns die Gelegenheit nutzen!
    4. Lasst uns bei der Wahrheit bleiben!
    5. Lasst uns Gespräche aufnehmen/führen!
    6. Lasst uns den Antrag stellen!
    7. Lasst uns nicht ins Fettnäpfchen treten!
    8. Lasst uns die einzelnen Punkte in Erwägung ziehen!
    9. Lasst uns einen Beitrag leisten!
    10. Lasst uns keine Versprechungen machen!
    11. Lasst uns eine Pause machen!
    12. Lasst uns Feierabend machen!

TEMA 14

I. 1. Wenn doch Armin keine Drogen nähme! Nähme A. doch keine Drogen!
    2. Wenn doch der Zahn nicht gezogen werden müsste. Müsste doch der Zahn nicht gezogen werden!
    3. Wenn doch die Mieter auszögen! Zögen die Mieter doch aus!
    4. Wenn doch die öffentlichen Verkehrsmittel nicht streiken würden! Würden doch die öffentlichen Verkehrsmittel nicht streiken!
    5. Wenn doch die U-Bahn heute führe! Führe die U-Bahn heute doch!
    6. Wenn doch der Briefträger heute käme! Käme doch der Briefträger heute!
    7. Wenn doch die Firma noch Aufträge bekäme! Bekäme die Firma doch noch Aufträge!
    8. Wenn doch der Motor anspränge! Spränge der Motor doch an!
    9. Wenn Gaby doch schriebe! Schriebe Gaby doch!
    10. Wenn doch das Konzert nicht ausfiele! Fiele doch das Konzert nicht aus!

Nivel 0

II.
1. Ich wollte, Armin nähme keine Drogen.
2. Ich wollte, der Zahn müsste nicht gezogen werden.
3. Ich wollte, die Mieter zögen aus.
4. Ich wollte, die öffentlichen Verkehrsmittel würden nicht streiken/streikten nicht.
5. Ich wollte, die U-Bahn führe heute.
6. Ich wollte, der Briefträger käme heute.
7. Ich wollte, die Firma bekäme noch Aufträge.
8. Ich wollte, der Motor spränge an.
9. Ich wollte, Gaby schriebe.
10. Ich wollte, das Konzert fiele nicht aus.

III.
1. Wenn sie doch nicht zu Hause geblieben wäre!
   Wäre sie noch nicht zu Hause geblieben!
2. Wenn er doch mitgefahren wäre!
   Wäre er doch mitgefahren!
3. Wenn er die Aufnahmeprüfung doch bestanden hätte!
   Hätte er die Aufnahmeprüfung doch bestanden!
4. Wenn sie doch angenommen worden wäre!
   Wäre sie doch angenommen worden!
5. Wenn er die Stelle doch bekommen hätte!
   Hätte er die Stelle doch bekommen!
6. Wenn sie ihre Familie doch nicht verlassen hätte!
   Hätte sie ihre Familie doch nicht verlassen!

IV.
1. In einer Villa am Meer müsste man wohnen!
2. Unsichtbar müsste man sein!
3. Man müsste immer jung bleiben können!
4. Eine gute Durchschnittsnote müsste man haben!
5. Arzt oder Rechtsanwalt müsste man sein!

V.
1. Nein, aber fast hätte ich es gemietet.
2. Nein, aber fast wäre es anerkannt worden.
3. Nein, aber fast hätten wir ihn erreicht.
4. Nein, aber fast wäre er ins Finale gekommen.
5. Nein, aber fast wäre er Erster geworden.

VI.
1. Das Wetter war schön, sonst/anderenfalls hätten wir zu Hause bleiben müssen.
2. Ich habe mir seine Telefonnnummer geben lassen, sonst/anderenfalls hätte ich ihn nicht anrufen können.

3. Der Motor ist angesprungen, sonst/anderenfalls hätten wir euch nicht besuchen können.
4. Ich hatte mich vorbereitet, sonst/anderenfalls hätte ich die Antwort nicht gewusst.
5. Ich habe die Anzeige gelesen, sonst/anderenfalls hätte ich die Stelle nicht bekommen.

VII. 1. An ihrer Stelle hätte ich auch (nicht) gekündigt.
2. An deiner Stelle hätte ich die Rechnung auch nicht bezahlt.
3. An deiner Stelle hätte ich auch sofort zugesagt.
4. An seiner Stelle wäre ich aber noch hingegangen.
An seiner Stelle wäre ich auch nicht mehr hingegangen.
5. An ihrer Stelle hätte ich mich auch sehr geärgert.
6. An eurer Stelle wären wir auch sehr enttäuscht gewesen.
7. An ihrer Stelle hätte ich die Stelle aber angenommen.
8. An Ihrer Stelle hätte ich ihn auch nicht wieder eingeladen.

TEMA 15

I. 1. Astrid sagt, wenn sie weggehen wolle, erlaube ihre Mutter es ihr manchmal bis 4 Uhr morgens.
2. Sie sagt, wenn ihre Mutter Ärger im Büro habe, lade sie ihren Stress zu Hause ab.
3. Sie behauptet, mit ihrem Vater verstehe sie sich nicht so gut.
Bei ihm dürfe sie nichts. Er wolle sie immer nur beschützen.
Thorsten Patt sagt, schlimm finde er an seiner Mutter, dass sie sich über vieles sehr schnell aufrege, vor allem, wenn er die Sachen nicht gleich wegräume. Seine Eltern sagten immer, dass sie ihn besser kennten und verständen (verstünden) als er sich selbst. Das könne er nicht so sagen.
Katrin Höfer meint, dass sie sehr streng erzogen worden seien und nicht viele Freiheiten gehabt hätten. Ihre Freundinnen zum Beispiel hätten abends lange weggehen dürfen. Sie habe schon viel früher zu Hause sein müssen. Das habe ihr gar nicht gefallen.
Aber heute sehe sie an einigen Freundinnen, dass solche Freiheiten manchmal gar nicht so gut seien. Darum sei sie eigentlich froh, dass sie nicht alles habe tun dürfen, was sie gewollt habe.
Frau Patt glaubt, dass sie im Moment mehr Negatives als Positives über ihre Kinder sagen könne. Es sei die ganze Einstellung, die die Kinder hätten, dieses Egal-Gefühl.

Nivel O

Die Schlampigkeit, Nachlässigkeit und ihr Egoismus regten sie immer wieder auf. Ihre Zimmer rühre sie nicht an.
Wirklich gut finde sie, dass ihre Kinder sehr ehrlich seien. Lieb könnten sie auch sein, wenn sie wollten.

II. G. H. erzählt, dass er seine erste Band schon mit 10 Jahren gegründet habe. Später habe ihn der Avantgarde-Regisseur P.Z. als Pianist an das Schauspielhaus von B. geholt. Eines Tages habe man ihm eine Rolle in einem Musical angeboten, obwohl er den Beruf des Schauspielers nie gelernt habe. Damals sei er 18 Jahre alt gewesen. Nach dem Abitur habe er Jura und Musik auf der Universität studiert. Aber er habe immer wieder Theater gespielt und (habe) die Musik für die Produktionen des Regisseurs Z. im Schauspielhaus arrangiert.

III. Die Zeugin berichtet, sie sei durch den Garten zum Schuppen gegangen. Vor der Tür hätten Marks Schuhe und eine Harke gestanden. Sie habe die Tür aufgestoßen. Sie habe nicht klopfen wollen, sie habe Mark überraschen wollen. Und dann habe sie ihn gesehen. Er habe an jenem Haken an der Decke gehangen, und sie habe gewusst, er sei tot gewesen. Es sei schrecklich gewesen.

TEMA 16

I. 1. Rund 100 Jahre später wurde ein Amphittheater für 25 000 Personen gebaut.
2. Um 150 n. Chr. wurden die Barbarathermen angelegt.
3. 275 n. Chr. wurde die Stadt durch Franken und Alemannen zerstört.
4. Bis 390 n. Chr. wurde sie unter Constantius Chlorus wieder aufgebaut und erheblich vergrößert.
5. Nach 324 n. Chr. wurde eine große Doppelbasilika auf dem Palast der Kaiserinmutter Helena gebaut.
6. Zwischen 313 und 316 wurde das Nordtor der römischen Stadtmauer errichtet.
7. 882 wurde Trier von den Normannen zerstört.
8. Im 11. Jh. wurde das Westwerk des Domes gebaut und der Dom zu einer dreischiffigen Hallenkirche erweitert.
9. Später wurde der Ostchor, das Querschiff vor dem Ostchor und die Schatzkammer angebaut.
10. Im 18. Jh. wurde das Innere umgebaut.

Tema 16. Soluciones

11. Um 1106 wurde die erste Stadtbefestigung angelegt.
12. Zwischen 1161 und 1190 wurden Trier die Stadtrechte verliehen.
13. 1743 wurde eine Universität errichtet.
14. 1818 wurde Karl Marx in Trier geboren.

II.
1. Hier ist die Einfahrt verboten.
2. Für die Filiale wird ein Verkäufer gesucht.
3. Hier ist Überholen verboten.
4. In einem Container wurde eine Geldbörse gefunden.
5. Einer Familie in der Gartenstraße 12 ist ein Wellensittich zugeflogen.
6. Bei uns im Büro ist Rauchen nicht gestattet.
7. Hier steht, dass ein Schäferhund entlaufen ist.

III.
1. gewesen ist.
2. geworden ist.
3. gewesen ist.
4. gewesen ist.
5. worden ist.
6. worden ist.
7. worden ist.
8. worden ist.
9. geworden ist.
10. gewesen ist.
11. worden ist.
12. worden ist.
13. gewesen ist.
14. worden ist.
15. gewesen ist.
16. worden ist.
17. geworden ist.
18. worden ist.
19. geworden ist.

IV.
a)
1. Das Auto ist nicht mehr zu reparieren.
2. Der Text ist gut zu verstehen.
3. Diese beiden Formulare sind auszufüllen.
4. Die Wände sind zu streichen.
5. Die Getränke sind zu bestellen.

6. Der heiße Tee ist nicht zu trinken.
7. Bei Nebel ist der Berg nicht zu sehen.

b)
1. Der Koffer lässt sich leicht schließen.
2. Der Vorgang lässt sich leicht beschreiben.
3. Das Problem lässt sich nicht lösen.
4. Das Heft lässt sich nicht finden.
5. Diese Instrumente lassen sich noch nicht herstellen.
6. Die Schrift lässt sich nicht lesen.
7. Die Bücher ließen sich nicht verkaufen.

c)
1. Das Mädchen bekam zum Geburtstag ein Fahrrad geschenkt.
2. Die Mitarbeiter bekamen einen neuen Termin gestellt.
3. Ich bekam die Bücher mit der Post ins Haus geschickt.
4. Die Warenhäuser bekommen nächste Woche neue Teppiche geliefert.

d)
1. abwaschbar.
2. fahrbar.
3. verschließbar.
4. trinkbar.
5. tragbar.

V. 1. Der Vertrag ist sofort zu unterschreiben.
2. Hätte sich der Unfall vermeiden lassen?
3. Der Brief ist wegzuschicken.
4. Diese Kälte ist kaum zu ertragen.
5. Was hast du zum Geburtstag geschenkt bekommen/gekriegt?
6. Diese Schrift ist nicht zu lesen.
7. Die Tür lässt sich nicht öffnen.
8. Jeden Tag bekomme/kriege ich die Getränke ins Haus gebracht.
9. Ich bekomme/kriege das Bett gemacht.
10. Dieses Problem ist nicht zu lösen.
11. Dieser Vorschlag ist diskutabel.
12. Was für eine schöne Tasche! Hast du sie geschenkt bekommen/gekriegt?
13. Eine positive Entwicklung ist zu sehen.

VI. 1. Diese Aufgabe kann nicht gelöst werden.
2. Gottseidank konnte eine Lösung gefunden werden.
3. Eine Krankheit, die nicht geheilt werden kann.
4. Diese Summe kann niemals bezahlt werden.

Tema 17. Soluciones

5. Das ist ein Plan, der nicht durchgeführt werden kann.
6. Uns wurden viele Sachen geschenkt.
7. Sein Verschwinden kann nicht erklärt werden.

TEMA 17

I. Ich bedauere es nicht, gekündigt zu haben.
Ich ärgere mich, diesen dummen Fehler gemacht zu haben.
Er freut sich, die Prüfung bestanden zu haben.
Ich gebe zu, das Geld genommen zu haben.
Wir sind froh, die Wohnung gemietet zu haben.
Er freut sich noch immer, der Beste gewesen zu sein.

II. 1. .... (kein *zu*)
2. ....
3. zu
4. (zu)
5. zu
6. ....
7. ....
8. ....
9. ....
10. zu
11. zu
12. zu

III. 1. ist sofort zu stellen.
2. ist zu erwarten.
3. sind zu werfen.
4. ist sofort zu erledigen.
5. ist zu bezahlen.
6. hat .... zu bezahlen.
7. hat .... zu hinterlassen.
8. haben .... zu nehmen.

IV. 1. Die ganze Nacht hörte ich die Hunde bellen.
2. Es ist gesund, täglich Gymnastik zu machen.
3. Ich will/werde das Essen bringen lassen.
4. Ich bat ihn, mich nach Hause zu bringen.
5. Ich glaube, sie schon einmal gesehen zu haben, aber ich bin nicht sicher.

6. Ich freue mich sehr, deine Schwester kennen zu lernen.
7. Vergiss nicht, die Sekretärin anzurufen!
8. Er scheint es vergessen zu haben.
9. Vergiss nicht, es mir zu sagen!
10. Sie haben das Recht, ein Stipendium zu beantragen.
11. Trink nicht wieder so viel!
12. Freitags kommt er gewöhnlich um 7.00 Uhr.
13. Es hört nicht auf zu regnen.
14. Ich werde die Polizei rufen.

TEMA 18

I.
1. Richtig.
2. Falsch.
3. Falsch.
4. Richtig.
5. Richtig.
6. Richtig.
7. Falsch.
8. Richtig.
9. Falsch.
10. Richtig.

II.
1. sind einleuchtend.
2. war anstrengend.
3. ist deprimierend.
4. sind naheliegend.
5. waren verletzend
6. war erfrischend und wohltuend.

III.
1. Ein Vertrag, der zu unterzeichnen ist.
   Ein Vertrag, der unterzeichnet werden muss.
2. Die wirtschaftliche Krise, die zu befürchten ist.
   Die wirtschaftliche Krise, die befürchtet werden muss.
3. Ein Schaden, der nicht zu beseitigen ist.
   Ein Schaden, der nicht beseitigt werden kann.
4. Die Umwelt, die zu schützen ist.
   Die Umwelt, die geschützt werden muss.
5. Die Versuche, die noch durchzuführen sind.
   Die Versuche, die noch durchgeführt werden müssen.

Tema 19. Soluciones

      6. Die Kleidungsstücke, die zu reinigen sind.
         Die Kleidungsstücke, die gereinigt werden müssen.

IV. 1. Die zu entscheidende Streitfrage.
    2. Die in der nächsten Zeit zu schaffenden Arbeitsplätze.
    3. Die sofort zu beziehenden Wohnungen.
    4. Ein nicht zu rechtfertigender Eingriff.
    5. Die bei diesem Experiment zu beobachtende Reaktion.

V. 1. Ich sah gerade fern, als du anriefst.
   2. Das Haus füllte sich allmählich/mehr und mehr (mit Leuten).
   3. Es schneit noch immer.
   4. Die Preise steigen weiter.
   5. Am Anfang lachen sie, und schließlich weinen sie.
   6. Er/sie fehlt jetzt schon seit eineinhalb/anderthalb Monaten im Unterricht.
   7. Wir wohnen jetzt schon seit 10 Jahren in Sevilla.
   8. Das ist der springende Punkt.

TEMA 19

I. 1. Die Methode, die sich bewährt.
     Die Methode, die sich bewährt hat.
   2. Die Tablette, die sich in Wasser löst.
     Die Aufgabe, die gelöst (worden) ist.
   3. Die Frau, die liest.
     Das Buch, das gelesen (worden) ist.
   4. Der Mann, der schimpft.
     Der Mann, der geschimpft worden ist.
   5. Die Personen, die zurückbleiben.
     Die Personen, die zurückgeblieben sind.

II. 1. Der dem Motorboot nachgesprungene junge Mann........
    2. Der Schriftsteller las aus seinem gerade erschienenen Buch.
    3. Der Krebst gehört zu den am meisten gefürchteten Krankheiten.
    4. Wo sind denn die gestern für mich abgegebenen Bücher?
    5. Die für diesen Stadtteil geplanten Grünflächen. ....
    6. Die erste von Stephenson entwickelte Dampfmaschine........
    7. Das zu Beginn des 19. Jahrhunderts noch in viele Kleinstaaten zersplitterte Deutschland........

Nivel O

8. Die im April vergangenen Jahres abgeschlossene Versicherung........
9. Gewisse durch «Höhere Gewalt» verursachte Schäden........
10. Ein Schmerzensgeld für einen geohrfeigten Schüler.........

III. 1. Trotz der Hitze hat er Handschuhe an.
2. Nachdem der Bürgermeister die kurze Rede vorgelesen hatte, trank er ein Glas Wasser.
3. Er starb ein Jahr nach seiner Hochzeit (nachdem er ein Jahr verheiratet gewesen war).
4. Ich habe bereits 25 Seiten dieses Romans gelesen.
5. Antonio ist noch besorgt.
6. Heinz beeindruckte seine Freunde sehr.
7. Von insgesamt 824 Prüfungen, sind schon (bis zu diesem Augenblick) 520 korrigiert.
8. Mein Sohn hängt den ganzen Tag gelangweilt herum, ohne etwas zu tun.
9. Die Todesstrafe ist abgeschafft.
10. Ich habe entschieden, zu Hause zu bleiben.
11. Mit diesem Problem trage ich mich die ganze Zeit herum.
12. Er ist immer in merkwürdige Geschäfte verwickelt.

TEMA 20

I. 1. der, 2. die, 3. die, 4. das, 5. das, 6. die, 7. das, 8. das, 9. der, 10. das, 11. die, 12. der, 13. das, 14. die, 15. die, 16. die, 17. die, 18. der, 19. der, 20. das, 21. das, 22. das, 23. die, 24. das, 25. der, 26. der, 27. die, 28. die, 29. der, 30. das, 31. die, 32. die, 33. die, 34. das, 35. die, 36. die, 37. die, 38. die, 39. die, 40. der, 41. das, 42. der, 43. der, 44. das (der), 45. der, 46. das, 47. der, 48. das, 49. der, 50. die, 51. der, 52. der, 53. das, 54. der, 55. das, 56. die, 57. der, 58. der, 59. die, 60. das, 61. die.

II. 1. die Erkenntnis.   Alle anderen das.
2. das Gefühl.   Alle anderen der.
3. das Hühnerei.   Alle anderen die.
4. die Schwermut.   Alle anderen der.
5. das Abteil.   Alle anderen der.
6. die Disco.   Alle anderen das.
7. der Gedanke.   Alle anderen die.
8. das Spiel.   Alle anderen der.

Tema 21. Soluciones

    9. die Dogge.   Alle anderen der.
   10. der Konsument.   Alle anderen das.

III. 1. *a)* die (Eintrittskarte), *b)* der (Geld-)Schein
    2. die Praline.
    3. die Angabe.
    4. *a)* der Beweis, die Beweisführung, *b)* die Bekundung.
    5. die Hauptstadt.
    6. *a)* die Waage, *b)* die Waagschale.
    7. *a)* die Bilanz, *b)* der Saldo.
    8. *a)* der Ellenbogen, *b)* die Krümmung.
    9. *a)* der Menschenauflauf, das Gedränge, der Zulauf, *b)* das Zusammentreffen, der Zusammenfall, *c)* das Publikum.
   10. der Besucher, der Teilnehmer.
   11. *a)* der Zirkel, *b)* der Takt, *c)* der Schritt, das Schrittmaß.
   12. der Dramatiker, der Dramenschreiber.
   13. *a)* die Arbeit, die Handarbeit, die Feldarbeit, *b)* die Mühe.
   14. die Eile.
   15. der Tennis—, Federballschläger, das Rackett.
   16. *a)* das Gerücht, das Gemunkel, *b)* das Stimmengewirr, das Rauschen, das Brausen.

IV. 1. das Arbeitsbuch.
    2. die Arbeiterdichtung.
    3. das Meerschweinchen.
    4. der Meeresspiegel.
    5. das Tagebuch.
    6. die Tagesordnung.
    7. das Ersatzteil.
    8. der Stadtteil.

TEMA 21

I. 1. Praxisse   = Praxen
  2. Kaufmänner = Kaufleute
  3. Visen   = Visa
  4. Möbeln   = Möbel
  5. Kontos   = Konten
  6. Zirken   = Zirkusse
  7. Hühne   = Hühner

8. Schwester = Schwestern
9. Städten = Städte

II. 1. der, 2. das, 3. die, 4. die, 5. die, 6. das, 7. die, 8. das, 9. der, 10. das, 11. die, 12. die, 13. die, 14. die, 15. das, 16. der, 17. die, 18. der, 19. die, 20. der, 21. die, 22. die, 23. der, 24. das, 25. die, 26. das, 27. der, 28. die, 29. das, 30. der, 31. der, 32. die, 33. die, 34. die, 35. der, 36. der, 37. das.

-n	-en	-s	0
Rente	Situation	Kino	Spiegel
Tatsache	Universität	Snob	Semester
Reise	Thema	Auto	Messer
Name	Fahrt	LKW	Schüler
Schule	Freundschaft	Büro	Lebensmittel
Kollege	Tätigkeit	Radio	Wagen
Straße	Wohnung		Unternehmen
Schwester	Konstitution		Kuchen
	Bäckerei		
	Mensch		
	Zeitung		
	Frau		
	Firma		
	Herr		
	Doktor		

III. 1. Banken, Bänke.
   2. Wörter, Worte, Worte.
   3. Bände, Bändern.
   4. Wohnblocks, Steinblöcke.
   5. Straußenfarm, Strauße, Straußenfedern, Sträuße.

IV. 1. Jetzt habe ich alle Bände der *Tagebücher* von Thomas Mann.
   2. Ich muss diese Wörter im Wörterbuch nachschlagen.
   3. Die Regierung hat die Steuern wieder erhöht.
   4. Vielen Dank für deine Ratschläge.
   5. Tennis, Schwimmen und Gymnastik sind Sportarten, die ich mag.
   6. In der letzten Zeit hat es viele Unglücksfälle im Dorf gegeben.
   7. Sie kauft alle ihre Kleider in dem Geschäft «Il nome».
   8. Dieses Kleidungsstück darf man nicht mit/in der Waschmaschine waschen.

TEMA 22

I. 1. des Zimmers, 2. seines Verhaltens, 3. vieler Menschen, 4. des Nachbarn, 5. des Ausweises, 6. des Arztes, 7. des Löwen, 8. des Hauses, 9. des Abgeordneten, 10. des Präsidenten, 11. des Spezialisten.

II.
1. des Herrn Professor Groß.
2. Minister Schreibers.
3. des Direktors.
4. unseres Kollegen Stefan Werner.
5. des Arztes, Dr. Köhne.
6. unseres Leiters, Dr. Weinberg.
7. Dr. Kaisers.
8. Botschafter Klugers.
9. der/von Frau Professor Hundt.
10. die Reichsgründung Kaiser Karls.
11. des Fürsten Bismarck.

III.
1. zum Fotografen.
2. Intendanten.
3. Bürgermeister Thalmanns.
4. Dem Studenten.
5. Deiner.
6. Experten.
7. Fürsten.
8. Ich traue der neuen Sekretärin nicht.
9. Richtig.
10. Richtig.

IV.
1. Die Sprechstunde Herrn Professor Dr. Schmidts beginnt um 10.00 Uhr. (Die Sprechstunde des Herrn Professor Dr. Schmidt).
2. Ich kenne die anderen Werke des Autors nicht.
3. Hast du die Schlüssel des Tresors?
4. Ruhe! Das Fernsehen überträgt die Rede des Präsidenten.
5. Frau Schillers Tochter heiratet einen Medizinstudenten.
6. Ich bin mir unserer kritischen Lage bewusst.
7. Ich hoffe, dass es dir und deiner Familie gut geht.
8. Wir warten auf die Rechnung des Architekten.
9. Der Spezialist widerspricht dem Laien.
10. Dem Patienten tut der Kopf weh.

Nivel 0

V. 1. Wie viele Leute haben teilgenommen?
2. Wie alt ist der Student?
3. Wie war er gekleidet?
4. Wann findet die Veranstaltung statt?
5. Wo treffen wir uns?
6. Wie lange dauert der Kurs?
7. Wieviel wiegt das Gepäck? Wie schwer ist das Gepäck?
8. Wie heißt der Spezialist?
9. Warum ist er so schlecht gelaunt?

TEMA 23

I. 1. an Asthma.
2. die Kopfschmerzen.
3. als Krankenpfleger.
4. Anfang Oktober.
5. Platin ist.
6. als Dolmetscherin.
7. .... nennt man Kachelofen.
8. Tante Frieda.
9. Rechtsanwalt.
10. aus Liebe, wegen des Geldes.
11. Silvester.
12. Der Wind weht aus Süden.
13. außer Haus.
14. eine Künstlerin von Ruf.
15. Hast du Vater gefragt.
16. hatte schuld.
17. Marokkaner.
18. zu Gott.

II. 1. Dr. Barraquer ist ein bedeutender Augenarzt.
2. Frau Herrero ist nicht gekommen.
3. In der Kantine bekommen wir oft kalte Suppe und zähes Fleisch.
4. Du hast ein feines Gehör.
5. Geh nicht mit einer so schmutzigen Hose auf die Straße!
6. In Spanien wird oft gebratener Tintenfisch gegessen.
7. Ich lebe mit einem ruhigen Gewissen.
8. Latein und Griechisch werden immer weniger gelernt.
9. Dieser Roman ist schon ins Englische und Französische übersetzt worden.

Tema 24. Soluciones

10. Ich verstehe Niederländisch, aber ich spreche es nicht.
11. Der Reiseführer spricht perfekt Englisch, aber er kann kein Spanisch.
12. Unsere Tocher hat schon die Windpocken und die Masern gehabt.
13. Wir vier sind Ausländer.
14. Beide waren schon einmal in Afrika.
15. 10 % der Bevölkerung kann nicht lesen.
16. Ich habe Schuhgröße 39.
17. Die Männer sagen, dass wir Frauen schlechte Fahrerinnen sind, aber das stimmt nicht.
18. Wir Deutschen fahren gern ins Ausland.
19. Er wurde mit 70 Jahren zum Präsidenten gewählt.
20. Weißt du schon, Manolo hat ein Geschäft aufgemacht.
21. Wir werden schon eine Gelegenheit finden, um gemächlicher darüber zu sprechen.
22. Er/sie gab ihm den Brief, ohne ein Wort zu sagen.
23. Ja, ich sehe, dass Sie eine gewisse Ähnlichkeit mit Ihrer Schwester haben.
24. Sie werden eine andere Lösung des Problems suchen.
25. Wir haben uns nur eine halbe Stunde aufgehalten.
26. Juan hat ein Büro eröffnet/aufgemacht.
27. Bei der Prüfung wurden wir über Fernando VII gefragt.
28. Alle Menschen sind sterblich.
29. Karl ist ein ganzer Kerl.
30. Ich habe noch nie ein so sympathisches Mädchen gesehen.

TEMA 24

I. 1. Herzlichen Dank für die vielen schönen Geschenke.
2. Die wenigen gesunden Bäume........
3. mit viel grünem Salat.
4. mit vielen starken Medikamenten.
5. wenig kleines Geld.
6. mittelalterliches Stadtbild.
7. mit dessen neuestem Buch .... nächsten Monat.
8. Unter den Blinden ist der Einäugige König.
9. Im letzten Bus .... Betrunkene.
10. mit anderen unbekannten Faktoren.
11. Alles unnötige Gepäck.
12. Mit etlichen früheren Klassenkameraden.

13. In meinen wenigen freien Stunden.
14. Mit großer Freude.
15. alles erdenklich Gute.
16. den freundlich lächelnden Mann.
17. Rainers jüngste Tochter.
18. etwas Neues.
19. Solche schweren Fehler.
20. als ein vielversprechender Nachwuchsschauspieler.
21. in einer heiklen Lage.
22. ein lila Kostüm, einen lila Hosenanzug.
23. etwas Merkwürdiges.

II.
1. Eine 1990 eingesetzte Kommission ....
2. Die über Jahrzehnte hinweg eingesetzten Biozide........
3. Das am 1. Januar 1978 in Kraft getretene Abwasserabgabengesetz ....
4. Im Rahmen des seit 1971 bestehenden Umweltprogramms ....
5. .... zu den am dichtesten besiedelten Ländern der Erde.

III.
1. Einige gute Schüler haben ein Stipendium bekommen.
2. Bei dem Unfall gab es zwei Tote und fünf Verletzte.
3. Die Überlebenden wurden zur nächsten Klinik gebracht.
4. Dieser beige Pullover gefällt mir gut.
5. Er verabschiedete sich mit vielen freundlichen Worten.
6. Wir müssen den folgenden kurzen Text lesen.
7. Weißt du, Martin wird Beamter.

TEMA 25

I.
1. keine teurere Wohnung.
2. keinen eitleren Menschen.
3. dunklere Stoffe.
4. eine plausiblere Erklärung.
5. eine akzeptablere Lösung.
6. jünger.

II.
1. einer der berühmtesten Geiger.
2. die gefürchtetesten Krankheiten.
3. das hübscheste Mädchen.
4. auf dem kürzesten Weg.

Tema 26. Soluciones

    5. der heißeste Tag.
    6. gewissenloseste Mensch.
    7. am raschesten.
    8. der zweitgrößte See.

III. 1. wie.
    2. als.
    3. als.
    4. als.
    5. wie.

IV. 1. Die Leute werden jeden Tag egoistischer.
    2. Ich bekomme immer mehr Arbeit.
    3. Seitdem sie geschieden ist, scheint sie immer jünger.
    4. Es gibt immer mehr Leute, die aufhören zu rauchen (die mit dem Rauchen aufhören, die mit dem Rauchen Schluss machen).

V. 1. aufs herzlichste.
    2. aufs tiefste.
    3. aufs heftigste.
    4. aufs engste.
    5. aufs gründlichste.
    6. aufs freudigste.

VI. 1. Er ist der berühmteste Dichter seines Landes.
    2. Sie ist die eleganteste Frau der Welt.
    3. Das ist die älteste in Europa noch existierende Institution.
    4. Dieser Text ist äußerst kompliziert.
    5. Pepita ist eine der Schülerinnen, die am meisten sprechen.
    6. Der Chef diktierte immer schneller.
    7. Es kommen immer weniger Leute zu den Vorträgen.
    8. Wir wurden aufs freundlichste empfangen.
    9. Von dem Menü hat er das meiste gegessen.

TEMA 26

I. 1. dem, 2. der, 3. den, 4. den, 5. der, 6. der, 7. dem, 8. dem, 9. dem.

II. 1. an.
    2. an dem.
    3. von den.

Nivel O

    4. in den.
    5. auf das.
    6. bei den.
    7. für die.
    8. von.
    9. zu.
    10. auf die.
    11. für.
    12. von dem.
    13. mit der.

III. 1. Jeder Minister ist verantwortlich für sein Ministerium.
    2. Dieser Plan ist ungeeignet für die Industrie.
    3. Der Wert des Geldes ist teilweise abhängig von der Wirtschaft eines Landes.
    4. Dieser Terrorist ist zu allem fähig.
    5. Der Richter war überzeugt von der Schuld des Angeklagten.
    6. Die politischen Parteien waren über das Ergebnis der Umfrage enttäuscht.
    7. Nicht alle Arbeiter sind mit ihrem Lohn zufrieden.
    8. Die Bürger sind entsetzt über die Ausschreitungen bei der Demonstration.
    9. Das Innenministerium ist zuständig für die Ausgabe von Pässen.
    10. Diese Wirtschaftskrise ist mit der von 1929 nicht vergleichbar.

TEMA 27

I. 1. 1527 wurde Rom erstürmt.
    2. 3000 v. Chr. wurde das Segelschiff erfunden.
    3. Um 1000 wurde Nordamerika entdeckt.
    4. Im 1. Jahrhundert wurde das Papier erfunden.
    5. 587 v. Chr. wurde Jerusalem zerstört.
    6. 44 v. Chr. wurde Cäsar ermordet.

II. 1. Die 90er Jahre.
    2. Ein Fünfziger.
    3. Ein 3-Jähriger.
    4. Eine 40-Jährige.
    5. Eine Zehnerkarte.

Tema 28. Soluciones

    6. Ein Zweierkajak.
    7. Ein Zweieranschluss.
    8. Ein Viererbob.
    9. Eine Zehnerpackung.

III. 1. Bis zum fünfzehnten fünften.
    2. vom vierten achten bis fünfundzwanzigsten achten.
    3. der achtundzwanzigste, den siebenundzwanzigsten.
    4. Der erste November.
    5. vom elften achten.
    6. Am dritten zwölften.
    7. den ersten sechsten.
    8. den achtzehnten ersten.

IV. 1. Papst Johannes der Dreiundzwanzigste, ... Pius des Zwölften.
    2. Karls des Fünften.
    3. Karl der Erste als Karl der Fünfte ....
    4. Philipp dem Zweiten.
    5. Ferdinand dem Sechsten .... Karl der Dritte.
    6. Alfons des Zwölften .... Alfons den Dreizehnten.

V. einhalb, zwei Fünftel, drei drei Viertel, drei Achtel, sieben einhalb, ein drei Viertel.

VI. 1. in 4-facher Ausfertigung.
    2. Zum dritten Mal.
    3. zehnerlei.
    4. zweimal (doppelt).
    5. viererlei.
    6. Erstens ist die Miete zu hoch, zweitens ist die Wohnung nicht groß genug und drittens ist die Verkehrslage recht ungünstig.

TEMA 28

I. 1. sie, 2. ihm, ihn, ihm, 3. ihm, 4. euch, 5. mich, 6. ihm, 7. ihr, 8. Ihnen, 9. mich, 10. sie, 11. Sie, 12. ihr, 13. ihn, ihm, 14. sie, ihr.

II. 1. Er sah sie, aber er wollte sie nicht (be)grüßen.
    2. Er gab es ihm, nicht ihr.
    3. Den lieben langen Tag hörte er sie singen.
    4. Er hat sie uns nicht vorgestellt.

Nivel O

    5. Es ist der 23. April.
    6. Wer hat das Tonbandgerät? Ich habe es.
    7. Es ist ein Engländer.
    8. Es donnert.
    9. Plötzlich klingelte es.
   10 Hier ist ein Herr, der Sie sprechen möchte.
   11. Gestern habe ich Sie im Kino gesehen.
   12. Er wollte Rechtsanwalt werden und wurde es auch.
   13. Vergiss nicht, es ihm zu sagen.
   14. Weck ihn nicht so früh!
   15. Weißt du, dass Pedro ein Auto hat? Ja, sein Vater hat es ihm geschenkt.

III. 1. An diesem Tag wurde es schon früh dunkel.
    2. Ein guter Gedanke ging mir durch den Kopf.
    3. Damals ging es den Leuten schlecht.
    4. Niemand soll kommen, ...
    5. Hier handelt es sich ....
    6. Die Arbeit ist es, ...

IV. 1. es, 2. es, 3. es, 4. es, 5. es, 6. es, 7. es. 8, es, 9. es, 10. es.

TEMA 29

I. 1. ihre, 2. seiner, 3. unsere, 4. Ihre, 5. meiner/unserer, 6. meiner, 7. Ihrer, 8. deiner, 9. ihren, 10. ihrem, 11. seine, 12. seiner, 13. ihren, 14. ihre, 15. seiner, 16. seine, 17. ihre, 18. ihre, 19. ihre, ihren, 20. meiner, 21. ihrer, 22. seinem, 23. ihre.

II. 1. Das Haus und seine Bewohner.
    2. Bestellen Sie Ihrer Frau viele Grüße, Herr Martin!
    3. Die Großeltern und ihre Enkel(kinder).
    4. Das Meer mit seinen Stränden.
    5. Ihr und eure Ideen.
    6. Der Baum mit seinen Blättern.
    7. Der Wald mit seinen Tieren.
    8. Die Alpen mit ihren Schutzhütten.
    9. Die Landschaft mit ihren Bergen und Tälern.
   10. Emilio und seine Freundin.
   11. Das ist meine Sache.
   12. Mein und dein Haus sind sehr alt.

Tema 30. Soluciones

13. Dieser Koffer scheint nicht der meinige zu sein.
14. Mein Garten und der deine sind die schönsten Gärten in der Nachbarschaft.
15. Mein Gott!
16. Mein lieber Freund, das ist die beste Lösung.
17. Natalia trifft ihre Freunde in der Disco.
18. Daniela ist deprimiert. Ihre Noten sind schlecht.
19. Wie geht es Ihrer Familie, Herr Bender?
20. Meiner Mutter geht es gut.
21. Ich muss mit meinem Chef sprechen.
22. Maria schreibt ihrer Tochter einen Brief.
23. Christian besucht seine Großmutter.
24. Unsere Kinder dürfen den Film nicht sehen. Sie sind noch zu klein.
25. Fragt doch eure Eltern!
26. Heute habe ich Alex mit seinem neuen Wagen gesehen.
27. Anna macht einen Spaziergang mit ihrem Hund.
28. Unsere Kinder sind in der Schule.
29. Hast du meine Brille gesehen?

TEMA 30

I. 1. sich, 2. sich, 3. uns, 4. mir, 5. mir, mich, 6. mir, 7. mir, 8. mich, 9. mich, 10. mich, 11. mich, 12. dir, mir, 13. mich, 14. mich, 15. mir, 16. mich, 17. mir, 18. mich, mich, 19. mich, 20. dir, 21. mich, 22. mir, 23. dir.

II. 1. Manchmal habe ich mich gefragt, ob ich die richtige Entscheidung getroffen habe.
   2. Ich duschte (mich), putzte mir die Zähne, kämmte mich, zog mich an, trank einen Kaffee, zog mir den Mantel an und verließ das Haus.
   3. Komm und zieh dich um!
   4. Der Lehrer hat sich über die 6. Klasse beschwert.
   5. Du hast dich sehr schlecht benommen.
   6. Ich fühle mich noch jung.
   7. Werde nicht so ungeduldig!
   8. Ich glaube, dass Sie sich irren.
   9. «Ich sterbe», stammelte er.
  10. Ich fürchte, dass der Jugendliche Selbstmord begangen hat (sich umgebracht hat).
  11. In den Ferien stehen wir spät auf.

Nivel O

12. Es ist 11 Uhr und Monika ist noch nicht aufgewacht/wach geworden.
13. Hast du dich mit Sabine gezankt?
14. Ich habe mich mit meinen Eltern versöhnt.
15. Um 8 Uhr öffnen die Geschäfte, die Straßen beleben sich, mittags füllen sich die Gaststätten. Gegen 2 Uhr leert sich die Stadt allmählich.
16. Das sieht man doch.
17. Das ist unverzeihlich.
18. Gefühle kann man nicht erzwingen.
19. Die glücklichen Ehen lassen sich an den Fingern einer Hand abzählen.
20. Das tut man nicht.
21. Mit Musik arbeitet es sich besser.
22. Worum handelt es sich?
23. Es wurde spät.
24. Die Handtücher werden jeden Tag gewechselt.
25. Dieses Gericht wird kalt gegessen.
26. Der Unfall ließ sich nicht mehr vermeiden.
27. Das sind Dinge, die man nicht in der Schule lernt.
28. Ich traue mich nicht (ich wage es nicht), von der Brücke zu springen.

TEMA 31

I. 1. An wen ...., 2. Auf wen ...., 3. Wem ...., 4. Über wen ...., 5. Wem ...., 6. Über wen ...., 7. Mit wem ...., 8. Wem ...., 9. An wem ...., 10. Bei wem ...., 11. Mit wem ...., 12. Wen ...., 13. Über wen ...., 14. Wen ...., 15. Wen ...., 16. Wem ...., 17. Wer ...., 18. Wen ...., 19. Wen ...., 20. Wen ...., 21. Für wen ...., 22. Für welchen ...., 23. An wen ...., 24. Vor wem ...., 25. Wem ...., 26. Wen ...., 27. Für wen ...., 28. An wem ...., 29. Auf wen ...., 30. An wem ...., 31. Nach wem ...., 32. Wem ...., 33. Wen ...., 34. Für wen ...., 35. Über wen/mit wem ...., 36. Mit wem ...., 37. Auf wen ...., 38. Mit wem ...., 39. Wem ...., 40. Wen ...., 41. Wen ...., 42. An wen ...., 43. Mit wem ....

II. 1. Bei wem. 2. Von wem, 3. Auf wen, 4. Auf wen, 5. Über wen, 6. Wem, 7. Wem gegenüber, 8. Mit wem, 9. In wen, 10. Mit wem 11. Bei wem, 12. Vor wem, 13. Mit wem, 14. Vor wem, 15. Wem.

Tema 32. Soluciones

TEMA 32

I. 1. Alle, die wollten, konnten hineinkommen.
    2. Ich esse kein Lammfleisch, alles andere esse ich.
    3. Jeder, der will, kann an der Reise teilnehmen.
    4. Alle, die gestern auf der Party waren, hörten die Nachricht.
    5. Ich habe mit allen, außer Luis, gesprochen.
    6. Ich habe den ganzen Roman in einem Zug gelesen.
    7. Jedes Jahr verbringen sie den Sommer an der Costa Brava.
    8. Alle Bemühungen/Anstrengungen waren vergebens/vergeblich/umsonst.
    9. Überall wird mit Wasser gekocht.
    10. Dieses Projekt muss um jeden Preis durchgeführt werden.
    11. Wir sind ganz Ohr.
    12. Wir sind uns alle einig.
    13. Sie verbrachten einen ganzen Winter auf den Kanarischen Inseln.

II. 1. einen, 2. einem, 3. man, 4. man, 5. einen, 6. einen, 7. einen, 8. einen, 9. einem, 10. einem.

III. 1. vieles, 2. wenig, 3. vielen, 4. vielen, 5. viele, 6. vieles, 7. viel zuviel, 8. viel.

IV. 1. Jeder hat seine Probleme.
    2. Alles zu seiner Zeit.
    3. Von jeweils 10 Schülern bestehen acht.
    4. Du hast nichts Schlechtes getan.
    5. Er kennt kaum jemanden hier.
    6. Der Dieb (Einbrecher) drang ins Haus ein, ohne von jemand(em) gesehen zu werden/ohne dass jemand ihn sah.
    7. Viele Studenten fahren im Sommer ins Ausland.
    8. Diesmal haben Sie viel mehr Fehler gemacht.
    9. Wir erklären die Sache mit wenigen Worten.
    10. Jeder der beiden Brüder bekam ein Fahrrad (geschenkt).
    11. Sie besuchen ihre Eltern alle 14 Tage.
    12. In diesem kleinen Dorf kennen wir jeden.
    13. Wir brauchen jemand(en), der unternehmungslustig ist.

Nivel O

TEMA 33

I. 1. Es ist der 23. April. Das ist der Tag des Buches.
2. Wem gehört dieser Wagen?
3. Der Junge da, mit dem du gestern gesprochen hast, kommt mir ganz schön blöd vor.
4. Dieses Haus ist schöner als jenes.
5. Wir hatten einen Wagen und ein Motorrad: dieses war defekt, jener hatte kein Benzin.
6. Das wird es wohl sein.
7. Das war die einzige Hoffnung, die wir hatten.
8. Das sind die letzten Flaschen Wein von der Party.
9. Das ist die Gefahr.
10. Das ist mein Vater.
11. Du sagst immer dasselbe.
12. Mercedes hat die gleichen Augen wie ihre Mutter.
13. Carmen und ich haben dieselbe Schule besucht.
14. Sieh mal, Ruth hat das gleiche Motorrad wie ich!
15. In der G II benutzen wir alle das gleiche Lehrbuch.
16. Bald erscheint vom gleichen/selben Autor im gleichen/selben Verlag das Buch: ....

II. 1. solch einen, den gleichen.
2. dessen.
3. demselben.
4. solch eine.
5. Diesen, deren.
6. Demjenigen.
7. derer.
8. dieses und jenes.
9. derer.
10. diese, die.
11. solch einem.
12. derer.
13. denen.
14. denen.
15. das.
16. das.

Tema 34. Soluciones

TEMA 34

I. 1. was, 2, Was, 3. Wen, 4. dessen, 5. denen, 6. Wen, 7. Wer, 8. was, 9. deren, 10. auf dem, 11. der, 12. der, 13. die, 14. der, 15. auf die, 16. bei denen, 17. mit der, 18. Wem, 19. Wer, 20. worüber.

II. 1. Es war ein Redakteur von «La Vanguardia», der diese Frage stellte.
2. Es war nicht leicht, jemanden zu finden, der meiner Frau Klavierunterricht gab.
3. Jetzt habe ich niemanden, der mir im Haus hilft.
4. Obwohl das Dorf klein ist, haben wir viele Freunde, mit denen wir uns unterhalten können.
5. Das sind die Leute, an die wir uns wenden, wenn wir etwas brauchen.
6. Er stellte uns den Freund vor, mit dem er täglich eine Schachpartie spielt.
7. Man stellte ihm tausend Fragen, auf die er schließlich antworten musste (die er schließlich beantworten musste).
8. Der Herr, dem dieses Grundstück gehört, wohnt in Madrid.
9. Kennst du das Mädchen, dessen Schwester vor kurzem in die Vereinigten Staaten gegangen ist?

III. 1. Hier auf dem Foto ist mein Onkel, von dem ich ein Haus geerbt habe.
Hier auf dem Foto ist mein Onkel, dem ich viel zu verdanken habe.
2. Das ist ein Punkt, den man nicht rechtfertigen kann.
Das ist ein Punkt, über den wir noch diskutieren müssen.
3. In dem Rundschreiben steht manches, worüber wir noch diskutieren müssen.
In dem Rundschreiben steht manches, was nicht ganz klar ist.
4. Die Ministerin, von deren neuem Plan viel gesprochen wurde, wurde entlassen.
5. Ich kenne einen guten Rechtsanwalt, mit dessen Hilfe wir das Problem lösen werden.
6. Der Kunde hat den Brief, den wir vor zwei Wochen abgeschickt hatten, noch nicht erhalten.
7. Ich habe viele Freunde, mit deren Unterstützung ich jederzeit rechnen kann.

Nivel O

TEMA 35

I. 1. den, dem; 2. den, im; 3. ans, die, der; 4. die, den; 5. der, die; 6. den, die; 7. den, dem; 8. die, der.

II. 1. Von Barcelona aus; 2. Von Januar an; 3. Von dort aus; 4. Auf den Abend zu; 5. auf mich zu; 6. auf dich zu; 7. Von hier an; 8. Vom 12. September an.

III. 1. vor, 2. aus, 3. vor, 4. aus, 5. Aus, 6. vor, 7. Vor, 8. Aus, 9. Aus, 10. vor.

IV. 1. Er ist sehr groß für sein Alter.
2. Wir fahren nach Berlin ab.
3. Wir waren zu dritt.
4. Dir zu Ehren werden wir eine Party geben.
5. Mach dir keine Sorgen! Wir stehen auf deiner Seite.
6. Es gibt einen weiteren Grund zu einer Klage.
7. Ich habe es aus Spaß gesagt.
8. Sie waren sehr nett zu uns.
9. Der Chef ist allen gegenüber sehr großzügig.
10. Sie weinte vor Freude, als sie den Brief las.
11. Das Foto ging von Hand zu Hand.
12. Bei dieser Gelegenheit hatte ich nicht die Möglichkeit, mit dir zu sprechen.
13. Ich möchte nicht, dass du es aus Höflichkeit tust.
14. Warum gehst du nicht für mich zur Versammlung/Konferenz?
15. Wir konnten uns perfekt auf Französisch verständigen.
16. Der Brief ist vom Englischen ins Französische zu übersetzen.
17. Auf dem Gipfeltreffen wurde vor allem über Umweltprobleme gesprochen.

V. 1. für, 2. an, mit, in. 3. Mit einem .... an, um, gegenüber, 4. In der, im Gegensatz zu, 5. Wegen, auf der, dazu, auf, 6. an dem, von den, darauf, mit.

VI. 1. Das ist der Punkt, von dem er ausgegangen ist.
Das ist der Punkt, auf den er immer wieder zurückkommt.
Das ist der Punkt, um den es sich jetzt handelt.
Das ist der Punkt, auf den es ankommt.
Das ist der Punkt, bei dessen Erwähnung er stets bleich wird.
2. Das ist ein Punkt, über den sich reden lässt.
Das ist ein Punkt, zu dem er Stellung nehmen will.

Tema 36. Soluciones

Das ist ein Punkt, um dessen Klärung man sich bemühen sollte.
Das ist ein Punkt, für dessen baldige Behandlung er sich eingesetzt hat.
Das ist ein Punkt, zu dem ihm nichts mehr einfällt.

TEMA 36

I. 1. herauf, 2. hinauf/hinunter, 3. hinauf, 4. herein, 5. hinein, 6. hinaus, 7. hinaus, 8. hinunter, 9. herüber, 10. hinaus.

II. 1. hin, 2. hin, 3. woanders, 4. irgendwo, 5. hin, 6. her, 7. irgendwo, 8. her, 9. überall, 10. hin, 11. hin, 12. dort, 13. hin.

III. 1. Aber ich habe es doch reingehängt.
2. Aber ich habe sie doch reingelegt.
3. Aber ich habe sie doch rausgestellt.
4. Aber ich habe ihn doch runtergebracht.
5. Aber ich habe sie doch reingeholt.
6. Aber ich habe ihn doch raufgeholt.
7. Aber ich habe es doch reingefahren.
8. Aber ich habe sie doch rübergeholt.
9. Aber ich habe ihn doch draufgeklebt.
10. Aber ist habe es doch reingelegt.
11. Aber ich habe es doch reingesteckt.

IV. 1. Was steht denn dran?
2. Was liegt denn drauf?
3. Was liegt denn drunter?
4. Was liegt denn drunter?
5. Was liegt denn drin?
6. Was klebt denn dran?

V. 1. Von hier sieht man besser als von dort.
2. A) Das Geld ist nicht in der Schublade!
   B) Aber ich habe es doch reingelegt.
3. Kannst du den Koffer vom Schrank herunterholen?
4. Dieses Restaurant ist voll. Wir müssen woandershin gehen.
5. Ich habe dich überall gesucht.
6. Vorn(e) ist Platz.
7. Vorsicht! Von rechts kommt ein Auto.

8. Ich bin noch nie in Heidelberg gewesen. Wir können am Wochenende hinfahren.
9. Es fängt an zu regnen. Wir müssen die Wäsche hereinholen/ hineinbringen.
10. Der Aufzug funktioniert nicht. Wir müssen zu Fuß hinaufgehen (raufgehen).
11. Der Aufzug ist stehen geblieben. Wir können nicht hinaus (raus).
12. Der Abfalleimer ist voll. Es geht nichts mehr hinein (rein).
13. Wenn es klingelt, während ich nicht hier bin, lass bitte niemanden herein (rein)!
14. Stell den Wagen etwas weiter nach vorn!
15. Kellers wohnen nicht mehr in Bonn, sie wohnen woanders.

TEMA 37

I.
1. Vor einem Jahr hat er sein Studium beendet.
2. Vorige Woche war ein Feiertag.
3. Der Zug ist eben abgefahren.
4. Ich habe dich vorhin angerufen.
5. In den letzten Jahren ist dieses ganze Gebiet bebaut worden.
6. Harald ist vorgestern angekommen.
7. Wir haben damals in Bremen gewohnt.
8. Neulich ist die Mehrwertsteuer erhöht worden.

II. 1. Bald wird die Sonne scheinen. 2. Heute heizt man .... 3. Gleich, 4. Bald/demnächst werden sie heiraten, 5. Später einmal/dereinst ernähren sie sich von Tabletten. 6. Demnächst werden wir abfahren.

III. 1. dann, danach, 2. seitdem, 3. seitdem, 4. inzwischen, 5. dann, 6. vorher, 7. da, 8. vorher, 9. seitdem, 10. seitdem, 11. dann.

IV. 1. vierzehntägige, 2. vierteljährlichen, 3. zweistündlich, 4. vierzehntäglich, 5. halbtägige, 6. stündlich, 7. zwölfstündigen, 8. achtjährige, 9. monatlich, 10. neunmonatigen.

TEMA 38

I.
1. Das schwarze Kleid steht dir besser als das grüne.
2. Es tut mir sehr leid, dass ich nicht zu Hause war, als Sie mich besuchen wollten.

Tema 38. Soluciones

    3. Hast du ihn so sehr geliebt?
    4. Ist dieser Wildledermantel viel teurer als ein Stoffmantel?
    5. Möchten Sie Kaffee oder Tee? Lieber Tee. Morgens trinke ich lieber Tee als Kaffee.
    6. Ich möchte lieber am Freitag kommen. Dann passt es mir besser als am Mittwoch.
    7. Diese Schuhe Größe 39 passen mir besser als die der Größe 40.
    8. Früher arbeiteten die Leute mehr und verdienten weniger.
    9. Ich mag alle Sportarten, aber am liebsten schwimme ich.
  10. Als ihre Eltern auswanderten, war sie noch sehr klein.

II. 1. Woher kommen die Leute?
    2. Wann findet das Seminar statt?
    3. Wie lange muss sie noch im Krankenhaus bleiben?
       Wie lange hat sie im Krankenhaus gelegen?
    4. Wie oft finden die Vorträge statt?
    5. Wie weit ist es von hier bis zum Schillerplatz?
    6. Warum fehlt er?
    7. Wie hoch ist der Berg?
    8. Wie breit ist das Regal?
    9. Wie dick ist das Brett?
  10. Warum handelt sie so?
  11. Wie stark ist die Wand?
  12. Wohin fahren die Nachbarn in Urlaub?
  13. Wann kommen die Gäste an?
  14. Wie schwer ist der Goldbarren?
       Wie viel wiegt der Goldbarren?
  15. Warum reist sie so plötzlich ab?
       Warum ist sie so plötzlich abgereist?
  16. Wieviele Schüler sind in einer Klasse?

III. 1. Er ist erkältet. Trotzdem fährt er mit.
    2. Sie hatte sich auf die Prüfung nicht gut vorbereitet. Trotzdem brachte sie es auf «gut».
    3. Die Straße war sehr glatt. Deshalb begann das Auto zu schleudern.
    4. Der Junge hatte ein schlechtes Zeugnis. Deshalb getraute er sich nicht, nach Hause zu gehen.
    5. Die Straße war vereist. Trotzdem fuhren wir sehr schnell.
    6. Es regnete. Deshalb musste das Spiel ausfallen.
    7. Es stehen Spezialcontainer bereit. Trotzdem werfen viele Leute die verbrauchten Batterien in den Hausmüll.

Nivel 0

IV. 1. Wir haben heute wegen des schönen Wetters mit unseren Gästen im Garten Fleisch gegrillt. (Wegen des schönen Wetters haben wir heute mit unseren Gästen im Garten Fleisch gegrillt.)
2. Dr. Groß geht im Herbst mit seiner Familie für drei Jahre als Lektor nach Kalifornien. (Im Herbst geht Dr. Groß mit seiner Familie für drei Jahre als Lektor nach Kalifornien.)
3. Der Junge hat sich gestern aus Verzweiflung in einem Schuppen erhängt. (Aus Verzweiflung hat der Junge sich gestern in einem Schuppen erhängt.)
4. Gestern kam es wegen eines schweren Verkehrsunfalls auf der A-7 in Richtung La Junquera zu zahlreichen Staus. (Wegen eines schweren Verkehrsunfalls kam es gestern auf der A-7 in Richtung La Junquera zu zahlreichen Staus.)

TEMA 39

I. 1. ja, etwa. 2. ja, aber. 3. denn. 4. bloß, ja, aber. 5. bloß, nur. 6. schon. 7. doch mal. 8. ruhig, schon. 9. eigentlich. 10. eben. 11. auch. 12. doch. 13. schon. 14. eben. 15. denn, etwa. 16. mal. 17. wohl. 18. überhaupt. 19. eigentlich, überhaupt. 20. denn.

II. 1. Du wirst schon wieder eine Stelle finden.
2. Halt mir doch bitte mal die Türe auf!
3. Hast du auch die Hausaufgaben gemacht?
4. Ach, wäre doch die Prüfung schon vorbei! (Wäre bloß/nur die Prüfung schon vorbei!
5. Was soll ich bloß anziehen?
6. Wo ist bloß meine Uhr?
7. Geht Hänschen denn schon zur Schule?
8. Schwänz bloß/ja den Unterricht nicht wieder!
9. Bringst du wohl den Pantoffel wieder her!
10. Habt ihr denn jetzt einen Schäferhund!

TEMA 40

I. 1. Ich habe sie nicht im Konzert gesehen, sondern im Kino.
2. Niemand (keine Person) hat so viel Glück wie du.
3. Kein Problem kann dich entmutigen.
4. Man kann nicht immer Glück haben.
5. Es ist noch keine 5 Minuten her, dass er gegangen ist.

Tema 40. Soluciones

6. Ich habe die ganze Nacht kein Auge zugemacht.
7. Sie ist verärgert und nicht ohne Grund.
8. Er hat uns nicht einmal Bescheid gesagt.
9. Wir wollen gar keine Antwort.
10. Nie im Leben habe ich so etwas gesehen.
11. Sie weiß das besser als sonst jemand.
12. Ich will nicht wegfahren, ohne dass es jemand weiß.
13. Er betrank sich nie wieder.

II. 1. noch keine, 2. Ich war noch nie in Australien, 3. nicht mehr, 4. keiner mehr, 5. nichts, 6. noch niemand, 7. keiner mehr, 8. noch nichts, 9. wir wollen nie wieder aufs Matterhorn steigen.

III. 1. Es ist anzunehmen, dass Franz morgen nicht zurückkommt (S).
Es ist anzunehmen, dass Franz nicht *morgen* zurückkommt (T).
Es ist anzunehmen, dass nicht *Franz* morgen zurückkommt (T).
2. Der Herr öffnete mir die Tür nicht (S).
Nicht *der Herr* öffnete mir die Tür (T).
Der Herr öffnete mir nicht *die Tür* (T).
Der Herr öffnete nicht *mir* die Tür (T).
3. Ich nehme den schwarzen Rock nicht (S).
Ich nehme nicht *den schwarzen Rock* (T).
Nicht *ich* nehme den schwarzen Rock (T).
4. Die Sekretärin hat den Brief in zwei Stunden nicht übersetzt (S).
Die Sekretärin hat den Brief nicht *in zwei Stunden* übersetzt (T).
Die Sekretärin hat nicht *den Brief* in zwei Stunden übersetzt (T).
Nicht *die Sekretärin* hat den Brief in zwei Stunden übersetzt (T).
5. Wir haben uns auf der Party nicht amüsiert (S).
Wir haben uns nicht *auf der Party* amüsiert (T).
Nicht *wir* haben uns auf der Party amüsiert (T).

IV. 1. Die meisten Leute sind heute wegen des Streiks nicht mit den öffentlichen Verkehrsmitteln zur Arbeit gefahren.
2. Sie konnte gestern bei der Prüfung vor lauter Aufregung nichts auf die Fragen des Prüfers antworten.
3. Hugo hat seit seiner Abreise nach Ägypten nicht mehr an seine Familie geschrieben.
4. Der Bus hält wegen der Bauarbeiten ab heute nicht mehr an der Haltestelle in der Kantstraße.

Nivel O

TEMA 41

I. 1. Ich habe die Frage mehrere Male gelesen und (ich) verstehe sie nicht.
2. Wir haben die Wohnung gesehen, und sie hat uns nicht gefallen.
3. Die Steuererklärung kann entweder per Post geschickt oder beim Finanzamt abgegeben werden.
4. Entweder weiß er es nicht, oder er tut so, als ob er es nicht wüsste.
5. Weder am Tag noch in der Nacht hat er einen Augenblick Ruhe.
6. Weder der Vater noch die Mutter wussten es.
7. Das Geld macht die Menschen reich, aber es macht sie nicht glücklich.
8. Sie zeigten uns nicht nur die Stadt, sondern luden uns am Abend auch zum Abendessen ein.
9. Entweder kommst du mit uns, oder du bleibst zu Hause.
10. Sowohl seine Freunde als auch seine Bekannten waren über ihn verärgert.
11. Diese Wohnung mag zwar schön sein, aber sie ist zu klein.
12. Einerseits habe ich Lust, mit euch zu verreisen, aber andererseits ist mir die Reise zu weit und zu anstrengend.
13. Wir haben Peter gefragt, aber er behauptet, nichts gesehen zu haben.
14. Wir möchten Museen und Kirchen besichtigen, aber unsere Kinder wollen nur in die Disco (gehen).

II. 1. Ich habe mehrere Male geklingelt, jedoch hat niemand aufgemacht.
2. Sie interessiert sich nämlich sehr dafür.
3. *a)* Die Textilfabrik brannte nicht durch Blitzschlag ab, vielmehr hatte ein Brandstifter sie angesteckt.
   b) Die Textilfabrik brannte nicht durch Blitzschlag ab, sondern ein Brandstifter hatte sie angesteckt.
4. *a)* Er wurde mehrere Male aufgefordert, zum Verhandlungstermin zu kommen, aber er ist nie erschienen.
   b) ... doch ist er nie erschienen/doch er ist nie erschienen.
5. Die Temperaturen waren plötzlich gesunken, und wir froren in unserer leichten Kleidung.
6. *a)* Obst und Gemüse werden immer teurer, denn die Ernte war in diesem Jahr schlecht.
   b) Die Ernte war nämlich in diesem Jahr schlecht.

Tema 43. Soluciones

7. In der Landwirtschaft müssen moderne Methoden angewandt werden, sonst können die Erträge nicht gesteigert werden.
8. a) Zwar wurde niemand bei dem Unfall verletzt, aber es entstand großer Sachschaden.
   b) Niemand wurde bei dem Unfall verletzt, jedoch entstand großer Sachschaden.
   c) Niemand wurde bei dem Unfall verletzt, trotzdem entstand großer Sachschaden.
9. Wir haben uns an der Nordsee gut erholt, jedoch hatten wir schlechtes Wetter.
10. a) Der Bauherr musste einen Kredit aufnehmen, denn er konnte den Bau nicht mit eigenen Mitteln finanzieren.
    b) Er konnte nämlich den Bau nicht mit eigenen Mitteln finanzieren.

III. 1. Entweder wird Rolf Abteilungsleiter, oder er kündigt.
2. Entweder strengt Helga sich mehr an, oder sie bleibt sitzen.
3. Einerseits suchen die Leute Arbeit, andererseits kommen sie nicht, wenn man sie braucht.
4. Der Aufsatz ist nicht nur fehlerhaft, sondern er verfehlt auch das Thema.
5. Schicken Sie uns die Bescheinigung entweder per Post, oder geben Sie sie beim Einwohnermeldeamt ab.
6. Einerseits will die Firma Energie verkaufen, andererseits will sie aber auch Verzicht auf Stromeinsatz propagieren.
7. Jugendherbergen bieten nicht nur jungen Gästen eine preiswerte Übernachtung, sondern auch für Familien und Senioren stehen die Häuser offen.

TEMA 43

I. 1. Wir rechnen damit, dass wir eine Gehaltserhöhung von 5 % bekommen.
2. Wir gratulierten ihm (dazu), dass er im Lotto gewonnen hatte.
3. Niemand hinderte ihn (daran), sein Vorhaben auszuführen.
4. Der Besitzer willigte (darin) ein, die Firma zu verkaufen/dass die Firma verkauft wurde.
5. Ich freue mich (darauf), dass wir uns bald wiedersehen.
6. Wir scheuen uns (davor), solche Maßnahmen zu ergreifen.
7. Die Regierung ist dafür, die Verfassung zu ändern.
8. Alle waren natürlich (darüber) begeistert, dass sie gesiegt hatten.

Nivel 0

9. Sie hat sich daran gewöhnt, allein zu sein.
10. In dem Gespräch spielte er darauf an, dass er lange im Ausland gewesen war.
11. Einige stimmten dagegen, den Plan durchzuführen.
12. Die Konferenz begann damit, dass über die zu ergreifenden Maßnahmen beraten wurde.
13. Er berichtete (darüber), dass Schwierigkeiten aufgetreten seien.
14. Sie hat mir (dabei) geholfen, den Vortrag auszuarbeiten.
15. Wir bestehen darauf, dass die Bedingungen angenommen werden.
16. Wir haben uns jetzt daran gewöhnt, früh aufzustehen.

II. 1. Sie hatte es darauf abgesehen, ...
2. Jetzt geht es darum, ...
3. Mir kommt es darauf an, ...
4. Mir ist jetzt nicht danach zumute, ...
5. Wir sind darüber/davon unterrichtet worden, ...
6. Wir rechnen damit, ...
7. Er jammerte darüber, ...
8. Wir entschuldigten uns dafür, ...
9. Meiner Meinung nach liegt es daran, ...

III. 1. Ich weiß nicht, wann die Vorstellung beginnt.
2. Ich weiß nicht, was das Wort bedeutet.
3. Wir wissen nicht, woher diese Krankheit kommt.
4. Wir wissen nicht, wer der Täter war.
5. Wir wissen noch nicht, wie lange die Verhandlungen dauern.
6. Er weiß noch nicht, wieviel das Produkt kostet.
7. Man weiß noch nicht viel darüber, wie diese Krankheit entsteht.
8. Man weiß nicht, aus welchem Grund (warum) er zurückgetreten ist.

TEMA 44

I. 1. Wir werden das tun, was Sie entscheiden.
2. Das sechste Kapitel muss der/jeder lesen, der sich für die Romantik interessiert.
3. Ich werde die kleinste Gelegenheit nutzen, die sich mir bietet.

Tema 44. Soluciones

4. Wir suchen eine Wohnung, die mindestens vier Zimmer hat.
5. Dieses Jahr lassen die Eltern ihn dort Urlaub machen, wo er will.
6. Ich weiß schon, was ich mit den Büchern machen werde, die du mir geliehen hast.
7. Der Junge, der einen Preis bekommen hatte (dem ein Preis verliehen worden war), ist verschwunden.
8. Das Haus, in dem wir wohnten, war weit vom Zentrum entfernt.
9. Der Freund, von dem ich dir erzählt habe, studiert Kommunikationswissenschaften.
10. Ihr könnt so viel essen, wie ihr wollt.
11. Wir suchen jemanden, der Russisch kann.
12. Was gestern passiert ist, war sehr lustig.
13. Du weißt schon, wen ich meine.
14. Dieses Gericht wird dir besser schmecken als das, was wir gestern gegessen haben.

II.
1. Hier stellt sich eine Frage, deren Beantwortung von Wichtigkeit ist.
2. In der Firma findet ein Fortbildungsseminar statt, an dem jeder Mitarbeiter teilnehmen sollte.
3. Frau Halm, deren Mann spielsüchtig war, lässt sich scheiden.
4. Wegen des Regens fiel das Rockkonzert, für das ich schon eine Eintrittskarte hatte, aus.
5. Leider fand das Rockkonzert, auf das ich mich so gefreut hatte, nicht statt.
6. Wir stiegen auf die Kolumbussäule, von wo man einen herrlichen Blick auf den Hafen hat.
7. Mit dem Boot fuhren wir zur «Teufelshöhle», in der viele Taucher ums Leben gekommen sind.
8. Wir haben uns ein elektronisches Wörterbuch gekauft, mit dem wir uns ganz gut verständigen können.
9. Er legte seine Hand auf meine Schulter, was mir nicht gefiel.

III.
1. Wer keine Beziehungen hat, dem wird nicht geholfen.
2. Was unangenehm ist (das) schiebt man gern auf die lange Bank.
3. Wer alles besser weiß, den kann man nicht belehren.
4. Was verboten ist (das) ist besonders interessant.
5. Wem das Leben in einem Dorf zu langweilig ist, der sollte in die Stadt ziehen.
6. Wofür man sich interessiert, damit beschäftigt man sich gern.
7. Wem die Übungen zu langweilig sind, der kann ja aufhören.

Nivel O

TEMA 45

I. 1. Wenn man die Statistik genau untersucht, ...
    2. Der Versicherungsschutz tritt sofort, nachdem die Versicherung abgeschlossen worden ist, in Kraft.
    3. Nachdem die Verhandlungen abgeschlossen sind, ...
    4. Als die Angelegenheit überprüft wurde, ...
    5 Lange bevor andere Landstriche besiedelt wurden/waren, ...
    6. Seitdem die ländlichen Gebiete industrialisiert wurden/sind, ...
    7. Als der Professor eintrat, ...
    8. Als er näher schritt, ...
    9. Nachdem er vier Monate bei der Firma gearbeitet hatte, ...
    10. Bevor der Passagierdampfer abfuhr ....
    11. Seitdem er im Weltturnier gesiegt hatte, ...
    12. Als er 17 war, ...
    13. Einen Tag, bevor Hitler in Wien einzog, ...
    14. Nachdem seine Eltern gestorben waren, ...
    15. Das Personal des Pavillons blieb in Sevilla, bis die Weltausstellung zu Ende war.
    16. Während wir zu Abend essen, ...
    17. Während die Eröffnungsfeier übertragen wurde, ...
    18. Sofort nachdem wir gefrühstückt haben, ...

II. 1. Seitdem wir angekommen sind, haben wir keinen Augenblick Ruhe gehabt.
    2. Ruft uns an, sobald ihr am Flughafen ankommt.
    3. Wir blieben, bis der Tanz zu Ende war.
    4. Nachdem du den Roman gelesen hast, gib ihn mir bitte zurück.
    5. Solange Großvater lebt, werden die alten Bücher nicht verkauft.
    6. Wenn er spricht, lachen alle.
    7. Sobald der Lehrer eintrat, hörte der Lärm (Radau) in der Klasse auf.
    8. Als ich an die Reihe kam, waren die letzten Eintrittskarten schon verkauft.
    9. Seitdem Großvater tot ist, ist das Haus leer.
    10. Kurz bevor sie verreiste, besuchte sie uns.

TEMA 46

I. 1. Dadurch, dass große finanzielle Mittel bereitgestellt werden, ... (Indem große ....)

Tema 47. Soluciones

    2. Dadurch, dass auf dieser gefährlichen Strecke die Geschwindigkeit begrenzt wird, ... (Indem auf dieser gefährlichen Strecke die Geschwindigkeit begrenzt wird ....)
    3. Dadurch, dass er sofort operiert wurde ....
        Indem er sofort operiert wurde, ...
    4. Dadurch, dass er häufig gefehlt hat, ...
        Indem er häufig gefehlt hat ....

II. 1. Er wurde der beste Schüler, dadurch dass er mehrere Stunden am Tag gelernt hatte.
    2. Er/sie ruhte sich aus, indem er/sie Gymnastik machte.
    3. Alles kam so, wie er es vorhergesagt hatte.
    4. Die Firma hat so schnell geantwortet, wie ich gehofft hatte.
    5. Das Wetter war besser als wir gehofft hatten.
    6. Der Chef denkt anders darüber, als wir vermutet haben.
    7. Obwohl er verheiratet ist, flirtet er, als ob er ledig wäre.
    8. Sie ist 80 Jahre alt, aber sie sieht so aus, als ob sie 60 wäre.
    9. Er stahl den Koffer, ohne dass wir es merkten.

III. 1. Sie hat die Klasse verlassen, ohne ein Wort zu sagen.
     2. Die Schüler lachen die ganze Zeit, ohne einen Grund zu haben.
     3. Ich musste die Arbeit beenden, ohne dass er mir half.
     4. Das Fußballspiel ging zu Ende, ohne dass es zu Zwischenfällen kam/gekommen wäre.
     5. Die Kinder sind ins Kino gegangen, ohne dass ich es ihnen erlaubt habe.

IV. 1. Statt ihre Schulaufgaben zu machen, trifft sie sich mit Freunden.
     2. Statt zu Fuß zu gehen, fährt sie immer mit dem Motorrad.
     3. Statt Geld zu sparen, gibt sie es für Musikkassetten aus.
     4. Statt bei ihren Eltern wohnen zu bleiben, zieht sie zu einem Freund.
     5. Statt sich von ihren Eltern bedienen zu lassen, muss sie nun alles selbst machen.

TEMA 47

I. 1. Die Tante blieb zu Hause bei den Kindern, so dass wir ins Kino gehen konnten.
   2. Sie lebt so einfach, dass man sich nicht vorstellen könnte, dass sie so reich ist.

3. Die Schüler benahmen sich so schlecht, dass der Schuldirektor benachrichtigt werden musste/dass man den Schuldirektor benachrichtigen musste.
4. Sie kleidet sich so, dass sie auf der Straße auffällt.
5. Sie sprach so viel, dass sie die Stimme verlor.
6. Die Mitglieder des Prüfungsausschusses stellten die Fragen so, dass der Kandidat durchfiel.

II. 1. Es herrschte eine solche Trockenheit, dass in vielen Ländern eine Dürrekatastrophe droht. (Es herrschte so eine Trockenheit/solch eine ....)
2. Der Wasserverbrauch muss so beschränkt werden, dass die Bewohner ihre Gärten nicht mehr bewässern dürfen.
3. Die Not ist so groß, dass das Wasser rationiert wurde.
4. Es müssen Filteranlagen vorgeschrieben werden, so dass die Schadstoffe nicht mehr in die Luft gelangen können.
5. Wir müssen Überstunden machen, so dass die Firma die Liefertermine einhalten kann.
6. Die Prüfungsaufgaben waren so schwierig, dass ich sie nicht lösen konnte.

III. 1. Die Schrift ist zu undeutlich, als dass man sie lesen könnte.
2. Alles passierte zu schnell, als dass ich die Autonummer hätte erkennen können.
3. Der Brief ist zu lang, als dass man ihn in einer Stunde übersetzen könnte.
4. Sie ist alt genug, um alleine mit dem Bus nach Heidelberg zu fahren.
5. Die Kinder sind noch zu klein, als dass man sie allein zu Hause lassen könnte.
6. Die Suppe ist zu versalzen, als dass man sie essen könnte.
7. Ich hatte zu wenig Geld bei mir, um mir das Buch zu kaufen/kaufen zu können.
8. Wir verdienen zu wenig, um uns ein eigenes Haus leisten zu können.
9. Der Koffer ist zu schwer, als dass ich ihn allein tragen könnte.
10. Das Problem ist zu groß, als dass ich es allein lösen könnte.

TEMA 48

I. 1. Wenn die Eisenbahn nicht erfunden worden wäre, hätte die industrielle Revolution nicht stattgefunden.

Tema 48. Soluciones

    2. Wenn die Temperaturen sinken, ...
    3. Falls es zu einer Katastrophe kommt ..../Falls eine Katastrophe auftritt, ...
    4. Wenn die Verkehrsvorschriften mehr beachtet würden, ...
    5. Wenn die Forderungen maßvoller gewesen wären, .../Wenn maßvollere Forderungen gestellt worden wären, ...
    6. Wenn nicht sofort Hilfsmaßnahmen getroffen werden, ...

II. 1. Falls/Wenn du sie siehst, sag ihr, dass ich vor dem Apollo-Kino auf sie warte.
    2. Er wird dir immer helfen, wenn du ihn darum bittest.
    3. Wenn du heute nachmittag kämest, würden wir über diese Angelegenheit/Sache sprechen.
    4. Wenn du bei mir bist, habe ich keine Angst.
    5. Wenn ich Geld gehabt hätte, hätte ich mir eine Wohnung gekauft.
    6. Wenn wir mehr Zeit gehabt hätten, hätten wir auch Norddeutschland besichtigt.
    7. Wenn wir diesen Weg gehen, kommen wir früher nach Hause/zu Hause an.
    8. Je mehr man hat, desto mehr möchte man haben.
    9. Je weniger er hierherkommt, desto besser.
   10. Je älter der Wein ist, desto besser schmeckt er.
   11. Je mehr Deutsch ich kann, desto besser gefällt mir diese Sprache.

III. 1. Je länger man dieses Bild betrachtet, desto mehr Einzelheiten erkennt man.
    2. Je schlechter es ihm geht, desto launischer wird er.
    3. Je heißer es ist, desto überfüllter sind die Freibäder.
    4. Je mehr man verdient, desto mehr Steuern bezahlt man.
    5. Je schneller man fährt, desto größer wird die Unfallgefahr.

IV. 1. Wenn du nicht mehr lernst, wirst du die Prüfung nicht bestehen.
    2. Wenn du mir nicht hilfst, kann ich ....
    3. Wenn du das Licht anmachst, kommen ....
    4. Wenn man diese Hose zu heiß wäscht, läuft sie ein.

V. 1. Wenn ich deine Telefonnummer gehabt hätte, hätte ich dich angerufen.
    2. Wenn ich Urlaub bekommen hätte, hätte ich mich für die Fahrt angemeldet.

Nivel O

3. Wenn ich keine Überstunden hätte machen müssen, wäre ich gern mit dir ins Kino gegangen.
4. Wenn sie das Antibiotikum hätte vertragen können, wäre es ihr besser gegangen.
5. Wenn David mehr gearbeitet hätte, hätte er bessere Noten gehabt.

TEMA 49

I. 1. Obwohl die hygienischen Verhältnisse in den Krankenhäusern bestens sind, ...
2. Obwohl ich Verständnis für ihre schwierige Lage habe, ...
3. Obwohl die Preise gesenkt worden sind, ...
4. Obwohl die Kosten (des Produkts) angestiegen sind, ...
5. Obwohl es so heiß war, ...
6. Obwohl Verkehrshinweise gegeben worden waren, ...

II. 1. Obwohl du es mir schwörst, glaube ich es nicht.
2. Auch wenn er viel Geld hätte, würde ich ihn nicht heiraten.
3. Sein letzter Roman hat sich gut verkauft, obwohl die Kritiken nicht sehr gut waren.
4. So viel Sie auch suchen, hier finden Sie diese alte Münze nicht.
5. So niedrig der Preis auch sein mag, uns ist er zu hoch.
6. Auch wenn sie ausgehen will, darfst du es ihr nicht erlauben.
7. Selbst/auch wenn die Arbeit mir nicht gefällt, muss ich sie annehmen.
8. So viele Freunde er auch haben mag, er fühlt sich trotzdem immer allein.
9. Obwohl er krank war, spielte er Fußball.
10. So viel sie auch immer isst/essen mag, sie wird nicht dicker.

III. 1. So leid es mir (auch) tut, ich kann dir diesen Gefallen nicht tun.
2. So lange ich (auch) suchte, ich fand mein Portemonnaie nicht.
3. So sehr er (auch) darüber lachte, die Sache war ihm doch ernst.
4. So dürftig die Lebensumstände (auch) waren, sie hinderten ihn nicht daran, sein großes Werk zu schaffen.
5. So spät es auch ist, ich muss den Krimi auslesen.

IV. 1. An wen auch immer Sie sich wenden, jeder ....
2. Was auch immer er unternimmt, ...
3. Wie auch immer du handelst, ...

Tema 50. Soluciones

4. Was auch immer die Eltern sagen ....
5. Was auch immer du machst, ...

TEMA 50

I. 1. Weil er viel geraucht hatte, ...
2. Weil der Nebel so dicht war, ...
Weil dichter Nebel herrschte, ...
3. Weil die Straßen schlecht waren, ...
4. Weil die Leute ein starkes Sicherheitsbedürfnis haben, ...
5. Weil die Zahl der Arbeitslosen so hoch/groß ist, ...
6. Weil es viele Protestaktionen gegeben hat, ...
Weil es zu vielen Protestaktionen gekommen ist, ...
7. Weil man eine Verknappung der Lebensmittel befürchtet, ...
8. Da/Weil wir über eine gute technische Ausrüstung verfügen, ...
9. Weil das Kind sich vor einer Strafe fürchtete, versteckte es sich.
10. Weil er es gewohnt ist, ...
11. Weil die Bevölkerungsdichte zunimmt, ...
12. Weil die Lage der Stadt ungünstig war, ...
13. Weil der Fahrer unaufmerksam gewesen war, ...
14. Nur weil er uns geholfen hat, ...
15. Weil das Wetter schlecht war, ...

II. 1. Im Urlaub ging es mir gesundheitlich nicht gut, weil/da ich das Essen nicht vertragen habe.
2. Daniel studiert Rechtswissenschaft, da/weil er später die Kanzlei seines Vaters übernehmen möchte.
3. Du wirst bestimmt angenommen, zumal du doch so gute Zeugnisse hast. (........, wo du doch so gute Zeugnisse hast).
4. Die Vorstellung fiel aus, weil der Hauptdarsteller wegen Krankheit hatte absagen müssen.
5. Wir fuhren sehr langsam, zumal es dunkel war und schneite.
6. Sein Verhalten ist enttäuschend, zumal wir sehr viel für ihn getan haben. (........ wo wir doch sehr viel für ihn getan haben).
7. Die Miete musste erhöht werden, zumal die Lebenshaltungskosten stark gestiegen waren (...wo doch die Lebenshaltungskosten stark gestiegen waren).

Nivel O

III. 1. Du kannst dieses Buch nicht beurteilen, da/weil du es nicht gelesen hast.
2. Da wir hier sind, müssen wir Familie Pérez grüßen.
3. Das ist ein Schriftsteller, der, da er viele Jahre im Ausland gelebt hat, unsere Probleme von einem anderen Gesichtspunkt aus sieht.
4. Wir werden sie bald einholen, zumal sie zu Fuß gehen und wir reiten.
5. Das ist ein provisorisches Gebäude, weil das neue Institut erst in zwei Monaten fertig sein wird.
6. Da niemand ihm antwortete, zog er sich enttäuscht zurück.
7. Ich werde dir kein Geld mehr geben, weil du damit nicht umgehen kannst.

TEMA 51

I. 1. Machen Sie die Tür zu, damit es nicht zieht!
2. Wir machten eine Stadtrundfahrt, um die berümten Bauwerke zu besichtigen.
3. Ich helfe meinem Sohn bei den Hausaufgaben, damit er eine gute Note bekommt.
4. Viele Studenten lernen Deutsch, damit sie später Fachbücher im Original lesen können.
5. Karl ist weggegangen, um die Zeitung zu kaufen.
6. Wir veranstalteten ein Schulfest, um damit unsere Klassenreise zu finanzieren.
7. Beeil dich, damit wir fertig werden!
8. Wir ließen mehrere Tische im «Alt Heidelberg» reservieren, um dort unser Wiedersehen zu feiern.

II. 1. Um weitere Verkehrsunfälle an dieser gefährlichen Kreuzung zu vermeiden, wurden Ampeln aufgestellt.
2. Um die Situation zu verbessern, ...
3. Um die Denkmäler zu erhalten, ...
4. Um im Grünen zu wohnen, ...
5. Damit Sie meine schlechte Lage besser verstehen, ...
(Damit Sie mehr Verständnis für meine schlechte Lage haben, ...)
6. Um alle Kosten zu decken, ...

Tema 51. Soluciones

III. 1. Schreib es auf, damit du es nicht vergisst!
2. Häng(e) das Bild so auf, damit man es gut sieht!
3. Beeil dich, damit wir pünktlich ankommen!
4. Der Lehrer schreibt die Regeln an die Tafel, damit die Schüler sie besser lernen.
5. Ich brauche meine Notizen, um mich auf die Prüfung vorzubereiten.
6. Ich erkläre Ihnen alles, damit es keine Missverständnisse gibt.
7. Ich habe ihm Geld geliehen, um ihm zu helfen.
8. Sie müssen Tabletten nehmen, damit die Schmerzen aufhören.
9. Du musst die Pflanzen öfter gießen, damit sie nicht vertrocknen.
10. Meine Eltern haben mir Geld gegeben, damit ich mir ein Auto kaufe.

IV. 1. damit, 2. damit, 3. dass, 4. dass, 5. dass.

BIBLIOGRAFÍA ESPECÍFICA PARA EL NIVEL G

Apelt, Mary L./Apelt, Hanspeter/Wagner Margot, *Grammatik à la carte* I. *Grundstufe*, Verlag Moritz Diesterweg GmbH & Co., Francfort del M. 1992.

Dreyer, Hilke/Schmitt, Richard, *Lehr- und Übungsbuch der deutschen Grammatik*, Verlag für Deutsch, Munich 1985.

Kunkel, Erika, *Fehler ABC*, Ernst Klett Verlag, Stuttgart 1978.

Meil, Kläre/Arndt, Margit, *ABC der schwachen Verben*, Max Hueber Verlag, Munich [3]1972.

Meil, Kläre/Arndt, Margit, *ABC der starken Verben*, Max Hueber Verlag, Munich [7]1973.

Schmitt, Richard, *Weg mit den typischen Fehlern*, parte 1.ª, Verlag für Deutsch, Ismaning 1988.

Ídem, parte 2, Verlag für Deutsch, Ismaning 1989.

Weydt, H./Harden, Th./Hentschel, E./Rösler, D., *Kleine deutsche Partikellehre*, Ernst Klett Verlag, Stuttgart 1983.

Wotjak, Gerd/Herrmann, Ulf, *Kleines Wörterbuch der «falschen Freunde»*, VEB Verlag Enzyklopädie, Leipzig 1987.

Zielinski, Wolf-Dietrich, *ABC der deutschen Nebensätze*, Max Hueber Verlag, Munich 1981.

Zingel, Marianne, *Teste Dein Deutsch, Stufe 1 und 2*, Langenscheidt KG, Berlín-Munich 1987.

BIBLIOGRAFÍA ESPECÍFICA PARA EL NIVEL M

Apelt, Mary L./Apelt, Hanspeter/Wagner Margot, *Grammatik à la carte* I. *Grundstufe*, Verlag Moritz Diesterweg GmbH & Co., Francfort del M. 1992.

Dreyer, Hilke/Schmitt, Richard, *Lehr- und Übungsbuch der deutschen Grammatik*, Verlag für Deutsch, Munich 1985.

Hohler, Franz, *Der Granitblock im Kino und andere Geschichten*, Fischer Taschenbuch Verlag, Francfort del M. 1983, p. 60.

Kaufmann, Gerhard, *Wie sag ich's auf Deutsch?*, Max Hueber Verlag, Munich [3]1970.

Kaufmann, Stefanie/Kaufmann Gerhard, *Übungen zur deutschen Sprache* I, Bibliographisches Institut Mannheim, Mannheim 1975.

Kunkel, Erika, *Fehler ABC*, Ernst Klett Verlag, Stuttgart 1978.

Latzel, Sigbert, *Sprechen von? Sprechen über? Übungen zu sinnverwandten Präpositionalverben*, Max Hueber Verlag, Munich 1986.

Meil, Kläre/Arndt, Margit, *ABC der schwachen Verben*, Max Hueber Verlag, Munich [3]1972.

Meil, Kläre/Arndt, Margit, *ABC der starken Verben*, Max Hueber Verlag, Munich [7]1973.

Schmitt, Richard, *Weg mit den typischen Fehlern*, parte 1, Verlag für Deutsch, Ismaning 1988.

Ídem, parte 2, Verlag für Deutsch, Ismaning 1989.

Weydt, H./Harden, Th./Hentschel, E./Rösler, D., *Kleine deutsche Partikellehre*, Ernst Klett Verlag, Stuttgart 1983.

Wotjak, Gerd/Herrmann, Ulf, *Kleines Wörterbuch der «falschen Freunde»*, VEB Verlag Enzyklopädie, Leipzig 1987.

Zielinski, Wolf-Dietrich, *ABC der deutschen Nebensätze*, Max Hueber Verlag, Munich 1981.

Zingel, Marianne, *Teste Dein Deutsch, Stufe 1 und 2*, Langenscheidt KG, Berlín-Munich 1987.

BIBLIOGRAFÍA ESPECÍFICA PARA EL NIVEL O

Apelt, Mary L./Apelt, Hanspeter/Wagner Margot, *Grammatik à la carte* I. *Grundstufe*, Verlag Moritz Diesterweg GmbH & Co., Francfort del M. 1992.
Bejarano, Virgilio/Jörnving, Rolf, *Spansk Grammatik*, Almquist & Wiksell, Estocolmo 1967.
Dreyer, Hilke/Schmitt, Richard, *Lehr- und Übungsbuch der deutschen Grammatik*, Verlag für Deutsch, Munich 1985.
Gil, Alberto/Banus, Enrique, *Kommentierte Übersetzungen Deutsch-Spanisch*, Romanistischer Verklag, Bonn 1987.
Goethe-Institut, *Prüfungsaufgaben zum Deutschen Sprachdiplom für Ausländer 1965-1967, 1968-1969, 1972-1973*, Max Hueber Verlag, Munich 1968, 1971, 1976.
Ídem, *1980-1982*, Verlag für Deutsch, Munich 1983.
Helbig, Gerhard, Buscha, Joachim, *Übungsgrammatik Deutsch*, Langenscheidt Verlag Enzyklopädie, Berlín-Munich-Leipzig 1991.
Kaufmann, Gerhard, *Wie sag ich's auf Deutsch?*, Max Hueber Verlag, Munich [3]1970.
Kaufmann, Stefanie/Kaufmann Gerhard, *Übungen zur deutschen Sprache* I, Bibliographisches Institut Mannheim, Mannheim 1975.
Kunkel, Erika, *Fehler ABC*, Ernst Klett Verlag, Stuttgart 1978.
Latzel, Sigbert, *Sprechen von? Sprechen über? Übungen zu sinnverwandten Präpositionalverben*, Max Hueber Verlag, Munich 1986.
Meil, Kläre/Arndt, Margit, *ABC der schwachen Verben*, Max Hueber Verlag, Munich [3]1972.
Meil, Kläre/Arndt, Margit, *ABC der starken Verben*, Max Hueber Verlag, Munich [7]1973.
Pausewang, Gudrun, *Die Wolke*, Otto Maier Verlag, Ravensburg 1987.
Schade, Günter, *Einführung in die Deutsche Sprache der Wissenschaften*, Erich Schmidt Verlag, GmbH, Berlín 1969.
Schmitt, Richard, *Weg mit den typischen Fehlern*, parte 1, Verlag für Deutsch, Ismaning 1988.
Ídem, parte 2, Verlag für Deutsch, Ismaning 1989.
Wandruszka, Mario, *Sprachen, vergleichbar und unvergleichlich*, Piper & Co. Verlag, Munich 1969.
Wotjak, Gerd/Herrmann, Ulf, *Kleines Wörterbuch der «falschen Freunde»*, VEB Verlag Enzyklopädie, Leipzig 1987.